DER STARR-REPORT

Das einzigartige Zeitdokument über den Skandal im Weißen Haus

Ins Deutsche übertragen
von Joachim Honnef,
Katharina und Lothar Woicke,
Rainer Schumacher

BASTEI
LÜBBE

BASTEI LÜBBE TASCHENBUCH
Band 12 872

Erste Auflage: Oktober 1998

© Copyright für die deutschsprachige Ausgabe:
1998 by Bastei-Verlag Gustav H. Lübbe GmbH & Co.,
Bergisch Gladbach
Titelbild: Bastei-Archiv
Umschlaggestaltung: QuadroGrafik, Bensberg
Satz: Fotosatz Steckstor, Rösrath
Druck und Verarbeitung:
Elsnerdruck, Berlin
Printed in Germany
ISBN 3–404–12872–9

Inhaltsverzeichnis

Chronologie

Namensverzeichnis
Die Hauptbeteiligten
Die Präsidentenfamilie
Präsidentenhelfer, -berater, -assistenten
Andere Beschäftigte im Weißen Haus
Abteilung zum Schutz der Beschäftigten
Monica Lewinskys Freunde/Familie/Bekannte
Monica Lewinskys Arbeitskontakte in New York
Secret Service
Anwälte und Richter
Medien
Ausländische Würdenträger
Andere

Berichte

I. Die Art der Beziehung von Präsident Clinton mit Monica Lewinsky
   A. Einleitung
   B. Beweise zur Feststellung der Art der Beziehung
      1. Materielle Beweise
      2. Miss Lewinskys Aussagen
      3. Miss Lewinskys Vertraute
      4. Dokumente
      5. Übereinstimmungen und Erhärtungen

C. Sexuelle Kontakte
   1. Die Einlassungen des Präsidenten
     a. Aussage im Fall Jones
     b. Aussage vor der Grand Jury
   2. Miss Lewinskys Einlassung
D. Emotionale Bindung
E. Gespräche und Telefonnachrichten
F. Geschenke
G. Nachrichten
H. Verheimlichung
   1. Gegenseitiges Einvernehmen
   2. Vertuschungsgeschichten
   3. Schritte zur Vermeidung, gesehen oder gehört
     zu werden
   4. Miss Lewinskys Aufzeichnungen und Briefe
   5. Miss Lewinskys Bewertung ihrer
     Bemühungen um Verheimlichung

II. 1995: Erste sexuelle Begegnungen
   A. Überblick über Monica Lewinskys Beschäftigung
     im Weißen Haus
   B. Erste Treffen mit dem Präsidenten
   C. Sexuelle Begegnung am 15. November
   D. Sexuelle Begegnung am 17. November
   E. Sexuelle Begegnung am 31. Dezember
   F. Die Einlassung des Präsidenten über die
     Beziehung im Jahr 1995

III. Januar bis März 1996:
Fortgesetzte sexuelle Begegnungen
   A. Sexuelle Begegnung am 7. Januar
   B. Sexuelle Begegnung am 21. Januar
   C. Sexuelle Begegnung und anschließende
     Telefonanrufe am 4. Februar

B. Inserat am Valentinstag
C. Nachricht am 24. Februar
D. Sexuelle Begegnung am 28. Februar
E. Sexuelle Begegnung am 29. März
F. Fortgesetzte Bemühungen um neuen Job

VII. <u>Mai 1997:</u>
<u>Beendigung der sexuellen Beziehung</u>
A. Fragen zu Miss Lewinskys Diskretion
B. Abbruch der Beziehung am 24. Mai.

VIII. <u>Juni bis Oktober 1997:</u>
<u>Fortgesetzte Treffen und Anrufe</u>
A. Fortgesetzte Bemühungen um neuen Job
B. Brief vom 3. Juli
C. Treffen am 4. Juli
D. Erörterungen der Linda Tripp am 14./15. Juli
E. Treffen mit Marsha Scott am 16. Juli
F. Treffen am 24. Juli
G. Artikel in Newsweek und seine Nachwirkungen
H. Treffen am 16. August
I. Fortgesetzte Bemühungen um neuen Job
J. Black Dog Geschenke
K. Lucy Mercer-Brief und Einschaltung des Personalchefs
L. Nachricht über Rückschlag bei Arbeitssuche

IX. <u>Oktober bis November 1997:</u>
<u>Stellenangebot der Vereinten Nationen</u>

A. Telefongespräch am 10. Oktober
B. Treffen am 11. Oktober
C. Die »Wunschliste« vom 16./17. Oktober
D. Der Präsident schafft andere Möglichkeiten

3. Zunächst Leugnen gegenüber der amerikanischen Öffentlichkeit
4. »Wir müssen nur gewinnen«

Gründe

Es gibt weitgehend sichere und glaubwürdige Informationen, daß Präsident Clinton Handlungen begangen hat, aus denen man Gründe für ein Amtsenthebungsverfahren ableiten kann.
Einführung

I. Es gibt weitgehend sichere und glaubwürdige Informationen, daß Präsident Clinton als Beschuldigter im Fall Jones unter Eid die Unwahrheit über seine sexuelle Beziehung zu Monica Lewinsky gesagt hat.

(1) Er leugnete, daß er eine »länger andauernde sexuelle Beziehung« zu Monika Lewinsky hatte

(2) Er leugnete, daß er eine »sexuelle Affäre« mit Monica Lewinsky hatte

(3) Er leugnete, daß er »sexuelle Beziehungen« zu Monica Lewinsky hatte

(4) Er leugnete, daß er Geschlechtsverkehr oder Kontakt mit den Genitalien »irgendeiner Person« hatte, mit der Absicht, sie zu erregen oder zu befriedigen (Ms. Lewinsky praktizierte Oralverkehr bei ihm).

(5) Er leugnete, Monica Lewinskys Brüste oder Genitalien berührt zu haben mit der Absicht, sie zu erregen oder zu befriedigen.

A. Beweise, daß Präsident Clinton unter Eid in dem Prozeß die Unwahrheit sagte

A. Hintergrund

B. Die Aussage des Präsidenten vor der Grand Jury

C. Zusammenfassung

III. Es gibt weitgehend sichere und glaubwürdige Informationen darüber, daß Präsident Clinton in der eidlichen Aussage die Unwahrheit gesagt hat, als er behauptete, er könne sich nicht daran erinnern, mit Monica Lewinsky allein gewesen zu sein, und als er die Anzahl der Geschenke heruntergespielt hat, die sie ausgetauscht haben.

A. Es gibt weitgehend sichere und glaubwürdige Informationen darüber, daß Präsident Clinton unter Eid gelogen hat, als er aussagte, daß er sich nicht an spezielle Gelegenheiten erinnern könne, bei denen er mit Ms. Lewinsky allein war.

1. Die eidliche Aussage des Präsidenten im Zivilverfahren

2. Beweise, die die Aussage des Präsidenten widerlegen

3. Die Aussage des Präsidenten vor der Grand Jury

4. Zusammenfassung

B. Es gibt weitgehend sichere und glaubwürdige Hinweise darauf, daß der Präsident bei seiner eidlichen Aussage die Unwahrheit darüber sagte, ob er Monica Lewinsky Geschenke gemacht hätte.

1. Die eidliche Aussage des Präsidenten über seine Geschenke an Monica Lewinsky

2. Beweise, die den eidlichen Aussagen des Präsidenten in der Gerichtsbefragung widersprechen
3. Die eidliche Aussage Präsident Clintons über Geschenke von Monica Lewinsky
4. Beweise, die der Aussage des Präsidenten widersprechen
   (i)   Monica Lewinskys Aussage
1. Die Aussage des Präsidenten und von Miss Currie vor der Grand Jury
2. Zusammenfassung

IV. Es gibt weitgehend sichere und glaubwürdige Informationen darüber, daß der Präsident während seiner eidlichen Aussage die Unwahrheit über die Gespräche sagte, die er mit Ms. Lewinsky über ihre Verwicklung in dem Fall Jones führte.
   A. Gespräche mit Miss Lewinsky über die Möglichkeit ihrer Aussage im Fall Jones
   1. Präsident Clintons Einlassung in seiner eidlichen Aussage
   2. Beweise, die der Aussage des Präsidenten bei der Gerichtsbefragung widersprechen
      (i)   Ms. Lewinskys Zeugenaussage
      (ii) Die Aussage des Präsidenten vor der Grand Jury
   3. Zusammenfassung
   A. Es gibt weitgehend sichere und glaubwürdige Hinweise darauf, daß Präsident Clinton in seiner eidlichen Aussage log, als er auf die Frage, ob er mit Ms. Lewinsky über die Möglichkeit ihrer Zeugenaussage gesprochen hätte, antwortete: »Ich bin nicht sicher.« Tatsächlich hat er dreimal in dem Monat vor

14

seiner eidlichen Aussage mit ihr über dieses Thema gesprochen, wie es der Aussage von Ms. Lewinsky zu entnehmen ist.

B. Es gibt weitgehend sichere und glaubwürdige Hinweise darauf, daß Präsident Clinton in seiner eidlichen Aussage gelogen hat, als er leugnete, daß er beim letzten Mal, als er sich mit Ms. Lewinsky unterhielt, gewußt hatte, daß ihr eine Vorladung zugestellt worden war.

1. Beweise
2. Zusammenfassung

V. Es gibt weitgehend sichere und glaubwürdige Informationen darüber, daß Präsident Clinton versuchte, die Justiz zu behindern, indem er bestimmte Handlungen vornahm, um während der gerichtlichen Ermittlungen im Jones-Verfahren Beweise für seine Beziehung zu Ms. Lewinsky zu verbergen. Diese Handlungen umfaßten:

(i) Das Unterschlagen der Geschenke, die er Ms. Lewinsky gemacht und die man Ms. Lewinsky im Jones-Verfahren vorzulegen aufgefordert hatte.

(ii) Das Unterschlagen eines Briefes, den Ms. Lewinsky dem Präsidenten am 5. Januar 1998 geschickt hatte.

A. Das Zurückhalten von Geschenken
1. Beweise der Geschenke
2. Die Aussage des Präsidenten vor der Grand Jury
3. Zusammenfassung über die Geschenke

B. Der Brief an den Präsidenten vom 5. Januar 1998

1. Beweise zum Brief vom 5. Januar
2. Die Aussage Präsident Clintons
3. Zusammenfassung über den Brief vom
   5. Januar 1998

VI. Es gibt weitgehend sichere und glaubwürdige
Informationen darüber, daß

    (i)   Präsident Clinton und Ms. Lewinsky
sich darauf verständigt hatten, im Fall
Jones unter Eid über ihre Beziehung zu
lügen

    (ii)   Präsident Clinton bestrebt war, die
Justiz zu behindern, indem er Ms.
Lewinsky vorschlug, eine schriftliche
Aussage einzureichen, damit sie nicht
unter Eid auszusagen brauchte und
somit nicht seiner Aussage widersprechen konnte, was verhindern sollte, daß
ihm in seiner Gerichtsbefragung Fragen
zu Ms. Lewinsky gestellt würden.

A. Die Beweislage zum Affidavit und des daraus
gezogenen Nutzens
B. Zusammenfassung der Aussage des Präsidenten
vor der Grand Jury
C. Beweise über die Vertuschungsgeschichten
D. Die Aussage des Präsidenten vor der Grand
Jury zu den Vertuschungsgeschichten
E. Zusammenfassung

VII. Es gibt weitgehend sichere und glaubwürdige Hinweise darauf, daß Präsident Clinton versuchte, die
Justiz zu behindern, indem er Ms. Lewinsky half,
zu einem Zeitpunkt, als sie möglicherweise im Fall

Jones als Zeugin gegen ihn hätte aussagen können, eine Stelle in New York zu finden.

A. Beweise
Zusammenfassung

    (i)   die Chronologie der Ereignisse

    (ii) die Tatsache, daß sowohl der Präsident als auch Ms. Lewinsky entschlossen waren, vor Gericht über ihre Beziehung zu lügen

    (iii) die Tatsache, wie wichtig es für den Präsidenten war, daß Ms. Lewinsky unter Eid nicht die Wahrheit sagte.

VIII. Es gibt weitgehend sichere und glaubwürdige Hinweise darauf, daß der Präsident unter Eid log, als er die Gespräche mit Vernon Jordan über Ms. Lewinsky beschrieb.

A. Die Aussage des Präsidenten
B. Beweise, die der Aussage des Präsidenten in der Gerichtsbefragung widersprechen
C. Zusammenfassung

IX. Weitgehend sichere und glaubwürdige Informationen belegen, daß Präsident Clinton bestrebt war, die Justiz zu behindern, indem er versuchte, die Zeugenaussage von Betty Currie zu beeinflussen.

A. Beweise
1. Samstag, 17. Januar 1998, eidliche Aussage
2. Sonntag, 18. Januar 1998, Treffen mit Ms Currie
3. Gespräch zwischen dem Präsidenten und Ms

Currie am Dienstag, 20. Januar 1998, oder am
Mittwoch, 21. Januar 1998
B. Die Aussage des Präsidenten vor der Gand Jury
C. Zusammenfassung

X. Es gibt weitgehend sichere und glaubwürdige
Informationen, die belegen, daß Prädident Clinton
bestrebt war, die Ermittlungen der Gand Jury zu
behindern. Während er sich sieben Monate lang
weigerte auszusagen, belog er gleichzeitig mögliche Zeugen der Grand Jury in dem Wissen, daß
sie die falschen Angaben vor der Grand Jury wiederholen würden.

A. Die Aussage von derzeitigen und früheren
Beratern
1. John Podesta
2. Erskine Bowles
3. Sidney Blumenthal
4. Harold Ickes
B. Die Aussage des Präsidenten vor der Grand
Jury
C. Zusammenfassung

XI. Es gibt weitgehend sichere und glaubwürdige
Informationen, die belegen, daß Präsident Clintons
Handlungen seit dem 17. Januar 1998, was seine
Beziehung zu Ms Lewinsky betrifft, nicht im Einklang zur verfassungsmäßigen Pflicht des Präsidenten standen, das Gesetz nach bestem Wissen
und Gewissen auszuüben.

A. Seit dem 21. Januar 1998 führte der Präsident
das amerikanische Volk und den Kongreß in die

Irre, was die Wahrheit seiner Beziehung zu Ms Lewinsky betrifft.

B. Die First Lady, das Kabinett, die Mitarbeiter und Berater des Präsidenten verließen sich auf ihn und unterstützten öffentlich sein Leugnen.

C. Der Präsident hat wiederholt und gesetzeswidrig das Vorrecht des Präsidenten (Executive Privilege) in Anspruch genommen, um Beweise seines persönlichen Fehlverhaltens vor der Grand Jury zu verschleiern.

D. Der Präsident lehnte sechs Einladungen ab, vor der Grand Jury auszusagen, und verhinderte damit eine schnelle Entscheidung in dieser Sache, und dann weigerte er sich, relevante Fragen zu beantworten, als er im August 1998 vor der Grand Jury aussagte.

E. Der Präsident führte das amerikanische Volk und den Kongreß in die Irre, als er in seinem Statement am 17. August 1998 erklärte, seine Antworten in der eidlichen Aussage im Januar wären »juristisch korrekt« gewesen.

F. Zusammenfassung

Wichtigste Daten

November 1992	William Jefferson Clinton wurde zum Präsidenten der Vereinigten Staaten von Amerika gewählt
Mai 1994	Paula Jones reichte eine Klage gegen Präsident Clinton ein
Juli 1995	Monica Lewinsky beginnt ihr Praktikum im Weißen Haus
15. November 1995	Der Präsident beginnt eine länger andauernde sexuelle Beziehung mit Lewinsky
5. April 1996	Lewinsky wird vom Weißen Haus ins Pentagon versetzt
November 1996	Präsident Clinton wird wiedergewählt
29. März 1997	Letzter intimer Kontakt zwischen dem Präsidenten und Monica Lewinsky
5. Dezember 1997	Monica Lewinsky wird auf die Zeugenliste im Fall *Jones* gesetzt
19. Dezember	Lewinsky wird eine Vorladung für eine eidliche Zeugenaussage zugestellt; sie wird aufgefordert, die Geschenke von Präsident Clinton vorzulegen
24. Dezember 1997	Lewinskys letzter Arbeitstag im Pentagon
28. Dezember 1997	Lewinsky trifft sich mit dem Präsidenten und erhält Geschenke; später übergibt sie Betty Currie eine Kiste mit Geschenken des Präsidenten

7. Januar 1998	Lewinsky unterschreibt ihr Affidavit, das im Fall Jones vorgelegt werden soll
13. Januar 1998	Lewinsky nimmt das Stellenangebot von Revlon in New York an
16. Januar 1998	Special Division ermächtigt Sonderermittler Kenneth W. Starr, Ermittlungen in der Sache Monica Lewinsky durchzuführen
17. Januar 1998	Eidliche Aussage des Präsidenten im Fall Jones
18. Januar 1998	Der Präsident trifft sich mit Betty Currie, um seine eidliche Aussage mit ihr zu diskutieren
21. Januar 1998	Über den Fall Monica Lewinsky wird in der Presse berichtet; der Präsident widerspricht den Behauptungen über eine sexuelle Affäre und Anstiftung zum Meineid
1. April 1998	Richterin Wright weist Klage der Paula Jones gegen Präsident Clinton zurück
17. Juli 1998	Dem Präsidenten wird eine Vorladung vor die Grand Jury zugestellt; später gegen eine Aussage zurückgezogen
28. Juli 1998	Zwischen Lewinsky und OIC wird Straffreiheit bei Zusammenarbeit vereinbart
17. August 1998	Präsident sagt vor der Grand Jury aus; später bekennt er öffentlich unziemliche Kontakte
9. September 1998	OIC legt dem Kongreß den Untersuchungsbericht gemäß 28. U.S.C. § 595 (c) vor

Namensverzeichnis

Die Hauptbeteiligten

William Jefferson Clinton, Präsident der Vereinigten
Staaten

Paula Corbin Jones, Klägerin in einem Zivilverfahren
gegen Präsident Clinton

Monica Lewinsky, frühere Praktikantin und Angestellte
im Weißen Haus

Betty Currie, Privatsekretärin des Präsidenten

Vernon Jordan, Freund von Präsident Clinton und

Partner der Kanzlei Akin, Gump, Strauss, Hauer & Feld

The First Family

Hillary Rodham Clinton, First Lady der Vereinigten
Staaten

Chelsea Clinton, Tochter des Präsidenten und der
First Lady

Präsidentenberater, Mitarbeiter

Madeline Albright, Außenministerin

Sidney Blumenthal, Berater des Präsidenten

Erskine Bowles, Stabschef im Weißen Haus

Lanny Bruer, Sonderberater des Präsidenten

Stephen Goodin, Berater von Präsident Clinton

Nancy Hernreich, stellv. Assistentin des Präsidenten und
Leiterin der Geschäfte im Oval Office

John Hilley, Assistent des Präsidenten, Monica
Lewinskys Vorgesetzter

Harold Ickes, ehem. stellv. Stabschef

Janis Kearney, Sonderberater des Präsidenten

Timothy Keating, Sonderberater des Präsidenten,
unmittelbarer Vorgesetzter von Monica Lewinsky

Ann Lewis, Pressechefin
Evelyn Lieberman, ehem. stellv. Stabschefin
Bruce Lindsey, Rechtsabteilung W. H.
Sylvia Mathews, stellv. Stabschefin
Thomas ›Mac‹ McLarty, ehem. Stabschef
Cheryl Mills, Rechtsabteilung W. H.
Dick Morris, ehem. Berater von Präsident Clinton
Bob Nash, Assistent des Präsidenten und
Leiter des Personals
Leon Panetta, ehem. Stabschef
John Podesta, ehem. Stabschef
Hon. Bill Richardson, U. S. Botschafter bei den Vereinten
Nationen
Charles Ruff, Rechtsabteilung
Marsha Scott, stellv. Personalleiterin
George Stephanopoulous, ehem. Berater
Barry Toiv, stellv. Pressechef

Weitere Angestellte im Weißen Haus
Karin Joyce Abramson, ehem. Beauftragte für
interne Angelegenheiten
Caroline Badinelli, ehem. Praktikantin
Douglas Band, ehem. Praktikant
Tracy Anne Bobowick, ehem. Angestellte
Laura Capps, ehem. Praktikantin
Jay Footlik, ehem. Angestellte
Patrick Griffin, ehem. Berater
George Hannie, Butler
Jocelyn Jolly, ehem. Leiterin Koordination
Maureen Lewis, ehem. Angestellte
Glen Maes, Steward
Bayani Nelvis, Steward
Charles O'Malley, stellv. Leiter der Geschäfte
Jennifer Palmieri, ehem. Assistentin des Stabschefs

Debra Schiff, West Wing Lobby
Jamie Beth Schwartz, ehem. Assistentin
Patsy Thomasson, Leiterin der Verwaltung
Kathleen Willey, ehem. Volontärin
Michael Williams, ehem. Praktikant

Angestellte des Verteidigungsministeriums
Kenneth Bacon, Assistent; Monica Lewinskys
Vorgesetzter im Pentagon
Elizabeth Bailey, Assistentin
Clifford Bernath, ehem. Assistent
Donna Boltz, Angestellte
Jeremy ›Mike‹ Boorda, Admiral, United States Navy
(verstorben)
Richard Bridges, Colonel, Chef der Informations-
abteilung
Rebecca Cooper, Stabschefin; Funktechnikerin im Büro
des Beauftragten für Öffentlichkeitsarbeit im Verteidi-
gungsministerium
Marsha Dimel, Angestellte; Mitarbeiterin für Personal-
und Verwaltungsangelegenheiten im Nationalen
Sicherheitsrat
Charles Duncan, ehem. Sonderberater
Kate Friedrich, Sonderberaterin
Jeff Gradick, Commander
James Graybeal, Lt. Commander
Mark Huffman, Büro für Öffentlichkeitsarbeit
Jodi Kessinger, ehem. Assistentin
Mona Sutphen, Sonderberaterin des U. S. Botschafters
bei den Vereinten Nationen
Robert Tyrer, Stabschef im Verteidigungsministerium
Isabelle Watkins, Beraterin von Bill Richardson

Monica Lewinskys Freunde/Familie/Bekannte
Andrew Bleiler, ehem. Freund
Catherine Allday Davis, Freundin
Kelly Lynn Davis, Freundin
Neysa Erbland, Freundin
Kathleen Estep, Beraterin
Deborah Finerman, Tante
David Grobanie, Besitzer des Briarwood Bookstore
Dr. Irene Kassorla, Therapeutin
Walter Kaye, Freund der Familie von Monica Lewinsky
Marcia Lewis, Mutter von Monica Lewinsky
Ashley Raines, Freundin
Peter Strauss, Ehemann von Marcia Lewis
Linda Tripp, Freundin
Natalie Rose Ungvari, Freundin
Dale Young, Freund der Familie von Monica Lewinsky

Monica Lewinskys berufliche Kontakte in New York
Celia Berk, Burson-Marstellar
Ursula Fairbairn, American Express
Peter Georgescu, Young & Rubicam
Richard Halerpin, Revlon
Barbara Naismith, American Express
Ronald Perelman, MacAndrews & Forbes
Thomas Schick, American Express

Secret Service
William C. Bordley
Gary Byrne
Daniel Carbonetti
Brent Chinery
Larry Cockell
Douglas Dragotta
Robert C. Ferguson
Lewis Fox

Mathew Fitsch Lt.
Nelson Garabito
Bryan Hall
Brian Henderson
Reginald Hightower
Oliver Janney
Greg LaDow
William Ludtke III
Tim Lynn
Lewis Merletti
John Muskett
Fremon Myles, Jr.
Robert Myrick
Gary Niedzwieki
Joe Overstreet
Steven Pape
Stacy Porter
Geoffrey Purdie
William Clair Shegogue
Barry Smith
William Tyler
Sandra Verna
Keith Williams
Michael Wilson
Bryant Withrow Lt.t

Anwälte und Richter
Kirbe Behre, Linda Tripps ehem. Anwalt
Robert Bennett, Anwalt von Präsident Clinton
Robert Bittman, Sonderermittlungsbüro
Plato Cacheris, Anwalt von Monica Lewinsky
Frank Carter, Monica Lewinskys ehem. Anwalt
Lloyd Cutler, ehem. Mitglied der Rechtsabteilung im
Weißen Haus

Mitchell Ettinger, Anwalt von Präsident Clinton
Vince Foster, ehem. Mitglied der Rechtsabteilung
im Weißen Haus
Hon. Norma Holloway Johnson, Oberrichterin am
U. S. Gericht für den District of Columbia
David Kendall, Anwalt von Präsident Clinton
Karl Metzner, Anwalt von Betty Currie
Kathy Sexton, Anwältin von Präsident Clinton
Hon. Susan Webber Wright, U. S. Bundesrichterin;
Vorsitz bei der Zivilklage Jones vs Clinton
Hon. David Tatel, Richter am U. S. Appellationsgericht
für den District of Columbia

Medien
Matt Drudge, Drudge Report
Kristen Ganong, Manager von Publications,
The Heritage Foundation
Lucianne Goldberg, Literaturagent
Michael Isikoff, Reporter, Newsweek
Jim Lehrer, TV-Journalist
Eleanor Mondale, Reporterin, CBS News
Susan Schmidt, Korrespondentin, Washington Post

Ausländische Amtsträger
Yitzak Rabin, ehem. Ministerpräsident Israels
Ernesto Zedillo, Staatspräsident von Mexiko

Weitere Zeugen
Ron Brown, ehem. Wirtschaftsminister
Patrick Fallon, Special Agent,
Federal Bureau of Investigation
Webster L. Hubbell, Freund der Familie Clinton

I. Die Art der Beziehung von Präsident Clinton mit Monica Lewinsky

A. Einleitung

Dieser Report enthält wesentliche und glaubhafte Informationen, daß Präsident Clinton auf kriminelle Weise die Justiz behinderte, zuerst in einem Verfahren wegen sexueller Belästigung, in dem er der Angeklagte war, und dann in der Ermittlung einer Grand Jury. Der Eingangsteil des Berichts bietet einen Überblick über die Vertuschungsversuche und die sexuelle Beziehung des Präsidenten zu Miss Lewinsky. Die dann folgenden Unterabschnitte schildern chronologisch die Entwicklung der Beziehung, einschließlich der sexuellen Kontakte, die Bemühungen des Präsidenten, Miss Lewinsky eine Arbeitsstelle zu beschaffen, Miss Lewinskys Vorladung unter Strafandrohung im Fall *Jones gegen Clinton*, die Rolle von Vernon Jordan, die Gespräche des Präsidenten mit Miss Lewinsky über ihre schriftliche beeidigte Erklärung und ihre mündliche Aussage unter Eid, die eidliche Aussage des Präsidenten im Fall *Jones*, die falschen und irreführenden Aussagen gegenüber Beratern und der amerikanischen Öffentlichkeit, nachdem die Lewinsky-Story publik wurde, und schließlich die Aussage des Präsidenten vor einer Anklagejury des Bundes.

B. Beweise zur Feststellung der Art der Beziehung

1. Materieller Beweis

Der Materielle Beweis begründet schlüssig, daß der Präsident und Miss Lewinsky eine sexuelle Beziehung gehabt haben. Nach einer Kooperationsvereinbarung und Zusicherung von Straffreiheit mit dem Office of the Independent Counsel (OIC) am 28. Juli 1998, händigte Miss Lewinsky ein marineblaues Kleid aus, das sie laut Aussage während einer sexuellen Begegnung mit dem Präsidenten am 28. Februar 1997 getragen hatte. Laut Miss Lewinsky bemerkte sie Flecken auf dem Kleid, als sie es beim nächsten Mal aus ihrem Schrank nahm. Wegen der Stelle der Flecken vermutete sie, daß es sich um Sperma des Präsidenten handelt (1).

Erste Untersuchungen ergaben, daß die Flecken tatsächlich Sperma sind (2). Auf Grund des Untersuchungsergebnisses ersuchte das OIC den Präsidenten um eine Blutprobe. (3) Nach Rückfrage und der Versicherung des OIC, daß es eine beweiserhebliche Basis für das Gesuch hatte, stimmte der Präsident zu. (4) Am 3. August 1998 entnahm der Arzt des Weißen Hauses dem Präsidenten in Anwesenheit eines FBI-Agenten und eines OIC-Anwalts eine Phiole Blut.(5) Nach zwei Standard-DNS-Vergleichstests gelangte das FBI-Labor zu dem Ergebnis, daß der Präsident die Quelle des genetischen Fingerabdrucks von dem Kleid war. (6) Laut dem empfindlicheren RFLP-Test sind die genetischen Merkmale der Spermien, die zum DNS-Test des Präsidenten passen, charakteristisch für einen von 7,87 Trillionen Weißen. (7)

Zusätzlich zu dem Kleid übergab Miss Lewinsky Bänder ihres – wie sie sagte – Anrufbeantworters, die kurze

Botschaften des Präsidenten enthalten, und einige Geschenke des Präsidenten.

2. Miss Lewinskys Aussagen

Miss Lewinsky wurde umfassend über ihre Beziehung mit dem Präsidenten befragt. Für die erste Einschätzung ihrer Glaubwürdigkeit unterzog sie sich am 27. Juli 1998 einem detaillierten »freiwilligen« Gespräch. (8) Nach der Kooperationsvereinbarung wurde sie über einen Zeitraum von ungefähr 15 Tagen befragt. Sie machte auch dreimal Aussagen unter Eid: zweimal vor der Grand Jury, und – wegen der persönlichen und heiklen Natur besonderer Themen einmal schriftlich als beeidete Erklärung. Zusätzlich arbeitete Miss Lewinsky mit Anklägern und Ermittlern zusammen, um eine elfseitige Liste zu erstellen, in der ihre Kontakte mit Präsident Clinton chronologisch aufgeführt sind, einschließlich Treffen, Telefonanrufen, Geschenken und Botschaften. (9) Miss Lewinsky bestätigte zweimal die Richtigkeit der Liste unter Eid. (10)

Nach der Einschätzung von erfahrenen Anklagevertretern und Ermittlern hat Miss Lewinsky wahre Informationen geliefert. Sie hat den Präsidenten nicht fälschlich beschuldigt. Sie hat ausgesagt, ihm zu schaden »ist das Letzte in der Welt, was ich tun möchte.« (11)

Überdies schließen die Zusicherung der Straffreiheit und die Kooperationsvereinbarung mit Miss Lewinsky Sicherheitsklauseln ein, um sicherzustellen, daß sie die Wahrheit sagt. Vom Gericht angeordnete Straffreiheit und schriftliche Vereinbarungen zur Zusicherung von Straffreiheit führen oftmals dazu, daß der Zeuge nur wegen falscher Aussagen angeklagt werden kann, die während der Zeit der Zusammenarbeit gemacht wurden, und nicht wegen der zugrundeliegenden Straftat. Die Vereinbarung des OIC geht weiter und stellt sicher, daß Miss Lewinsky die Straffreiheit völlig verlieren wird, wenn die Regierung durch einen Bundesrichter beweisen kann – durch ein Übergewicht des Beweismaterials, nicht durch den höheren Standard berechtigter Zweifel –, daß sie gelogen hat. Ferner stellt die Vereinbarung sicher, daß die Vereinigten Staaten im Verlauf einer solchen Anklage die von Miss Lewinsky während der Zusammenarbeit gemachten Aussagen in die Beweisaufnahme einbeziehen können. Da Miss Lewinsky in ihrem freiwilligen Gespräch und bei Befragungen zugegeben hat, daß sie gegen das Gesetz verstieß, hat sie einen starken Ansporn, die Wahrheit zu sagen. Wenn sie das nicht tut, wäre es relativ einfach, die Zusicherung der Straffreiheit aufzuheben, sie anzuklagen und ihre eigenen Eingeständnisse gegen sie zu verwenden.

3. Miss Lewinskys Vertraute

Zwischen 1995 und 1998 zog Miss Lewinsky 11 Personen über ihre Beziehung mit dem Präsidenten ins Vertrauen. Alle sind vom OIC befragt worden, hauptsächlich vor einer Grand Jury des Bundes:

Andrew Bleiler, Catherine Allday Davis, Neysa Erbland, Kathleen Estep, Deborah Finerman, Dr. Irene Kassorla, Marcia Lewis, Ashley Raines, Linda Tripp, Natalie Ungvari und Dale Young. (12) Miss Lewinsky erzählte den meisten dieser Vertrauten über Ereignisse in ihrer Beziehung mit dem Präsidenten zum Zeitpunkt des Geschehens, manchmal in beträchtlichen Einzelheiten.

Einige von Miss Lewinskys Aussagen über die Beziehung wurden gleichzeitig aufgezeichnet. Dies schließt gelöschte E-Mails ein, die von ihrem Computer zu Hause und ihrem Computer im Pentagon wiederhergestellt wurden, E-Mail-Botschaften, die von zwei Empfängern behalten worden waren, Tonbandaufzeichnungen von einigen von Miss Lewinskys Unterhaltungen mit Miss Tripp und Notizen, die Miss Tripp während einigen ihrer Gespräche machte. Die Notizen von Miss Tripp, die äußerst erhärtend gewesen sind, beziehen sich besonders auf Orte, Daten und Zeiten von körperlichen Kontakten zwischen dem Präsidenten und Miss Lewinsky. (13)

Jeder, dem Miss Lewinsky Einzelheiten anvertraute, glaubte, daß sie über ihre Beziehung mit dem Präsidenten die Wahrheit sagte. Miss Lewinsky erzählte ihrer Psychologin, Dr. Irene Kassorla, über die Affäre kurz nach deren Beginn. Danach berichtete sie Einzelheiten von sexuellen Begegnungen kurz nachdem sie sich ereignet hatten. (Manchmal rief sie von ihrem Büro im Weißen Haus aus an). (14) Miss Lewinsky zeigte laut Dr. Kassorla keine Anzeichen auf wahnhaftes Denken, und Dr. Kassorla hatte keinerlei Zweifel an der Wahrheit dessen, was Miss Lewinsky ihr erzählte. (15) Miss Lewinskys Freundin Catherine Allday Davis sagte aus, daß sie Miss Lewinskys Berichte über die sexuelle Beziehung mit dem Präsidenten glaubte, »weil sie mir andere Dinge in ihrem Leben anvertraut hatte... Ich vertraute einfach unserer Beziehung, und so vertraute ich ihr.« (16) Dale Young, eine Freundin, der sie sich Mitte 1996 anzuvertrauen begann, sagte aus:

Wenn sie mich angelogen hätte, dann hätte sie gesagt: »Oh, er ruft mich ständig an. Er macht wundervolle Dinge. Er kann es nicht erwarten, mich zu sehen.« Sie hätte die Geschichte ausgeschmückt. Wissen Sie, sie hätte mir nicht erzählt: »Er hat mir gesagt, er würde mich anrufen, ich habe das ganze Wochenende zu Hause gewartet und nichts getan, und er rief nicht an, und dann meldete er sich zwei Wochen lang nicht telefonisch.« (17)

4. Dokumente

Zusätzlich zu ihren Äußerungen und E-Mails an Freundinnen und Freunde schrieb Miss Lewinsky eine Reihe von Dokumenten, darunter Briefe und Briefentwürfe an den Präsidenten. Zu diesen Dokumenten zählen (i) Papiere, die bei einer auf mündlicher Übereinkunft beruhenden Durchsuchung ihrer Wohnung gefunden wurden; (ii) Papiere, die Miss Lewinsky im Anschluß an ihre Kooperationsvereinbarung aushändigte, einschließlich eines Kalenders mit eingekreisten Daten, wann sie sich mit dem Präsidenten 1996 und 1997 getroffen oder mit ihm telefoniert hat; und (iii) Dateien, die aus Miss Lewinskys Computern zu Hause und im Pentagon wiederhergestellt wurden.

5. Übereinstimmung und Erhärtung

Die Einzelheiten von Miss Lewinskys vielen Aussagen wurden geprüft, von verschiedenen Gesichtspunkten aus überprüft und erhärtet. Als die Verhandlungen mit Miss Lewinsky im Januar und Februar 1998 nicht zu einer Übereinkunft führten, fuhr das OIC mit einer umfassenden Ermittlung fort, die eine große Menge von beweiserheblichen Tatsachen ergab.

Im Juli und August 1998 brachten die Umstände direktere und zwingendere Beweise für die Ermittlung. Nachdem Beamte und Agenten des Secret Service über ihre Beobachtungen des Präsidenten und Miss Lewinsky im Weißen Haus aussagten, stimmte Miss Lewinsky zu, sich einer freiwilligen Befragung unterziehen zu lassen (vorherige Verhandlungen waren wegen ihrer Weigerung an einem toten Punkt angelangt), und nach Einschätzung ihrer Glaubwürdigkeit bei dieser Sitzung trat das OIC in eine Kooperationsvereinbarung mit ihr ein. Gemäß Kooperationsvereinbarung übergab Miss Lewinsky das Kleid, das Spuren vom Sperma des Präsidenten enthielt, wie sich herausstellte. Und der Präsident, der sechs Ersuchen zur Aussage abgewiesen hatte, stimmte schließlich zu, vor der Grand Jury auszusagen. Bei dieser Aussage unter Eid gab er zu, »unziemlichen intimen Kontakt« mit Miss Lewinsky gehabt zu haben.

Wegen der Art, in der sich die Ermittlung entwickelte, war eine große Anzahl von Beweismitteln verfügbar, um Miss Lewinskys Aussagen während ihrer freiwilligen Befragung und ihrer späteren Kooperation zu überprüfen und zu verifizieren. Als Folge wurden Miss Lewinskys Aussagen in einem bemerkswerten Maße erhärtet. Ihre detaillierte Aussagen vor der Grand Jury und dem OIC im Jahre 1998 stimmen überein mit Aussagen ihrer Vertrauten im Jahre 1995, mit Dokumenten, die sie erstellte, und dem Materiellen Beweis. (18) Überdies passen ihre Einlassungen im allgemeinen zu den Aussagen von Personal des Weißen Hauses; zu den Aussagen von Agenten und Beamten des Secret Service; und zu den Aufzeichnungen des Weißen Hauses, in denen Miss Lewinskys Betreten und Verlassen des Gebäudes, der Aufenthaltsort des Präsidenten und seine Telefonate festgehalten sind.

C. Sexuelle Kontakte

1. Die Einlassungen des Präsidenten

a. Aussage im Fall Jones

In der zu Protokoll gegebenen eidlichen Aussage des Präsidenten vom 17. Januar 1998 leugnet der Präsident, »eine sexuelle Affäre«, »sexuelle Beziehungen« oder »eine längere sexuelle Beziehung« mit Miss Lewinsky gehabt zu haben. (19) Er gab zu Protokoll: »Es gibt dort keine Vorhänge im Oval Office, es gibt keine Vorhänge in meinem Arbeitszimmer, es gibt keine Vorhänge oder Rollos, die geschlossen werden können, in meinem privaten Eßzimmer«, und fügte hinzu: »Ich habe alles getan, was ich konnte, um die Art Fragen, die Sie mir heute hier stellen, zu vermeiden. . .« (20)

Während der eidlichen Aussage versuchte der Anwalt des Präsidenten, Robert Bennett, die Befragung über Miss Lewinsky zu beschränken. Mr. Bennett sagte Richterin Susan Webber Wright, er habe eine schriftliche eidliche Erklärung ausgefertigt, die im Besitz von Miss Jones' Anwälten sei und in der es heiße, es habe absolut keinen Sex jedweder Art oder Form mit Präsident Clinton gegeben. Bei einer anschließenden Unterredung mit Richterin Wright erklärte Mr. Bennett, daß dem Zeugen auf Grund seiner (Präsident Clintons) Vorbereitung auf diese eidliche Aussage Miss Lewinskys eidliche Erklärung völlig bewußt sei.« (21) Der Präsident bezweifele nicht die Behauptung seines juristischen Vertreters, daß der Präsident und Miss Lewinsky »absolut keinen Sex jedweder Art und Form« gehabt haben. Ebensowenig bezweifle er die natürliche Folgerung aus Miss Lewinskys eidlicher Erklärung, in der sie »eine sexuelle Beziehung« bestritt und behauptete, daß es »absolut keinen Sex jedweder Art oder Form« gegeben habe. Bei der anschließenden Befragung durch seinen Anwalt sagte Präsident Clinton unter Eid aus, daß Miss Lewinskys schriftliche eidliche Erklärung »absolut wahr« sei.

b. Aussage vor der Grand Jury

Bei der Aussage vor der Grand Jury am 17. August 1998, sieben Monate nach seiner zu Protokoll gegebenen eidlichen Aussage im Fall *Jones*, gab der Präsident unziemlichen intimen Kontakt« mit Miss Lewinsky zu, behauptete jedoch, daß seine eidliche Aussage vom Januar richtig gewesen sei. (23) In seiner Einlassung: »Was als eine Freundschaft begann (mit Miss Lewinsky), wurde das, was dieses Verhalten einschloß.« (24) Er sagte, er erinnerte sich, »daß ich sie kennenlernte oder meine erste richtige Unterhaltung mit ihr im November '95 hatte, als die Regierung während des Haushaltsstreits mit dem Kongreß lahmgelegt war.« Laut Präsident geschah der unziemliche Kontakt später (nachdem Miss Lewinskys Praktikum beendet war), »Anfang 1996 und einmal Anfang 1997.« (25)

Der Präsident weigerte sich, Fragen über die genaue Art seiner intimen Kontakte mit Miss Lewinsky zu beantworten, aber er erklärte sein früheres Leugnen. (26) Zu seinem Leugnen in der zu Protokoll gegebenen eidlichen Aussage im Fall *Jones*, daß er und Miss Lewinsky eine »sexuelle Beziehung« gehabt hatten, behauptete der Präsident, daß es keine sexuelle Beziehung ohne Geschlechtsverkehr geben kann, ungeachtet dessen, welche anderen sexuellen Aktivitäten es geben mag. Er erklärte, daß »die meisten normalen Amerikaner« diese Unterscheidung machen würden (27).

Der Präsident behauptete ebenfalls, daß keiner seiner sexuellen Kontakte mit Miss Lewinsky »sexuelle Beziehungen« in der Definition, die in der eidlichen Aussage im Fall *Jones* benutzt worden war, gewesen sei. (28) Diese Definition besagt:

»Eine Person läßt sich auf eine ›sexuelle Beziehung‹ ein, wenn sie zu Kontakt von Genitalien, Anus, Leisten, Brust, Innenseite der Schenkel oder Gesäß einer anderen Person auffordert oder selbst ausführt in der Absicht, bei dieser Person sexuelles Verlangen zu erregen oder zu befriedigen ... ›Kontakt‹ bedeutet absichtliches Berühren, entweder direkt oder durch Kleidung.« (29)

Nach dem, was der Präsident als sein Verständnis dieser Definition aussagte, deckt sie »Kontakt mit der Person, die eine beeidigte Erklärung abgibt« mit den aufgezählten Bereichen ab, wenn der Kontakt mit der Absicht, zu erregen oder zu befriedigen stattgefunden hat«, aber sie schließt nicht Oralsex ein, der durch die Person, die eine beeidigte Erklärung abgab, stattgefunden hat. (30) Er sagte aus:

»Wenn der unter Eid aussagende Zeuge die Person ist, bei der Oralsex ausgeführt wurde, dann ist es kein Kontakt mit irgend etwas auf dieser Liste, sondern mit den Lippen einer anderen Person. Es versteht sich von selbst, was es ist ... Lassen Sie mich daran erinnern, Sir, daß ich dies sorgfältig gelesen habe.« (31)

Nach Ansicht des Präsidenten würde »jede Person,

vernünftige Person« erkennen, daß Oralsex, ausgeführt an der unter Eid aussagenden Person, nicht auf die Definition zutrifft. (32)

Wenn Miss Lewinsky Oralsex bei dem Präsidenten ausübte – unter dieser Interpretation – ging sie eine sexuelle Beziehung ein, er jedoch nicht. Der Präsident weigerte sich, die Frage zu beantworten, ob Miss Lewinsky tatsächlich Oralsex bei ihm praktiziert hat. (33) Er sagte aus, daß direkter Kontakt mit Miss Lewinskys Brüsten oder Genitalien unter die Definition fallen würde, und er leugnete, irgendeinen solchen Kontakt gehabt zu haben. (34)

2. Miss Lewinskys Einlassungen

In seiner Aussage vor der Grand Jury verließ sich der Präsident stark auf eine besondere Interpretation von »sexuellen Beziehungen«, wie sie in der eidlichen Aussage im Fall *Jones* definiert ist. Über sein Beharren darauf hinaus, daß sein Verhalten nicht unter die Definition im Fall *Jones* falle, weigerte er sich, Fragen über die Art seines körperlichen Kontakts mit Miss Lewinsky zu beantworten, und zwang somit die Grand Jury, seine Schlußfolgerung zu akzeptieren, ohne in der Lage zu sein, die zugrundeliegenden Fakten zu untersuchen. Diese Strategie – offenbar ein Versuch, mögliche Spuren von Sperma des Präsidenten auf Miss Lewinskys Kleid zu erklären, ohne seine Position zu untergraben, daß er bei der eidlichen Aussage im Fall *Jones* nicht gelogen hatte – erzwingt, daß dieser Report Beweismaterial expliziter Art bekanntmacht, das andernfalls weggelassen worden wäre.

Angesichts der Aussage des Präsidenten sind Miss Lewinskys Einlassungen zu ihren sexuellen Begegnungen aus zweierlei Gründen unerläßlich. Erstens, die Einzelheiten und die Beschaffenheit dieser Einlassungen tragen dazu bei, Miss Lewinskys Glaubwürdigkeit zu stärken. Zweitens – und besonders wichtig – widerspricht Miss Lewinsky dem Präsidenten bei einer Schlüsselfrage. Laut Miss Lewinsky berührte der Präsident ihre Brüste und Genitalien – was bedeutet, daß sein Verhalten der Definition sexueller Beziehungen im Fall *Jones* sogar nach seiner Theorie entsprach. Deshalb kann der Beweis für den Meineid des Präsidenten nicht erbracht werden ohne detaillierte, deutliche und möglicherweise anstößige Beschreibungen der sexuellen Begegnungen.

Laut Miss Lewinsky hatten sie und der Präsident zehn sexuelle Begegnungen, acht während der Zeit ihrer Beschäftigung im Weißen Haus und zwei danach. (35) Die sexuellen Begegnungen fanden im allgemeinen im oder nahe beim privaten Arbeitszimmer hinter dem Oval Office statt – meistens im fensterlosen Flur außerhalb des Arbeitszimmers (36). Während vieler ihrer sexuellen Begegnungen lehnte der Präsident an der Tür des Badezimmers gegenüber vom Arbeitszimmer, was seine Rückenschmerzen linderte, wie er Miss Lewinsky erzählte.

Miss Lewinsky sagte aus, ihre körperliche Beziehung mit dem Präsidenten schloß Oralsex ein, jedoch keinen Geschlechtsverkehr. (38) Laut Miss Lewinsky übte sie Oralsex bei dem Präsidenten aus; er übte niemals Oralsex bei ihr aus. (39) Zuerst ließ der Präsident die Ausübung des Oralsex Miss Lewinsky zufolge nicht beenden. Nach Miss Lewinskys Ansicht war seine Weigerung darauf zurückzuführen, »daß das Vertrauen noch nicht groß genug war, weil er mich noch nicht gut genug kannte.« (40) Während ihrer letzten beiden sexuellen Begegnungen, beide 1997, ejakulierte er. (41)

Laut Miss Lewinsky führte sie bei neun Anlässen Oralsex bei dem Präsidenten aus. Bei allen neun Anlässen streichelte und küßte der Präsident ihre nackten Brüste. Er berührte ihre Genitalien, sowohl durch ihre Unterwäsche als auch direkt, und brachte sie bei zwei Anlässen zum Orgasmus. Bei einem Anlaß führte der Präsident eine Zigarre in ihre Vagina ein. Bei einem anderen Anlaß hatten sie und der Präsident kurzen Kontakt von Genitalien zu Genitalien. (42)

Während der Präsident aussagte: »Das, was als Freundschaft begann, wurde das, was das (intimen Kontakt) einschloß«, erklärte Miss Lewinsky, daß sich die Beziehung in die entgegengesetzte Richtung entwickelte. »Die emotionalen und freundschaftlichen Aspekte ... entwickelten sich nach dem Beginn unserer sexuellen Beziehung.« (43)

D. Emotionale Bindung

Als sich die Beziehung im Laufe der Zeit entwickelte, wuchs Miss Lewinskys emotionale Bindung an Präsident Clinton. Sie sagte aus: »Ich hätte nie erwartet, mich in den Präsidenten zu verlieben. Es überraschte mich, daß es geschah.« (44) Miss Lewinsky erzählte ihm von ihren Gefühlen. (45) Manchmal glaubte sie, daß er sie ebenfalls liebte. (46) Sie tauschten Zärtlichkeiten aus. »Viele Umarmungen, manchmal Händchenhalten. Er strich mir immer das Haar aus dem Gesicht.« (47) Sie nannte ihn »Hübscher«; bisweilen nannte er sie »Sweetie«, »Baby« oder »Dear«. (48)

Er sagte ihr, daß er gern mit ihr redete – sie erinnerte sich an seine Worte, daß sie beide »gefühlsgeladen und voller Feuer« seien und sie ihm das Gefühl gebe, jung zu sein. (50) Er sagte, er wünschte, mehr Zeit mit ihr verbringen zu können. (51)

Miss Lewinsky erzählte Vertrauten von der emotional stärker werdenden Bindung, während sich die Beziehung entwickelte. Laut ihrer Mutter, Marcia Lewis, sagte der Präsident einmal Miss Lewinsky, sie sei von »verschiedenen Männern viel gekränkt oder sonst etwas worden, und er wäre ihr Freund oder er würde ihr helfen, ihr nicht weh tun.« (52) Laut Miss Lewinskys Freundin Neysa Erbland vertraute Präsident Clinton Miss Lewinsky einmal an, er wisse noch nicht, ob er nach Auszug aus dem Weißen Haus verheiratet bleiben werde. Er sagte im wesentlichen: »Wer weiß, was in vier Jahren geschehen wird, wenn ich aus dem Amt bin?« Miss Lewinsky nahm, laut Miss Erbland, an daß sie »vielleicht seine Frau sein würde.« (53)

E. Gespräche und telefonische Nachrichten

Miss Lewinsky sagte aus, daß sie und der Präsident »gern miteinander redeten und beieinander waren.« In ihrer Erinnerung »erzählten wir uns Witze. Wir sprachen über unsere Kindheit, redeten über Tagesereignisse. Ich erzählte ihm stets meine dümmsten Ideen, was in der Administration getan werden sollte oder welche Dinge ich anders sah.« (54) Eine von Miss Lewinskys Freundinnen sagte aus, er (der Präsident) »erzählte von seiner Kindheit und der Jugend, und sie (Miss Lewinsky) schilderte Episoden aus ihrer Kindheit und Jugend. Ich nehme an, es waren normale Gespräche, die man mit jemand führt, den man besser kennenlernen will. « (55)

Die längeren Unterhaltungen fanden oftmals nach ihrem sexuellen Kontakt statt. Miss Lewinsky sagte aus:

»Als ich dort arbeitete (im Weißen Haus)... begannen wir hinten (im oder nahe beim Arbeitszimmer) und unterhielten uns, und dort waren wir körperlich intim, und für gewöhnlich endete es mit einer Art Bettgeflüster... bei dem wir im Oval Office saßen.« (56) Bei mehreren Treffen unterhielten sie sich im Oval Office oder im Bereich des Arbeitszimmers, wenn sie nicht sexuell intim waren. (57)

Außer ihren persönlichen Treffen telefonierte Miss Lewinsky laut ihrer Aussage ungefähr fünfzigmal mit dem Präsidenten, oftmals nach 22 Uhr und manchmal weit nach Mitternacht. (58) Der Präsident meldete die Gespräche selbst an oder ließ sie während der Arbeitsstunden von seiner Sekretärin, Betty Currie, anmelden; Miss Lewinsky konnte nicht direkt mit ihm telefonieren, doch sie erreichte ihn manchmal durch Miss Currie. (59) Miss Lewinsky sagte aus: »Wir verbrachten Stunden mit Gesprächen am Telefon.« (60) Ihre Telefonate waren »ähnlich den persönlichen Gesprächen, einfach wie es uns ging. Es gab viele Gespräche über meinen Job, als ich versuchte, wieder ins Weiße Haus zu kommen und als ich mich entschied, nach New York umzuziehen... Wir sprachen über alles unter der Sonne.« (61) Zehn bis fünfzehnmal hatten sie und der Präsident Telefonsex. (62) In einer späten Nacht schlief der Präsident nach dem Telefonsex mitten im Gespräch ein.

Viermal hinterließ der Präsident sehr kurze Nachrichten auf Miss Lewinskys Anrufbeantworter, obwohl er sagte, er mache das ungern, weil (wie sie sich erinnerte) er »das Gefühl hatte, daß es ein wenig unsicher« war. (64) Sie bewahrte seine Nachrichten auf und spielte die Bänder mehreren Vertrauten vor, die sagten, sie glaubten, daß es die Stimme des Präsidenten war. (65)

Am Telefon und persönlich haben – so Miss Lewinsky – sie und der Präsident manchmal Streit gehabt. Bei einer

Reihe von Anlässen im Jahre 1997 beschwerte sie sich, daß er sie vom Pentagon nicht zur Arbeit ins Weiße Haus zurückgeholt hatte, obwohl er versprochen hatte, es nach der Wahl zu tun. (66) Bei einem persönlichen Treffen am 4. Juli 1997 tadelte der Präsident sie wegen eines Briefes, den sie ihm geschickt und in dem sie ihm indirekt das Ende ihrer Beziehung angedroht hatte. (67) Während eines Streits am 6. Dezember 1997 sagte der Präsident laut Miss Lewinsky, »er sei nie so schlecht von jemand behandelt worden wie ich ihn behandelt hätte«, und fügte hinzu, »er verbringe mehr Zeit mit mir als mit jemand sonst auf der Welt, abgesehen von seiner Familie, den Freunden und dem Stab, wobei ich nicht genau wußte, zu welcher Kategorie ich gehörte.« (68)

Bei seiner Aussage vor der Grand Jury bestätigte der Präsident, daß er und Miss Lewinsky persönliche Gespräche geführt haben, und er gab zu, daß ihre Telefonate manchmal »unschickliche sexuelle Scherze« enthalten hatten. (69). Der Präsident sagte, Miss Lewinsky habe ihm von »ihrem persönlichen Leben« erzählt, »von ihrer Jugendzeit« und ihren »Job-Ambitionen«.(70) Nach der Beendigung ihrer intimen Beziehung im Jahre 1997 sagte er, er habe versucht, »Miss Lewinsky ein Freund zu sein, ein Berater, um ihr guten Rat und Hilfe zu geben.« (71)

F. Geschenke

Miss Lewinsky und der Präsident tauschten zahlreiche Geschenke aus. Nach ihrer Schätzung schenkte sie ihm ungefähr 30 Dinge, und er ihr ungefähr 18. (72) Miss Lewinskys erstes Geschenk für ihn war ein Gedicht, das sie und andere Praktikanten des Weißen Hauses zur Erinnerung an den »National Boss Day« am 24. Oktober 1995 schenkten. (73) Dies ist das einzige in den Akten des Weißen Hauses Vermerkte, das Miss Lewinsky (laut ihrer Aussage) dem Präsidenten vor dem Beginn der sexuellen Beziehung schenkte, und die einzige Sache, die er in die Archive schickte, anstatt sie zu behalten. (74) Am 20. November – laut Miss Lewinsky fünf Tage nach dem Beginn der intimen Beziehung – schenkte sie ihm eine Krawatte, die er behielt und trug, anstatt sie in die Archive zu schicken. (75) Laut Miss Lewinsky rief der Präsident sie in der Nacht nach dem Erhalt der geschenkten Krawatte an und schickte dann ein Foto von sich, auf dem er sie trug. (76). Die Krawatte wurde laut Vorschrift des Weißen Hauses als eines der Geschenke für den Präsidenten registriert. (77)

In einem Briefentwurf vom Dezember 1997 für den Präsidenten schrieb Miss Lewinsky, sie sei »sehr wählerisch bei Geschenken und könne sie nie einem anderen geben – sie wurden alle mit dem Gedanken an Dich gekauft.« (78) Viele der etwa 30 Geschenke, die sie dem Präsidenten machte, spiegelten sein Interesse an Geschichte, Antiquitäten, Zigarren und Fröschen wider. Miss Lewinsky schenkte ihm unter anderem sechs Krawatten, einen antiken Briefbeschwerer in Form des Weißen Hauses, ein silbernes Etui für Zigarren und Zigaretten, eine Sonnenbrille, ein Freizeithemd, einen Krug mit der heraldischen Bemalung »Santa Monica«, eine Frosch-Figurine, einen Brieföffner in Form eines Frosches, verschiedene Romane, ein humorvolles Buch mit Zitaten und mehrere antike Bücher. (79) Er schenkte ihr unter anderem eine Hutnadel, zwei Broschen, eine Decke, eine Bären-Figurine aus Marmor und eine Sonderausgabe von Walt Whitman's *Leaves of Grass*. (80) Miss Lewinsky wertete es als ein Zeichen von Zuneigung, wenn der Präsident eine Krawatte oder ein Kleidungsstück trug, das sie ihm geschenkt hatte. Sie sagte aus: »Ich pflegte ihm zu sagen, daß es mir gefällt, wenn er meine Krawatten trägt, weil ich dann weiß, daß ich nahe an seinem Herzen bin – buchstäblich und bildlich.« (81) Der Präsident war sich laut Miss Lewinsky ihrer Reaktion bewußt, und er trug manchmal eines der Geschenke, um sie zu beruhigen – hin und wieder an dem Tag, an dem sie ein Treffen geplant hatten oder am Tag nach einem persönlichen Treffen oder einem Telefonat. (82) Der Präsident fragte sie manchmal »Hast du gesehen, daß ich gestern deine Krawatte getragen habe?« (83)

Bei seiner Aussage vor der Grand Jury gab der Präsident zu, daß er eine Reihe von Geschenken mit Miss Lewinsky ausgetauscht hatte. Nach dem Ende ihrer intimen Beziehung im Jahre 1997 machte sie ihm laut seiner Aussage »weiterhin Geschenke, und ich hielt es für das Richtige, ihre Geschenke zu erwidern.« (84)

G. Nachrichten

Laut Miss Lewinsky schickte sie dem Präsidenten eine Reihe von Karten und Briefen. In einigen drückte sie Ärger darüber aus, daß er ihr »nicht genug Aufmerksamkeit« schenkte; in anderen schrieb sie, sie vermisse ihn; wiederum andere schickte sie ihm einfach, »wenn ich eine lustige Karte sah«. (85) Anfang Januar 1998 schickte sie ihm, zusammen mit einem antiken Buch über amerikanische Präsidenten, »einen peinlich sentimentalen Brief.« (86) Sie sagte aus, der Präsident habe ihr nie irgendwelche Karten oder Briefe außer den förmlichen Dankschreiben geschickt. (87)

Bei seiner Aussage vor der Grand Jury gab der Präsident zu, auch nach dem Ende der intimen Beziehung Karten und Briefe von Miss Lewinsky erhalten zu haben, die »ein wenig intim« und »ziemlich liebevoll« gewesen seien.

H. Verheimlichung

1. Gegenseitiges Einvernehmen

Sowohl Miss Lewinsky als auch der Präsident sagten aus, daß sie sich bemühten, die Beziehung geheimzuhalten. Laut Miss Lewinsky betonte der Präsident gleich von Anfang an, wie wichtig es wäre, die Beziehung geheimzuhalten. In ihrem handschriftlichen Statement an dieses Büro (OIC) erklärte Miss Lewinsky, »der Präsident hätte ihr geraten, eine Beziehung zu leugnen, wenn sie jemals dazu befragt werden würde.« Er sagte ebenfalls etwas in dem Sinne, »wenn die zwei beteiligten Personen bestreiten, daß es geschah, dann ist es nicht geschehen.« (89) Laut Miss Lewinsky hat sie der Präsident manchmal gefragt, ob sie jemand über ihre sexuelle Beziehung oder über ihren Austausch von Geschenken erzählt hatte. (90) Sie sagte ihm, »daß ich es immer leugnen, ihn immer schützen würde«, und er reagierte beifällig. (91) Sie hatten beide laut Miss Lewinsky ein »gegenseitiges Einvernehmen«, daß sie das »für sich behalten, also leugnen würden und... die nötigen Schritte unternehmen würden, um es geheimzuhalten. (92) Als sie und der Präsident unter Strafandrohung vorgeladen wurden, im Fall *Jones* auszusagen, ging Miss Lewinsky davon aus, daß »wir diese Beziehung wie bei jedem anderen Anlaß und jedem anderen Fall leugnen würden.« (93)

Bei seiner Aussage vor der Grand Jury bestätigte der Präsident seine Bemühungen, das Verhältnis geheimzuhalten. (94) Er sagte, er wolle nicht, daß die Fakten ihrer Beziehung »in irgendeinem Kontext« aufgedeckt werden, und er fügte hinzu: »Ich wollte gewiß nicht, daß dies herauskommt, wenn ich es vermeiden konnte. Und ich war beunruhigt deswegen. Es war mir peinlich. Ich wußte, daß es falsch war.« (95) Auf die Frage, ob er vermeiden wollte, daß die Fakten durch Miss Lewinskys Aussage im Fall *Jones* herauskam, sagte er: »Nun, ich wollte nicht, daß sie aussagen und dies durchmachen muß. Und natürlich wollte ich nicht, daß sie dies tut, natürlich nicht.« (96)

2. Vertuschungsgeschichten

Für ihre Besuche beim Präsidenten gab es laut Miss Lewinsky, »stets irgendeine Art Tarnung.« (97) Wenn sie den Präsidenten besuchte, während sie im Weißen Haus arbeitete, plante sie im allgemeinen, jedem, der fragte, zu erzählen (einschließlich Beamten und Agenten des Secret Service), sie überbringe dem Präsidenten Schriftstücke. (98) Miss Lewinsky erklärte, daß diese List vielleicht entstand, als »ich dort hinging und sagte: ›Oh, hier sind Ihre Briefe‹, Zwinker, Zwinker, Zwinker, und er sagte: ›Okay, das ist gut‹.« (99) Um ihre Geschichten zu untermauern, nahm sie im allgemeinen eine Unterschriftenmappe mit zu diesen Besuchen. (100) (In Wahrheit, so Miss Lewinsky, verlangte ihre Arbeit nie, daß sie dem Präsi-

denten Papiere brachte.) (101) Bei einigen Anlässen
während ihrer Arbeit im Weißen Haus arrangierten es
Miss Lewinsky und der Präsident, daß sie sich auf dem
Flur scheinbar zufällig trafen; er lud sie dann ein, ihn
zum Oval Office zu begleiten. (102) Später, als sie das
Weiße Haus verlassen hatte und im Pentagon arbeitete,
verließ sich Miss Lewinsky darauf, daß Miss Currie Ter-
mine vereinbarte, an denen sie den Präsidenten besuchen
konnte. Diese Besuche wurden mit der Geschichte ver-
tuscht, daß Miss Lewinsky Miss Currie besuchte, nicht
den Präsidenten. (103)

Der Präsident wies sie – laut Miss Lewinsky – nicht
ausdrücklich an, zu lügen, schlug jedoch irreführende
Vertuschungsgeschichten vor. (104) Und als sie ihm versicherte, daß sie plante, die Beziehung abzustreiten, reagierte er zustimmend. Bei den verschiedenen Anlässen,
an denen Miss Lewinsky ihm versprach, sie würde die
Beziehung »immer abstreiten« und »ihn immer schützen«, reagierte der Präsident in ihrer Erinnerung zum
Beispiel mit: »Das ist gut« – oder mit etwas Vergleich-
barem . . . Er sagte nicht: »Streite es nicht ab.« (105) Als sie
als mögliche Zeugin im Fall Jones genannt wurde, erinnerte der Präsident sie – nach Miss Lewinskys Erinnerung – an ihre Vertuschungsgeschichten. Nachdem der
Präsident ihr gesagt hatte, daß sie eine mögliche Zeugin
sei, schlug er vor, wenn sie unter Strafandrohung vorgeladen werde, könnte sie eine schriftliche beeidigte
Erklärung (Affidavit) abgeben, damit sie nicht aussagen
mußte. Er sagte ihr ebenfalls, sie könne sagen, daß sie
ihm während ihrer Arbeit im Weißen Haus manchmal
Post gebracht hätte und dann nach Beendigung des Jobs
im Weißen Haus manchmal zurückgekehrt wäre, um
Miss Currie zu besuchen. (106) (Die eigene Aussage des
Präsidenten im Fall *Jones* spiegelt die Empfehlungen

wider, die er Miss Lewinsky für ihre Aussage gegeben hat. In seiner zu Protokoll gegebenen eidlichen Aussage sagte der Präsident aus, er hätte Miss Lewinsky im November 1995, während die Arbeit im Weißen Haus wegen des Haushaltsstreits lahmgelegt war, »zwei- oder dreimal« gesehen, »ein- oder zweimal, als sie mir einige Dokumente brachte« und »irgendwann vor Weihnachten, als Miss Lewinsky vorbeischaute, um Betty zu besuchen.« (107)

In seiner Aussage vor der Grand Jury gab der Präsident zu, daß er und Miss Lewinsky »vielleicht darüber geredet haben, was in einem ungesetzlichen Kontext« zu tun war, um ihre Beziehung zu verheimlichen, und daß er »vielleicht« gesagt hatte, sie könnte den Leuten erzählen, sie bringe ihm Post oder besuche Miss Currie.« (108) Aber er erklärte auch: »Ich habe Miss Lewinsky niemals gebeten zu lügen.« (109)

3. Schritte zur Vermeidung, gesehen oder gehört zu werden

Nach ihren ersten beiden sexuellen Begegnungen im November 1995 während des Haushaltsstreits fanden laut Miss Lewinsky ihre Begegnungen mit dem Präsidenten im allgemeinen an Wochenenden statt, wenn weniger Leute im Westflügel waren. (110) Miss Lewinsky sagte aus:

> Er hatte mir gesagt... er wäre am Wochenende für gewöhnlich da, und ich könnte ihn dann besuchen. Er rief dann an, und wir arrangierten, daß wir uns entweder wie zufällig auf dem Flur begegnen oder daß ich Schriftstücke in sein Büro bringe. (111)

Aus einigen Bemerkungen des Präsidenten schloß Miss Lewinsky, daß sie vermeiden sollte, sich von einigen Angestellten des Weißen Hauses sehen zu lassen, darunter von Nancy Hernreich, der stellvertretenden Assistentin des Präsidenten und Leiterin der Oval Office Operations, und Stephen Goodin, dem persönlichen Berater des Präsidenten. (112)

Aus Sorge, gesehen zu werden, trafen sie sich zu sexuellen Begegnungen oftmals im fensterlosen Flur vor dem Arbeitszimmer. (113) Laut Miss Lewinsky befürchtete der Präsident, daß sie durch ein Fenster des Weißen Hauses entdeckt werden könnten. Wenn sie an Abenden im Arbeitszimmer zusammen waren, schaltete er manchmal das Licht aus. (114). Einmal entdeckte er einen Gärtner vor dem Fenster des Arbeitszimmers, und sie verließen es daraufhin. (115) Miss Lewinsky sagte aus, daß am 28. Dezember 1997, »als ich meinen Weihnachtskuß« auf der Türschwelle zum Arbeitszimmer bekam, der Präsident »mit weit geöffneten Augen aus dem Fenster sah, während er sie küßte« und sie daraufhin »ärgerlich wurde, weil es nicht sehr romantisch war.« Er erwiderte: »Nun, ich habe nur Ausschau gehalten, um mich zu vergewissern, daß niemand dort draußen ist.« (116)

Die Furcht vor Entdeckung beeinträchtigte laut Miss Lewinsky ihre sexuellen Begegnungen in mehrerlei Hinsicht. Normalerweise ließ der Präsident die Tür zwischen privatem Flur und Oval Office einen Spalt offen, damit sie beide hören konnten, wenn sich jemand näherte, und jeder, der sich näherte, weniger wahrscheinlich etwas Verfängliches vermutete. (117) Während ihrer sexuellen Begegnungen, sagte Miss Lewinsky aus, »waren uns beiden die Gespräche bewußt ... manchmal biß ich in meine Hand, um keinen Krach zu machen.« (118) Einmal hielt ihr der Präsident laut Miss Lewinskys Aussage während einer sexuellen Begegnung den Mund zu, damit sie still blieb.« (*119*) Aus Sorge, abrupt gestört zu werden, entkleideten sich beide laut Miss Lewinsky niemals völlig.« (*120*)

Während der Präsident betonte, »die Tür zum Flur stand immer etwas offen«, sagte er aus, daß er versuchte, die intime Beziehung geheimzuhalten. »Ich tat, was Leute tun, wenn sie etwas Falsches machen. Ich versuchte es dort zu tun, wo keiner es sehen konnte.« (*121*)

4. Miss Lewinskys Aufzeichnungen und Briefe

Laut Miss Lewinsky drückte der Präsident Sorge über Dokumente aus, die auf eine unziemliche Beziehung zwischen ihnen hinweisen könnte. Er warnte sie vor Botschaften, die sie schickte:

> »Ein paarmal schickte ich ihm Karten oder Briefe, in denen ich Dinge schrieb, die er für zu persönlich hielt, um sie niederzuschreiben, nur für den Fall, daß sie verlorengingen oder von jemand anderem geöffnet wurden. Mehrere Male äußerte: ›Weißt du, das solltest du nicht zu Papier bringen‹.« (*122*)

Sie sagte, der Präsident habe bei ihrem letzten Gespräch, am 5. Januar 1998, Wert auf diesen Punkt gelegt, in Bezug auf einen ihrer Beschreibung nach »peinlich sentimentalen Brief«, den sie ihm geschickt hatte. (*123*) Zusätzlich drückte der Präsident gemäß Miss Lewinsky Sorge über offizielle Eintragungen aus, die Aspekte ihrer Beziehung nachweisen könnten. Sie sagte aus, sie hätte den Präsidenten zweimal gefragt, ob sie mit ihm nach oben in die Wohnräume gehen könnte. Er lehnte ab, weil jeder schriftlich registriert wird, der ihn dorthin begleitet. (124)

Der Präsident sagte vor der Grand Jury aus: »Ich erinnere mich, ihr gesagt zu haben, sie soll vorsichtig bei dem sein, was sie schreibt, denn vieles davon war schlüpfrig, und es würde peinlich sein, wenn ein anderer es lesen würde.« (125)

5. Miss Lewinskys Bewertung ihrer Bemühungen um Verheimlichung

Bei zwei aufgezeichneten Gesprächen nach ihrer Vorladung im Fall *Jones* drückte Miss Lewinsky Zuversicht aus, daß ihre Beziehung mit dem Präsidenten niemals entdeckt werden würde. (126) Sie glaubte, daß keine Aufzeichnungen sie und den Präsidenten allein im Bereich des Arbeitszimmers zeigten. (127) Ungeachtet von Beweisen würde sie in jedem Fall weiterhin die Beziehung leugnen. »Wenn jemand ins Fenster des Arbeitszimmers schaut, bin nicht ich es«, sagte sie. (128) Wenn jemand Bänder von ihren Telefonaten mit dem Präsidenten vorlegte, würde sie sie als Fälschungen bezeichnen. (129)

In einem weiteren aufgezeichneten Gespräch sagte Miss Lewinsky, sie werde besonders durch die Tatsache getröstet, daß der Präsident unter Eid aussagen würde, daß »nichts geschah.« (130) Sie sagte:

Um Ihnen die Wahrheit zu sagen, ich bin überhaupt nicht mehr so sehr besorgt, weil ich weiß, daß ich nicht in Schwierigkeiten kommen werde. Und wissen Sie, warum ich keine Probleme bekommen werde? Die Geschichte, die ich unterschrieben habe – unter Eid, ist die gleiche, die ein anderer unter Eid aussagen wird. (131)

II. Erste sexuelle Begegnungen

Monica Lewinsky begann im Juli 1995 ihr Praktikum im Weißen Haus im Büro des Stabschefs. In den folgenden Monaten in Funktionen des Weißen Hauses bekam sie Augenkontakt mit dem Präsidenten. Während der ruhenden Regierungsarbeit wegen des Haushaltsstreits im November 1995 lud der Präsident sie in sein privates Arbeitszimmer ein, wo sie sich küßten. Später an diesem Abend hatten sie eine weitere sexuelle Begegnung, eine andere zwei Tage später und eine dritte an Silvester.

A. Überblick über Monica Lewinskys Beschäftigung im Weißen Haus

Monica Lewinsky arbeitete von Juli 1995 bis April 1996 zuerst als Praktikantin und dann als Angestellte im Weißen Haus. Mit Unterstützung des Familienfreundes Walter Kaye, einem prominenten Parteien-Sponsor, erhielt sie Anfang Juli eine Praktikantenstelle, als sie 21 war. (132). Sie wurde mit der Erledigung von Korrespondenz im Büro von Stabschef Leon Panetta im alten Executive Office Building betraut. (133)

Als sich ihr Praktikum dem Ende näherte, bewarb sich Miss Lewinsky um eine bezahlte Stelle im Stab des Weißen Hauses. Sie stellte sich bei Timothy Keating, Special Assistant des Präsidenten und leitender Direktor für gesetzgebende Angelegenheiten, vor. (134) Miss Lewinsky nahm am 13. November 1995 eine Stelle als Bürokraft in Keatings Büro an, trat sie bis zum 26.

November jedoch nicht an (und setzte so ihr Praktikum fort). Sie blieb bis zum April 1996 eine Angestellte des Weißen Hauses, als sie – aus ihrer Sicht wegen der intimen Beziehung mit dem Präsidenten – vom Weißen Haus entlassen und ins Pentagon versetzt wurde. (136)

B. Erste Treffen mit dem Präsidenten

Im Monat nach dem Beginn ihres Praktikums im Weißen Haus begannen Miss Lewinsky und der Präsident das, was sie als »intensives Flirten« bezeichnete. (137) Bei Abteilungsfeiern und anderen Ereignissen stellte sie Blickkontakt mit ihm her, schüttelte ihm die Hand und stellte sich vor. (138) Als sie dem Präsidenten im Kellergeschoß des Westflügels begegnete und sich von neuem vorstellte, erwiderte er laut Miss Lewinsky, daß er bereits wisse, wer sie sei. (139) Miss Lewinsky erzählte ihrer Tante, der Präsident »fühle sich wohl hingezogen zu ihr oder wäre interessiert an ihr oder so etwas«, und sie sagte einer Freundin, die zu Besuch war, daß sie sich »zu ihm (Präsident Clinton) hingezogen fühle, in ihn verknallt sei, und ich glaube, sie erzählte mir, sie habe irgendwie seine Aufmerksamkeit gewonnen, es gebe einen gegenseitigen Blickkontakt, ein Erkennen, gegenseitige Anerkennung.« (140)

Im Herbst 1995 lähmte ein Haushaltsstreit die Bundesregierung für eine Woche, von Dienstag, dem 14. November, bis Montag, dem 20. November. (141) Nur wichtige Angestellte des Bundes hatten die Erlaubnis, während der Zwangspause zu arbeiten, und das Personal des Weißen Hauses schrumpfte für diese Woche von 430 auf

90 Personen. Praktikanten des Weißen Hauses konnten wegen ihres unbezahlten Status weiterarbeiten, und sie übernahmen eine Vielzahl zusätzlicher Aufgaben. (*142*)

Während der Zwangspause arbeitete Miss Lewinsky im Büro von Stabschef Panetta im Westflügel, wo sie Telefonate annahm und Botengänge machte. (*143*) Der Präsident kam in dieser Woche häufig in Mr. Panettas Büro und sprach manchmal mit Miss Lewinsky. (*144*) Sie beschrieb diese Begegnungen als »fortgesetztes Flirten.« (*145*) Laut Miss Lewinsky bemerkte Barry Toiv, ein Berater des Stabschefs, daß der Präsident ihr viel Zeit »von Angesicht zu Angesicht« widmete. (*146*)

C. Sexuelle Begegnung am 15. November

Miss Lewinsky sagte aus, daß ihre sexuelle Beziehung mit dem Präsidenten am Mittwoch, dem 15. November 1995 – am zweiten Tag der Einstellung des Betriebs im Weißen Haus – begann. An diesem Tag betrat sie das Weiße Haus um 13:30 Uhr, verließ es irgendwann danach (Aufzeichnungen des Weißen Hauses geben die Zeit nicht an), kehrte um 17:07 Uhr zurück und verließ es am 16. November um 00:18 Uhr. (*148*). Der Präsident hielt sich im Oval Office oder im Büro des Stabschefs auf (wo Miss Lewinsky während der Woche des Haushaltsstreits arbeitete), in fast dem gleichen Zeitraum, an dem Miss Lewinsky an diesem Abend im Weißen Haus war, von 17:01 Uhr am 15. November bis 00:35 am 16. November. (*149*)

Laut Miss Lewinsky hatten sie und der Präsident Blickkontakt, als er in den Westflügel kam, um Mr. Panetta und den stellvertretenden Stabschef, Harold Ickes, zu besuchen, und dann noch einmal später bei einer zwanglosen Geburtstagsfeier für Jennifer Palmieri, Sonderassistentin des Stabschefs. (150) Irgendwann unterhielten sich Miss Lewinsky und der Präsident allein im Büro des Stabschefs miteinander. Im Verlauf des Flirtens mit ihm hob sie ihre Kostümjacke an und zeigte ihm die Strapse, die über ihrem Höschen zu sehen waren. (151)

Auf dem Weg zur Toilette, etwa gegen 20.00 Uhr, ging sie an George Stephanopoulos' Büro vorbei. Der Präsident hielt sich allein darin auf und forderte sie mit einem Wink auf, einzutreten (152) Sie erzählte ihm, sie habe sich in ihn verknallt. Er lachte und fragte dann, ob sie sein privates Büro sehen möchte. (153) Durch eine Verbindungstür von Mr. Stephanopoulos' Büro gingen sie durch das private Eßzimmer in Richtung Arbeitszimmer neben dem Oval Office. Miss Lewinsky sagte aus: »Wir sprachen kurz miteinander und bestätigten uns sozusagen, daß eine gewisse Chemie zwischen uns existierte und wir uns zueinander hingezogen fühlten, und dann fragte er mich, ob er mich küssen könne.« (154) Miss Lewinsky sagte ja. Im fensterlosen Flur küßten sie sich. Bevor sie an ihren Schreibtisch zurückkehrte, schrieb Miss Lewinsky dem Präsidenten ihren Namen und ihre Telefonnummer auf. (155)

Ungefähr um 22 Uhr – so erinnerte sich Miss Lewinsky – sei sie allein im Büro des Stabschefs gewesen, als der Präsident zu ihr kam. (156). Er lud sie ein, sich noch einmal in ein paar Minuten in Mr. Stephanopoulos' Büro zu treffen, und sie stimmte zu. (157) (Auf die Frage, ob sie gewußt hätte, warum der Präsident sich mit ihr treffen wollte, sagte Miss Lewinsky: »Ich hatte schon eine gewisse Vorstellung, warum.« (158) Sie trafen sich in Mr. Stephanopoulos' Büro und gingen abermals in den Bereich des privaten Arbeitszimmers. (159). Diesmal brannte kein Licht im Arbeitszimmer. (160)

Laut Miss Lewinsky küßten sie und der Präsident sich.

Sie knöpfte ihre Kostümjacke auf; entweder öffnete sie ihren BH oder er hob ihren BH an; und er berührte ihre Brüste mit den Händen und dem Mund. (*161*) Miss Lewinsky sagte aus: »Ich glaube, dabei nahm er einen Anruf entgegen ... und deswegen gingen wir aus dem Flur in das hintere Büro ... Dann schob er seine Hand in mein Höschen und stimulierte mich mit der Hand im Genitalbereich.« (*162*) Während der Präsident weiterhin telefonierte (Miss Lewinsky nahm an, daß der Anrufer ein Kongreßmitglied oder ein Senator war), praktizierte sie Oralsex an ihm. (*163*) Er beendete sein Telefonat und sagte Miss Lewinsky einen Augenblick später, sie sollte aufhören. Sie erinnerte sich: »Ich sagte ihm, daß ich ... das gern beenden wollte. Und er sagte ... daß er damit warten müßte, bis er mir mehr vertrauen könnte. Und ich glaube, dann machte er einen Scherz... daß er es auf diese Weise lange nicht mehr gehabt hatte.« (*164*)

Sowohl vor als auch nach ihrem sexuellen Kontakt während dieser Begegnung unterhielten sich Miss Lewinsky und der Präsident. (*165*) Irgendwann während der Unterhaltung zupfte der Präsident an dem pinkfarbenen Praktikanten-Ausweis, der von ihrem Hals hing, und sagte, es könnte ein Problem geben. Miss Lewinsky dachte, er rede vom Zutritt – Praktikanten durften nicht unbegleitet im Westflügel sein – und darüber hinaus, daß er in einer sexuellen Beziehung mit einer Praktikantin des Weißen Hauses eine »Ungehörigkeit« erkannt hätte. (*166*)

Unterlagen des Weißen Hauses erhärten Einzelheiten von Miss Lewinskys Darstellung. Sie sagte aus, daß ihre Begegnungen mit dem Präsidenten am 15. November um etwa 20:00 Uhr und 22:00 Uhr stattgefunden haben und daß sie beide Male vom Büro des Stabschefs in den Bereich des Oval Office gingen. (*167*) Aufzeichnungen zeigen, daß der Präsident das Büro des Stabschefs um

20:12 Uhr für eine Minute besuchte und um 21:23 Uhr für zwei Minuten. Beide Male kehrte er zum Oval Office zurück. (*168*) Sie erinnerte sich, daß der Präsident während ihrer sexuellen Begegnung einen Anruf entgegennahm, und sie glaubte, daß es sich bei dem Anrufer um ein Kongreßmitglied oder einen Senator handelte. (*169*) Unterlagen des Weißen Hauses zeigen, daß der Präsident, nachdem er aus dem Büro des Stabschefs zum Oval Office zurückgekehrt war, mit zwei Kongreßmitgliedern telefonierte: mit dem Republikaner Jim Chapman von 21:25 Uhr bis 21:30 Uhr, und mit dem Republikaner John Tanner von 21:31 Uhr bis 21:35 Uhr. (*170*)

D. Sexuelle Begegnung am 17. November

Laut Miss Lewinsky hatten sie und der Präsident zwei Tage später, am Freitag, dem 17. November, eine zweite sexuelle Begegnung (immer noch während der Woche, in der wegen des Haushaltsstreits nur etwa 90 Personen im Weißen Haus arbeiteten). Sie war bis 20:56 Uhr im Weißen Haus und kam noch einmal zurück, um von 21:38 Uhr bis 22:39 Uhr dort zu bleiben. (*171*) Um 21:45 Uhr, ein paar Minuten nach Miss Lewinskys Rückkehr ins Weiße Haus, ging der Präsident vom Oval Office für eine Minute ins Büro des Stabschefs (wo Miss Lewinsky arbeitete). Dann kehrte er für eine halbe Stunde ins Oval Office zurück. Von dort ging er bis 22:34 Uhr ins Büro des Stabschefs zurück (ungefähr zu der Zeit, als Miss Lewinsky das Weiße Haus verließ), ging dann ins Oval Office und ins Erdgeschoß, bevor er sich um 22:40 Uhr in seine Wohnräume zurückzog. (*172*)

Miss Lewinsky sagte aus:
Wir arbeiteten wieder bis in den späten Abend, und
Jennifer Palmieri hatte ... zusammen mit Miss Currie
und Miss Hernreich Pizza bestellt. Und als die Pizza
geliefert wurde, ging ich hinunter, um sie zu informieren, daß die Pizza da sei, und als ich zu Miss Curries
Büro ging, stand der Präsident dort und sprach mit
einigen Leuten über irgend etwas.
Und sie alle kamen zurück zum Büro, und Mr. – ich
nehme an, es war Mr. Toiv, jedenfalls stieß jemand
unabsichtlich mit seiner Pizza an meine Jacke. Deshalb
ging ich zur Toilette, um es abzuwaschen, und als ich
aus der Toilette kam, stand der Präsident im Türrah-
men von Miss Curries Büro und sagte: »Sie können
hier hinausgehen.« (173)

Miss Lewinsky zufolge gingen sie und der Präsident in
den Bereich des privaten Arbeitszimmers. Dort, entweder im Flur oder im Badezimmer, küßten sie sich. Wie
sich Miss Lewinsky erinnerte, sagte sie ihm nach ein paar
Minuten, sie müßte zu ihrem Schreibtisch zurückgehen.
Der Präsident schlug vor, daß sie ihm einige Stücke Pizza
brachte. (174).

Ein paar Minuten später kehrte sie mit Pizza in den
Bereich des Oval Office zurück und sagte zu Miss Currie,
der Präsident hätte darum gebeten. Miss Lewinsky sagte
aus: »Sie (Miss Currie) öffnete die Tür und sagte: ›Sir, das
Mädchen mit der Pizza ist da.‹ Er bat mich herein. Miss
Currie kehrte in ihr Büro zurück, und dann gingen wir
wieder in den hinteren Bereich des Arbeitszimmers.«
(175) Mehrere Zeugen bestätigen, daß Miss Lewinsky
und der Präsident kurz allein waren, als sie ihm an diesem Abend die Pizza brachte. (176)

Miss Lewinsky sagte aus, daß sie und der Präsident

während dieses Besuchs sexuellen Kontakt hatten. (*177*) Sie küßten sich, und der Präsident berührte Miss Lewinskys nackte Brüste mit den Händen und dem Mund. (*178*) Irgendwann näherte sich Miss Currie der Tür, die zum Flur führt und einen Spalt offenstand, und kündigte dem Präsidenten einen Anruf an. (*179*) Miss Lewinsky erinnerte sich, daß der Anrufer ein Kongreßmitglied mit einem Spitznamen war. (*180*) Während der Präsident telefonierte, öffnete er laut Miss Lewinsky »den Reißverschluß seiner Hose und entblößte sich«, und sie praktizierte Oralsex. (*181*) Abermals stoppte er sie, bevor er ejakulierte. (*182*)

Während dieses Besuchs sagte der Präsident Miss Lewinsky zufolge, ihm gefalle ihr Lächeln und ihre Tatkraft. Er sagte auch: »Ich bin für gewöhnlich am Wochenende hier, niemand sonst ist da, und du kannst mich besuchen.« (*183*)

Aufzeichnungen erhärten Miss Lewinskys Erinnerung, daß der Präsident einen Anruf von einem Kongreßmitglied mit einem Spitznamen entgegennahm. Während sich Miss Lewinsky an diesem Abend im Weißen Haus aufhielt (von 21:38 Uhr bis 22:39 Uhr), telefonierte der Präsident mit einem Kongreßmitglied; er sprach von 21:53 bis 22:14 Uhr mit dem Republikaner H. L. »Sonny« Callahan. (*184*)

In Präsident Clintons eidlicher Aussage im Fall *Jones* – in der er sagte, er könnte sich an die meisten seiner Begegnungen mit Miss Lewinsky nicht erinnern – erinnerte er sich daran, daß sie während der Stillegung des Betriebes im Weißen Haus »mit einer Pizza dort« gewesen war. Bei seiner Aussage vor der Grand Jury am 17. August 1998 sagte der Präsident, seine erste »richtige Unterhaltung« mit Miss Lewinsky habe während der Woche der Einstellung des Betriebs im Weißen Haus im

November 1995 stattgefunden. Er sagte aus: »Einmal brachte sie mir spät am Abend irgendeine Pizza. Wir wechselten ein paar Worte.« (*186*)

E. Sexuelle Begegnung am 31. Dezember

Laut Miss Lewinsky hatten sie und der Präsident ihre dritte sexuelle Begegnung an Silvester. Miss Lewinsky – damals Stabsmitglied des »Office of Legislative Affairs« – war am Sonntag, dem 31. Dezember 1995, bis 13.16 Uhr im Weißen Haus; ihre Ankunftszeit ist nicht registriert. (*187*) Der Präsident hielt sich von 12:11 Uhr bis ungefähr zu dem Zeitpunkt, an dem Miss Lewinsky ging, 13:15 Uhr, im Bereich des Oval Office auf, bevor er seine Wohnräume aufsuchte.

Irgendwann zwischen 12:00 und 13:00 Uhr, erinnerte sich Miss Lewinsky, war sie im Bereich des Anrichtezimmers des privaten Eßzimmers des Präsidenten und sprach mit Bayani Nelvis, einem Steward des Weißen Hauses. Sie erzählte Mr. Nelvis, daß sie vor kurzem ihre erste Zigarre geraucht habe, und er bot ihr an, ihr eine Zigarre des Präsidenten zu schenken. In diesem Moment trat der Präsident aus dem Oval Office auf den Flur heraus und sah Miss Lewinsky. Der Präsident schickte Mr. Nelvis auf einen Besorgungsgang zu Mr. Panetta. Laut Miss Lewinsky erzählte sie dem Präsidenten, daß sie eine Zigarre geschenkt bekommen hatte. Miss Lewinsky nannte dem Präsidenten ihren Namen, denn sie hatte den Eindruck, daß er ihn in den Wochen, in denen sie sich nicht gesehen hatten, vergessen hatte. Möglicherweise deshalb, weil er sie »Kiddo« – Kleine – genannt hatte, wenn sie sich auf dem Flur begegnet waren. (*191*) Der Präsident erwiderte, er wüßte ihren Namen. Er fügte hinzu, er hätte die Telefonnummer verloren, die sie ihm gegeben hatte, und er habe versucht, sie über das Telefonbuch ausfindig zu machen. (192)

Laut Miss Lewinsky gingen sie ins Arbeitszimmer. »Und dann . . . küßten wir uns, und er hob meinen Pullover hoch und entblößte meine Brüste und liebkoste sie mit den Händen und dem Mund.« (193) Sie praktizierte Oralsex. (*194*) Wiederum unterbrach er sie, bevor er ejakulierte, weil »er mich nicht gut genug kannte oder mir noch nicht vertraute«, wie Miss Lewinsky aussagte. (*195*)

Miss Lewinsky zufolge hatte an diesem Tag eine Beamtin des Secret Service namens Sandy Dienst im Westflügel. (*196*). Aufzeichnungen zeigen, daß Sandra Verna von 07:00 Uhr bis 14.00 Uhr Dienst vor dem Oval Office hatte. (*197*)

F. Die Einlassung des Präsidenten über die Beziehung im Jahr 1995

Wie protokollarisch festgehalten, sagte der Präsident vor der Grand Jury, daß ihm Miss Lewinsky am 17. November 1995 Pizza brachte und sie »ein paar Worte« miteinander wechselten, aber er deutete nie an, daß etwas Sexuelles zwischen ihnen an diesem Zeitpunkt oder irgendeinem anderen im Jahre 1995 geschah. (*198*) Der Präsident sagte unter Eid vor der Grand Jury aus, sein Verhalten sei »falsch« gewesen und er habe »unangemessenen intimen Kontakt« mit Miss Lewinsky »bei gewissen Anlässen Anfang 1996 und einmal Anfang 1997«

gehabt. (199) Durch stillschweigendes Leugnen jedweden sexuellen Kontakts mit Miss Lewinsky im Jahre 1995 gibt der Präsident zu verstehen, daß er und Miss Lewinsky keine sexuelle Beziehung hatten, während sie Praktikantin war. (200). In der Aussage des Präsidenten begann seine Beziehung mit Miss Lewinsky als »eine Freundschaft«, die dann »später dieses Verhalten einschloß.« (201)

III. Januar bis März 1996:
Fortgesetzte sexuelle Begegnungen

Präsident Clinton und Miss Lewinsky hatten im Jahre 1996 weitere sexuelle Begegnungen im Bereich des Oval Office. Nach ihrer sechsten sexuellen Begegnung führten der Präsident und Miss Lewinsky ihr erstes längeres Gespräch. Am President's Day, dem 19. Februar, beendete der Präsident ihre sexuelle Beziehung und belebte sie am 31. März von neuem.

A. Sexuelle Begegnung am 7. Januar

Laut Miss Lewinsky hatten sie und der Präsident eine weitere sexuelle Begegnung am Sonntag, dem 7. Januar 1996. Obwohl in den Unterlagen des Weißen Hauses nicht verzeichnet ist, daß Miss Lewinsky an diesem Tag dort war, zeigen ihre Aussage und andere Beweise an, daß sie dort war. Der Präsident hielt sich laut Eintragung in den Unterlagen des Weißen Hauses die meiste Zeit des Nachmittags im Oval Office auf, von 14:13 Uhr bis 17:49 Uhr. (203)

Laut Miss Lewinsky rief der Präsident sie früh an diesem Nachmittag an. Es war sein erster Anruf bei ihr zu Hause. (204)

Sie erinnerte sich: »Ich fragte ihn, was er tue, und er sagte, er gehe bald ins Büro. Ich sagte, oh, möchten Sie etwas Gesellschaft? Und er sagte, oh, das wäre prima.« (205) Miss Lewinsky ging zu ihrem Büro, und der Präsident rief an, um ihr Rendezvous zu arrangieren:

Wir vereinbarten, daß ... er die Tür seines Büros offenlassen und ich mit einigen Papieren am Büro vorbeigehen würde und er dann ... er würde mich gewissermaßen anhalten und hereinbitten. Und genau so geschah es. Ich ging an seinem Büro vorbei, und da sah ich (den uniformierten Beamten des Secret Service) Lew Fox, der Dienst vor dem Oval Office hatte. Ich blieb stehen und sprach ein paar Minuten mit Lew, und der Präsident kam heraus und sagte: ›Oh, hey, Monica ... kommen Sie herein ...‹, und so sprachen wir etwa zehn Minuten lang im (Oval) Office. Wir saßen auf den Sofas. Dann gingen wir ins hintere Arbeitszimmer und waren intim im Badezimmer. (206)

Miss Lewinsky sagte aus, daß sie und der Präsident sich während dieser Begegnung küßten, und er ihre nackten Brüste mit den Händen und dem Mund berührte. (207) Der Präsident »sprach davon, bei mir Oralsex zu machen«, sagte Miss Lewinsky. (208) Aber sie lehnte ab, weil sie ihre Periode hatte, und er tat es nicht. (209) Miss Lewinsky übte Oralsex bei ihm aus. (210)

Danach gingen sie und der Präsident ins Oval Office und unterhielten sich. Laut Miss Lewinsky »kaute (er) an einer Zigarre. Und dann nahm er die Zigarre in die Hand und betrachtete sie... auf eine irgendwie ungezogene Art und Weise. Und so... schaute ich auf die Zigarre und sah ihn an und sagte, das können wir auch irgendwann tun.« (211)

Als erhärtende Aspekte für Miss Lewinskys Erinnerung zeigen Vermerke in den Unterlagen des Weißen Hauses, daß Officer Fox am Nachmittag des 7. Januar vor dem Oval Office postiert war. (212) Officer Fox (jetzt im Ruhestand) sagte aus, er erinnere sich an einen Vorfall bezüglich Miss Lewinsky am Nachmittag eines Wochenendes, an dem er beim Oval Office Dienst gehabt hatte. (213)

>Er (der Präsident der Vereinigten Staaten) kam heraus und fragte mich: ›Haben Sie heute hier irgendwelche jungen Stabsmitglieder des Kongresses gesehen?‹ Ich sagte: ›Nein, Sir.‹ Er sagte: ›Nun, ich erwarte eines.‹ Er sagte: ›Würden Sie mich bitte informieren, wenn es auftaucht?‹ Und ich sagte: ›Jawohl, Sir.‹ (214)

Officer Fox deutete die Formulierung »Stabsmitglieder des Kongresses« als Personal des Weißen Hauses, das mit dem Kongreß zusammenarbeitete – also Personal des »Legislative Affairs Office«, wo Miss Lewinsky arbeitete. (215)

Officer Fox sprach mit einem Agenten des Secret Service, der im Flur postiert war, und stellte Vermutungen an, wen der Präsident erwartete. »Ich beschrieb Miss Lewinsky, ohne den Namen zu erwähnen, in Einzelheiten, dunkles Haar — Sie wissen schon, ich gab eine allgemeine Beschreibung von ihrem Aussehen.« (216) Officer Fox hatte Miss Lewinsky während der Zeit ihrer festen Anstellung im Weißen Haus kennengelernt, und andere Agenten hatten ihm erzählt, daß sie oft Zeit mit dem Präsidenten verbrachte. (217)

Bald darauf näherte sich Miss Lewinsky, grüßte Officer Fox und sagte: »Ich habe einige Papiere für den Präsidenten.« Officer Fox gewährte ihr Zutritt zum Oval Office. Der Präsident sagte: »Sie können die Tür schließen. Sie wird eine Weile hier sein.« (218)

B. Sexuelle Begegnung am 21. Januar

Miss Lewinsky gab zu Protokoll, daß sie und der Präsident eine weitere sexuelle Begegnung am Sonntag, dem 21. Januar 1996, hatten. Der Zeitpunkt ihrer Ankunft im Weißen Haus ist nicht in den Unterlagen vermerkt. Sie verließ das Weiße Haus um 15:56 Uhr. (*219*) Der Präsident ging um 15:33 Uhr von den Wohnräumen zum Oval Office und blieb dort bis 19:40 Uhr. (*220*)

An diesem Tag sah Miss Lewinsky laut ihrer Aussage den Präsidenten auf einem Flur bei einem Aufzug, und er lud sie ins Oval Office ein. (*221*) Laut Miss Lewinsky:

Wir hatten ... hatten in der Woche zuvor zum ersten Mal Telefonsex gehabt, und ich fühlte mich ein bißchen unsicher, ob es ihm gefallen hatte oder nicht ... ich wußte nicht, ob sich dies zu einer längerfristigeren Beziehung entwickelte, als ich ursprünglich vielleicht angenommen hatte, und ich vermutete, daß er vielleicht eine feste Freundin hatte, die in Urlaub war ... (*222*)

Laut Miss Lewinsky fragte sie den Präsidenten, ob er Interesse an ihr hatte. »Ich fragte ihn, warum er mir keine Fragen über mich stellte ... und ob es nur um Sex gehe ... oder interessiert es Sie, zu versuchen, mich als Mensch kennenzulernen?« (*223*) Der Präsident lachte und sagte Miss Lewinsky zufolge, »er schätze die gemeinsame Zeit mit mir.« (*224*) Sie fand es »ein wenig merkwürdig«, von ihm zu hören, daß er die gemeinsame Zeit mit mir schätzte, »weil ich das Gefühl hatte, daß er mich in Wirklichkeit noch gar nicht richtig kannte.« (*225*)

Sie unterhielten sich weiter, als sie über den Flur zum Arbeitszimmer gingen. »Plötzlich, mitten im Satz, küßte er mich einfach.« (226) Er hob ihr Top an und berührte ihre Brüste mit den Händen und dem Mund. (227) Miss Lewinsky gab zu Protokoll, der Präsident »zog den Reißverschluß seiner Hose auf und entblößte sich«, und dann habe sie Oralsex praktiziert. (228)

Irgendwann während der Begegnung betrat jemand das Oval Office. Miss Lewinsky erinnert sich: »Er (der Präsident) zog blitzschnell den Reißverschluß hoch, ging hinaus und kehrte kurz darauf zurück ... ich erinnere mich, daß ich einfach lachen mußte, weil er sichtlich erregt dort hinausgegangen war und ich das lustig fand.« (229)

Kurze Zeit später wurde dem Präsidenten gemeldet, daß sein nächster Besucher, ein Freund aus Arkansas, eingetroffen war. (230) Der Präsident brachte Miss Lewinsky aus dem Oval Office in Miss Hernreichs Büro, wo er sie zum Abschied küßte. (231)

C. Sexuelle Begegnung und anschließende Telefonanrufe am 4. Februar

Am Sonntag, dem 4. Februar, hatten – so Miss Lewinsky – sie und der Präsident ihre sechste sexuelle Begegnung und ihr erstes längeres und persönliches Gespräch. Der Präsident befand sich von 15:36 bis 19:05 Uhr im Oval Office. Er erhielt vor 16:45 Uhr keine Anrufe. (233) In den Unterlagen des Weißen Hauses sind weder ihre Ankunft noch ihr Weggang registriert.

Laut Miss Lewinsky rief der Präsident bei ihr an, als sie an ihrem Schreibtisch saß, und sie planten ihr Rendezvous. Auf ihren Vorschlag hin trafen sie sich scheinbar zufällig auf dem Flur, »denn ein scheinbar zufälliges Treffen klappte anscheinend wirklich gut«, und gingen dann in den Bereich des privaten Arbeitszimmers.(234)

Dort küßten sie sich, Miss Lewinsky zufolge. Sie trug ein langes Kleid, das vorne zugeknöpft war. »Und er knöpfte mein Kleid auf und hakte meinen BH auf und streifte das Kleid von meinen Schultern und ... entfernte den BH ... Er schaute mich an und berührte mich und sagte mir, wie schön ich sei.« (235) Er berührte ihre Brüste mit seinen Händen und dem Mund, und er berührte ihre Genitalien, zuerst durch die Unterwäsche, dann direkt. (236) Sie übte Oralsex bei ihm aus. (237)

Nach ihrer sexuellen Begegnung saßen der Präsident und Miss Lewinsky im Oval Office und unterhielten sich etwa eine Dreiviertelstunde lang. Miss Lewinsky dachte, der Präsident reagiere vielleicht auf ihren Vorschlag bei ihrem vorausgegangenen Treffen, »zu versuchen, mich kennenzulernen.« (238) Laut Miss Lewinsky erblühte während dieser Unterhaltung am 4. Februar ihre Freundschaft.

Als sie sich zum Gehen anschickte – so gab Miss Lewinsky zu Protokoll – »küßte er (der Präsident) mich und versprach, mich anzurufen, und dann sagte ich ja, nun, was ist meine Telefonnummer?« Und so sagte er sowohl meine Telefonnummer zu Hause als auch die von meinem Büro auswendig auf. (240) Der Präsident rief sie später an diesem Nachmittag an, als sie an ihrem Schreibtisch saß, und sagte, er habe ihre gemeinsame Zeit genossen (241)

Der Streit am President's Day (19. Februar)

Laut Miss Lewinsky beendete der Präsident ihre Beziehung (nur vorübergehend, wie sich herausstellte) am

Montag, dem 19. Februar 1996, dem President's Day. Der Präsident befand sich an diesem Tag von 11.00 Uhr bis 14:01 im Oval Office. (242) Er erhielt zwischen 12:19 und 12:42 Uhr keine Anrufe. Miss Lewinskys Anwesenheit im Weißen Haus ist nicht registriert.

Nach Miss Lewinskys Erinnerung rief der Präsident sie an diesem Tag in ihrem Apartment in Watergate an. An seinem Tonfall erkannte sie, daß etwas nicht in Ordnung war. Sie fragte ihn, ob sie ihn besuchen könnte, doch er sagte, er wüßte nicht, wie lange er dort sein würde. (244) Miss Lewinsky fuhr zum Weißen Haus und ging dann irgendwann zwischen 12:00 Uhr und 14:00 Uhr zum Oval Office (das einzige Mal, an dem sie jemals uneingeladen zum Oval Office ging). (245) Miss Lewinsky erinnerte sich, daß ihr von einem großen, schlanken spanischen Agenten in Zivil, der Dienst nahe der Tür gehabt hatte, Zutritt gewährt wurde. (246)

Der Präsident sagte ihr, er hätte kein gutes Gefühl mehr bezüglich ihrer intimen Beziehung, und er müßte sie beenden. (247) Miss Lewinsky könnte ihn gern weiterhin besuchen, aber nur als Freundin. Er umarmte sie, küßte sie jedoch nicht. (248) Irgendwann während ihres Gesprächs erhielt der Präsident einen Anruf von einem Zuckererzeuger in Florida, dessen Name laut Miss Lewinsky wie »Fanuli« geklungen hatte. Nach Miss Lewinskys Erinnerung hat der Präsident den Anruf entgegengenommen oder zurückgerufen, als sie fortging. (249)

Miss Lewinskys Aussage wird in zweierlei Hinsicht erhärtet. Erstens sagte Nelson U. Garabito, ein Agent des Secret Service in Zivil, aus, Miss Lewinsky wäre an einem Wochenende oder Ferientag, während Miss Lewinsky im Weißen Haus gearbeitet hatte (höchstwahrscheinlich Anfang Frühjahr 1996), im Bereich des Oval Office mit einer Aktenmappe aufgetaucht und hätte gesagt: »Ich habe diese Papiere für den Präsidenten.« (250) Agent Garabito klopfte an der Tür des Oval Office an, öffnete sie und meldete dem Präsidenten eine Besucherin. Er führte Miss Lewinsky herein und schloß die Tür hinter sich. (251) Als Agent Garabitos Schicht ein paar Minuten später endete, hielt sich Miss Lewinsky immer noch im Oval Office auf. (252)

Zweitens: Miss Lewinskys Erinnerung an einen Anruf von einem Zuckererzeuger namens »Fanuli«. Der Präsident telefonierte von 12.42 Uhr bis 13:04 Uhr mit Alfonso Fanjul aus Palm Beach, Florida. (253) Mr. Fanjul hatte ein paar Minuten zuvor, um 12:24 Uhr, angerufen. (254) Die Fanjuls sind prominente Zuckererzeuger in Florida. (255)

E. Fortgesetzte Kontakte

Nach dem Bruch der Beziehung am 19. Februar 1996 gab es laut Miss Lewinsky »weiterhin so etwas wie Flirten ... wenn wir uns sahen.« (256) Nachdem der Präsident ihr eines Abends Ende Februar oder März auf einem Flur begegnet war, rief er sie zu Hause an und sagte, er wäre enttäuscht, weil sie das Weiße Haus für den Abend anscheinend bereits verlassen hätte und sie sich nicht treffen konnten. Miss Lewinsky sagte aus, daß der Anruf »für mich sozusagen darauf hinauslief, daß er (der Präsident) an einem Neuanfang interessiert war.« (257) Am 10. März 1996 nahm Miss Lewinsky eine Freundin, die zu Besuch war, Natalie Ungvari, mit ins Weiße Haus. Als sie den Präsidenten zufällig trafen, sagte er zu Miss Ungvari, als Miss Lewinsky sie vorstellte: »Sie müssen ihre Freundin aus Kalifornien sein.« (258) Miss Ungvari war »schockiert« darüber, daß der Präsident wußte, woher sie stammte. (259)

Miss Lewinsky sagte aus, am Freitag, dem 29 März 1996, wäre sie über einen Flur gegangen und dem Präsidenten begegnet, der die erste Krawatte getragen hätte, die sie ihm geschenkt hatte. Sie fragte, woher er die Krawatte hätte, und er antwortete: »Ein Mädchen mit Geschmack hat sie mir geschenkt.« (260) Später rief er sie an, als sie an ihrem Schreibtisch saß, und fragte, ob sie sich einen Film ansehen wolle. Sein Plan sah vor, daß sie sich zu einer bestimmt Zeit in den Flur beim Kino des Weißen Hauses stellte, und er sie einladen würde, ihm und einer Gästegruppe Gesellschaft zu leisten, wenn diese eintraf. Miss Lewinsky erwiderte, sie wolle nicht, daß Leute denken, sie schleiche uneingeladen im Westflügel herum. (261) Sie fragte, ob statt dessen ein Rendezvous am Wochenende arrangiert werden könnte, und er sagte, er würde es versuchen. (262) Aufzeichnungen bestätigen, daß der Präsident den Abend des 29. März im Kino des Weißen Hauses verbrachte. (263) Mrs. Clinton hielt sich in Athen, Griechenland, auf. (264)

F. Sexuelle Begegnung am 31. März

Laut Miss Lewinsky nahmen sie und der Präsident ihre sexuellen Kontakte am Sonntag, dem 31. März 1996, wieder auf. Miss Lewinsky hielt sich an diesem Tag von 10:21 Uhr bis 16:27 Uhr im Weißen Haus auf. Der Präsident befand sich von 15:00 Uhr bis 17:46 Uhr im Oval Office. Sein einziges Telefonat in dieser Zeit fand von

15.06 bis 15:07 Uhr statt. (*268*) Mrs. Clinton war in Irland. (*269*)

Miss Lewinsky zufolge rief der Präsident sie an, als sie an ihrem Schreibtisch saß, und schlug ihr vor, unter dem Vorwand, ihm Schriftstücke zu bringen, ins Oval Office zu kommen. (*270*) Sie ging zum Oval Office und wurde von einem Agenten des Secret Service in Zivil eingelassen. (*271*) In ihrer Mappe befand sich ein Geschenk für den Präsidenten, eine Hugo-Boss-Krawatte. (*272*)

Im Flur beim Arbeitszimmer küßten sich der Präsident und Miss Lewinsky. Bei diesem Mal, so Miss Lewinsky, »konzentrierte sich der Präsident nur auf mich.« Er küßte ihre nackten Brüste und streichelte ihre Genitalien. Irgendwann führte der Präsident eine Zigarre in Miss Lewinskys Vagina ein. Dann nahm er die Zigarre in den Mund und sagte: »Das schmeckt gut.« (*274*) Als sie fertig waren, verließ Miss Lewinsky das Oval Office und ging durch den Rosengarten. (*275*)

IV. April 1996: Miss Lewinskys Versetzung ins Pentagon

Als Angestellte des Weißen Hauses und des Secret Service Bemerkungen über Miss Lewinskys häufige Anwesenheit im Westflügel machten, ordnete eine stellvertretende Stabschefin ihre Versetzung zum Pentagon an. Am 7. April – Ostersonntag – erzählte Miss Lewinsky dem Präsidenten von ihrer Versetzung. Er versprach, sie nach der Wahl zurückzuholen, und dann hatten sie Sex.

A. Frühere Beobachtungen von Miss Lewinsky im Westflügel

Miss Lewinskys Besuche im Bereich des Oval Office blieben nicht unbemerkt. Officer Fox sagte aus: »Es war ziemlich allgemein bekannt, daß sie an den Wochenenden den Westflügel besuchte.« (276) Ein anderer uniformierter Beamter des Secret Service, William Ludtke III, sah sie einmal aus dem Anrichtezimmer in der Nähe des Oval Office kommen; sie wirkte überrascht und vielleicht verlegen, als sie entdeckt wurde. (277) Officer John Muskett sagte aus: »Wenn bekannt war, daß der Präsident in den diplomatischen Empfangsraum kommen würde, ging sie (Miss Lewinsky) oftmals scheinbar zufällig über den Flur, wissen Sie, vielleicht um den Präsidenten nur zu sehen.« (278) Miss Lewinsky gab zu, daß sie versuchte, einen Blick auf den Präsidenten zu werfen. (279)

Obwohl sie das Datum nicht genau angeben konnten, sagten Beamte des Secret Service und Agenten über verschiedene Anlässe aus, bei denen Miss Lewinsky und der

Präsident im Oval Office allein waren. William C. Bordley, ein ehemaliges Mitglied des »Presidential Protective Detail«, einer Abteilung zum Schutz des Präsidenten, sagte aus, er hätte Miss Lewinsky Ende 1995 oder Anfang 1996 außerhalb des Oval Office aufgehalten, weil sie keinen Ausweis habe vorweisen können. (*280*) Der Präsident öffnete die Tür des Oval Office, erklärte Agent Bordley, daß Miss Lewinskys Anwesenheit in Ordnung sei und führte Miss Lewinsky ins Oval Office. (*281*) Agent Bordley sah, daß sie es ungefähr eine halbe Stunde später wieder verließ. (*282*)

Ein weiteres Ex-Mitglied des Presidential Protective Detail, Robert C. Ferguson, sagte aus, an einem Samstag im Winter hätte ihm der Präsident gesagt, er erwarte »einige vom Stab«.(*283*) Kurz darauf traf Miss Lewinsky ein und sagte: »Er (der Präsident) braucht mich.« (*284*) Agent Ferguson meldete Miss Lewinsky an und ließ sie ins Oval Office ein. (*285*) Etwa 10 oder 15 Minuten später wechselte Agent Ferguson turnusmäßig zu einem Standort in der Kolonnade draußen vor dem Naval Office. (*286*) Er warf einen Blick durch das Fenster ins Oval Office und sah den Präsidenten und Miss Lewinsky durch die Tür gehen, die zum privaten Arbeitszimmer führt. (*287*)

Ein Beamter des Secret Service hielt ihre häufigen Besuche des Oval Office für ein »Ärgernis« und beschwerte sich bei Evelyn Lieberman, der stellvertretenden Stabschefin für Operationen. (*288*) Miss Lieberman war bereits über Miss Lewinsky im Bilde. Im Dezember 1995, so Miss Lewinsky, tadelte Miss Lieberman sie wegen ihrer Anwesenheit im Westflügel und erklärte ihr, daß Praktikantinnen keine Erlaubnis hätten, sich in der Nähe des Oval Office aufzuhalten. Miss Lewinsky (die ihre Arbeit im Office of Legislative Affairs aufgenommen hatte) erklärte Miss Lieberman, daß sie keine Praktikantin mehr sei. Nachdem Miss Lieberman Überraschung darüber ausgedrückt hatte, daß Miss Lewinsky eingestellt worden war, sagte sie, sie müßte Miss Lewinsky mit einer anderen verwechselt haben. (*289*) Miss Liebermann bestätigte, daß sie Miss Lewinsky tadelte, die sie für eine Person gehalten hatte, »die einem ständig im Weg herumsteht ... immer dort, wo sie nicht sein sollte.« (*290*)

Aus Miss Lewinskys Sicht dachten anscheinend einige vom Stab, sie hätte die Schuld an dem offensichtlichen Interesse des Präsidenten an ihr:

Einige (der Leute) wissen vielleicht von seinen Schwächen, und ... sie wollten ihm nicht in die Augen schauen und denken, er könnte für alles verantwortlich sein, und so mußte alles meine Schuld sein ... Ich stellte ihm nach oder machte mich an ihn heran.« (*292*)

B. Entscheidung, Miss Lewinsky zu versetzen

Miss Lieberman sagte aus, weil Miss Lewinsky so hartnäckig in ihren Bemühungen war, in der Nähe des Präsidenten zu sein, »entschloß ich mich, sie loszuwerden.« (*293*) Zuerst konsultierte sie Stabschef Panetta. Laut Mr. Panetta erzählte ihm Miss Lieberman von einer Frau im Stab, die »zuviel Zeit im Westflügel verbringt«. Wegen des »Anscheins, den es erweckt«, schlug Miss Lieberman vor, sie aus dem Weißen Haus zu entfernen. Mr. Panetta – der aussagte, daß er Miss Liebermans Rolle als »strenge Zuchtmeisterin« schätzte und »auf ihre Einschätzung der Situation vertraute« – erwiderte: »Prima.« (*294*) Miss Lieberman sagte zwar, sie könne sich nicht erinnern, irgendwelche Gerüchte gehört zu haben, die den Präsidenten und Miss Lewinsky miteinander in Verbindung brachten, aber sie räumte ein, »der Präsident ist anfällig für das Entstehen dieser Art Gerüchte ... ja, ja, das ist einer der Gründe, Miss Lewinsky aus dem Weißen Haus zu entfernen.« (295)

Später, im September 1997, beschwerte sich Marcia Lewis (Miss Lewinskys Mutter) bei Miss Lieberman, die sie bei einer Feier der »Voice of America« getroffen hatte, über die Versetzung ihrer Tochter. Laut Miss Lewis erwiderte Miss Lieberman etwas wie: »Auf Monica lastet ein Fluch, weil sie schön ist.« Miss Lewis schloß aus der Bemerkung, daß Miss Lieberman, als Teil ihrer Bemühungen, den Präsidenten zu schützen, »keine hübschen Frauen im Weißen Haus haben wollte.« (296)

Die meisten Leute verstanden, daß der Hauptgrund für Miss Lewinskys Versetzung ihre Angewohnheit war, sich beim Oval Office und im Westflügel herumzutreiben. In einer Aktennotiz im Oktober 1996 berichtete John Hilley, Assistent des Präsidenten und »Director of Legislative Affairs«, daß Miss Lewinsky »hat(te) entfernt werden müssen«, teils »wegen außerplanmäßiger Aktivitäten« (eine Formulierung, die er vor der Grand Jury aufrechterhielt und die nur bedeutete, daß Miss Lewinsky oftmals von ihrem Arbeitsplatz abwesend gewesen war. (298)

Beamte des Weißen Hauses verhalfen Miss Lewinsky zu einer anderen Anstellung in der Administration. (299) »Wir haben die Anweisung, sicherzustellen, daß sie einen Job in einem Ministerium bekommt«, schrieb Patsy Thomasson in einer E-Mail-Botschaft am 9. April 1996. (300) Miss Thomassons Büro (Personal des Präsidenten) schickte Miss Lewinskys Lebenslauf an Charles Duncan, Sonderassistent des Verteidigungsministers und Verbindungsmann zum Weißen Haus, und bat ihn, eine freie

Stelle im Pentagon für sie zu suchen. (301) Mr. Duncan wurde informiert, Miss Lewinsky hätte zwar ihre Pflichten zufriedenstellend erfüllt, wäre jedoch entlassen worden, weil sie sich zuviel beim Oval Office herumgetrieben habe. (302) Laut Mr. Duncan – der bis zu 40 Jobersuche pro Tag vom Weißen Haus erhielt – hatte ihm das Weiße Haus noch nie eine solche Erklärung für eine Versetzung gegeben. (303)

C. Miss Lewinskys Benachrichtigung über die Versetzung

Am Freitag, dem 5. April 1996, informierte Timothy Keating, Chef des Office for Legislative Affairs, Miss Lewinsky, daß sie ihre Stelle im Weißen Haus verlassen müsse. (304) Laut Mr. Keating sagte er ihr nicht, daß sie gefeuert war, nur »daß sie eine andere Chance« erhalte. Sie könnte den Leuten die Versetzung als Beförderung verkaufen, wenn sie das wollte. (305) Als sie von ihrer Entlassung hörte, brach Miss Lewinsky in Tränen aus und fragte, ob es keine Möglichkeit für sie gab, im Weißen Haus zu bleiben, sogar unbezahlt. (306) Nein, sagte Mr. Keating. Miss Lewinsky sagte aus: »Er sagte mir, ich sei zu sexy, um im Ostflügel zu arbeiten, und dieser Job im Pentagon, wo ich Presseverlautbarungen schreiben würde, sei ein sexy Job.« (307)

Miss Lewinsky war am Boden zerstört. Sie hatte das Gefühl, nur wegen ihrer Beziehung mit dem Präsidenten versetzt zu werden. (308) Und sie befürchtete, durch den Verlust ihrer Stelle im Weißen Haus »den Präsidenten nie wiederzusehen. Ich meine, ich ging davon aus, daß meine Beziehung mit ihm vorüber war.« (309)

D. Gespräche mit dem Präsidenten über ihre Versetzung

1. Telefongespräche und sexuelle Begegnung zu Ostern

Am Ostersonntag, dem 7. April, erzählte Miss Lewinsky dem Präsidenten von ihrer Versetzung, und sie hatten eine sexuelle Begegnung. Miss Lewinsky betrat das Weiße Haus um 16:56 Uhr und verließ es um 17:28 Uhr. (*310*) Der Präsident hielt sich den ganzen Nachmittag über, von 14:21 Uhr bis 19:48 Uhr, im Oval Office auf. (*311*)

Laut Miss Lewinsky rief der Präsident sie an diesem Tag zu Hause an. Nachdem sie über den Tod des Handelsministers in der vergangenen Woche gesprochen hatten, erzählte sie dem Präsidenten von ihrer Versetzung:

Ich hatte ihn gefragt... was er über Ron Browns Tod denkt, und nachdem wir ein wenig darüber gesprochen hatten, erzählte ich ihm, daß der Montag mein letzter Arbeitstag (im Weißen Haus) war. Und... er wirkte wirklich bestürzt und bat mich zu erzählen, was geschehen war. So erzählte ich, und ich weinte und fragte ihn, ob ich ihn besuchen könnte, und er hielt das für prima. (*312*)

Im Weißen Haus – so Miss Lewinsky – sagte sie zu Officer Muskett vom Secret Service, daß sie beim Präsidenten Schriftstücke abliefern müsse. (*313*) Officer Muskett gewährte ihr Zutritt zum Oval Office, und sie und der Präsident begaben sich in das private Arbeitszimmer. (*314*)

Laut Miss Lewinsky wirkte der Präsident besorgt wegen ihres bevorstehenden Verlassens des Weißen Hauses:

Er sagte, er glaubte, meine Versetzung hätte etwas mit ihm zu tun. Er war bestürzt. Er sagte: »Warum müssen sie dich mir wegnehmen? Ich vertraue dir.« Und dann sah er mich an und sagte: »Ich verspreche dir, wenn ich im November gewinne, hole ich dich einfach zurück.« (315)

Er deutete ebenfalls an, daß sie nach der Wahl jeden Job haben könnte, den sie wünschte. (316) Außerdem sagte der Präsident, er würde herausfinden, warum sie versetzt worden war, und es ihr berichten.

Auf die Frage, ob er Miss Lewinsky eine andere Arbeitsstelle im Weißen Haus versprochen hätte, antwortete der Präsident der Grand Jury:

Ich sagte Miss Lewinsky, daß ... ich würde tun, was ich konnte, wenn sie eine gute Personalakte im Pentagon haben würde, und sie versicherte mir, daß sie ihre Arbeit gut mache und hart arbeite ... Und ich sagte ihr, daß ich mein Bestes tun würde, um dafür zu sorgen, daß ihre Entlassung vom Office for Legislative Affairs kein Grund wäre, ihr einen anderen Job im Weißen Haus zu verwehren, und das habe ich tatsächlich versucht ... Aber ich habe ihr nicht gesagt, ich würde jemandem befehlen, sie einzustellen, und das habe ich nie getan und würde ich nicht tun. Es wäre nicht richtig. (318)

Miss Lewinsky antwortete auf die Frage, ob der Präsident gesagt hätte, er würde sie nur ins Weiße Haus zurückholen, wenn sie ihre Arbeit im Pentagon gut erledigte: »Nein.« (319)

Nach diesem Gespräch am Ostersonntag hatten der Präsident und Miss Lewinsky – so Miss Lewinsky – eine sexuelle Begegnung im Flur. (320) Sie sagte aus, daß der

80

Präsident ihre Brüste mit dem Mund und den Händen berührte. (321) Laut Miss Lewinsky: Ich glaube, er zog den Reißverschluß (seiner Hose) auf ... weil es eine Art ständiger Witz war, daß ich nie seine Hose aufbekommen konnte, daß ich einfach Schwierigkeiten damit hatte.« (322) Miss Lewinsky übte Oralsex aus. Der Präsident ejakulierte nicht in ihrer Gegenwart. (323)

Während dieser Begegnung rief jemand aus dem Oval Office an und meldete einen Anruf für den Präsidenten. Er ging für eine Weile ins Oval Office zurück und nahm den Anruf dann im Arbeitszimmer entgegen. Der Präsident gab Miss Lewinsky zu verstehen, sie sollte während des Telefonats Oralsex ausüben, und sie tat ihm den Gefallen. (325) Das Telefongespräch drehte sich um Politik, und Miss Lewinsky nahm an, der Anrufer könnte Dick Morris sein.(326) Aufzeichnungen des Weißen Hauses bestätigen, daß der Präsident während Miss Lewinskys Besuch einen Anruf hatte: von »Mr. Richard Morris«, mit dem er von 17:11 Uhr bis 17:20 Uhr sprach. (327)

Ein paar Minuten später gab es laut Miss Lewinsky eine zweite Unterbrechung. Sie und der Präsident waren im Arbeitszimmer. (328) Miss Lewinsky sagte aus:

Harold Ickes hat eine sehr charakteristische Stimme ... ich hörte ihn »Mr. President« brüllen, und der Präsident schaute mich an, und ich sah ihn an, und er spurtete ins Oval Office, und ich geriet in Panik und ... ich dachte, weil Harold so vertraut mit dem Präsidenten ist, daß sie vielleicht vergangene Zeiten durchhechelten und der Präsident annehmen würde, ich wüßte, wann ich zu gehen hätte. (329)

Miss Lewinsky sagte aus, sie eilte durch die Tür zum Eßzimmer und aus dem Arbeitszimmer. (330) An diesem

Abend rief der Präsident an und fragte Miss Lewinsky, warum sie weggelaufen war. »Ich sagte ihm, daß ich nicht gewußt hatte, ob er zurückkehrte ... Er (der Präsident) war ein bißchen ärgerlich auf mich, weil ich gegangen war.« (331)

Zusätzlich zu der Registrierung von Dick Morris' Anruf erhärtet die Aussage von Officer Muskett vom Secret Service Miss Lewinskys Darstellung. Officer Muskett war am Ostersonntag nahe der Tür zum Oval Office postiert. Er sagte aus, daß Miss Lewinsky (die er kannte) um ungefähr 16.45 Uhr mit einer Aktenmappe eintraf und »ein wenig aus der Fassung gebracht« wirkte. (333) Sie sagte Officer Muskett, sie müßte dem Präsidenten Dokumente bringen. (334) Officer Muskett oder der diensthabende Agent in Zivil öffnete die Tür, und Miss Lewinsky trat ein. (335)

Ungefähr 20 bis 25 Minuten später – so Officer Muskett – klingelte das Telefon außerhalb des Oval Office. Der Telefonist des Weißen Hauses sagte, daß der Präsident einen wichtigen Anruf hätte, aber den Hörer nicht abhob. (336) Der Agent, der mit Officer Muskett Dienst hatte, klopfte an die Tür des Oval Office. Als der Präsident nicht reagierte, trat der Agent ein. Das Oval Office war verwaist, und die Tür zum Arbeitszimmer stand einen Spalt offen. (337) (Miss Lewinsky sagte aus, der Präsident hätte die Tür während ihrer sexuellen Begegnungen einen Spalt offengelassen.) (338) Der Agent rief: »Mr. President?« Keine Antwort. Der Agent betrat das Oval Office und rief lauter: »Mr. President?« Diesmal gab es eine Antwort aus dem Bereich des Arbeitszimmers, laut Officer Muskett: »Huh?« Der Agent rief, daß da ein Anruf für den Präsidenten wäre, und der Präsident sagte, er würde den Hörer abnehmen. (339)

Ein paar Minuten später – so Officer Muskett – näherte

sich Mr. Ickes und sagte, er müßte Präsident Clinton sprechen. Officer Muskett gewährte ihm durch Miss Curries Büro Einlaß. (340) Weniger als eine Minute später, nachdem Mr. Ickes Miss Curries Empfangsbereich betreten hatte, wurde die Tür des Anrichtezimmers oder Eßzimmers hörbar geschlossen, sagte Officer Muskett aus. Officer Muskett ging den Flur entlang, um die Ursache des Türenklappens zu überprüfen, und sah Miss Lewinsky rasch davongehen. (341)

Um 17:30 Uhr, zwei Minuten nach Miss Lewinskys Verlassen des Weißen Hauses, rief der Präsident das Büro von Evelyn Lieberman an, die Miss Lewinskys Versetzung entschieden hatte.

2. Telefongespräche am 12./13 April

Nach Miss Lewinskys Aussage hat der Präsident sie am folgenden Freitag, dem 12. April 1996, zu Hause angerufen. Sie telefonierten über 20 Minuten lang. Laut Miss Lewinsky sagte der Präsident, er überprüfe den Grund für ihre Versetzung:

Er hatte erfahren, daß Evelyn Lieberman eine Art Anführerin bei der Versetzung gewesen war und daß sie der Ansicht war, er zolle mir zuviel Aufmerksamkeit und ich ihm und daß es ihr zwar nicht unbedingt etwas ausmachte, was nach der Wahl geschah, sie jedoch meinte, jeder müßte vor der Wahl vorsichtig sein. (343)

Laut Miss Lewinsky riet ihr der Präsident, es mit der Arbeit im Pentagon zu versuchen, und wenn sie ihr nicht gefiel, würde er ihr einen Job im Wahlkampf beschaffen. (344)

Vor der Grand Jury sagte Miss Lieberman aus, der Präsident hätte sie direkt über Miss Lewinskys Versetzung befragt:

Nachdem ich sie losgeworden war, sagte er (Präsident Clinton) während eines Gesprächs: »Ich erhielt einen Anruf wegen...« Ich weiß nicht, ob er ihren Namen nannte. Er sagte vielleicht... »einer Praktikantin, die Sie gefeuert haben«. Sie war offensichtlich sehr bestürzt deswegen. Er fragte: »Wissen Sie etwas über diese Sache?« Ich sagte: »Ja.« Er sagte: »Wer hat sie gefeuert?« Ich sagte: »Ich war das.« Und er sagte: »Oh, okay.« (345)

Laut Miss Lieberman verfolgte der Präsident die Sache nicht weiter. (346)

Drei andere Zeugen bestätigen, daß der Präsident wußte, warum Miss Lewinsky zum Pentagon versetzt worden war. Im Jahre 1997 sagte der Präsident dem Stabschef Erskine Bowles, »daß es da eine junge Frau gibt – ihr Name war Monica Lewinsky – die im Weißen Haus gearbeitet hat; und Evelyn... meinte, sie triebe sich zuviel beim Oval Office herum. Deshalb hat sie sie zum Pentagon versetzt.« (347) Laut Betty Currie war der Präsident der Ansicht, daß Miss Lewinskys Versetzung unfair gewesen war. (348) Der enge Freund des Präsidenten, Vernon Jordan, sagte aus, der Präsident hätte im Dezember 1997 zu ihm gesagt, »er wisse über ihre (Miss Lewinskys) Lage, nämlich daß man sie aus dem Weißen Haus rausgedrückt hätte.« (349)

V. April bis Dezember 1996: Keine privaten Treffen

Nachdem Miss Lewinsky ihre Arbeit im Pentagon am 16. April begonnen hatte, gab es für den Rest des Jahres keinen weiteren körperlichen Kontakt mit dem Präsidenten mehr. Sie und der Präsident telefonierten miteinander (und hatten Telefonsex), aber sie sahen sich nur bei öffentlichen Veranstaltungen. Miss Lewinsky wurde nach der Wahl enttäuscht, weil der Präsident sie nicht zurück ins Weiße Haus holte.

A. Die Anstellung im Pentagon

Am 16. April 1996 begann Miss Lewinsky im Pentagon mit der Arbeit als »Confidential Assistant« des stellvertretenden Verteidigungsministers für öffentliche Angelegenheiten. (350)

B. Kein körperlicher Kontakt

Laut Miss Lewinsky hatte sie die restliche Zeit des Jahres 1996 keinen körperlichen Kontakt mit dem Präsidenten. (351) »Ich war nicht allein mit ihm. Wenn ich ihn sah, dann war es bei irgendeiner Veranstaltung oder in einer Gruppe«, sagte sie aus. (352)

C. Telefongespräche

Miss Lewinsky und der Präsident unterhielten sich telefonisch, besonders in ihren ersten Wochen in der neuen Anstellung. (353) Nach Miss Lewinskys Schätzung rief der Präsident sie in den Monaten nach dem Beginn ihrer Arbeit im Pentagon vier- oder fünfmal pro Monat an (und hinterließ manchmal eine Nachricht), und danach zwei- oder dreimal pro Monat im restlichen Jahr 1996. Während des 1996er Wahlkampfs im Herbst rief der Präsident manchmal an, wenn er auf Reisen war und nicht von Mrs. Clinton begleitet wurde. (355) Während mindestens sieben der Telefonate im Jahr 1996 hatten Miss Lewinsky und der Präsident Telefonsex. (356)

Laut Miss Lewinsky rief der Präsident sie am 19. Juli an, an dem Tag, an dem er zum Besuch der 1996er Olympischen Spiele nach Atlanta reiste, und sie hatten Telefonsex, nachdem der Präsident ausrief »Guten Morgen!« und dann sagte: »Welch ein Start in einen Tag.« (357) Ein Verzeichnis der geführten Telefonate zeigt, daß der Präsident den Telefonisten des Weißen Hauses am 19. Juli um 12:11 Uhr anrief und ihn bat, ihn einmal um 07:00 und einmal um 06:40 telefonisch zu wecken. Der Präsident rief an und sagte, er sei bereits auf. (358) Nach Miss Lewinskys Erinnerung hatten sie und der Präsident ebenfalls Telefonsex am 21. Mai, am 5. oder 6. Juli, am 22. Oktober und am 2. Dezember 1996. (359). An diesen Daten befand sich Mrs. Clinton in Denver (21. Mai), Prag und Budapest (5./6. Juli), Las Vegas (22. Oktober) und unterwegs nach Bolivien (2. Dezember). (360)

Miss Lewinsky sagte dem Präsidenten wiederholt, daß sie ihre Arbeit im Pentagon nicht mochte und ins Weiße Haus zurückkehren wollte. (361) In einem aufgezeichneten Gespräch erzählte Miss Lewinsky über einen Anruf:

> (Ein) Monat war vergangen, und dann rief er eines Nachts an, und ich sagte: »Nun, »ich bin wirklich unglücklich.« Und er (der Präsident) sagte: »Ich will nicht, daß du heute nacht über deinen Job sprichst. Ich werde dich im Laufe der Woche anrufen, und dann reden wir darüber. Jetzt will ich über anderes sprechen« – womit er Telefonsex meinte. (362)

Sie wollte mit ihm am folgenden Wochenende sprechen und war »bereit, das Thema Wahlkampfhelferin anzuschneiden«, aber er rief nicht an. (363)

Miss Lewinsky und der Präsident sprachen auch über ihre Beziehung. Während eines Telefongesprächs am 5. September – so Miss Lewinsky – sagte sie dem Präsidenten, daß sie Geschlechtsverkehr mit ihm wünschte. Er erwiderte, er könnte das wegen der möglichen Konsequenzen nicht tun. Die beiden stritten sich, und er fragte, ob er sie nicht mehr anrufen sollte. Nein, erwiderte sie. (364)

D. Öffentliche Begegnungen

Während dieses Zeitraums sah Miss Lewinsky den Präsidenten gelegentlich in der Öffentlichkeit. Sie sagte aus:

> Ich bin ein unsicherer Mensch ... und ich war manchmal, wenn ich nichts von ihm gehört hatte, unsicher über die Beziehung und dachte, er würde mich leicht vergessen ... es war sehr schwierig für mich ... Wenn

ich ihn sehen würde, konnte ich ihn bitten, mich anzurufen. So gab ich mir Mühe. Ich ging früh hin und stand vorne, so daß ich ihn sehen konnte ... (365)

Am 2. Mai 1996 sah Miss Lewinsky den Präsidenten bei einem Empfang für den Saxophone Club, eine politische Organisation. (366) Am 14. Juni besuchten Miss Lewinsky und ihre Familie die Aufzeichnung der wöchentlichen Radioansprache des Präsidenten und ließen Fotos machen, die sie zusammen mit dem Präsidenten zeigten. (367) Am 18. August besuchte Miss Lewinsky die Feier zum 50. Geburtstag des Präsidenten in der Radio City Music Hall, und sie nahm an einer Cocktailparty für wichtige Parteispender teil, wo sie den Präsidenten sah. (368) Als der Präsident an der Absperrung an ihr vorbeigriff, um einem anderen Gast die Hand zu schütteln, griff Miss Lewinsky ihrer Aussage zufolge in »spielerischer Art und Weise« in seinen Schritt. (369) Am 23. Oktober – so Miss Lewinsky – sprach sie mit dem Präsidenten bei einer Veranstaltung zum Aufbringen von Geldmitteln für Demokraten des Senats. (370) Bei diesem Anlaß wurden die beiden zusammen fotografiert. (371) Der Präsident trug laut Miss Lewinsky eine Krawatte, die sie ihm geschenkt hatte, und sie sagte zu ihm: »Hey, Hübscher, mir gefällt die Krawatte.« (372) Der Präsident rief sie in dieser Nacht an. Sie sagte, sie plane, am nächsten Tag etwas Geschäftliches für des Pentagon im Weißen Haus zu erledigen, und er schlug vor, daß sie beim Oval Office vorbeikomme. Am nächsten Tag im Weißen Haus sah Miss Lewinsky den Präsidenten nicht, weil Miss Lieberman in der Nähe war. (373) Am 17. Dezember besuchte Miss Lewinsky eine Weihnachtsfeier im Weißen Haus. (374) Ein Foto zeigt sie beim Händeschütteln mit dem Präsidenten (375)

E. Miss Lewinskys Enttäuschungen

Weiterhin in dem Glauben, daß ihr Verhältnis mit dem Präsidenten der Schlüssel zum Wiedererhalt ihres Ausweises vom Weißen Haus war, hoffte Miss Lewinsky, daß ihr der Präsident gleich nach der Wahl eine Anstellung verschaffen würde. »Ich führe einen Kalender mit einem Countdown bis zum Wahltag«, schrieb sie ihm in einem nicht abgeschickten Brief. In dem Brief heißt es:

Ich war fest überzeugt, daß Du mich am Wochenende nach der Wahl anrufst, mich um einen Besuch bittest, mich dann leidenschaftlich küßt und mir sagst, daß du es nicht erwarten kannst, mich wiederzuhaben. Ich dachte, Du würdest mich fragen, wo ich arbeiten möchte, und dann etwas wie »betrachte es als abgemacht« sagen würdest, und es würde geschehen. Statt dessen höre ich seit Wochen nichts von Dir, und Du rufst seltener an. (376)

Miss Lewinsky wurde zunehmend enttäuscht über ihre Beziehung mit Präsident Clinton. (377) Eine Freundin erfuhr, daß sich Miss Lewinsky bei dem Präsidenten beklagte, daß sie sich seit Monaten nicht privat gesehen hatten, und er antwortete: »Es kann nicht jeden Tag die Sonne scheinen.« (378) Per E-Mail an eine andere Freundin schrieb Miss Lewinsky Anfang 1997: »Ich verstehe einfach nicht, was schiefgelaufen ist, was geschehen ist. Wie kann er mir das antun? Warum hielt er den Kontakt mit mir so lange aufrecht, und jetzt, da wir zusammen sein könnten, nicht mehr?« (379)

VI. Anfang 1997:
Wiederaufnahme der sexuellen Begegnungen

1997 hatten Präsident Clinton und Miss Lewinsky weitere private Zusammenkünfte, die jetzt von Betty Currie, der Sekretärin des Präsidenten, arrangiert wurden. Nach der Aufzeichnung der wöchentlichen Radioansprache des Präsidenten am 28. Februar hatten der Präsident und Miss Lewinsky eine sexuelle Begegnung. Am 24. März fand ihre letzte sexuelle Begegnung statt, wie sich herausstellte. Während dieses Zeitraums drängte Miss Lewinsky weiterhin, eine Stelle im Weißen Haus zu bekommen, jedoch vergebens.

A. Wiederaufnahme der Treffen mit dem Präsidenten

1. Rolle von Betty Currie

a. Verabreden der Treffen

1997, als die Präsidentschaftswahlen vorüber waren, nahmen Miss Lewinsky und der Präsident ihre Treffen und sexuellen Begegnungen wieder auf. Die Sekretärin des Präsidenten, Betty Currie, fungierte als Vermittlerin.

Laut Miss Currie rief Miss Lewinsky öfter an und sagte, sie wollte den Präsidenten sehen, manchmal, um über ein bestimmtes Thema zu reden. (380) Miss Currie fragte dann Präsident Clinton, und wenn er einverstanden war, arrangierte sie das Treffen. (381) Miss

Currie sagte, es war »nicht ungewöhnlich«, daß Miss Lewinsky telefonisch mit dem Präsidenten sprach und sie (Miss Currie) dann anrief, um ein Treffen zu vereinbaren. (382) Bisweilen meldete Miss Currie Telefonate für Präsident Clinton an und stellte das Gespräch durch. (383)

Die Treffen zwischen dem Präsidenten und Miss Lewinsky fanden oftmals an Wochenenden statt. (384) Wenn Miss Lewinsky im Weißen Haus eintraf, genehmigte im allgemeinen Miss Currie ihren Zutritt und begleitete sie zum Westflügel. (385) Miss Currie gab zu, daß sie manchmal aus dem einzigen Grund zum Weißen Haus kam, um Miss Lewinsky Zugang zu gewähren und sie zum Präsidenten zu bringen. (386) Laut Miss Currie waren Miss Lewinsky und der Präsident mehrfach 15 bis 20 Minuten allein zusammen im Oval Office oder im Arbeitszimmer. (387)

Beamte und Agenten des Secret Service berücksichtigten Miss Curries Rolle. Officer Steven Pape bemerkte einmal, daß Miss Currie für die Dauer von Miss Lewinskys Besuch zum Weißen Haus kam und es danach verließ. Wenn Miss Currie dem Beamten im Westflügel ankündigte, daß Miss Lewinsky auf dem Weg dorthin war, sagte sie manchmal: »Sie wissen, wer es ist.« (389) Einmal wies Miss Currie Officer Brent Chinery an, Miss Lewinsky ein paar Minuten in der Halle warten zu lassen, weil sie den Präsidenten ins Arbeitszimmer umziehen lassen mußte. (390) Ein anderes Mal wies Miss Currie Officer Chinery an, Miss Lewinsky für 30 bis 40 Minuten am Tor warten zu lassen, weil der Präsident bereits Besuch hatte. (391)

Miss Lewinsky sagte aus, daß sie den Präsidenten einmal fragte, weshalb Miss Currie ihren Zutritt genehmigen mußte und weshalb er das nicht selbst tun konnte.

»Er (der Präsident) sagte, weil eine Besucherliste bei den Stabsmitgliedern im Umlauf war und jeder sich fragen würde, warum ich ihn besuche.« (392)

b. Vermittlerin für Geschenke

Miss Lewinsky schickte ebenfalls eine Reihe von Päckchen – nach Miss Curries Schätzung sechs bis acht. (393) Miss Currie zufolge rief Miss Lewinsky an und sagte, sie schicke etwas für den Präsidenten. (394) Das Päckchen würde an Miss Currie adressiert sein. (395) Empfangsbestätigungen belegen, daß Miss Lewinsky zwischen dem 7. Oktober und dem 8. Dezember 1997 sieben Päckchen zum Weißen Haus geschickt hat. (396) Beweise zeigen, daß Miss Lewinsky gelegentlich ebenfalls Päckchen bei Miss Currie ablieferte oder es von Familienmitgliedern erledigen ließ (397), und dem Präsidenten Geschenke mitbrachte, wenn sie ihn besuchte. (398) Miss Currie sagte aus, daß die meisten Päckchen von Miss Lewinsky für den Präsidenten bestimmt waren. (399)

Obwohl Miss Currie im allgemeinen Post für den Präsidenten öffnete, ließ sie diese Päckchen von Miss Lewinsky ungeöffnet. (400) Sie sagte aus: »Ich traf die Entscheidung«, solche Briefe und Päckchen »nicht zu öffnen, weil ich das Gefühl hatte, sie sind vielleicht persönlich«. (401) Statt dessen legte sie das Päckchen jeweils in die Eingangspost des Präsidenten, und »er nahm sie an sich.« (402) Nach ihrer Kenntnis erreichten solche Päckchen stets den Präsidenten. (403)

c. Verheimlichung

Miss Currie sagte aus, daß sie zu vermeiden versuchte, Einzelheiten der Beziehung zwischen dem Präsidenten und Miss Lewinsky zu erfahren. Einmal sagte Miss Lewinsky von sich und dem Präsidenten: »Solange uns niemand gesehen hat – und das war der Fall – ist nichts geschehen.« Miss Currie antwortete: »Ich will nichts davon hören. Sagen Sie nichts mehr. Ich will nichts mehr hören.« (407)

Miss Currie half, die Beziehung geheimzuhalten. Wenn der Präsident mit Miss Lewinsky sprechen wollte, wählte Miss Currie die Nummer persönlich, anstatt sie von den Telefonisten des Weißen Hauses wählen zu lassen, die alle Telefonate des Präsidenten vermerken, die über die Zentrale geführt werden. (408) Wenn Miss Lewinsky anrief und Miss Currie zum Präsidenten durchstellte, führte sie nicht Buch über den Anruf, obwohl es Vorschrift ist, alle Anrufe, private und dienstliche, zu notieren. (409) Laut Aussagen uniformierter Beamter des Secret Service versuchte Miss Currie sie manchmal zu überreden, Miss Lewinsky Zugang zum Weißen Haus zu gewähren, ohne das aktenkundig zu machen. (410)

Außerdem vermied es Miss Currie, die meisten Nachrichten von Miss Lewinsky an den Präsidenten niederzuschreiben oder aufzubewahren. Nach einem Beschluß der Grand Jury, in dem das Weiße Haus – mit Strafandrohung bei Unterlassung – aufgefordert worden war, Beweismaterial zu übergeben, wurde nur eine einzige Notiz an den Präsidenten bezüglich Miss Lewinsky übergeben – wohingegen Beweise erkennen lassen, daß Miss Lewinsky oftmals durch Miss Currie Bitten und Botschaften an den Präsidenten übermitteln ließ. (411)

Wenn Miss Lewinsky von Miss Currie vom Tor aus ins

Weiße Haus gebracht wurde, wählte Miss Currie manchmal einen Weg, der die Wahrscheinlichkeit verringerte, von Angestellten des Weißen Hauses gesehen zu werden, die Miss Lewinsky mißbilligten: Stephen Goodin und Nancy Hernreich. (412) Miss Currie sagte aus, daß sie Miss Lewinsky einmal auf direktem Weg ins Arbeitszimmer und »zurück auf Umwegen« gebracht hatte, um eine Begegnung mit Mr. Goodin zu vermeiden. (413) Wenn Miss Lewinsky das Weiße Haus an Wochenenden und bei Nacht besuchte, war eine Entdeckung kein Problem – in Miss Curries Worten: »Heimlichtuerei war nicht nötig« –, und so erwartete Miss Lewinsky den Präsidenten in Miss Curries Büro. (414)

Laut Miss Lewinsky drückte sie einmal Besorgnis über Aufzeichnungen der Anrufe des Präsidenten bei ihr aus, und Miss Currie sagte ihr, sie brauchte sich deswegen keine Sorgen zu machen. (415) Miss Lewinsky glaubte auch, daß Miss Currie nicht alle ihre Geschenke an den Präsidenten verzeichnete. (416) Nach Miss Lewinskys Einschätzung versuchten viele Stabsmitglieder das Verhalten des Präsidenten zu beeinflussen, doch Miss Currie tat im allgemeinen, was er wünschte. (417)

2. Beobachtungen von Beamten des Secret Service

Beamte der uniformierten Abteilung des Secret Service registrierten 1997 Miss Lewinskys Besuche im Weißen Haus. Aus dem Funkverkehr über die Bewegungen des Präsidenten erkannten mehrere Beamte, daß der Präsident sich oftmals Minuten nach Miss Lewinskys Betreten des Komplexes auf den Weg zum Oval Office machte, besonders an Wochenenden, und einige Beamte notierten, daß er kurz nach ihrem Verlassen des Weißen Hauses in seine Wohnräume zurückkehrte. (*418*) »Das war einfach pünktlich wie die Uhr«, sagte ein Beamter. (*419*) Besorgt über den Ruf des Präsidenten, schlug ein anderer Beamter vor, Miss Lewinsky auf eine Liste von Personen zu setzen, die das Weiße Haus nicht betreten dürften. Ein Vorgesetzter antwortete, daß es sie nichts anginge, wen der Präsident sehen wollte, und außerdem würde niemand das mit Miss Lewinsky herausfinden. (*420*)

B. Inserat am Valentinstag

Am 14. Februar 1997 veröffentlichte die *Washington Post* am Valentinstag ein »Liebes-Inserat«, das von Miss Lewinsky aufgegeben worden war. Die Anzeige lautet:

HÜBSCHER
Mit leichten Schwingen der Liebe
Überwinde ich diese Mauern
Denn steinerne Grenzen können Liebe nicht aufhalten.
Und was Liebe erreicht,
Das kann Liebe wagen, zu versuchen.
– Romeo und Julia
Alles Gute zum Valentinstag.
M (*421*)

Nachricht am 24. Februar

Am 24. Februar besuchte Miss Lewinsky das Weiße Haus, um etwas für das Pentagon zu erledigen. (*422*) Sie schaute bei Miss Curries Büro herein. (*423*) Miss Currie schickte eine Notiz an den Präsidenten – die einzige Notiz, die vom Weißen Haus nach dem Beschluß einer Grand Jury übergeben wurde: »Monica Lewinsky hat vorbeigeschaut. Wollen Sie sie anrufen?« (424)

D. Sexuelle Begegnung am 28. Februar.

Laut Miss Lewinsky hatten sie und der Präsident am Donnerstag, dem 28. Februar, eine sexuelle Begegnung – ihre erste seit fast 11 Monaten. Unterlagen des Weißen Hauses zeigen, daß Miss Lewinsky der Aufzeichnung der wöchentlichen Rundfunkansprache des Präsidenten am 28. Februar beiwohnte. Sie war von 17:48 Uhr bis 19:07 Uhr im Weißen Haus. (426) Der Präsident befand sich von 18:29 bis 18:36 Uhr im Roosevelt Room (wo die Rundfunkansprache aufgezeichnet wurde) und begab sich dann ins Oval Office, wo er bis 19:24 Uhr blieb. (427) Er erhielt während Miss Lewinskys Aufenthalt im Weißen Haus keine Anrufe. (428)

Miss Lewinsky trug ein marineblaues Kleid von Gap, als sie auf Einladung des Präsidenten (übermittelt durch Miss Currie) der Rundfunkansprache beiwohnte und sich anschließend mit dem Präsidenten fotografieren ließ. (429) Seit ihrer Tätigkeit im Weißen Haus war Miss Lewinsky nicht mehr mit dem Präsidenten allein gewesen, und – so ihre Aussage – sie war »wirklich nervös«. (430) Nachdem das Foto von ihnen gemacht worden war, forderte Präsident Clinton sie auf, Miss Currie aufzusuchen, weil er ihr etwas schenken wollte. (431) »So wartete ich eine Zeitlang auf ihn, und dann gingen Betty und der Präsident und ich in das hintere Büro«, sagte Miss

Lewinsky aus. (432) (Später erfuhr sie, daß Miss Currie sie begleitet hatte, weil Stephen Goodin nicht gewollt hatte, daß der Präsident mit Miss Lewinsky allein war, eine Haltung, die Mr. Goodin bei dem Präsidenten und Miss Currie äußerte). (433) Als sie das Oval Office passiert hatten und auf dem Weg zum privaten Arbeitszimmer waren, sagte Miss Currie: »Ich bin gleich wieder da« und ging weiter zum hinteren Anrichtezimmer, wo sie laut Miss Currie 15 bis 20 Minuten wartete, während der Präsident und Miss Lewinsky im Arbeitszimmer waren. (434) Nach Miss Curries Aussage (sie sagte, sie handelte aus eigener Initiative) begleitete sie den Präsidenten und Miss Lewinsky dann aus dem Oval Office, weil »nicht der Eindruck entstehen sollte, daß er mit jemandem allein gewesen ist.« (435)

Im Arbeitszimmer – so Miss Lewinsky – »wollte mir der Präsident etwas sagen, und ich drängte ihn, mich zu küssen, denn ... es war lange her, seit wir allein gewesen waren.« (436) Der Präsident forderte sie auf, einen Moment zu warten, denn er hätte Geschenke für sie. (437) Als verspätete Weihnachtsgeschenke gab er ihr eine Hutnadel und eine Sonderausgabe von Walt Whitmans *Leaves of Grass*. (438)

Miss Lewinsky beschrieb das Buch von Whitman als das »sentimentalste Geschenk, das er mir gemacht hatte ... es ist schön und bedeutet mir viel.« (439) Während dieses Besuchs sagte der Präsident laut Miss Lewinsky, daß er ihre Botschaft zum Valentinstag in der *Washington Post* gesehen hatte, und er sprach über seine Vorliebe für »Romeo und Julia«. (440)

Miss Lewinsky sagte aus, daß sie eine sexuelle Begegnung hatten, nachdem der Präsident ihr die Geschenke gegeben hatte.

Wir gingen am Badezimmer vorbei in den Flur und küßten uns. Während wir uns küßten, knöpfte er mein Kleid auf und streichelte meine Brüste, zuerst noch mit BH, und dann entfernte er den BH und küßte meine Brüste und berührte sie mit seinen Händen und dem Mund.

Und dann, nehme ich an, berührte ich ihn durch die Hose in seinem Genitalbereich, und ich glaube, ich knöpfte sein Hemd auf und küßte seine Brust. Und dann ... ich wollte Oralsex bei ihm ausüben ... und so tat ich es. Und dann ... ich glaube, er hörte etwas, oder er hörte jemanden im Büro. Wir gingen ins Badezimmer.

Und ich machte mit Oralsex bei ihm weiter, und dann schob er mich fort, sanft wie stets, bevor es ihm kam, und dann stand ich auf und sagte ... ich habe mich so nach dir gesehnt. Ich verstehe nicht, warum du mich nicht weitermachen läßt ... bis es dir kommt; es ist wichtig für mich; ich meine, ich habe das Gefühl, es ist nicht komplett, es ist nicht richtig. (441)

Miss Lewinsky sagte aus, daß sie und der Präsident sich umarmten und er sagte, »er wolle nicht süchtig nach mir werden, und er wolle nicht, daß ich süchtig nach ihm werde«. Sie schauten sich eine Weile an. (442) Dann sagte der Präsident: »Ich will dich nicht enttäuschen« und willigte ein. (443) Zum erste Mal übte sie Oralsex bis zum Abschluß aus. (444)

Als Miss Lewinsky das marineblaue Kleid von Gap beim nächsten Mal aus dem Schrank nahm, um es zu tragen, bemerkte sie Flecken nahe der Hüfte und auf der Brust. (445) Untersuchungen des FBI-Labors ergaben, daß es sich bei den Flecken um Sperma des Präsidenten handelt. (446)

Bei seiner Aussage vor der Grand Jury deutete der Präsident an –, das OIC hatte eine Blutprobe von ihm verlangt und dargelegt, daß es ausreichend beweiserhebliche Rechtfertigung für dieses Ersuchen gab – weil er Grund zu der Annahme hatte, daß Miss Lewinskys Kleid Spuren von seinem Sperma haben könnte –, daß er und Miss Lewinsky sexuellen Kontakt am Tag seiner Rundfunkansprache gehabt hatten. Er sagte aus:

Ich fühlte mich nachher mitgenommen, und ich war zu diesem Zeitpunkt erfreut darüber, daß es seit fast einem Jahr keinen unziemlichen Kontakt mit Miss Lewinsky gegeben hatte. Ich versprach mir selbst, daß es nicht wieder geschehen würde. Die Fakten dessen, was passierte und wie es passierte, sind kompliziert. Aber trotzdem ich bin verantwortlich dafür. (447)

Später fügte der Präsident mit Bezug auf den Abend der Rundfunkansprache hinzu: »Ich glaube, daß ich 15 bis 20 Minuten mit ihr allein war, Ich glaube, daß Dinge passierten, die unziemlich waren.« (448) Er sagte über die intime Beziehung mit Miss Lewinsky: »Ich hätte sie niemals anfangen sollen, und ich hätte sie sicherlich nicht wiederaufnehmen sollen, nachdem ich 1996 den Entschluß gefaßt hatte, es nicht zu tun.« (449)

E. Sexuelle Begegnung am 29. März

Laut Miss Lewinsky hatte sie am Samstag, dem 29. März 1997, eine sexuelle Begegnung mit dem Präsidenten, ihre letzte, wie sich herausstellen sollte. Aufzeichnungen zeigen, daß sie von 14:03 Uhr bis 15:16 Uhr im Weißen Haus war, eingelassen von Miss Currie. (450) Der Präsident befand sich während dieses Zeitraums im Oval Office (er verließ es kurz nach Miss Lewinskys Verlassen des Weißen Hauses um 15:24 Uhr), und er erhielt keine Anrufe während ihres Besuches. (451)

Laut Miss Lewinsky arrangierte Miss Currie das Treffen, nachdem der Präsident am Telefon gesagt hatte, er hätte ihr etwas Wichtiges zu erzählen. Im Weißen Haus brachte Miss Currie sie zum Arbeitszimmer, um den Präsidenten zu erwarten. Er kam mit Krücken, die Folge einer Knieverletzung, die er sich zwei Wochen zuvor in Florida zugezogen hatte. (452)

Miss Lewinsky zufolge begann ihre sexuelle Begegnung mit einem plötzlichen Kuß. »Dies war ein weiterer dieser Momente, an denen ich über irgend etwas quasselte und er mich einfach küßte, so eine Art, mich zum Schweigen zu bringen, nehme ich an.« (453) Der Präsident knöpfte ihre Bluse auf und berührte ihre Brüste, ohne ihren BH zu entfernen. (454) Er begann, seine Hand unter meine Hose zu schieben, und dann zog ich deren Reißverschluß auf, damit es einfacher war. Ich hatte kein Höschen an. Und so stimulierte er mich mit der Hand.« (455) »Ich wollte, daß er meine Genitalien mit seinen Genitalien berührt« – so Miss Lewinsky – »und er tat es, leicht nur, und ohne einzudringen.« (456) Dann übte Miss Lewinsky Oralsex bei ihm aus, abermals, bis er ejakulierte. (457)

Nach Miss Lewinskys Aussage hatten sie und der Präsident an diesem Tag ein längeres Gespräch. Er äußerte den Verdacht, daß eine ausländische Botschaft (er sagte nicht, welche) seine Telefone abhörte, und er schlug ihr Tarngeschichten vor. Falls sie irgendwann jemals befragt werden sollte, dann sollte sie sagen, daß sie beide nur Freunde seien. Falls jemand jemals Fragen über ihren Telefonsex stellen sollte, dann sollte sie sagen, sie hätten gewußt, daß ihre Telefone die ganze Zeit abgehört wurden und der Telefonsex nur gespielt sei. (*458*)

In seiner Aussage vor der Grand Jury leugnete der Präsident diese Begegnung entschieden. Er gab zu, »unziemlichen intimen Kontakt« mit Miss Lewinsky »bei gewissen Anlässen Anfang 1996 und einmal Anfang 1997« gehabt zu haben. Der Präsident wies darauf hin, daß der Anlaß »einmal 1997« die Rundfunkansprache gewesen war. (*460*)

F. Fortgesetzte Bemühungen um neuen Job

Nach der 1996er Wahl hatte sich Miss Lewinsky weiterhin bemüht, eine Arbeitsstelle im Weißen Haus zu bekommen. Sie sagte aus, sie hätte zuerst das Thema bei einem Telefonat mit dem Präsidenten im Januar 1997 angeschnitten, und er hätte gesagt, er würde mit Bob Nash sprechen, dem Leiter der Abteilung, die für das Personal des Präsidenten zuständig war. (*461*) Sie faßte das so auf, daß Mr. Nash »für mich einen Posten finden sollte, damit ich ins Weiße Haus zurückkehren kann.« (*462*)

Im Laufe der folgenden Monate bat Miss Lewinsky den Präsidenten wiederholt, ihr einen Job im Weißen Haus zu verschaffen. Laut ihrer Erinnerung erwiderte der Präsident, mehrere Stabsmitglieder arbeiteten daran, einschließlich Mr. Nash und Marsha Scott, stellvertretende Assistentin des Präsidenten und »Deputy Director for Presidential Personnel«. (*463*) Miss Lewinsky zufolge sagte ihr der Präsident:

»Bob Nash kümmerte sich darum«, »Marsha wird sich

darum kümmern« und »Wir müssen einfach vorsichtig sein.« Wissen Sie, und er bestätigte sozusagen immer, was ich hören wollte, indem er mir etwas sagte, von dem ich nicht wußte, ob es stimmte oder nicht. »Oh, ich werde mit ihr reden.« »Ich werde – ich werde ...« Blablala. Anstatt zu sagen: »Ich werde es tun, ich werde es tun, ich werde es tun.« Und er tat es nicht, tat es nicht, tat es nicht.« (464)

Miss Lewinsky begann sich zu fragen, ob sie »hingehalten« wurde. (465)

Bei seiner Aussage vor der Grand Jury gab der Präsident zu, daß sich Miss Lewinsky bei ihm über ihre Jobsituation beklagt hatte:

Wissen Sie, sie versuchte seit Monaten und Monaten, wieder einen Job im Weißen Haus zu bekommen, nicht mal so sehr im Westflügel, sondern irgendwo im Komplex des Weißen Hauses, einschließlich des alten Executive Office Building ... Sie wollte unbedingt zurückkehren. Und sie bewarb sich um einige Jobs, bekam jedoch nie einen. Sie war manchmal ärgerlich darüber. (466)

VII. Mai 1997:
Beendigung der sexuellen Beziehung

A. Fragen zu Miss Lewinskys Diskretion

Im April oder Mai 1997 – so Miss Lewinsky – wurde sie vom Präsidenten gefragt, ob sie ihrer Mutter von ihrer intimen Beziehung erzählt hatte. Sie antwortete: »Nein. Natürlich nicht.« (468) (In Wirklichkeit hatte sie sich ihrer Mutter anvertraut). (469) Der Präsident gab ihr zu verstehen, daß ihre Mutter möglicherweise etwas über die Art der Beziehung zu Walter Kaye gesagt hatte, der es gegenüber Marsha Scott erwähnt hatte, die ihrerseits ihn gewarnt hatte. (470)

Miss Lewinskys Darstellung wird durch Mr. Kayes Aussage erhärtet, nach der er Miss Lewinskys Tante, Debra Finerman, erzählte, daß er erfahren hätte, »Ihre Nichte sei sehr aggressiv«, eine Bemerkung, über die sich Miss Finerman ärgerte. Miss Finerman sagte Mr. Kay, der Präsident sei die wahre treibende Kraft: Er riefe Miss Lewinsky spät in der Nacht an. Nach Mr. Kays Erinnerung hatte Miss Finerman diese Information von Marcia Lewis, Miss Lewinskys Mutter (und Miss Finermans Schwester). Mr. Kaye – der Geschichten über eine Affäre zwischen Miss Lewinsky und dem Präsidenten, die er von Leuten des Democratic National Committee gehört hatte, nicht geglaubt hatte – sagte aus, daß es ihn »schockiert« hatte, von den Anrufen in später Nacht zu erfahren. (471)

B. Abbruch der Beziehung am 24. Mai

Am Samstag, dem 24. Mai 1997, beendete der Präsident laut Miss Lewinsky ihre intime Beziehung. Miss Lewinsky hielt sich an diesem Tag von 12:21 Uhr bis 13:54 Uhr im Weißen Haus auf. (472) Der Präsident war während dieser Zeit überwiegend im Oval Office, von 11:59 Uhr bis 13:47 Uhr. (473) Er erhielt keine Anrufe. (474)

Laut Miss Lewinsky wurde sie an diesem Tag gegen 11:00 Uhr von Miss Currie angerufen und eingeladen, gegen 13 Uhr zum Weißen Haus zu kommen. Miss Lewinsky trug bei ihrer Ankunft einen Strohhut mit der Hutnadel, die ihr der Präsident geschenkt hatte, und sie brachte Geschenke für ihn mit, darunter ein Puzzlespiel und ein Bananenrepublik-Shirt. Sie gab ihm die Geschenke im Eßzimmer, und von dort gingen sie in den Bereich des Arbeitszimmers. (475)

Miss Lewinsky zufolge erklärte der Präsident, daß sie ihre intime Beziehung beenden müßten. (476) Früher in seiner Ehe, sagte er, hätte er hunderte von Affären gehabt; aber seit er 40 geworden sei, hätte er sich vorgenommen, seiner Frau treu zu sein. (477) Er sagte, er fühlte sich zu Miss Lewinsky hingezogen, hielte sie für eine großartige Person und hoffte, sie würden Freunde bleiben. Er wies darauf hin, daß er viel für sie tun könnte. An der Situation, betonte er, wäre nicht Miss Lewinsky schuld. (478) Miss Lewinsky weinte und versuchte den Präsidenten zu überreden, die sexuelle Beziehung nicht zu beenden, aber er blieb unnachgiebig, zu diesem Zeitpunkt und später. (479) Laut Miss Lewinsky küßten und umarmten sie und der Präsident sich anschließend, aber die sexuelle Beziehung war zu Ende. (480)

Drei Tage nach diesem Treffen, am 27. Mai 1997, lehnte das oberste Bundesgericht einstimmig Präsident Clintons Antrag auf Immunität laut Verfassung bei Zivilklagen ab. Das Gericht beschloß, daß das Verfahren wegen sexueller Belästigung *Jones gegen Clinton* fortgesetzt wurde. *(481)*

VIII. Juni bis Oktober 1997:
Fortgesetzte Treffen und Anrufe

Miss Lewinsky versuchte, in den Stab des Weißen Hauses zurückzukehren und ihre sexuelle Beziehung wiederaufleben zu lassen, doch sie schaffte beides nicht.

A. Fortgesetzte Bemühungen um einen Job

Obwohl Miss Lewinsky kein neuer Job im Weißen Haus angeboten wurde, zeigen einige Zeugenaussagen, daß der Präsident ihr einen beschaffen wollte. Laut Betty Currie wies der Präsident sie und Marsha Scott an, Miss Lewinsky zu helfen, eine Arbeitsstelle im Weißen Haus zu finden. (472) Miss Currie sagte aus, daß sie sich der Bitte widersetzte, weil sich ihre Meinung über Miss Lewinsky im Laufe der Zeit geändert hatte. Zuerst – so ihre Aussage – hatte sie Miss Lewinsky für »eine Freundin« gehalten, der man »Unrecht zugefügt« hatte und die »verleumdet« worden war. (483) »Aber später ging sie mir mehr oder weniger auf die Nerven«. (484) Der Sinneswandel war zum Teil darauf zurückzuführen, daß Miss Currie 1997 viele Anrufe von Miss Lewinsky erhielt, die oftmals verzweifelt und in Tränen aufgelöst war, weil sie sich nicht mit dem Präsidenten in Verbindung setzen konnte. (485) Sie hielt sie für »ein bißchen aufdringlich«, und sie machte Einwände gegen eine Wiedereinstellung von Miss Lewinsky ins Weiße Haus, doch der Präsident wies sie und Miss Scott nach Miss Curries Worten, an »sich weiter um ihre Rückkehr zu bemühen.« (468) Der

Präsident »hat uns sehr gedrängt«, sagte Miss Currie aus. (487) Nach Miss Curries Erinnerung war es das einzige Mal, daß der Präsident anwies, zu versuchen, jemandem eine Arbeitsstelle im Weißen Haus zu besorgen. (488)

Miss Lewinsky zufolge riet ihr der Präsident im Frühjahr 1997, mit Miss Scott über einen Job im Weißen Haus zu sprechen. (489) Am 16. Juni traf sie sich mit Miss Scott. (490). Das Treffen verlief nicht, wie Miss Lewinsky erwartet hatte. Sie berichtete später in einer E-Mail-Nachricht:

Es gibt höchstwahrscheinlich eine Diskrepanz zwischen dem, was (der Präsident) gesagt hatte, was er ihr auftragen würde, und wie sie handelte. Sie wußte nicht einmal, was mein Titel oder mein Job gewesen war... Sie hatte keine offenen Positionen anzubieten. Statt dessen ließ sie mich schildern, was geschehen war, als ich hatte gehen müssen (wer es mir gesagt hat), und dann sollte ich die Geschichte von Evelyn (Lieberman) über mein »ungehöriges Verhalten« bestätigen. Dann fragte sie mich, warum ich zurückkommen will, wo es so gemeine Frauen und Leute gibt, die über mich klatschen. Ich war so empört. Ich fand, daß es ihr nun wirklich nicht zustand, mir solche Fragen zu stellen. Später sagte ich, daß ich gehört hatte, ich könnte nach dem November zurückkommen, und sie wollte wissen, wer mir das erzählt hat! So habe ich ihn angerufen, aber ich weiß nicht, was geschehen wird.

Miss Lewinsky fügte hinzu, sie sei geneigt, »alles hinter mir zu lassen«, aber sie räumte ein, »das sage ich immer, und dann besinne ich mich anders.« (491)

Obwohl Miss Scott ihre Erinnerung als »völlig durcheinander« bezeichnete, erhärtete sie viel von Miss Lewinskys Darlegung. (492) Miss Scott sagte irgendwann

107

in ihrer Aussage, sie hätte Miss Lewinsky gefragt, warum sie ins Weiße Haus zurückkommen wollte. (493) Miss Scott sagte ebenfalls, sie hätte vor ihrem Treffen Miss Lewinskys Stellenbezeichnung nicht gekannt. (494)

Im Laufe den nächsten drei Wochen versuchte Miss Lewinsky wiederholt erfolglos, mit dem Präsidenten über ihre Stellensuche zu sprechen. In einem Briefentwurf an Miss Currie schrieb sie, daß der Präsident »zu mir sagte, er hätte ihr (Miss Scott) erzählt, man hätte mich schlecht behandelt, und ich sollte einen guten Job im Westflügel bekommen«, Miss Scott sei anscheinend jedoch nicht bemüht, Miss Lewinskys Rückkehr zu arrangieren. Miss Lewinsky schrieb:

Es überraschte mich, daß sie sein Urteilsvermögen in Frage stellt und nicht einfach tut, was er verlangt. Ist es möglich, daß er ihr das nicht gesagt hat? Will er mich wirklich nicht zurück in dem Komplex haben? Er hat weder auf meinen Brief geantwortet noch angerufen. Wissen Sie, was los ist? Wenn ja, können Sie es mir mitteilen?« (495)

Miss Currie sagte aus, sich »vage zu erinnern«, daß sie diesen Brief gesehen hatte. (496)

Am 29. Juni 1997 schrieb Miss Lewinsky mehrere Briefe. In einem Briefentwurf an Miss Scott schrieb sie: »Unser letztes Gespräch hat mich aus der Fassung gebracht«, und sie fügte hinzu:

Marsha, man hat mir gesagt, ich könnte nach der Wahl zurückkommen. Ich weiß, warum ich im vergangenen Jahr Mitte April gehen mußte, und ich bin seither über die Maßen geduldig gewesen. Ich halte es für unfair... von der Person, die mir einen Job geben würde, wie man mir gesagt hat, zu hören, daß es keine Stelle für mich gibt und sie nichts über freie Stellen im Haus hört. Ich weiß, daß ich nach Ihrer Ansicht nur ein Hindernis bin – eine Frau, die nicht das Beste für einen gewissen Jemand im Sinn hat, aber bitte, vertrauen Sie mir, wenn ich sage, daß es so ist.« (497)

Miss Lewinsky entwarf ebenfalls einen Brief, in dem sie den Präsidenten um ein kurzes Treffen am folgenden Dienstag bat. Mit Bezug darauf, daß es ihr unmöglich war, mit ihm in Kontakt zu kommen, schrieb sie: »*Tu mir dies bitte nicht an*. Ich fühle mich wie weggeworfen, benutzt und wertlos. Ich verstehe, daß Dir die Hände gebunden sind, aber ich möchte mit Dir reden und Alternativen haben.« (498). Etwa zu dieser Zeit erzählte Miss Lewinsky einer Freundin, daß sie mit dem Gedanken spielte, in eine andere Stadt zu ziehen oder auszuwandern. (499)

B. Brief vom 3. Juli

»Sehr enttäuscht«, weil es ihr nicht möglich war, Kontakt mit dem Präsidenten aufzunehmen und mit ihm über ihre Stellensuche zu reden, schrieb Miss Lewinsky ihm am 3. Juli 1997 einen verdrießlichen Brief. (500) Sie begann mit »Dear Sir« und warf ihm vor, sein Versprechen, ihr einen anderen Job im Weißen Haus zu beschaffen, nicht eingehalten zu haben. (501) Miss Lewinsky drohte auch indirekt, ihre Beziehung bekanntzumachen. Wenn sie nicht wieder im Weißen Haus arbeiten könnte, schrieb sie, dann »muß ich meinen Eltern genau erklären, warum das so gekommen ist.« Irgendeine Erklärung war nötig, weil sie ihren Eltern erzählt hatte, sie würde nach der Wahl zurückgeholt werden. (502) (Miss Lewinsky sagte aus, daß sie nicht wirklich ihrem Vater über das Verhältnis erzählt hätte – sie hatte ihre Mutter bereits eingeweiht) –, aber sie wollte den Präsidenten daran erinnern, daß sie »im April '96 das Weiße Haus wie ein braves Mädchen verlassen« hatte, während andere vielleicht mit einer Enthüllung gedroht hätten, um den Job zu behalten. (503)

Miss Lewinsky brachte auch die Möglichkeit zur Sprache, eine Arbeitsstelle außerhalb Washingtons anzunehmen. Wenn die Rückkehr ins Weiße Haus unmöglich war, fragte sie in diesem Brief, könnte er ihr dann einen Job bei den Vereinten Nationen in New York beschaffen? (504) Zum ersten Mal teilte sie dem Präsidenten mit, daß sie mit dem Gedanken an einen Umzug spielte. (505)

Obwohl der Präsident nicht zu diesem besonderen Brief befragt wurde, sagte er aus, er glaubte, Miss Lewinsky könnte vielleicht ihr intimes Verhältnis enthüllen, wenn er es beendete. Er sagte aus:

Nachdem ich die unziemliche Beziehung mit ihr beendet hatte, wollte sie öfter ins Weiße Haus kommen, als ihr gestattet wurde. Sie wurde manchmal ärgerlich, wenn sie nicht eingelassen wurde. Ich wußte, daß dadurch die Wahrscheinlichkeit stieg, daß sie die Beziehung bekanntmachte, aber ich tat es trotzdem, weil ich den Kontakt beschränken mußte. (506)

Nach dem Erhalt des Briefes vom 3. Juli stimmte der Präsident jedoch zu, Miss Lewinsky zu sehen. Nach ihrer Aussage rief Miss Currie an diesem Nachmittag an und forderte sie auf, am nächsten Tag um 09:00 Uhr ins Weiße Haus zu kommen. (507)

C. Treffen am 4. Juli

Am Freitag, dem 4. Juli 1997, hatte Miss Lewinsky – so ihre Aussage – ein »sehr emotionales« Treffen mit dem Präsidenten. (508) Aufzeichnungen zeigen, daß Miss Lewinsky das Weiße Haus um 08:51 Uhr betrat; wann sie es verließ, ist nicht vermerkt. (509) Eintragungen zeigen, daß sich der Präsident von 08:40 Uhr bis nach 11.00 Uhr im Oval Office aufhielt.

Nach Miss Lewinskys Erinnerung begann ihr Treffen mit Streit, und der Präsident schalt sie: »Es ist kriminell, dem Präsidenten der Vereinigten Staaten zu drohen.« (511) Dann sagte er ihr, daß er den Brief vom 3. Juli nur bis zur Anrede »Dear Sir« gelesen habe; er habe vermutet, daß es ein Drohbrief war, weil Miss Currie bestürzt gewirkt hätte, als sie ihm den Brief gebracht hatte. (Miss Lewinsky nahm an, daß er in Wirklichkeit den ganzen Text gelesen hatte). (512) Miss Lewinsky beschwerte sich, weil er ihr nach ihrem langen Warten keinen Job im Weißen Haus beschafft hatte. Obwohl der Präsident behauptete, er wollte ihr Freund sein, sagte sie, verhalte er sich nicht so. Miss Lewinsky begann zu weinen, und der Präsident nahm sie in die Arme. Während der Umarmung entdeckte sie einen Gärtner außerhalb des Fensters des Arbeitszimmers, und sie gingen auf den Flur beim Badezimmer. (513)

Dort war der Präsident – so Miss Lewinskys Aussage – »so zärtlich zu mir wie nie«. Er streichelte ihren Arm, spielte mit ihrem Haar, küßte sie auf den Hals, pries ihren Intellekt und ihre Schönheit. (514) In Miss Lewinskys Erinnerung:

Er sagte ... er wünschte, er hätte mehr Zeit für mich.

111

Und so sagte ich, nun, vielleicht wirst du in drei Jahren mehr Zeit haben. Und ich war ... ich dachte einfach, wenn er nicht mehr Präsident war, würde er mehr Zeit haben. Und er sagte, nun, ich weiß nicht, vielleicht bin ich in drei Jahren allein. Und dann sagte ich etwas über ... daß wir zusammen sein könnten. Ich glaube, ich sagte, oh, ich glaube, wir wären ein gutes Team oder so etwas. Und er ... sagte scherzhaft, nun, was werden wir tun, wenn ich 75 bin und fünfundzwanzigmal pro Tag pinkeln muß? Und ... ich sagte ihm, daß wir damit fertig werden würden ... (515)

Miss Lewinsky sagte aus, daß »ich an diesem Tag wie emotional betäubt fortging«, denn »ich wußte einfach, daß er in mich verliebt war.« (516)

Kurz bevor sie ging – so Miss Lewinsky – sagte sie dem Präsidenten, »daß ich mit ihm über etwas Ernstes reden mußte, und obwohl ich nicht diejenige sein wollte, die darüber mit ihm sprach, hielt ich es für wichtig, daß er es erfuhr.« (517) Sie informierte ihn, daß *Newsweek* an einem Artikel über Kathleen Willey arbeitete, einer Ex-Volontärin des Weißen Hauses, die behauptete, daß der Präsident sie während eines privaten Treffens im Oval Office am 23. November 1993 sexuell belästigt hätte. (Miss Lewinsky hatte von dem Artikel durch Miss Tripp erfahren, die zum Zeitpunkt des angeblichen Zwischenfalls im Weißen Haus gearbeitet und von Miss Willey von der Sache erfahren hatte. Michael Isikoff von *Newsweek* hatte mit Miss Tripp im März 1997 über den Vorfall gesprochen, und abermals kurz vor dem 4. Juli, und Miss Tripp hatte später Miss Lewinsky davon erzählt. (518) Miss Lewinsky sagte dem Präsidenten, was sie von Miss Tripp erfahren hatte (die sie nicht namentlich nannte), einschließlich der Tatsache, daß Miss Tripp versucht hatte, Kontakt mit Deputy White House Counsel Bruce Lindsey aufzunehmen, doch der Anwalt hatte sie nicht zurückgerufen. (519)

Miss Lewinsky sagte aus, warum sie diese Information an den Präsidenten weitergab: »Ich war besorgt, daß der Präsident keine Ahnung hatte, was los war, und daß diese Frau eine weitere Paula Jones sein würde, und das konnte er nun wirklich nicht gebrauchen.« (520) Sie hatte gehört, daß Miss Willey einen Job suchte, und sie dachte, daß der Präsident »diese Sache vielleicht aus der Welt schaffen konnte«, indem er ihr eine Arbeitsstelle verschaffte.

Der Präsident antwortete, die Beschuldigung sexueller Belästigung wäre lächerlich, denn er würde sich nie einer flachbrüstigen Frau wie Miss Willey nähern. (522) Er sagte ferner, während der vergangenen Wochen hätte Miss Willey Nancy Hernreich angerufen, um davor zu warnen, daß ein Reporter an einer Story über Miss Willey und den Präsidenten arbeitete; Miss Willey hätte sich gefragt, wie sie aus der Sache herauskommen konnte. (523)

Laut Miss Lewinsky erhielt der Präsident keine Anrufe, während sie bei ihm war. Um 10:19 Uhr, vermutlich nach ihrem Weggang (die Zeit ist nicht in den Protokollbüchern vermerkt), führte der Präsident zwei Telefonate, beide möglicherweise als Folge des Gesprächs über den *Newsweek*-Artikel. Erst sprach er drei Minuten lang mit Bruce Lindsey, dann 11 Minuten lang mit Nancy Hernreich. (524)

D. Erörterungen der Linda Tripp am 14./15. Juli

Am Montagabend, dem 14. Juli 1997, kurz nach Miss Lewinskys Rückkehr von eine Überseereise, ließ der Präsident sie ins Weiße Haus kommen, um über Linda Tripp und *Newsweek* zu sprechen. (525) Miss Lewinsky betrat das Weiße Haus um 21:34 Uhr und verließ es um 23:22 Uhr. (526) Der Präsident hielt sich von 21:28 Uhr bis 23:25 Uhr im Bereich des Oval Office auf. (527)

Miss Lewinsky sagte aus, daß Miss Currie gegen 19:30 Uhr an diesem Abend angerufen und gesagt hatte, der Präsident wünschte mit ihr zu reden oder sie zu sehen. Um ungefähr 20:30 Uhr oder 21.00 Uhr rief Mrs. Currie wieder an und bat Miss Lewinsky, zum Weißen Haus zu kommen. (528)

Laut Miss Lewinskys Aussage traf der Präsident sie in Miss Curries Büro und ging dann mit ihr zu Miss Hernreichs Büro. (529) (Unterlagen zeigen, daß der Präsident sieben Minuten nach Miss Lewinskys Betreten des Weißen Hauses das Oval Office verließ). (530) Laut Miss Lewinsky:

> Es war ein ungewöhnliches Treffen ... es war sehr distanziert und sehr kühl ... Irgendwann fragte er mich, ob es sich bei der von mir am 4. Juli erwähnten Frau um Linda Tripp handelt. Und ich zögerte und antwortete dann mit Ja, und er sprach davon, es gäbe ein Problem ... das mit Kathleen Willey zu tun hätte, und daß da etwas im Sludge Report stünde, und es eine Informationsquelle gegeben hätte. (531)

Der Präsident sagte Miss Lewinsky, daß Miss Willey wieder beim Weißen Haus angerufen hatte, diesmal um zu berichten, daß Mr. Isikoff irgendwie von ihrem früheren Anruf beim Weißen Haus erfahren hatte. (532) Der Präsident fragte sich, ob Miss Lewinsky bei Miss Tripp den Anruf von Miss Willey erwähnt hatte, die davon Mr. Isikoff erzählt haben könnte. Miss Lewinsky gab zu, daß sie das getan hatte. Miss Lewinsky sagte aus: »Er war besorgt wegen Linda, und ich beruhigte ihn. Er fragte mich, ob ich ihr traute, und ich sagte ja.« (533) Der Präsident bat Miss Lewinsky zu versuchen, Miss Tripp zu einem Anruf bei Mr. Lindsey zu überreden. (534) Der Präsident – so Miss Lewinsky – fragte ebenfalls, ob sie Miss Tripp irgend etwas über ihr Verhältnis anvertraut hatte. Miss Lewinsky sagte (fälschlich), daß sie das nicht getan hatte. (535)

Der Präsident ging, um an einer Konferenzschaltung teilzunehmen, die – wie Miss Lewinsky annahm – mit seinen Anwälten stattfand, während Miss Lewinsky mit Miss Currie zusammensaß. Laut Aufzeichnungen des Weißen Hauses nahm der Präsident um 22:03 Uhr an einer 51-minütigen Konferenzschaltung mit Robert Bennett, seinem privaten Anwalt im Fall *Jones*, und Charles Ruff, Anwalt des Weißen Hauses, teil. Sofort danach führte der Präsident ein sechsminütiges Telefongespräch mit Bruce Lindsey. (537)

Danach kehrte der Präsident zurück und sagte Miss Lewinsky – nach ihrer Erinnerung –, sie sollte Miss Currie am nächsten Tag mitteilen, »ohne mit ihr in Einzelheiten zu gehen, ohne auch nur Namen zu erwähnen«, ob sie »die Mission . . . mit Linda erfüllt« hätte. (538))

Laut Miss Lewinsky sprach sie am nächsten Tag mit Miss Tripp, rief dann Miss Currie an und sagte, sie müßte mit dem Präsidenten sprechen. Er rief sie an diesem Abend an. Sie sagte ihm: »Ich habe versucht, mit Linda zu reden, doch sie war anscheinend nicht sehr empfänglich dafür, wieder Verbindung mit Bruce Lindsey aufzunehmen, aber ich werde es weiterhin versuchen.« (539) Der Präsident war schlechtgelaunt – so Miss Lewinsky –, und ihr Gespräch war kurz. (540)

E. Treffen mit Marsha Scott am 16. Juli

Am 16. Juli 1997 traf sich Miss Lewinsky wieder mit Miss Scott, um mit ihr über eine Rückkehr ins Weiße Haus zu sprechen. (541) Miss Scott sagte laut Miss Lewinsky, sie würde versuchen, sie als Übergangsregelung vom Pentagon in ihr (Miss Scotts) Büro versetzen zu lassen. (542) So könnte sich Miss Lewinsky bewähren, sagte Miss Scott. Sie sagte ebenfalls, daß sie »vorsichtig sein und (den Präsidenten) schützen« müßten. (543) Sowohl Miss Scott als auch Miss Currie bestätigten, daß Miss Scott mit Miss Lewinsky über eine mögliche Versetzung zur Arbeit im Weißen Haus gesprochen hatte. (544) Miss Scott sagte aus, daß sie versucht hatte, die Versetzung auf eigene Faust zu arrangieren, ohne irgendeine Anweisung des Präsidenten; Miss Currie sagte jedoch aus, daß der Präsident sie und Miss Scott angewiesen hätte, zu versuchen, Miss Lewinsky einen Job zu beschaffen. (545)

F. Treffen am 24. Juli

Am Donnerstag, dem 24. Juli, am Tag nach ihrem 24. Geburtstag, besuchte Miss Lewinsky das Weiße Haus von 18:04 Uhr bis 18:26 Uhr, eingelassen von Miss Currie. (546) Der Präsident befand sich bei ihrem Eintreffen im Oval Office; er begab sich um 18:14 ins Arbeitszimmer und blieb dort bis zu ihrem Weggang. (547) Er erhielt während Miss Lewinskys Besuch keine Anrufe. (548)

Laut Miss Lewinsky ging sie ins Weiße Haus, um bei Miss Currie ein Foto abzuholen, die sagte, der Präsident wäre vielleicht für ein kurzes Treffen abkömmlich. Miss Currie führte Miss Lewinsky ins Kabinettszimmer, während der Präsident ein anderes Treffen beendete, und brachte sie dann zu ihm. Sie plauderten fünf bis zehn Minuten, und der Präsident schenkte Miss Lewinsky zum Geburtstag eine antike Hutnadel. (549)

G. Artikel in Newsweek und seine Nachwirkungen

Newsweek veröffentlichte die Kathleen Willey-Story in der Ausgabe vom 11. August 1997 (die eine Woche vor dem auf der Titelseite angegebenen Datum erschien). In dem Artikel wurde Miss Tripp mit den Worten zitiert, daß Miss Willey beim Verlassen des Oval Office an dem Tag der angeblichen Belästigungen des Präsidenten »aufgelöst«, »durcheinander, glücklich und froh« gewirkt hätte. In dem Artikel wurde ebenfalls Robert Bennett mit den Worten zitiert, Miss Tripp »kann man keinen Glauben schenken«. (550)

Nach dem Erscheinen des Artikels schrieb Miss Tripp *Newsweek* einen Brief mit dem Vorwurf, sie falsch zitiert zu haben, doch er wurde nicht veröffentlicht. (551) Später erzählte Miss Lewinsky dem Präsidenten von Miss Tripps Brief. Er erwiderte – so sagte Miss Lewinsky in einem aufgezeichneten Gespräch -: »Nun, das ist gut, denn so wirkt es, als wollte sie mich mit diesem Artikel reinlegen.« (552)

H. Treffen am 16. August

Am Samstag, dem 16. August 1997, versuchte Miss Lewinsky erfolglos, ihr sexuelles Verhältnis mit dem Präsidenten wieder anzufangen. An diesem Tag besuchte sie das Weiße Haus vom 09:20 Uhr bis 10:20 Uhr. (553) Der Präsident ging um 09:20 Uhr von den Wohnräumen zum Oval Office und blieb dort bis 10:03 Uhr. (554) Nach einem einminütigen Telefonat mit Betty Currie an ihrem Schreibtisch um 09:18 Uhr, offenbar von den Wohnräumen aus, erhielt der Präsident keinen Anruf, während Miss Lewinsky im Weißen Haus war. Am nächsten Tag reiste er in Urlaub nach Martha's Vineyard. (556)

Miss Lewinsky sagte aus, daß sie Geburtagsgeschenke für den Präsidenten gebracht hatte (er hat am 19 August Geburtstag):

Ich hatte alles in seinem hinteren Büro aufgebaut, ich hatte einen Apfelkuchen mitgebracht, steckte eine Kerze darauf und legte seine Geburtagsgeschenke hin. Und als er hereinkam, sang ich »Happy birthday«, und er erhielt seine Geschenke, und ich fragte ihn ... ob wir einen Geburtstagskuß zu Ehren unserer Geburtage teilen konnten, denn ich hatte nur ein paar Wochen zuvor Geburtstag gehabt. Er sagte, das sei in Ordnung, und wir könnten an diesem Tag die Regeln etwas großzügiger auslegen. Und so ... küßten wir uns. (557)

Miss Lewinsky berührte die Genitalien des Präsidenten durch seine Hose und wollte Oralsex ausüben, doch der Präsident wies sie ab. (558) In ihrer Erinnerung: »Er sagte, ich bemühe mich, dies nicht zu tun, und ich versuche, brav zu sein ... Er wurde sichtlich aufgeregt. Und so ... umarmte ich ihn und sagte ihm, daß es mir leid tat und er sich nicht aufregen sollte.« (559) Später nahm Miss Lewinsky in einem Briefentwurf an den »Hübschen« Bezug auf diesen Besuch. »Es war schrecklich, als ich Dich an Deinem Geburtstag im August sah. Du bist so distanziert gewesen, daß Du mir gefehlt hast, als ich Dich in meinen Armen gehalten habe.« (560)

I. Fortgesetzte Bemühungen um neuen Job

Miss Lewinsky und Miss Scott telefonierten am 3. September 1997 47 Minuten lang. (561) Den Briefen zufolge, die Miss Lewinsky an zwei Freundinnen schrieb, erklärte ihr Miss Scott, daß die freie Stelle in ihrem Büro gestrichen worden war. (562) Miss Lewinsky teilte einer Freundin mit:

Im Augenblick gibt es keine freie Stelle, zu der ich versetzt werden kann. Ich sollte GEDULD haben. Ich sagte ihr, daß ich sehr bestürzt und enttäuscht bin (obwohl ich in Wirklichkeit nicht für sie arbeiten wollte), und dann gerieten wir uns in die Haare. Sie konnte nicht verstehen, weshalb ich zurückkommen wollte, wo doch immer noch Leute dort waren, die mir das Leben schwermachen konnten, und sie wies darauf hin, daß es nicht das richtige politische Klima für eine Rückkehr von mir sei... Sie fragte mich, weshalb ich weiterhin darauf dränge, zurückzukommen – schließlich hätte ich dort bereits gearbeitet. Es ist vorbei. Ich weiß nicht, was ich jetzt tun werde, aber ich kann nicht mehr warten, und ich kann diesen Scheiß nicht mehr ertragen. In gewisser Weise hoffe ich, nie wieder etwas von ihm zu hören, weil er mich nur an der Nase herumgeführt hat und nicht den Mumm hat, mir die Wahrheit zu sagen. (563)

Miss Scott sagte aus, daß »das Wesentliche« von Miss Lewinskys E-Mail-Botschaft, in der das Gespräch beschrieben wurde, »zu meiner Erinnerung dessen paßt, was ich ihr gesagt habe.« (564)

Miss Lewinsky drückte ihre zunehmende Enttäuschung in einem Brief an den Präsidenten aus, den sie entwarf (jedoch nicht abschickte). (565) Sie schrieb:

Ich glaube, es ist an der Zeit, daß ich endlich das Handtuch werfe. Nach meinem Gespräch mit Marsha war ich enttäuscht, frustriert, traurig und wütend. Ich kann mich nur fragen, ob Du bei unserem letzten Zusammensein wußtest, daß sie mich nicht dorthin versetzen lassen kann. Vielleicht erklärt das Dein kaltes Verhalten. Ich kann mir den Grund, weshalb Du mich nicht zurückholst, nur so erklären, daß Du es einfach nicht genügend gewollt hast oder Dein Interesse an mir nicht groß genug ist.

Miss Lewinsky schrieb weiter über andere Frauen, die Gerüchten zufolge etwas mit dem Präsidenten gehabt haben sollten, und jetzt in »einmaligen Positionen« über jede Kritik erhaben waren, »weil sie Deine Billigung haben.« Sie fuhr fort: »Ich liebte Dich – wollte mit Dir zusammen sein, Dich küssen, Dein Lachen hören – und ich wünschte mir, daß Du mich ebenfalls liebst.« Sie schloß mit den Worten: »Wie ich Dir schon in meinem letzten Brief schrieb, habe ich lange genug gewartet. Du und Marsha, ihr habt gewonnen. Ich gebe auf. Du hast mich enttäuscht, aber ich hätte Dir von Anfang an nicht vertrauen sollen. (556)

Miss Lewinsky versuchte weiterhin, mit dem Präsidenten über ihre Lage zu sprechen. Am Freitag, dem 12. September 1997, traf sie beim Weißen Haus ein, ohne einen Termin vereinbart zu haben, rief Miss Currie an und mußte lange am Tor warten. Als Miss Currie sie abholte, weinte Miss Lewinsky. Miss Currie erklärte, daß dem Präsidenten manchmal die Hände gebunden seien – aber, sagte sie, sie hätte seine Genehmigung bekommen, John Podesta, den stellvertretenden Stabschef, zu bitten, Miss Lewinsky zu einer Arbeitsstelle im Weißen Haus zu verhelfen. (567)

J. Black Dog Geschenke

Vor der Abreise des Präsidenten in den Urlaub hatte Miss Lewinsky ihm einen Brief geschickt und gefragt, ob er ihr ein T-Shirt vom Black Dog, einem beliebten Restaurant in Vineyard, mitbringen könnte. Anfang September übergab Miss Currie Miss Lewinsky mehrere Souvenirs aus dem Black Dog. (569) In einer E-Mail an Catherine Davis schrieb Miss Lewinsky: »Ich erfuhr gestern von Betty, daß er mir nicht nur ein T-Shirt mitgebracht hat, sondern zwei, einen Hut und ein Kleid!!!! Auch wenn er ein gemeiner Kerl ist, das ist überraschend süß von ihm – allein, daß er daran gedacht hat!« (570)

K. Lucy Mercer-Brief und Einschaltung des Personalchefs

In Miss Lewinskys Wohnung wurde ein Brief gefunden, der als offizielle Aktennotiz bezeichnet und mit 30. September 1997 datiert ist. Laut Miss Lewinsky schickte sie diesen Brief oder einen ähnlichen an den Präsidenten. (572) Adressiert an »Hübscher« und unter Betr.: »Der neue Deal« schlug die gefälschte Aktennotiz an diesem Abend einen Besuch vor, »nachdem jeder sonst heimgegangen ist«. Miss Lewinsky schrieb: »Du wirst mir zeigen, daß ich Dich besuchen kann, ohne daß es zu einer Krise kommt, und ich werde meine besten Manieren żeigen und nicht gestreßt sein, wenn ich komme (das heißt, um Dich zu sehen).« Sie schloß mit einer Anspielung auf eine Frau, die Gerüchten zufolge ein Verhältnis mit einem früheren Präsidenten gehabt hatte. »Oh, Hübscher, denk daran, daß FDR nie einen Besuch von Lucy Mercer abgelehnt hätte!« (573)

Miss Lewinsky besuchte das Weiße Haus nicht in der Nacht des 30. September, aber der Präsident rief sie spät in der Nacht des 30. September oder am 1. Oktober an. (574) Laut Miss Lewinsky hat er möglicherweise während dieses Telefonats erwähnt, daß er Erskine Bowles dafür gewinnen könnte, ihr zu helfen, einen Job im Weißen Haus zu finden. (575)

Etwa zu dieser Zeit bat der Präsident den Stabschef des Weißen Hauses, bei Miss Lewinskys Stellensuche behilflich zu sein. Mr. Bowles sagte über ein Gespräch mit dem Präsidenten im Oval Office aus: »Er sagte mir, da wäre eine junge Frau – ihr Name war Monica Lewinsky – die im Weißen Haus gearbeitet hatte; daß Evelyn... dachte, sie triebe sich zuviel beim Oval Office herum und sie ins Pentagon versetzte.« (576) Der Präsident bat Mr. Bowles, zu versuchen, für Miss Lewinsky einen Job im alten Executive Office Building zu finden. (577) Mr. Bowles wies seinen Stellvertreter, John Podesta, an, sich um die Angelegenheit zu kümmern. (578)

L. Nachricht über Rückschlag bei der Arbeitssuche

Am 6. Oktober 1997 – so Miss Lewinsky – wurde ihr mitgeteilt, daß sie nie wieder im Weißen Haus arbeiten würde. Miss Tripp überbrachte ihr die Nachricht und deutete an, sie stammte von einer Freundin vom Personal des Weißen Hauses. Miss Lewinsky sagte aus:

Linda Tripp rief mich am 6. Oktober bei der Arbeit an und erzählte mir, daß ihre Freundin Kate im NSC ... Gerüchte über mich gehört hatte, denen zufolge ich nie wieder im Weißen Haus arbeiten würde ... (Kate) riet mir, »aus der Stadt zu verschwinden.« (579)

Für Miss Lewinsky, die zuvor mit dem Gedanken gespielt hatte, nach New York umzuziehen, war dieser Anruf »der Tropfen, der das Faß zum Überlaufen brachte.« (580) Sie war wütend. (581)

In einem Brief, den sie entwarf (jedoch nicht abschickte), drückte Miss Lewinsky ihre Wut und Enttäuschung aus. Sie schrieb:

Jeder normale Mensch würde einfach davongehen und sich sagen: »Er ruft mich nicht an, er will mich nicht sehen – pfeif drauf. Es macht nichts.« Ich kann Dich nicht aufgeben ... ich möchte eine Quelle von Vergnügen und Lachen und Energie für Dich sein. Ich möchte dich zum Lächeln bringen.

Sie fuhr fort, daß sie von einer Angestellten des Weißen Hauses aus zweiter Hand erfahren hatte, sie sei ›hinter dem Präsidenten her‹, und man würde ihr nie mehr erlauben, in dem Komplex zu arbeiten. Miss Lewinsky schieb, sie könnte »daraus nur den Schluß ziehen, daß alles, was Du mir versprochen hast, leere Versprechungen waren ... Ich bin wieder einmal total gedemütigt. Es ist mir völlig klar, daß es keine Möglichkeit gibt, mich zurückzuholen.« Sie schloß den Brief: »Ich werde nie etwas tun, das Dir schaden könnte. Ich bin einfach nicht der Typ für so etwas. Außerdem liebe ich Dich.« (582)

Bei der Beendigung ihres sexuellen Verhältnisses am 24. Mai hatte der Präsident Miss Lewinsky gesagt, er hoffte, daß sie Freunde bleiben würden, denn er könnte viel für sie tun. (583). Nachdem sie jetzt die Erfahrung gemacht hatte, daß er keine Arbeitsstelle im Weißen Haus beschaffen konnte (oder wollte), entschied sich Miss Lewinsky, ihn um einen Job in New York zu bitten, vielleicht bei den Vereinten Nationen – eine Möglichkeit, die sie im Sommer beiläufig bei ihm erwähnt hatte. Am Nachmittag des 6. Oktober sprach Miss Lewinsky über diesen Plan mit Miss Currie, die zitierte, was der Präsident früher gesagt hatte: »Oh, das ist kein Problem. Wir können sie leicht bei den V.N. unterbringen.« (584)

In einem aufgezeichneten Gespräch sagte Miss Lewinsky später, daß sie am 6. Oktober zwei Dinge von dem Präsidenten gewollt hatte. Das erste war Reue: Er sollte »zugeben ... daß er dazu beigetragen hat, mein Leben zu vermasseln.« (585) Das zweite war ein Job, einen, den sie mühelos bekommen konnte. »Ich wollte mich nicht abstrampeln, um diese Position zu bekommen

... ich wollte, daß sie mir einfach geschenkt wird.« (586) Miss Lewinsky entschied sich, dem Präsidenten einen Brief zu schreiben und vorzuschlagen »sich zusammenzusetzen und einen Weg auszuarbeiten, wie ich aus dieser Lage herauskommen kann, ohne mich zu fühlen wie jetzt.« (587) Nachdem sie den Brief entworfen hatte, sagte sie: »Ich wollte, daß er sich ein wenig schuldig fühlte, und ich hoffte, daß dieser Brief das bewirkte.« (588)

In diesem Brief, der am 7. Oktober per Eilboten abgeschickt wurde, schrieb Miss Lewinsky, daß sie erfahren hatte, man würde ihr niemals einen Job im Weißen Haus geben, und sie bat um ein sofortiges Treffen, um ihre Lage hinsichtlich eines Jobs zu besprechen. Sie fuhr mit einer konkreten Bitte fort:

Ich möchte Dich bitten, zu helfen, mir eine Position in NY ab 1. Dezember zu sichern. Ich wäre sehr dankbar, und ich hoffe, dies ist eine Lösung für uns beide. Du sollst wissen, daß es immer wichtiger für mich gewesen ist und bleibt, Dich in meinem Leben gehabt zu haben als zurückzukommen ... Laß mich bitte nicht im Stich. (590)

IX. Oktober bis November 1997: Stellenangebot der Vereinten Nationen

Nachdem sie erfahren hatte, daß sie nicht ins Weiße Haus zurückkehren konnte, bat Miss Lewinsky den Präsidenten, ihr bei der Suche nach einer Arbeitsstelle in New York City zu helfen. Der Präsident bot ihr an, ihr eine Stelle bei den Vereinten Nationen zu verschaffen. Nach anfänglicher Begeisterung gefiel Miss Lewinsky die Vorstellung, bei den V.N. zu arbeiten, nicht mehr so sehr, und sie drängte den Präsidenten, ihr eine Stelle in der Privatwirtschaft zu verschaffen.

A. Telefongespräch am 10. Oktober

Laut Miss Lewinsky rief der Präsident sie am Freitag, dem 10. Oktober, ungefähr in der Zeit zwischen 14:00 Uhr und 14:30 Uhr an. (591) Während des anderthalbstündigen Telefonats stritten sie sich viel. »Er wurde so wütend auf mich, daß er zornrot gewesen sei muß«, erinnerte sie sich. (592)

Ms. Lewinsky zufolge sagte der Präsident: »Wenn ich gewußt hätte, was für eine Person du in Wirklichkeit bist, hätte ich mich nicht mit dir eingelassen.« (593) Er erinnerte Miss Lewinsky daran, daß sie früher versprochen hatte: »Wenn du einfach damit aufhören willst, werde ich ... dir keine Probleme machen.« (594) Miss Lewinsky sagte, sie hätte den Präsidenten herausgefordert: »Sage mir, wann ich dir Schwierigkeiten gemacht habe.« (595). Der Präsident erwiderte: »Ich war deinetwegen nie beunruhigt. Ich hatte nie die Sorge, daß du etwas tun würdest, um mir zu schaden.« (596)

Als das Gespräch sich zu dem Thema ihrer Stellensuche verlagerte, beschwerte sich Miss Lewinsky, daß der Präsident zu wenig getan hatte, um ihr zu helfen. Er erwiderte, daß er im Gegenteil bemüht wäre, zu helfen. (597) Der Präsident sagte, er bedaure Miss Lewinskys Versetzung zum Pentagon, und er versicherte ihr, daß er sie nicht zugelassen hätte, wenn er vorausgesehen hätte, wie schwierig es für sie sein würde, ins Weiße Haus zurückzukehren. (598) Miss Lewinsky sagte ihm, sie wollte bis Ende Oktober eine Arbeitsstelle in New York haben, und der Präsident versprach, sein Bestes zu tun. (599)

B. Treffen am 11. Oktober

Um etwa 08:30 Uhr am Samstag, dem 11 Oktober – so Miss Lewinsky – rief Miss Currie sie an und sagte ihr, der Präsident wünsche sie zu sehen. (600) Miss Lewinsky betrat das Weiße Haus um 09:36 Uhr und verließ es um 10:54 Uhr. (601) Der Präsident betrat das Oval Office um 09:52 Uhr. (602)

Miss Lewinsky traf den Präsidenten im Arbeitszimmer, und sie sprachen über ihre Stellensuche. (603) Miss Lewinsky erklärte dem Präsidenten, sie interessierte sich für eine Arbeitsstelle in der Privatwirtschaft, und er sagte, sie sollte eine Liste von New Yorker Firmen vorbereiten, an denen sie Interesse hatte. (604) Miss Lewinsky fragte den Präsidenten, ob Vernon Jordan, ein prominenter Washingtoner Anwalt, der nach ihrem Wissen ein enger Freund des Präsidenten war und viele geschäftliche Kontakte hatte, ihr helfen könnte, eine Stelle zu finden. (605). Laut Miss Lewinsky war der Präsident empfänglich für die Idee. (606)

In einem aufgezeichneten Gespräch sagte Miss Lewinsky, daß ihr und dem Präsidenten am Ende des Treffens am 11. Oktober Miss Currie im Oval Office Gesellschaft leistete. Der Präsident ergriff Miss Lewinskys Arm und küßte sie auf die Stirn. (607). Er sagte ihr: »Ich habe mit Erskine (Bowles) darüber gesprochen ... daß er versucht, John Hilley dazu zu bewegen, dir ein gutes Zeugnis für deine Arbeit hier zu geben.« (608)

Später sprachen Miss Lewinsky und Miss Tripp über ihre Besorgnis wegen der Beteiligung des Präsidenten an Miss Lewinskys Arbeitssuche. Besonders Miss Lewinsky war nervös, weil der Stabschef des Präsidenten mit hineingezogen wurde:

Miss Lewinsky: Weißt du, ich will das wirklich nicht – ich werde ihm sagen, Erskine sollte nichts damit zu tun haben. Ich bezweifle, daß jemand, der dort arbeitet, etwas damit zu tun haben sollte.

Miss Tripp: Ich verstehe das nicht – wieso ist das ein Problem?

Miss Lewinsky: Du weißt, was mit Webb Hubbell passiert ist. (609)

Miss Lewinsky zog es vor, daß Vernon Jordan ihr bei ihrer Stellensuche behilflich war.

Mrs. Tripp: Nun, ich kann mich nicht erinnern, daß Vernon bei der Sache mit Webb Hubbell erwähnt wurde.

Miss Lewinsky: Stimmt, aber da gibt es einen großen Unterschied. Jemand könnte etwas daraus konstruieren, okay? Jemand könnte es so auslegen oder sagen: »Nun, sie haben ihr einen Job verschafft, damit sie den Mund hält. Man hat sie glücklich gemacht ... Und er (Mr. Bowles) arbeitet für die Regierung und hätte das nicht tun sollen.« Und bei dem anderen (Mr. Jordan) kann man das nicht sagen. (*610*)

C. Die »Wunschliste« vom 16./17. Oktober

Am 16. Oktober schickte Miss Lewinsky dem Präsidenten ein Päckchen mit dem, was sie als »Wunschliste« bezeichnete und auf der diejenigen Arbeitsstellen in New York City beschrieben wurden, an denen sie interessiert war. (*611*) Der Brief begann: Es war mein Traum, in der Kommunikation oder der Strategischen Planung im Weißen Haus zu arbeiten. Ich bin offen für jeden Vorschlag, den Du für ähnliche Arbeit haben magst, die mir gefallen könnte. Für mich ist das Wichtigste, daß ich mich für meine Arbeit interessieren und engagieren kann. Ich möchte die Assistentin von jemandem in der Verwaltung/Geschäftsführung sein, und mein Gehalt soll mir ein sorgenfreies Leben in N.Y. erlauben. (*612*)

Sie nannte fünf Public Relations-Firmen, bei denen sie gern arbeiten würde. (*613*) Miss Lewinsky schloß den Brief, indem sie über die Vereinten Nationen sagte:

Ich habe kein Interesse, dort zu arbeiten. Angesichts dessen, was im April '96 geschah, habe ich bereits anderthalb Jahre in einem Amt verbracht, an dem ich kein Interesse habe. Ich will einen Job, bei dem ich mich herausgefordert fühle, bei dem ich ausgelastet bin und der mich interessiert. Ich bezweifle, daß die V.N. das Richtige für mich sind. (*614*)

In einem aufgezeichneten Gespräch sagte Miss Lewinsky, sie habe gewollt, daß der Präsident die Liste ernst nahm und ihr nicht sagte, sie sollte sich mit einem Job bei den Vereinten Nationen zufriedengeben. (615) »Wenn er vorhat, mit mir wegen den V.N. ein Hühnchen zu rupfen, dann tut er das sicherlich nicht am Telefon, hoffe ich. Ich will kein Brüllduell am Telefon mit ihm austragen.« (616)

Der »Wunschliste« fügte Miss Lewinsky laut ihrer Aussage eine Sonnenbrille und »viele Dinge in einem kleinen Umschlag« hinzu, darunter ein paar Witze, eine Karte und eine Postkarte. (617) Auf die Karte hatte sie geschrieben: »Hatte ich nicht recht, daß meine persönlichen Umarmungen besser sind als auf Karten?« (618) Die Postkarte zeigte ein »sehr erotisches« Gemälde von Egon Schiele. (619) Miss Lewinsky fügte auch einen Brief über ihre Gedanken zur Bildungsreform hinzu. (620)

Miss Lewinsky sagte aus, sie hatte das Gefühl, daß ihr der Präsident aus mehreren Gründen einen Job schuldete: Ihr Verhältnis mit ihm war der Grund für ihre Versetzung vom Weißen Haus. Er hatte ihr einen Job versprochen und bis jetzt nichts getan, um ihr zu helfen, einen für sie zu finden. Und sie hatte »den Mund gehalten«, als sie das Weiße Haus verlassen hatte, ohne ihr Verhältnis mit dem Präsidenten publik zu machen. (623)

D. Der Präsident schafft andere Möglichkeiten

Irgendwann zu dieser Zeit im Herbst 1997 bat Miss Currie John Podesta, den stellvertretenden Stabschef, Miss Lewinsky zu helfen, eine Arbeitsstelle in New York zu finden. (624) Mr. Podesta sagte aus, daß er während einer Reise des Präsidenten nach Lateinamerika an den damaligen V.N.-Botschafter William Richardson herantrat, während er an Bord von Air Force One war, und den Botschafter bat, eine ehemalige Praktikantin für eine Position bei den V.N zu berücksichtigen. (626) Zu diesem Zeitpunkt konnte sich Mr. Podesta nicht an den Namen der Praktikantin erinnern. (627) Botschafter Richardson und der Präsident sagten beide aus, daß sie nicht miteinander über Miss Lewinsky gesprochen hätten. (628)

Botschafter Richardson kehrte am Sonntag, dem 19. Oktober, aus Lateinamerika zurück. (629) Nach ein paar Tagen rief seine leitende Assistentin, Isabelle Watkins, Mr. Podestas Sekretärin an und fragte, ob sie etwas »über einen Lebenslauf wisse, den John uns schicken wird.« (630) Mr. Podestas Sekretärin wußte nichts davon und fragte Mr. Podesta, was sie tun sollte; er wies sie an, Miss Currie anzurufen. (631) Am 21. Oktober um 15:09 Uhr schickte Miss Currie ein Fax mit Miss Lewinskys Lebenslauf an die Vereinten Nationen. (632)

Um 19:01 wurde ein sechsminütiger Anruf von der Nummer eines V.N.-Telefons zu Miss Lewinskys Apartment verbunden, die in Aufzeichnungen des Außenministeriums als Botschafter Richardsons Anschluß« identifiziert wurde. (633) Miss Lewinsky sagte aus, daß sie mit Botschafter Richardson sprach. Eine Frau rief an – so Miss Lewinsky – und sagte: »Ich verbinde mit Botschafter Richardson.« (634) Dann meldete sich der Botschafter selbst. »Ich erinnere mich daran, weil ich geschockt war, und ich war...sehr nervös.« (635) Der Zweck des Anrufs war die Vereinbarung eines Vorstellungsgesprächs in einem Apartment in Watergate in der folgenden Woche. (636) Im Gegensatz zu Miss Lewinskys Aussage bezeugten sowohl der Botschafter als auch Miss Watkins, daß Miss Watkins, nicht der Botschafter, mit Miss Lewinsky gesprochen hätte. (637) Laut Miss Lewinsky erhielt sie ein paar Tage später einen Anruf vom Präsidenten. Sie war verärgert, weil niemand vom Weißen Haus sie auf den Anruf des Botschafters vorbereitet hatte und sie nicht vom Weißen Haus gezwungen werden wollte, die Stelle bei den V.N. anzunehmen. (639) Sie wiederholte, daß sie andere Möglichkeiten verfolgen wollte, besonders auf dem privaten Bereich. (639) Der Präsident beruhigte sie und versicherte ihr, daß eine Position bei den V.N. nur eine von vielen Möglichkeiten sei. (640) Eine Woche später sprach Miss Lewinsky wieder mit dem Präsidenten. Miss Lewinsky sagte aus, sie hätte Miss Currie gebeten, dem Präsidenten nahezulegen, sie anzurufen, um ihre Nervosität vor dem Gespräch bei den V.N zu mildern. (641)

Miss Lewinsky zufolge rief der Präsident am 30. Oktober an, am Abend vor dem Vorstellungsgespräch. Sie bezeichnete die Unterhaltung als »Aufmunterungsgespräch«: »Er versuchte sozusagen mein Selbstvertrauen aufzubauen und mich zu beruhigen.« (642) Der Präsident schlug ihr vor, nach dem Vorstellungsgespräch Miss Currie anzurufen. (644) In seiner beeideten Aussage im Fall *Jones* gab der Präsident zu verstehen, daß er von dem Vorstellungsgespräch mit Botschafter Richardson nicht von Miss Lewinsky persönlich, sondern von Miss Currie erfahren hatte. (645)

E. Das Vorstellungsgespräch bei den V.N. und das Stellenangebot

Am Freitagmorgen, dem 31. Oktober, führten Botschafter Richardson und zwei seiner Assistentinnen, Mona Sutphen und Rebecca Cooper, das Vorstellungsgespräch im Watergate. (*646*) Laut Botschafter Richardson »hörte er zu«, während »Mona und Rebecca mit ihr sprachen.« (*647*) Weder Botschafter Richardson noch jemand von seinem Personal stellte vor oder nach dem Vorstellungsgespräch Fragen über Miss Lewinskys bisherige Arbeitsleistung. (*648*)

Am Sonntag, dem 2. November, entwarf Miss Lewinsky einen Brief an Miss Currie, in dem sie fragte, was sie tun sollte, wenn sie ein Angebot von den V.N. erhalten würde. (*649*) Sie schrieb:

Ich wurde an diesem Wochenende ein bißchen nervös, als Botschafter Richardson sagte, sein Personal werde in *dieser Woche* Verbindung mit mir aufnehmen. Wie Sie wissen, sollen die V.N. meine Ausweichmöglichkeit sein, aber weil VJ (Vernon Jordan) nicht in der Stadt war, ist dies im Augenblick meine einzige Möglichkeit. Was soll ich Richardsons Leuten sagen, wenn sie in dieser Woche anrufen? (*650*)

Miss Lewinsky bat Miss Currie, mit dem Präsidenten über ihr Problem zu sprechen. »Wenn Sie meinen, es läßt sich machen, können Sie vielleicht den »großen Boss« fragen, was ich seinem Wunsch entsprechend tun soll. Ahhhhh ... Angst!!!!!« (*651*) Miss Lewinsky erwähnte ebenfalls das Versprechen des Präsidenten, Vernon Jordan an ihrer Stellensuche zu beteiligen: Ich glaube, ich habe

Ihnen nicht gesagt, daß er bei unserem Gespräch am vergangenen Donnerstagabend gesagt hat, er würde Sie bitten, einen Termin mit VJ und mir abzumachen, wenn VJ zurückkehrt. Ich nehme an, er wird dies irgendwann bei Ihnen erwähnen – hoffentlich früher als später! (652) Bevor Miss Lewinsky diesen Brief abschickte, erhielt sie – so ihre Erinnerung – ein Stellenangebot von den V.N. (653) Telefonaufzeichnungen zeigen, daß am 3. November um 11:02 Uhr ein dreiminütiges Telefongespräch über die Leitung der V.N., die vom State Department als die von Botschafter Richardson identifiziert ist, mit Miss Lewinsky geführt wurde. (654) Miss Lewinsky sagte aus, sie glaubt, mit Botschafter Richardson gesprochen zu haben, der ihr eine Stelle anbot. (655)

Laut seiner Assistentin traf Botschafter Richardson die Entscheidung, Miss Lewinsky anzustellen. Miss Sutphen sagte aus:

Ich fragte, sind Sie sicher? Er sagte: Ja, ja, ich bin sicher, natürlich. Und ich sagte ... sind Sie sicher, daß Sie nicht mit jemandem noch reden wollen ... Und er sagte: Nein, nein, es ist prima; Sie sollten ihr ein Angebot machen. (656)

Botschafter Richardson und Miss Sutphen sagten aus, daß Miss Sutphen, nicht der Botschafter, Miss Lewinsky das Stellenangebot machte. Sie erinnerten sich, daß das Angebot eine Woche oder 10 Tage nach dem Vorstellungsgespräch gemacht wurde, doch als Miss Sutphen die Eintragungen der geführten Telefonate gezeigt wurden, sagte sie aus, daß es sich bei dem Telefongespräch mit Miss Lewinsky vermutlich um das Stellenangebot gehandelt hatte. (657)

Miss Lewinsky sagte aus, daß sie Miss Currie von dem

Angebot erzählte, und sie erzählte dem Präsidenten vermutlich ebenfalls persönlich davon. (*658*) Miss Curries erster Aussage zufolge erzählte sie »vielleicht« dem Präsidenten über das Stellenangebot, das Miss Lewinsky von den V.N. erhielt, dann sagte sie aus, daß sie es ihm tatsächlich erzählt hatte, danach sagte sie aus, sie könnte sich nicht erinnern, obwohl sie einräumte, daß der Präsident daran interessiert gewesen war, Miss Lewinsky eine Stelle zu verschaffen. (*659*)

Als der Präsident unter Eid im Fall Jones gefragt wurde, ob er wußte, daß Miss Lewinsky ein Angebot für eine Stelle bei den V.N. erhalten hatte, sagte er aus: »Ich weiß, daß sie nach einer gefragt hat. Ich weiß nicht, ob ihr eine angeboten wurde oder nicht.« (*660*)

F. Die Absage des Stellenangebots der V.N.

Drei Wochen nach dem Erhalt des Stellenangebots, am 24. November, rief Miss Lewinsky Miss Sutphen an und bat um Bedenkzeit, weil sie Möglichkeiten in der Privatwirtschaft prüfen wolle. (*661*) Miss Sutphen informierte Botschafter Richardson, der laut Miss Sutphen sagte, die Verzögerung sei prima. (*662*) Über einen Monat später, am 5. Januar 1998, lehnte Miss Lewinsky schließlich die Stelle ab. (*663*)

X. November 1997: Wachsende Enttäuschung

Miss Lewinsky traf sich mit Vernon Jordan, der ihr versprach, bei der Suche nach einem Job in New York zu helfen. Der November erwies sich jedoch als ein Monat der Inaktivität sowohl hinsichtlich Miss Lewinskys Stellensuche als auch ihres Verhältnisses mit dem Präsidenten. Mr. Jordan traf sich weder erneut mit Miss Lewinsky noch nahm er ihretwegen Kontakt mit jemandem in New York City auf. Miss Lewinsky wurde zunehmend besorgter, weil es ihr nicht gelang, den Präsidenten zu sehen. Abgesehen von einer kurzem Begegnung Mitte November, traf sich Miss Lewinsky vom 11. Oktober bis 5. Dezember nicht mit dem Präsidenten.

A. Antworten auf schriftliche Beweisfragen

Am 3. November 1997 beantwortete der Präsident den zweiten Satz von Beweisfragen im Fall Paula Jones. In zweien dieser Beweisfragen wurde der Präsident gebeten, jede Frau außer seiner Ehefrau anzugeben, mit der er während seiner Amtszeit als Justizminister von Arkansas, Gouverneur von Arkansas und Präsident der Vereinigten Staaten sexuelle Beziehungen »gehabt hatte«, »beabsichtigt hatte« oder »gesucht hatte«. (*664*) Präsident Clinton erhob Einspruch gegen den Anwendungsbereich und die Relevanz beider Beweisfragen und weigerte sich, sie zu beantworten. (*665*)

B. Erstes Treffen mit Vernon Jordan

Mitte Oktober hatte der Präsident zugestimmt, Vernon Jordan bei Miss Lewinskys Stellensuche einzuschalten. (666) In einem Briefentwurf an Miss Currie mit dem Datum 2. November schrieb Mrs. Lewinsky, daß der Präsident gesagt hatte, »er würde Sie bitten, ein Treffen zwischen VJ und mir zu arrangieren.« (667) Laut Miss Lewinsky sagte Miss Currie ihr am 3. oder 4. November, Vernon Jordans Sekretärin anzurufen und einen Termin zu vereinbaren. (669). Miss Currie sagte, sie hätte mit Mr. Jordan gesprochen, und er erwartete Miss Lewinskys Anruf. (669) Nach Miss Lewinskys Darlegung suchte Miss Currie Mr. Jordans Unterstützung auf Anweisung des Präsidenten. (670) Mr. Jordan sagte gleichfalls aus, daß er angenommen hätte, der Präsident stünde hinter Miss Curries Bitte. (671)

Miss Currie erklärte mehrmals bei ihrer Aussage, sie hätte den Kontakt zu Mr. Jordan aus eigener Initiative hergestellt: Der Präsident hätte »vielleicht« mit ihr über Miss Lewinskys Suche nach einem Job in New York gesprochen; und sie könnte sich nicht erinnern, ob der Präsident beteiligt gewesen wäre. (672) Bei seiner beeideten Aussage im Fall *Jones* wurde der Präsident gefragt, ob er irgend etwas getan hätte, um ein Treffen zwischen Mr. Jordan und Miss Lewinsky zu erleichtern. Er sagte aus:

Ich kann Ihnen sagen, was ich in Erinnerung habe. Ich erinnere mich, daß Vernon mir etwas über ihren bevorstehenden Besuch sagte, Betty hätte angerufen und gefragt, ob er (Mr. Jordan) sie (Miss Lewinsky) empfangen würde ... Ich bin überzeugt, wenn er mir etwas darüber gesagt hat, dann habe ich etwas Positives darauf erwidert. Ich hätte nicht irgend etwas Negatives darüber gesagt.« (673)

Auf Drängen hin sagte der Präsident aus, daß er bezweifle, die »treibende Kraft« beim Vereinbaren des Treffens von Mr. Jordan und Miss Lewinsky gewesen zu sein. (674)

Am 5. November um 8:50 Uhr führte Mr. Jordan ein fünfminütiges Telefongespräch mit dem Präsidenten. (675) Später an diesem Morgen trafen sich Mr. Jordan und Miss Lewinsky in seinem Büro und sprachen ungefähr zwanzig Minuten lang miteinander.« (676) Sie erzählte ihm von ihrer Absicht, nach New York umzuziehen, und sie nannte einige Firmen, bei denen sie eine Anstellung erhoffte. (677) Sie zeigte ihm die »Wunschliste«, die sie am 16. Oktober dem Präsidenten geschickt hatte. (678) Mr. Jordan sagte, er hätte mit dem Präsidenten über sie gesprochen, und sie wäre »äußerst empfohlen worden«. (679) Hinsichtlich ihrer Stellensuche sagte Mr. Jordan: »Wir sind im Geschäft.« (681)

Im Verlauf des Tages führte Mr. Jordan vier Telefongespräche mit Miss Hernreich (er gab zu, sie anzurufen, wenn er den Präsidenten sprechen wollte) (682) und ein Telefonat mit Miss Currie. (683) Mr. Jordan sagte aus, er könnte sich nicht an die Telefonate erinnern, aber »es ist gut möglich«, daß es dabei um Monica Lewinsky gegangen wäre. (684)

Mr. Jordan besuchte ebenfalls an diesem Tag das Weiße Haus und traf sich mit dem Präsidenten um 14:00 Uhr. (685) Auch zu diesem Punkt sagte Mr. Jordan, daß er »keine Erinnerung« an das Thema seines Gesprächs mit dem Präsidenten hätte. (686)

Am 6. November, dem Tag nach dem Treffen mit Mr.

Jordan, schickte ihm Miss Lewinsky ein Dankschreiben: »Es freut mich sehr, zu wissen, daß unser Freund so einen wunderbaren Vertrauten in Ihnen hat.« (687) Ebenfalls am 6. November schrieb Miss Lewinsky in einer E-Mail an eine Freundin, sie erwartete, von Mr. Jordan »in der nächsten Woche« zu hören. (688) Die Beweisaufnahme zeigt jedoch, daß Mr. Jordan bis Anfang Dezember, als sie auf der Zeugenliste im Fall *Jones* auftauchte, keine Schritte unternahm, um Miss Lewinsky zu helfen.

Mr. Jordan sagte ursprünglich aus: »(Ich) kann mich an ein Treffen mit Miss Lewinsky am 5. November nicht erinnern.« (689) Als ihm Dokumente vorgelegt wurden, die beweisen, daß sein erstes Treffen mit Miss Lewinsky Anfang November stattfand, räumte er ein, daß ein Treffen Anfang November »völlig möglich« wäre. Mr. Jordans mangelndes Erinnerungsvermögen an das Treffen mit Miss Lewinsky im November zeigt vielleicht an, für wie unbedeutend er das Treffen zu diesem Zeitpunkt gehalten hat.

C. 13. November: Der Zedillo-Besuch

Am Donnerstag, dem 13. November, während Ernesto Zedillo, der Präsident von Mexiko, im Weißen Haus war, traf sich Miss Lewinsky kurz mit Präsident Clinton in dessen privatem Arbeitszimmer. (691) Miss Lewinskys Besuch, den sie in einer E-Mail als »hysterische Eskapade« bezeichnete, war der Höhepunkt von tagelangen Anrufen und Schreiben an Miss Currie und den Präsidenten. (692)

Im Laufe der Woche vor dem 13. November versuchte

Miss Lewinsky mehrmals, einen Besuch bei dem Präsidenten zu vereinbaren. Am Montag, dem 10. November, schickte sie zusätzlich zu den ständigen Anrufen bei Miss Currie dem Präsidenten einen Brief, in dem sie ihn um ein Treffen bat. (693)

Sie hoffte, ihn am Dienstag, dem 11. November (Veterans Day), zu sehen, doch er antwortete nicht. (694) Sie schickte dem Präsidenten einen weiteren Brief per Eilboten:

Ich habe Dich vor drei Wochen gebeten, feinfühlig zu sein, weil ich im Augenblick soviel durchmache, und mit mir in Kontakt zu bleiben, doch ich schreibe immer noch vergebens Briefe. Ich bin kein Dummkopf. Ich weiß, daß die Weltpolitik Vorrang hat, aber ich finde, meine Bitte war nicht zuviel verlangt. (696)

Sie fügte hinzu: »Dies ist so schwer für mich. Ich versuche, mit soviel Emotionen fertig zu werden, und ich kann mit niemandem darüber reden. Ich brauche dich jetzt nicht als Präsident, sondern als Mensch. BITTE, sei mein Freund.« (697) An diesem Abend, dem 12. November, rief der Präsident Miss Lewinsky zufolge an und lud sie für den nächsten Tag ins Weiße Haus ein. (698) In einer E-Mail an eine Freundin schrieb Miss Lewinsky, daß sie und der Präsident »fast eine Stunde miteinander sprachen.« (699) Sie fügte hinzu: »Er dachte, Nancy (Hernreich; eine der Neiderinnen) würde am Donnerstag für ein paar Stunden fort sein, und ich könnte ihn dann besuchen.« (700)

Am folgenden Morgen, dem 13. November, versuchte Miss Lewinsky einen Besuch beim Präsidenten zu vereinbaren. Sie rief mehrmals an, argwöhnte jedoch, daß Miss Currie dem Präsidenten nichts von ihren Anrufen erzählte. (701) Gegen Mittag wurde Miss Lewinsky von Miss Currie informiert, daß der Präsident das Weiße

Haus verlassen hatte, um Golf zu spielen. Miss Lewinsky »ging wie eine Rakete in die Luft«, wie sie es formulierte. (702)

Nach der Rückkehr des Präsidenten vom Army-Navy Golfplatz am späten Nachmittag informierte Miss Lewinsky Miss Currie, daß sie zum Weißen Haus komme, um ihm einige Geschenke zu bringen. (703) Miss Currie schlug Miss Lewinsky vor, in Miss Curries Wagen auf dem Parkplatz des Weißen Hauses zu warten. Miss Lewinsky fuhr zum Weißen Haus und mußte feststellen, daß Miss Curries Wagen abgeschlossen war. Miss Lewinsky wartete im Regen. (704)

Miss Currie traf schließlich auf dem Parkplatz ein, und sie »schlichen sich« – nach Miss Lewinskys Worten – ins Weiße Haus, stahlen sich die Hintertreppen hinauf, um eine Begegnung mit Angestellten des Weißen Hauses zu vermeiden; besonders von Stephen Goodin, dem Berater des Präsidenten, wollten sie nicht gesehen werden. (705) Miss Lewinsky hinterließ bei Miss Currie zwei kleine Geschenke für den Präsidenten und wartete dann allein ungefähr eine halbe Stunde im Arbeitszimmer beim Oval Office. (706). Im Arbeitszimmer sah Miss Lewinsky einige Geschenke, die sie dem Präsidenten gemacht hatte, einschließlich *Oy Vey! The Things They Say;* ein Führer durch den jüdischen Witz, Nicholson Bakers Roman *Vox* und ein Brieföffner, der mit einem Frosch verziert war. (707)

Der Präsident gesellte sich schließlich zu Miss Lewinsky ins Arbeitszimmer, wo sie nur ein, zwei Minuten allein waren. (708) Miss Lewinsky schenkte ihm einen antiken Briefbeschwerer in Form des Weißen Hauses. (709) Sie zeigte ihm eine E-Mail, in der die Wirkung des Kauens von Altoid Pfefferminz vor der Ausübung von Oralsex beschrieben wurde. Miss Lewinsky kaute zu diesem Zeitpunkt Altoid Pfefferminz, doch der Präsident erwiderte, er habe nicht genug Zeit für Oralsex. (710) Sie küßten sich, und der Präsident eilte zu einem Staatsbankett mit Präsident Zedillo. (711)

D. 14. November bis 4. Dezember: Keine Möglichkeit, den Präsidenten zu sehen

Nach diesem kurzen Treffen am 13. November sah Miss Lewinsky den Präsidenten erst in der ersten Dezemberwoche wieder. In der Hoffnung, ein längeres Rendezvous zu vereinbaren, schickte sie dem Präsidenten mehrere Briefe und eine Kassette mit einer aufgenommenen Botschaft. (712)

Miss Lewinsky war verärgert, weil sie den Präsidenten nicht sehen konnte, und sie war zugleich enttäuscht, weil sich ihre Jobsuche offenbar hinauszögerte. Ein paar Tage vor dem Thanksgiving Day beklagte sie sich bei Miss Currie, daß sie nichts von Mr. Jordan gehört hatte. (713) Miss Currie arrangierte ein Gespräch mit ihm »vor Thanksgiving«, doch Miss Lewinsky war zu dieser Zeit in Los Angeles. Mr. Jordan sagte, sie sollte ihn in der nächsten Woche anrufen, um einen anderen Termin zu vereinbaren. (714)

In Entwürfen von Briefen an den Präsidenten, die auf ihrem Computer im Pentagon wiederhergestellt wurden, dachte Miss Lewinsky über die Veränderung ihrer Beziehung nach. »Beruflich und persönlich ... war die Veränderung unserer persönlichen Beziehung schmerzlicher für mich. Ist Dir das klar?« (715) Sie bat um das Verständnis des Präsidenten: »Ich möchte nicht, daß Du meinst, ich wäre Dir nicht dankbar für das, was Du jetzt für mich tust – ich wäre vielleicht ohne das in einer Nervenheilanstalt –, aber ich bin von Enttäuschung und Ärger erfüllt.« Miss Lewinsky bedauerte die Kürze ihres Besuchs am 13. November beim Präsidenten. »Alles, was Du ... jemals tun mußt, um mich zu besänftigen, ist, mich zu Dir zu lassen und mich in die Arme zu nehmen«, schrieb sie. »Vielleicht ist das zuviel verlangt.« (716)

XI. 5 bis 18. Dezember 1997: Zeugenliste und Jobsuche

Am Freitag, 5. Dezember, faxten Paula Jones' Anwälte eine Liste ihrer möglichen Zeugen – einschließlich Miss Lewinsky – an die persönlichen Anwälte des Präsidenten. Am nächsten Tag lud Präsident Clinton Miss Lewinsky zu einem ungeplanten Besuch ein und sprach anschließend mit seinen Anwälten und Deputy White House Counsel Bruce Lindsey über den Fall Paula Jones. Ein paar Tage später suchte Miss Lewinsky Mr. Jordan in seinem Büro auf, und er arrangierte Vorstellungsgespräche für Miss Lewinsky bei drei Firmen. Mitten in der Nacht des 17. Dezember informierte der Präsident Miss Lewinsky telefonisch darüber, daß sie auf der Zeugenliste stand und unter Eid im Fall *Jones* aussagen mußte.

A. 5. Dezember: Die Zeugenliste

Am Freitag, 5. Dezember 1997, benannten Paula Jones' Anwälte Miss Lewinsky als mögliche Zeugin in Miss Jones' Verfahren wegen sexueller Belästigung. Um 17:40 Uhr schickten sie per Fax ihre Zeugenliste an Robert Bennett, den Anwalt des Präsidenten. Miss Lewinsky würde jedoch von ihrer möglichen Beteiligung im Fall *Jones* erst zwölf Tage später durch den Präsidenten erfahren. (719)

Präsident Clinton wurde von der Anklagejury gefragt, wann er erfahren hatte, daß Miss Lewinskys Name auf der Zeugenliste stand. Der Präsident antwortete: »Ich glaube, das fand ich am späten Nachmittag des sechsten heraus.« (720)

B. 5. Dezember: Weihnachtsfeier im Weißen Haus

Am Freitag, 5. Dezember, kehrte Miss Lewinsky von einer Reise für das Verteidigungsministerium aus Europa zurück. (721) Sie fragte Miss Currie, ob sie den Präsidenten am nächsten Tag besuchen könnte, aber Miss Currie sagte, er wäre in einer Konferenz mit seinen Anwälten. (722) Am späten Nachmittag besuchte Miss Lewinsky mit einer Kollegin vom Verteidigungministerium eine Weihnachtsfeier im Weißen Haus. (723) Miss Lewinsky wechselte in der Empfangsschlange ein paar Worte mit dem Präsidenten. (724)

Die Begegnung beim Weihnachtsempfang vergrößerte Miss Lewinskys Enttäuschung. Am Abend des 5. Dezember entwarf sie einen qualvollen Brief an den Präsidenten. (725) »Du willst mich aus Deinem Leben heraus haben«, schrieb sie. »Ich glaube, die Zeichen waren schon lange da – Du wolltest mich nie sehen und hast selten angerufen. Ich habe mich an den Gedanken gewöhnt, daß Du es warst, der die Mauern errichtet hat.« (727) Sie hatte mehrere Geschenke für ihn gekauft, und sie schrieb: »Ich wollte sie Dir persönlich geben, aber das wird offenbar nicht möglich sein.« (728) Miss Lewinsky erinnerte den Präsidenten an seine Worte während eines Streits am Telefon, den sie am 10. Oktober gehabt hatten:

Ich werde nie vergessen, daß Du in dieser Nacht gesagt hat, als wir uns am Telefon gestritten haben, wenn

Du gewußt hättest, was ich wirklich bin, hättest Du Dich niemals mit mir eingelassen. Ich bin überzeugt, Du bist nicht der erste, der so über mich denkt. Es tut mir leid, daß dies eine so schlimme Erfahrung gewesen ist. (729)

Sie schloß den Brief: »Ich wußte, daß es schmerzen würde, Dir auf Wiedersehen zu sagen; ich habe einfach nie gedacht, daß es in einem Brief sein muß. Paß auf Dich auf.« (730)

C. 6. Dezember: Der Zwischenfall am Nordwesttor

1. Der spontane Besuch und die Abweisung

Am Samstagmorgen, 6. Dezember, ging Miss Lewinsky zum Weißen Haus, um den Brief und die Geschenke für den Präsidenten abzuliefern. Die Geschenke schlossen eine silberne antike Zigarrenspitze ein, eine Krawatte, einen Krug, eine Schachtel »Umarmungen und Küsse« mit Meringue-Plätzchen und ein antikes Buch über Theodore Roosevelt. (731)

Miss Lewinsky traf gegen 10:00 Uhr beim Weißen Haus ein. Sie sagte den uniformierten Beamten des Secret Service am Nordwesttor, daß sie Geschenke für den Präsidenten abliefern wollte, Miss Currie jedoch nichts davon wisse. (733) Miss Lewinsky und die Beamten versuchten mehrmals, Miss Currie telefonisch zu erreichen. (734) Schließlich luden die Beamten Miss Lewinsky ins Wachlokal ein. (735). Als Miss Currie erfuhr, daß Miss Lewinsky am Nordwesttor war, teilte sie mit, daß der

Präsident bereits »einen Gast im Oval (Office)« hätte; die Beamten sollten Miss Lewinsky ungefähr 40 Minuten lang dort warten lassen. (736)

Während Miss Lewinsky wartete, erwähnte einer der Beamten, daß sich Eleanor Mondale im Weißen Haus aufhielt. (737) Miss Lewinsky nahm richtig an, daß sich der Präsident mit Miss Mondale traf, statt mit seinen Anwälten, und sie war »fuchsteufelswild«. Sie stürmte davon, rief Miss Currie von einem Münzfernsprecher aus an, schalt sie heftig aus und kehrte dann in ihr Watergate-Apartment zurück. (740)

Mit zitternden Händen und fast weinend informierte Miss Currie mehrere Beamte des Secret Service, daß der Präsident »zornig« sei, weil jemand Miss Lewinsky verraten hatte, mit wem er zusammen war. (741) Miss Currie sagte zu Sergeant Keith Williams, einem aufsichtsführenden uniformierten Beamten des Secret Service, »wenn Sie nicht herausfinden, was los war, könnte jemand gefeuert werden.« (742) Zu Captain Jeffrey Purdie, dem Leiter der uniformierten Wachabteilung des Secret Service zu diesem Zeitpunkt, sagte Miss Currie, der Präsident sei »so aufgebracht, daß er jemand deswegen feuern will.« (743)

2. Miss Lewinsky kehrt zum Weißen Haus zurück

Aus ihrem Apartment erreichte Miss Lewinsky den Präsidenten telefonisch. (745) Laut Miss Lewinsky war der Präsident ärgerlich, weil sie »Mist gebaut« hätte, und er sagte, »es ginge mich nichts an ... was er tue.« (746)

Zu Miss Lewinskys Überraschung lud der Präsident sie dann ein, ihn zu besuchen. (747) Sie sagte aus: »Bei keinem der anderen Male, an denen wir uns am Telefon gestritten haben, endete es mit einer Einladung an diesem Tag.« (748) WAVES-Aufzeichnungen zeigen, daß Miss Lewinsky um 12:52 Uhr die Erlaubnis zum Betreten des Weißen Hauses erhielt und es um 13:36 Uhr verließ. (749)

Während ihres Treffens erzählte Miss Lewinsky dem Präsidenten, daß Mr. Jordan nichts getan hatte, um ihr bei der Jobsuche zu helfen. (750) Der Präsident antwortete: »Oh, ich werde mit ihm reden. Ich kümmere mich darum.« (751)

Laut Miss Lewinsky hatte sie einen »wirklich netten« und »liebevollen« Besuch beim Präsidenten. (752) Ein paar Tage später schrieb sie in einer E-Mail einer Freundin, obwohl »die Dinge mit dem Mistkerl verrückt waren ... hatte ich am Samstag ein wunderbares Beisammensein mit ihm. Wenn er keine Mauern aufbaut, ist es immer himmlisch.« (753)

3. »Was gerade geschehen ist, ist nicht geschehen«

Später an diesem Tag (am 6. Dezember) erhielten die uniformierten Beamten des Secret Service am Nordwesttor die Information, daß keiner gefeuert werden würde – solange sie den Mund hielten. Laut Sergeant Williams sagte Miss Currie, »solange die Beamten für sich behalten, was geschehen ist, wird nichts geschehen.« (754)

Der Präsident sagte zu Captain Jeffrey Purdie, dem Leiter der uniformierten Wachabteilung des Secret Service zu diesem Zeitpunkt: »Ich hoffe, Sie nutzen Ihre Diskretion.« (755) Captain Purdie deutete die Bemerkung des Präsidenten, daß er, Captain Purdie, »über den Vorfall schweigen sollte«, und er wies alle beteiligten Beamten an, nicht über den Zwischenfall zu reden. (756) Ein

Beamter erinnerte sich, daß Captain Purdie ihm und den anderen Beamten gesagt hatte: »Was gerade geschehen ist, ist nicht geschehen.« (757) Einem anderen Beamten erzählte Captain Purdie: »Ich war soeben im Oval Office beim Präsidenten, und er will einen hier draußen zum Teufel jagen ... Was Sie anbetrifft ... dies ist nie geschehen.« (758) Dieser Beamte, der den Vorfall am Nordwesttor als »große Sache« betrachtete, »schüttelte nur den Kopf« und »begann ein paar eigene Notizen zu machen«, um den Zwischenfall zu dokumentieren. (759)

Captain Purdie empfahl seinem Vorgesetzten, Deputy Chief Charles O'Malley, »keine Schreibarbeit« bezüglich des Vorfalls am Nordwesttor zu verursachen, weil »Miss Currie zufrieden mit der Erledigung der Dinge« sei. (761) Laut Captain Purdie stimmte Deputy Chief O'Malley zu, und es wurde keine Akte über den Vorfall angelegt. (761) Deputy Chief O'Malley sagte aus, daß das Treffen vom Präsidenten und Captain Purdie in seiner Erinnerung der einzige Anlaß in seinen vierzehn Dienstjahren für das Weiße Haus war, an dem ein Präsident einem uniformierten Aufsichtführenden persönlich befohlen hatte, wie er seinen Dienst zu versehen hatte. (762)

Der Präsident wurde vor der Grand Jury über den Vorfall am Nordwesttor befragt. Er sagte aus, er wisse, daß Miss Lewinsky sich aufgeregt hatte, als sie erfahren hatte, daß Miss Mondale im Weißen Haus gewesen war, »um uns an diesem Tag zu besuchen.« (763) Er sagte aus: »Wie ich mich erinnere, hatte ich an diesem Morgen einige andere Arbeiten zu erledigen ...« (764) Der Präsident sagte, eine Bekanntgabe von Informationen an diesem Tag sei »unangemessen« und »ein Fehler« gewesen, aber er könnte sich nicht erinnern, ob er einen Beamten des Secret Service habe entlassen wollen oder irgendwelche diesbezüglichen Anweisungen gegeben hätte. (765) Er nehme an, daß man »den Beamten gesagt hat... dafür zu sorgen, daß es sich nicht wiederholt, und ich finde, so sollte es durchgeführt werden.« (766) Auf die Frage, ob er Captain Purdie gesagt hatte, er hoffte auf seine Diskretion, sagte der Präsident aus: »Ich erinnere mich nicht, irgend etwas in dieser Hinsicht zu ihm gesagt zu haben.« (767)

Laut Miss Lewinsky deutete der Präsident später bei ihr Bedenken über die Diskretion der uniformierten Beamten des Secret Service an. Am 28. Dezember fragte sie, wie Paula Jones' Anwälte genug erfahren haben konnten, um sie auf die Zeugenliste zu setzen. Der Präsident erwiderte, die Informationsquelle könnten Linda Tripp oder »die uniformierten Beamten« sein. (768)

D. Der Präsident konferiert mit seinen Anwälten

Deputy Counsel Bruce Lindsey sagte aus, daß er sich am 6. Dezember gegen 17.00 Uhr mit dem Präsidenten und seinem privaten Anwalt, Robert Bennett, getroffen hatte, um über den Fall *Jones* zu sprechen. (769) Laut Mr. Lindsey war es »wahrscheinlich«, daß er bei dieser Konferenz erfahren hatte, daß Miss Lewinsky auf der Zeugenliste stand. (770)

Früher an diesem Tag, gegen 12:00 Uhr (nachdem Miss Lewinsky vom Nordwesttor fortgestürmt war, bevor sie zurückgekehrt war und den Präsidenten besuchte), war Mr. Lindsey angepiepst worden: »Rufen Sie unverzüglich Betty an.« (771) Mr. Lindsey sagte aus, daß er sich weder an das Piepsen erinnere noch zu diesem Zeitpunkt gewußt habe, daß Miss Lewinsky das Weiße Haus besucht hatte. (772)

E. Das zweite Treffen mit Jordan

Am nächsten Tag (Sonntag, 7. Dezember) besuchte Mr. Jordan das Weiße Haus und traf sich mit dem Präsidenten. Mr. Jordan sagte aus, er wäre »ziemlich sicher«, daß er nicht über den Fall *Jones* oder Miss Lewinsky gesprochen hätte. (775)

Am Donnerstag, 11. Dezember, traf Miss Lewinsky Mr. Jordan zum zweitenmal. (776) Miss Lewinsky sagte aus, daß sie über ihre Jobsuche sprachen, und Mr. Jordan schlug ihr vor, Bewerbungsschreiben an drei Firmen zu schicken, die er ihr nannte. Mr. Jordan bemerkte, daß Miss Lewinsky begierig darauf war, so schnell wie möglich einen Job zu bekommen, und er handelte. (777) Im Laufe des Tages telefonierte Mr. Jordan für sie mit Peter Georgescu, Chairman und Chief Executive Officer von Young & Rubicam; mit Richard Halperin, Executive Vice President und Sonderberater des Chairman von MacAndrews & Forbes Holdings, Inc. (Hauptaktionär von Revlon); und mit Ursula Fairbairn, Executive Vice-President von American Express. (778) Mr. Jordan bat Miss Lewinsky, ihn über die Entwicklung ihrer Stellensuche auf dem laufenden zu halten. (779)

Irgendwann bei dem Gespräch sagte Mr. Jordan laut Miss Lewinsky: »Sie sind eine Freundin des Präsidenten.« (780) Dies veranlaßte Miss Lewinsky zu der Enthüllung, daß sie ihn »eigentlich nicht als Präsident« betrachtete, sondern mehr »als Mann, über den ich mich ärgere wie über einen Mann und einfach eine normale Person.« (781) Als Mr. Jordan fragte, warum sie sich über den Präsidenten ärgerte, antwortete sie, daß es sie aufregte, »wenn er mich zu selten anruft und ich ihn nicht oft genug besuchen kann.« (782) Miss Lewinsky sagte aus, daß Mr. Jordan ihr riet, ihren Ärger lieber bei ihm abzuladen als beim Präsidenten. (*783*) Laut Miss Lewinsky faßte Mr. Jordan die Lage zusammen: »Sie sind verliebt, das ist Ihr Problem.« (*785*)

Mr. Jordan erinnerte sich an ein ähnliches Gespräch, bei dem Miss Lewinsky darüber klagte, daß der Präsident sie nicht oft genug empfing, obwohl er annahm, daß es während eines Treffens acht Tage später stattfand. Er sagte aus, er hätte das Gefühl gehabt, Miss Lewinsky daran erinnern zu müssen, »daß der Präsident der Führer der freien Welt ist« und dementsprechende Verpflichtungen hatte. (*786*)

Mr. Jordan ist »überzeugt«, daß er sich irgendwann nach diesem Treffen am 11. Dezember mit dem Präsidenten über Miss Lewinsky unterhalten hat. (*787*) Er sagte dem Präsidenten, er werde versuchen, Miss Lewinsky einen Job in New York zu verschaffen. (*788*) Mr. Jordan sagte aus, der Präsident »wußte, daß Leute versuchten, ihr einen Job zu verschaffen; daß Mr. Podesta versuchte, ihr zu helfen; daß Bill Richardson versuchte, ihr zu helfen; daß sie jedoch in Wirklichkeit in der Privatwirtschaft arbeiten wollte.« (*789*)

F. Der Anruf am frühen Morgen

Am 15. Dezember 1997 lieferten Paula Jones' Anwälte Präsident Clinton per Zustellung über Nacht ihren zweiten Satz Gesuche um Dokumente. Präsident Clinton wurde gebeten, »Dokumente in Bezug auf die Kommunikationen zwischen dem Präsidenten und Monica Lewinsky zur Verfügung zu stellen« (sic). (*790*) Dies war das erste Ersuchen um Offenlegung prozeßwichtiger Urkunden im Paula Jones Verfahren, in dem Monica Lewinsky namentlich erwähnt wird.

Miss Lewinsky sagte aus, daß sie in den frühen Morgenstunden des 17. Dezember um ungefähr 2:00 Uhr oder 2:30 Uhr einen Anruf des Präsidenten erhielt. (791) Das Telefonat dauerte etwa eine halbe Stunde. (792)

Der Präsident brachte Miss Lewinsky zwei Neuigkeiten: Miss Curries Bruder war bei einem Autounfall gestorben, und Miss Lewinskys Name tauchte auf der Zeugenliste im *Jones* Fall auf. (793) Laut Miss Lewinsky sagte der Präsident, »es brach ihm das Herz«, als er ihren Namen auf der Zeugenliste sah. (794) Der Präsident sagte ihr, sie brauche nicht unbedingt vorgeladen zu werden; falls doch, »schlug er vor, sie könnte eine schriftliche beeidete Erklärung unterschreiben, um die Fragen (im Paula Jones Fall) zu beantworten und nicht mündlich unter Eid aussagen zu müssen.« (795)

Der Präsident forderte Miss Lewinsky auf, Kontakt mit Miss Currie aufzunehmen, wenn sie unter Strafandrohung vorgeladen werden würde. (796) Er ging auch auf ihre abgesprochenen Vertuschungsgeschichten ein. Er riet Miss Lewinsky, »zu sagen, sie habe es (das Weiße Haus) besucht, um Miss Currie zu sehen und sie habe ihm, als sie noch dort beschäftigt gewesen war, Post gebracht, wenn niemand sonst dagewesen sei.« (797) Der Rat des Präsidenten war (Miss Lewinsky) »sofort vertraut«. (798) Sie sagte aus, die Anwendung dieser »irreführenden« Geschichte des Präsidenten sei auf eine Fortsetzung ihres vorherigen Verhaltensmusters hinausgelaufen. (799)

Später in dem Gespräch – so Miss Lewinsky – sagte der Präsident, er würde versuchen, Miss Currie am Wochenende zum Weißen Haus zu bestellen, damit Miss

Lewinsky zu Besuch kommen und er ihr einige Weihnachtsgeschenke geben könne. (*800*) Miss Lewinsky erwiderte, sie sollten »Betty vielleicht besser in Ruhe lassen«, weil ihr Bruder soeben gestorben war. (*801*)

Bei seiner Aussage vor der Grand Jury wurde der Präsident über den Anruf vom 17. Dezember befragt. Er sagte aus, er könnte zwar nicht ausschließen, daß er stattgefunden hatte, aber er erinnerte sich nicht an ein solches Telefonat. (*802*) Der Präsident wurde ebenfalls gefragt, ob bei diesem Gespräch oder einem Gespräch zuvor Miss Lewinskys Name in Zusammenhang mit dem Fall *Jones* zur Sprache gekommen war und er sie angewiesen hatte, zu sagen, daß sie zu ihm gegangen sei, um Briefe zu bringen. Der Präsident antwortete: »Das habe ich vielleicht gesagt.« (*803*)

Aber auf die Frage, ob er etwas in diesem Sinne gesagt hatte, *nachdem* Miss Lewinsky auf die Zeugenliste gesetzt worden war, antwortete der Präsident: »Ich erinnere mich nicht, ob ich etwas in dieser Art getan habe.« (*804*) Er vermutete, daß er diese Erklärung vielleicht im Zusammenhang mit dem Anruf eines Reporters vorgeschlagen hatte. (*805*) Dennoch sagte er im Kontext mit dem Fall *Jones* aus: »Ich habe sie nie aufgefordert zu lügen.« (*806*)

G. Vorstellungsgespräche

Am 18. Dezember hatte Miss Lewinsky zwei Vorstellungsgespräche in New York City. Bei MacAndrews & Forbes traf sie sich mit Executive Vice President und Sonderberater des Chairman Richard Halperin, der das Vorstellungsgespräch als »eine Gefälligkeit für Vernon Jordan« betrachtete. (*807*) Bei Burson-Marstellar stellte sie sich bei Celia Berk, »Managing Director of Human Resources«, vor. (808) Ein paar Tage später, am 23. Dezember, stellte sich Miss Lewinsky in Washington, D. C., bei Thomas Schick, Executive Vice President, Corporate Affairs and Communications von American Express, vor. (*809*)

XII. 19. Dezember 1997 bis 4. Januar 1998: Die Vorladung

Miss Lewinsky wurde am Freitag, 19. Dezember, im Fall *Jones* vorgeladen. Sie rief sofort Mr. Jordan an, und er bat sie in sein Büro. Mr. Jordan sprach an diesem Nachmittag mit dem Präsidenten und wiederum am Abend. Er erzählte dem Präsidenten von dem Treffen mit Miss Lewinsky, daß sie unter Strafandrohung vorgeladen worden war und daß er plante, einen Anwalt für sie zu nehmen. Am Sonntag, 28. Dezember, traf sich der Präsident mit Miss Lewinsky und drückte Besorgnis darüber aus, daß in der Vorladung die Geschenke gefordert wurden, die er ihr gemacht hatte. Später an diesem Tag fuhr Miss Currie zu Miss Lewinskys Apartment und holte einen Karton mit einigen der in der Vorladung geforderten Geschenke. Miss Currie brachte den Karton heim und versteckte ihn unter ihrem Bett.

A. 19. Dezember: Miss Lewinsky wird vorgeladen

Am Freitag, 19. Dezember 1997, irgendwann zwischen 15:00 Uhr und 16:00 Uhr, erhielt Miss Lewinsky in ihrem Büro im Pentagon eine Vorladung. (*810*) Mit der Vorladung wurde verlangt, zu einer Aussage unter Eid um 9:30 Uhr am 23. Januar 1998 in Washington, D.C., zu erscheinen. (*811*) In der Vorladung wurde ebenfalls das Beibringen gewisser Dokumente und Geschenke verlangt. Zu den Dingen, die Miss Lewinsky beibringen mußte, zählten »jedes Geschenk – einschließlich, jedoch nicht darauf beschränkt – alle Kleidungsstücke, Accessoires und aller Schmuck und/oder Hutnadeln, die Sie von oder im Namen des Angeklagten Clinton als Geschenk erhielten«, sowie »jedes Dokument, das Kommunikationen zwischen Ihnen und dem Angeklagten Clinton bildet oder enthält, einschließlich Briefe, Karten, Notizen, Aktennotizen und Aufzeichnungen von Telefonaten.« (812)

Miss Lewinsky sagte aus, daß sie nach dem Erhalt der Vorladung »in Tränen ausbrach« und dann Mr. Jordan von einem Münzfernsprecher im Pentagon aus anrief. (813) Mr. Jordan bestätigte Miss Lewinskys Einlassung; er sagte, er hätte versucht, Miss Lewinsky zu beruhigen: »Kommen Sie zu mir und reden Sie mit mir, und ich werde sehen, was ich tun kann, um einen Anwalt für Sie zu finden.« (814)

Nach den Unterlagen in Mr. Jordans Anwaltskanzlei traf Miss Lewinsky um 16:47 Uhr in seinem Büro ein. (815) Telefonaufzeichnungen im Weißen Haus zeigen, daß der Präsident um 16:57 Uhr mit Mr. Jordan telefonierte; die beiden Männer sprachen von 17:01 Uhr bis 17:05 Uhr miteinander. (816) Mr. Jordan führte ein zweiminütiges Telefonat mit einem Anwalt aus Washington, D. C., namens Francis Carter. (817)

Miss Lewinsky und Mr. Jordan gaben etwas verschiedene Einlassungen zu ihrem Treffen an diesem Tag. Laut Miss Lewinsky erhielt Mr. Jordan kurz nach ihrer Ankunft einen Anruf, und sie verließ sein Büro. Ein paar Minuten später wurde Miss Lewinsky wieder hereingebeten, und Mr. Jordan rief Mr. Carter an. (819)

Nach Mr. Jordans Aussage sprach er mit dem Präsidenten, bevor Miss Lewinsky überhaupt sein Büro betrat. (820) Er sagte dem Präsidenten: »Monica Lewinsky hat mich angerufen. Sie ist aufgeregt. Sie hat eine Vorladung unter Strafandrohung bekommen. Sie kommt zu mir wegen dieser Vorladung. Ich bin überzeugt, daß sie einen Anwalt braucht, und ich werde versuchen, ihr einen zu besorgen.« (821) Mr. Jordan sagte dem Präsidenten, daß er den Anwalt Francis Carter im Sinn hatte. (822) Laut Mr. Jordan fragte ihn der Präsident: »Ist das ein guter Anwalt?« Mr. Jordan bestätigte das. (823) Mr. Jordan sagte aus, den Präsidenten über Miss Lewinskys Vorladung zu informieren »war der Zweck (seines) Anrufs«. (824)

Laut Mr. Jordan war Miss Lewinsky beim Betreten seines Büros »offensichtlich aufgelöst und ziemlich aufgeregt. Sie weinte. Sie war ... sie war äußerst emotional, gelinde gesagt.« (825) Sie zeigte ihm die Vorladung gleich nach dem Eintreten. (826)

Miss Lewinsky sagte ebenfalls aus, daß sie mit Mr. Jordan über die Vorladung sprach. (827) Sie sagte ihm, sie finde die besondere Erwähnung einer Hutnadel alarmierend – wie konnten die Anwälte der Jones davon wissen? (828) Mr. Jordan sagte ihr, daß die Vorladung dem Standard entsprach. (829) Als er Miss Lewinsky sagte, daß er den Präsidenten an diesem Abend besuchen würde, bat ihn Miss Lewinsky, dem Präsidenten unbedingt von der Vorladung zu erzählen. (830)

Irgendwann – so Mr. Jordan – befragte ihn Miss Lewinsky über die Zukunft der Ehe der Clintons. (831) Weil Miss Lewinsky anscheinend »fasziniert« von Präsident Clinton war (832), »fragte er sie offen, ob es irgendeine sexuelle Beziehung zwischen ihr und dem Präsidenten gegeben hatte.« (833) Mr. Jordan erklärte: »Man brauchte kein Einstein zu sein, um zu wissen, daß dies eine Frage war, die ich zu diesem besonderen Zeitpunkt einfach stellen mußte, denn bisher ging es bei unseren Diskussionen um einen Job. Die Vorladung veränderte die Umstände.« (834) Miss Lewinsky sagte, sie hätte keine sexuelle Beziehung mit dem Präsidenten gehabt. (835)

Miss Lewinsky sagte jedoch aus, daß sie zu diesem Zeitpunkt angenommen hätte, Mr. Jordan wüßte »mit einem Zwinkern und einem Nicken, daß sie ein Verhältnis mit dem Präsidenten« gehabt hätte. (836) Deshalb deutete sie Mr. Jordans Fragen als: »Was werden Sie aussagen?« anstatt »Was sind die (tatsächlichen) Antworten?« (837) Als das Treffen endete, »fragte sie ihn (Mr. Jordan), ob er den Präsidenten in ihrem Namen umarmen würde.« (838)

An diesem Abend besuchte Mr. Jordan den Präsidenten im Weißen Haus. Laut Mr. Jordan trafen sie sich allein in den Wohnräumen und sprachen ungefähr zehn Minuten lang miteinander. (839) Er sagte aus:

Ich erzählte ihm, daß Monica Lewinsky vorgeladen worden war und mit der Vorladung zu mir kam. Ich erzählte ihm von meiner Besorgnis, weil sie von ihm fasziniert war und mit ihm angebändelt hatte. Ich berichtete ihm, wie emotional sie über die Vorladung war. Ich erzählte ihm, was sie mir darüber gesagt hatte, ob er die First Lady am Ende der Amtszeit verlassen würde oder nicht. (840)

Mr. Jordan stellte dem Präsidenten »(die) eine Frage, die ich beantwortet haben wollte.« (841) Die Frage lautete: »Mr. President, haben Sie sexuelle Beziehungen mit Monica Lewinsky gehabt?« Der Präsident sagte: »Nein, nie.« (842)

Mr. Jordan sagte zum Präsidenten: »Ich habe versucht, ihr zu helfen, einen Job zu finden, und das werde ich weiterhin tun. Ich werde ihr einen Anwalt besorgen, und ich werde versuchen, ihr zu helfen, so gut ich kann, zusammen mit dem Anwalt, und ich habe wegen des Jobs getan, was ich konnte. Ich nehme an, das sollten Sie wissen.« (843) Mr. Jordan sagte aus: »Er dankte mir für die Informationen. Dankte mir für meine Bemühungen, ihr einen Job und einen Anwalt zu besorgen.« (844)

In seiner Aussage vor der Grand Jury erinnerte sich der Präsident an das Treffen mit Jordan am 19. Dezember, erklärte jedoch, daß seine Erinnerung an dieses Treffen etwas vage sei:

> Ich erinnere mich nicht genau, worum es bei dem Gespräch ging. Ich erinnere mich, daß ich ihm sagte, es gab keine sexuelle Beziehung zwischen mir mit Monica Lewinsky, was stimmt. Und dann ...dann fällt mir noch ein, daß er davon sprach, ihr einen Anwalt zu besorgen, und ich glaube, es war von Mr. Carter die Rede. (845)

Auf die Frage, ob er sich daran erinnerte, daß Mr. Jordan ihm von Miss Lewinskys anscheinender Fixierung auf ihn und ihre Hoffnung, er würde Mrs. Clinton verlassen, erzählt hatte, sagte der Präsident aus: »Ich erinnere mich, daß er gesagt hat, sie hat auf ihn aufgeregt gewirkt – ein wenig fixiert auf mich, und daß sie zugegeben hat, daß sie keine sexuelle Beziehung mit mir hatte, und daß sie nicht in diesen Fall *Jones* verwickelt werden will.« (846)

B. 22. Dezember: Treffen mit Vernon Jordan

Mr. Jordan arrangierte für Miss Lewinsky ein Treffen mit Anwalt Francis Carter am Montag, 22. Dezember, um

11:00 Uhr. (847) An diesem Morgen – so Miss Lewinsky – rief sie Mr. Jordan an und bat ihn um ein Treffen, bevor sie zu Mr. Carters Büro fuhr. (848) Sie sagte aus: »Ich war ein wenig besorgt. Ich dachte, daß er (Mr. Jordan) nicht wirklich verstand ... was mir mit der Vorladung widerfuhr und was es wirklich bedeutete.« (849) Sie wollte auch herausfinden, ob er dem Präsidenten tatsächlich von der Vorladung erzählt hatte. Mr. Jordan bestätigte das. (850) Miss Lewinsky sagte Mr. Jordan ebenfalls, daß sie besorgt sei, jemand könnte die Telefongespräche mit dem Präsidenten abgehört haben. (851) Als Mr. Jordan fragte, weshalb sie deshalb besorgt war, sagte Miss Lewinsky: »Nun, wir hatten Telefonsex.« (852)

Miss Lewinsky sagte aus, daß sie einige der Geschenke vom Präsidenten mitgebracht und Mr. Jordan gezeigt hatte, und deutete an, daß diese Dinge nicht sämtliche Geschenke des Präsidenten waren. (853) Mr. Jordan sagte im Gegensatz dazu aus, daß Miss Lewinsky ihm niemals irgendwelche Geschenke des Präsidenten gezeigt hatte. (854)

C. 22. Dezember: Erstes Treffen mit Francis Carter

Mr. Jordan fuhr Miss Lewinsky zu Mr. Carters Büro (855) Dort stellte er Miss Lewinsky Mr. Carter vor und erklärte, daß sie nicht nur einen Anwalt, sondern auch einen »Berater« brauchte. (856) Mr. Carter sagte aus, nach dem ersten Bekanntmachen erwartete er keinen weiteren Kontakt mit Mr. Jordan in der Sache Lewinsky. (858)

Das Treffen mit Mr. Carter und Miss Lewinsky dauerte

etwa eine Stunde. (859) Sie erklärte, daß sie nicht in den Fall *Jones* hineingezogen werden wollte und es sehr vorziehen würde, nicht unter Eid aussagen zu müssen. (860). Er sagte, er würde versuchen, Paula Jones' Anwälte zu überreden, sie nicht unter Eid aussagen zu lassen. (861) Miss Lewinsky sagte aus, daß sie vorschlug, eine beeidete schriftliche Erklärung abzugeben, um eine mündliche Aussage unter Eid zu vermeiden. (862)

Laut Miss Lewinsky bat sie Mr. Carter, Kontakt mit dem persönlichen Anwalt des Präsidenten, Robert Bennett, aufzunehmen, nur »um ihn wissen zu lassen, daß ich in diesem Fall unter Androhung von Strafe vorgeladen worden bin«. (863) Sie wollte klarmachen, daß sie sich »dem Präsidenten anschloß«. (864) Mr. Carter sagte aus, daß er während Miss Lewinskys Anwesenheit in seinem Büro ein Telefonat mit Mr. Bennett führte, um ein Treffen zu vereinbaren. (865)

Am Dienstag, 23. Dezember, traf sich Mr. Carter morgens eine Stunde lang mit zweien der persönlichen Anwälte des Präsidenten, mit Mr. Bennett und Katherine Sexton. (866) Die Anwälte des Präsidenten sagten Mr. Carter, daß andere Zeugen Anträge gestellt hatten, um ihre Vorladungen aufzuheben, und sie boten juristische Nachforschungen an, um einen solchen Antrag zu unterstützen. (867)

D. 23. Dezember: Clintons Leugnen im Fall Paula Jones

Während des Verfahrens wegen sexueller Belästigung versuchten Miss Jones' Anwälte, Informationen über Präsident Clintons Beziehungen zu jeder Frau außer seiner

Ehefrau zu erhalten. Am 11. Dezember 1997 verfügte die Richterin im Fall *Jones*, Susan Webber Wright, daß der Präsident schriftliche Beweisfragen beantworten und namentlich jede staatliche und bundesstaatliche Angestellte seit 1986 nennen mußte, mit der er sexuelle Beziehungen gehabt oder der er sexuelle Beziehungen vorgeschlagen hatte. Am 23. Dezember 1997 beantwortete der Präsident die Beweisfragen: »Keine.« (*868*)

E. 28. Dezember: Das letzte Treffen mit dem Präsidenten

Ein oder zwei Tage nach Weihnachten rief Miss Lewinsky Miss Currie an und erklärte ihr, daß der Präsident erwähnt hatte, er hätte weitere Geschenke für sie. (*869*) Miss Currie rief zurück und sagte ihr, sie sollte am Sonntag, 28. September, um 8:30 Uhr ins Weiße Haus kommen. (*870*)

An diesem Morgen traf sich Miss Lewinsky mit dem Präsidenten im Oval Office. WAVES Aufzeichnungen zeigen, daß der Besuch auf Veranlassung von Miss Currie stattfand und Miss Lewinsky das Weiße Haus um 8:16 Uhr betrat. (*971*)

Nach ihrem Eintreffen im Weißen Haus spielten sie, der Präsident und Miss Currie, mit Buddy, dem Hund des Präsidenten, und plauderten. Dann führte der Präsident sie ins Arbeitszimmer und gab ihr einige Weihnachtsgeschenke: einen Bärenkopf aus Marmor; eine Rockettes-Decke, ein ausgestopftes Tier vom Black Dog Restaurant, eine kleine Schachtel Konfekt, eine Spaß-Sonnenbrille und eine Hutnadel mit der New Yorker Skyline darauf. (*872*)

Miss Lewinsky sagte aus, daß sie und der Präsident während dieses Besuches einen »leidenschaftlichen« und »körperlich intimen« Kuß austauschten. (873)

Miss Lewinsky und der Präsident sprachen auch über den Fall *Jones*. (874) Nach Miss Lewinskys Darstellung fragte sie den Präsidenten, »wie sie seiner Meinung nach auf die Zeugenliste gesetzt worden war.« (875) Er stellte Vermutungen an, daß Linda Tripp oder einer der uniformierten Beamten des Secret Service den Anwälten von Paula Jones über sie erzählt hätten. (876). Als Miss Lewinsky ihre Besorgnis über den Hinweis auf eine Hutnadel in der Vorladung erwähnte, sagte er, »das sei auch (für ihn) etwas beunruhigend.« (877) Er fragte, ob sie irgend jemandem von der Hutnadel erzählt hatte, und sie versicherte ihm, daß sie keinem etwas davon gesagt hatte. (878)

Irgendwann in der Unterhaltung sagte Miss Lewinsky zum Präsidenten: »Vielleicht sollte ich die Geschenke aus dem Haus irgendwohin bringen oder sie jemandem geben, vielleicht Betty.« (879) Miss Lewinsky erinnerte sich, daß der Präsident antwortete: »Ich weiß nicht« oder »Laß mich darüber nachdenken«. (880)

Als Miss Lewinsky gefragt wurde, ob sie es merkwürdig fand, daß der Präsident ihr unter den gegebenen Umständen Geschenke machte (obwohl eine Vorladung die Beibringung all seiner Geschenke verfügte), sagte sie aus, sie hätte zu diesem Zeitpunkt nicht daran gedacht, aber sie hätte eine gewisse Unschlüssigkeit des Präsidenten bemerkt:

Er zögerte sehr kurz, bevor ich an diesem Tag sozusagen vollbepackt ging ... all mein Zeug mitnahm ... Ich bezweifle, daß er etwas sagte, das darauf hinwies, aber ich dachte bei mir: Ich frage mich, ob er dachte, er sollte mich diese Dinge nicht mitnehmen lassen.« Aber er ließ es zu. (881)

Als der Präsident im Fall *Jones* unter Eid über sein letztes Treffen mit Miss Lewinsky befragt wurde, erinnerte er sich nur, daß sie vorbeischaute, »vermutlich irgendwann vor Weihnachten«, und er den Kopf aus (seinem) Büro steckte, um hallo zu sagen.« (882). Die beeidete Aussage fand drei Wochen nach diesem Treffen am 28. Dezember mit Miss Lewinsky statt.

Vor der Grand Jury räumte der Präsident ein, »mit Miss Lewinsky über ihre Zeugenaussagen oder über die Aussicht, daß sie vielleicht als Zeugin aussagen müßte«, geredet zu haben. »Und sie, sie sprach mit mir darüber.« (883) Er blieb jedoch dabei, daß sie nicht über Miss Lewinskys Vorladung diskutiert hätten. »Sie war durcheinander. Sie – nun, sie – wir – sie redete nicht – wir redeten nicht über eine Vorladung. Aber sie war durcheinander.« (884) Nach der Erinnerung des Präsidenten sagte Miss Lewinsky, sie wisse nichts über sexuelle Belästigung; warum müsse sie überhaupt aussagen? Der Präsident sagte aus: »Ich erklärte ihr, daß es ein politisches Verfahren ist. Sie wollen alles unter Eid bekommen, was mir schadet.« (885)

Miss Lewinskys Freundin Catherine Allday Davis sagte über eine Unterhaltung mit Miss Lewinsky am 3. Januar 1998 aus. Miss Lewinsky sagte Miss Davis, daß sie sich vor ein paar Tagen mit dem Präsidenten getroffen und sie über den Fall *Jones* gesprochen hatten. Miss Davis sagte aus, Miss Lewinsky und der Präsident »haben festgestellt, daß es keinen Beweis« für ihre Beziehung gab. (887)

F. 28. Dezember: Verheimlichung der Geschenke

Am Nachmittag des 28. Dezember, ein paar Stunden nach Miss Lewinskys Besuch im Weißen Haus, fuhr Miss Currie zu Miss Lewinskys Watergate-Apartment und holte einen Karton mit Geschenken des Präsidenten ab. Miss Currie brachte den Karton nach Hause und versteckte ihn unter ihrem Bett. Miss Lewinsky, Miss Currie und der Präsident wurden gefragt, warum Miss Currie den Karton mit den Geschenken von Miss Lewinsky abholte.

Laut Miss Lewinsky wurde sie durch einen Anruf von Miss Currie an diesem Nachmittag zu der Übergabe veranlaßt. Mrs. Currie sagte – so Miss Lewinsky: »Ich hörte, Sie haben mir etwas zu übergeben« oder »Der Präsident sagte, Sie haben mir etwas zu übergeben«. (888) Miss Lewinsky verstand, daß Miss Currie damit die Geschenke meinte. (889) Miss Currie sagte, sie würde bei Miss Lewinskys Wohnung vorbeikommen und die Dinge abholen. (890) Miss Lewinsky sagte aus, daß sie viele, aber nicht alle ihre Geschenke vom Präsidenten in einen Karton legte. Miss Currie fuhr zu ihrem Apartment und holte ihn ab. (891)

Miss Lewinsky war besorgt, weil sie gemäß Vorladung die Geschenke beibringen mußte; sie warf sie jedoch nicht fort, weil »sie mir viel bedeuteten.« (892) Sie gab sie Miss Currie und nicht einer ihrer Freundinnen oder ihrer Mutter, weil das »ein wenig Beruhigung für den Präsidenten war... daß alles in Ordnung war.« (893) Sie hatte das Gefühl, daß die Geschenke in der Obhut von Miss Currie unter Kontrolle des Präsidenten waren. »Nicht, daß (die Geschenke) in seinem Besitz wären, aber daß er verstehen würde, was ich Betty da gab, und

166

dadurch würde er sich vielleicht ein wenig besser fühlen.« (894)

Miss Lewinskys Darlegung der Ereignisse vom 28. Dezember in ihrer eidlichen Erklärung vom 1. Februar 1998 erhärten ihre spätere Aussage vor der Grand Jury:

»Miss L. fragte, ob sie die Geschenke, die er ihr gemacht hatte, weglegen (außerhalb ihrer Wohnung oder vielleicht sonst jemandem geben sollte. Miss Currie rief Miss L. später an diesem Nachmittag an und sagte, der Präs. hätte ihr gesagt, Miss L. möchte, daß sie etwas für sie aufbewahre. Miss L. verpackte die meisten der Geschenke, die sie erhalten hatte, und gab sie Miss Currie. Es ist unbekannt, ob Miss Currie den Inhalt des Kartons kannte.« (895)

Miss Curries Aussage war etwas widersprüchlich zu der Miss Lewinskys. Obwohl ihre Erinnerung insgesamt verschwommen war, glaubte Miss Currie, daß Miss Lewinsky sie angerufen und vorgeschlagen hatte, die Geschenke zu übergeben. (896) Miss Currie wurde über die Rolle des Präsidenten bei der Übergabe gefragt:

Frage: Und wußte der Präsident, daß Sie diese Dinge für Monica aufbewahren?

Betty Currie: Ich weiß es nicht. Ich weiß es nicht.

Frage: Hat er Ihnen nicht gesagt, daß Monica etwas für Sie zur Aufbewahrung hatte?

Betty Currie: Ich erinnere mich nicht daran. Ich erinnere mich nicht.

Frage: Haben Sie jemals dem Präsidenten gesagt, daß Sie diesen Karton von Monica hatten?

Betty Currie: Daran erinnere ich mich ebenfalls nicht.

Frage: Doch Sie meinen, es ist möglich?

Betty Currie: Ich weiß es nicht. Ich weiß es nicht. (897)

Auf die Frage, ob eine Aussage von Miss Lewinsky falsch sei, daß Miss Currie mit dem Präsidenten über die Übergabe der Geschenke gesprochen hätte, antwortete Miss Currie: »Dann erinnert sie sich vielleicht besser als ich. Ich erinnere mich nicht.« (898)

Laut Miss Currie sagte Miss Lewinsky, sie fühlte sich unbehaglich, wenn sie die Geschenke behalte, weil »Leute darüber Fragen stellen«. (899) Miss Currie sagte, sie sei nach der Arbeit zu Miss Lewinskys Wohnung gefahren, habe den Karton abgeholt, nach Hause gebracht und unter ihr Bett gestellt. (900) Oben auf dem Karton stand: »Bitte nicht wegwerfen!!!« (901) Miss Currie sagte aus, sie habe gewußt, daß der Karton Geschenke vom Präsidenten enthielt. (902)

Bezüglich seiner Rolle sagte der Präsident aus, daß er Miss Currie nie gebeten habe, einen Karton mit Geschenken bei Miss Lewinsky abzuholen. (903) Er sagte, er habe keine Kenntnis davon gehabt, daß Miss Currie diese Dinge aufbewahrte, und erst davon erfahren, »als es öffentlich bekanntgemacht wurde«. (904)

Laut Aussage des Präsidenten hat er keine genaue Erinnerung daran, ob er mit Miss Lewinsky am 28. Dezember über die Geschenke gesprochen hat. »Ich erinnere mich, daß sie irgendwann im Dezember, und es tut mir leid, daß ich mich nicht an das genaue Datum erinnern kann, sagte: Was ist, wenn man mich über deine Geschenke befragt? Und ich sagte: Nun, wenn du aufgefordert wirst, sie beizubringen, dann mußt du ihnen alles geben, was du hast.« (905)

G. 31. Dezember: Frühstück mit Vernon Jordan

Miss Lewinskys Aussage zufolge erkannte sie Ende Dezember 1997, daß sie »eine Art Strategie (was zu tun war) entwickeln mußte«, falls Linda Tripp preisgab, was sie wußte. (906) Am 30. Dezember rief Miss Lewinsky in Mr. Jordans Büro an und teilte ihm mit – entweder ihm direkt oder durch eine seiner Sekretärinnen –, daß sie wegen des Jones Falls besorgt sei. (907)

Am nächsten Tag frühstückten Miss Lewinsky und Mr. Jordan zusammen im Park Hyatt Hotel. (908) Laut Miss Lewinsky erzählte sie Mr. Jordan, daß eine Freundin von ihr, Linda Tripp, in den Fall Jones verwickelt war. Sie sagte zu Mr. Jordan: »Ich habe ihr (Miss Tripp) vertraut, aber ich traue ihr nicht mehr.« (909) Miss Lewinsky sagte, daß Miss Tripp vielleicht einige Briefe in ihrer Wohnung gesehen hatte. Mr. Jordan fragte: »Briefe vom Präsidenten an Sie?« Miss Lewinsky antwortete: »Nein, Briefe von mir an den Präsidenten.« Miss Lewinsky zufolge sagte Mr. Jordan: »Fahren Sie heim und stellen Sie sicher, daß sie nicht mehr da sind.« Nach Miss Lewinskys Aussage faßte sie das als den Rat von Mr. Jordan auf, alle Kopien oder Entwürfe von Briefen, die sie dem Präsidenten geschickt hatte, »wegzuwerfen«. (910)

Nach dem Frühstück nahm Mr. Jordan Miss Lewinsky im Wagen mit zu seinem Büro. (911) Als Miss Lewinsky an diesem Tag in ihre Wohnung zurückkehrte, warf sie ungefähr 50 Briefentwürfe an den Präsidenten fort. (912)

H. 4. Januar. Das letzte Geschenk

Am Sonntag, 4. Januar 1998, rief Miss Lewinsky Miss Currie zu Hause an und sagte ihr, daß sie ein Geschenk für den Präsidenten abgeben wollte. (913) Miss Currie lud Miss Lewinsky zu sich nach Hause ein, und Miss Lewinsky gab ihr das Päckchen. (914) Das Päckchen enthielt ein Buch mit dem Titel *Die Präsidenten der Vereinigten Staaten* sowie einen Liebesbrief, zu dem sie von dem Film *Titanic* angeregt worden war. (915)

XIII. 5 Januar bis 16. Januar 1998: Die eidliche Erklärung

Am 5. Januar 1998 entwarf Miss Lewinskys Anwalt Francis Carter eine eidliche Erklärung für Miss Lewinsky in dem Versuch, ihre mündliche Aussage unter Eid zu vermeiden. Sie sprach an diesem Abend mit dem Präsidenten. Am 6. Januar redete Miss Lewinsky mit Mr. Jordan über die eidliche Erklärung, in der jede sexuelle Beziehung zwischen ihr und dem Präsidenten bestritten wurde. Am 7. Januar unterzeichnete Miss Lewinsky die eidliche Erklärung. Am 8. Januar stellte sie sich für einen Job in New York City vor. Nachdem das Vorstellungsgespräch schlecht verlief, führte Mr. Jordan ein Telefonat mit dem Chairman der Firma in Miss Lewinskys Auftrag, und sie erhielt einen Termin für ein zweites Vorstellungsgespräch. In der nächsten Woche, nachdem Miss Lewinsky Miss Currie gesagt hatte, sie würde eine Empfehlung vom Weißen Haus brauchen, bat der Präsident den Stabschef Erskine Bowles, dafür zu sorgen.

A. 5. Januar: Treffen mit Francis Carter

Am Montag, dem 5. Januar 1998, um 15:00 Uhr traf sich Miss Lewinsky mit Mr. Carter in seinem Büro für ungefähr eine Stunde. (916)

Miss Lewinsky sagte aus, daß Mr. Carter eine mündliche Aussage unter Eid für wahrscheinlich hielt und »einen Haufen verschiedener Fragen stellte«. (917) Die Fragen, die ihr am meisten Sorgen bereiteten, bezogen sich auf die Umstände ihres Weggangs aus dem Weißen Haus. (*918*)

Mr. Carter erklärte Miss Lewinsky, er würde ihr eine eidliche Erklärung zur Unterschrift vorlegen, in der Hoffnung, eine mündliche Aussage unter Eid zu vermeiden. Sie vereinbarten, daß Miss Lewinsky am nächsten Tag einen Entwurf der eidlichen Erklärung abholte. (*919*)

B. 5. Januar: Anruf des Präsidenten

Nach ihrem Treffen mit Mr. Carter teilte Miss Lewinsky dem Präsidenten über Miss Currie mit, daß sie ihn in einer wichtigen Sache sprechen mußte. (*920*) Im besonderen sagte Miss Lewinsky zu Miss Currie, sie sei besorgt wegen etwas, das sie unterschreiben müsse. (*921*)

Ein paar Stunden später – so Miss Lewinsky – rief der Präsident zurück. (*922*) Sie erwähnte eine eidliche Erklärung, die sie unterzeichnen würde, und fragte ihn, ob er sie sehen wollte. Laut Miss Lewinsky erwiderte der Präsident, daß er sie nicht sehen wollte, weil er bereits fünfzehn andere gesehen hatte. (*923*) Miss Lewinsky sagte aus, sie habe dem Präsidenten erklärt, daß sie sich Sorgen wegen möglicher Fragen über ihre Versetzung vom Weißen Haus ins Pentagon machte. Sie war besorgt, daß »Leute im Weißen Haus, die sie nicht mochten«, ihr vielleicht widersprechen und sie »in Schwierigkeiten bringen« würden. (*924*) Laut Miss Lewinsky riet ihr der Präsident: »Du kannst immer sagen, daß die Leute deiner Abteilung ihn (den Job im Pentagon) dir beschafft haben oder dir geholfen haben, ihn zu bekommen.« (*925*)

Der Präsident gab vor der Grand Jury zu, gewußt zu

haben, daß Miss Lewinsky Anfang Januar eine eidliche Erklärung unterzeichnet hatte, aber er hatte keine genaue Erinnerung an ein Gespräch mit ihr in diesem Zeitraum. (926) Laut seiner Aussage erinnerte er sich nicht, Miss Lewinsky geraten zu haben, sie könne auf Fragen sagen, daß Leute im Legislative Affairs Office des Weißen Hauses ihr geholfen hatten, die Arbeitsstelle im Pentagon zu bekommen. (927)

Miss Lewinsky zufolge sprachen sie und der Präsident auch kurz über ein antikes Buch, das sie tags zuvor bei Miss Currie abgegeben hatte. Dem Buch hatte sie einen Brief beigelegt, in dem sie dem Präsidenten schrieb, daß sie wenigstens einmal mit ihm Geschlechtsverkehr haben wollte. (928) Bei ihrem Telefongespräch sagte Miss Lewinsky dem Präsidenten: »Ich hätte einige dieser Dinge nicht in dem Brief schreiben sollen.« (929) Sie sagte aus, daß der Präsident gleicher Meinung gewesen sei. (930)

Obwohl der Präsident im Fall Jones ausgesagt hatte, daß ihm keine persönlichen Botschaften von Miss Lewinsky »in Erinnerung« seien, sagte er vor der Grand Jury, daß er »ziemlich herzliche« Briefe von Miss Lewinsky erhalten hatte, auch nach der Beendigung ihrer intimen Beziehung. (931) Der Präsident sagte aus, er habe Miss Lewinsky bezüglich solcher Briefe gewarnt: »Ich erinnere mich, ihr gesagt zu haben, daß sie vorsichtig bei dem sein sollte, was sie schrieb, weil vieles davon deutlich unangemessen war und es peinlich sein würde, wenn jemand anderer es liest. Ich erinnere mich nicht, wann ich das gesagt habe. Ich erinnere mich nicht, ob es '96 oder wann es war.« (932) Der Präsident erinnerte sich an das antike Buch, das ihm von Miss Lewinsky geschenkt worden war, aber er sagte, er könne sich nicht erinnern, daß ein Liebesbrief beigefügt gewesen war. (933)

C. 6. Januar: Der Entwurf der eidlichen Erklärung

Laut Miss Lewinsky besuchte sie am Nachmittag des 6. Januar 1998 Mr. Carters Büro und holte einen Entwurf der eidlichen Erklärung ab. (934) Später an diesem Tag – so Miss Lewinsky – sprachen sie mit Mr. Jordan telefonisch über den Entwurf. (936) Miss Lewinsky sagte aus, eine Prüfung der eidlichen Erklärung durch Mr. Jordan sei wie ein »Absegnen« durch den Präsidenten gewesen. (937) Nach Miss Lewinskys Aussage erzählte sie Mr. Jordan, daß sie wegen eines Satzes beunruhigt war, der darauf schließen ließ, daß sie mit dem Präsidenten allein gewesen war, und folglich Paula Jones' Anwälte veranlassen könnte, sie dazu zu befragen. (938) Sie strich ihn schließlich. (939)

Paragraph 8 des Entwurfs der eidlichen Erklärung lautet im Auszug:

Ich habe nie eine sexuelle Beziehung mit dem Präsidenten gehabt ... Nachdem ich im April 1996 meine Stellung im Weißen Haus aufgegeben hatte, waren die Anlässe, bei denen ich den Präsidenten in Mengen anderer Leute sah, offizielle Empfänge, normale Funktionen oder Ereignisse mit Bezug auf das U.S. Verteidigungsministerium, wo ich zu dieser Zeit gearbeitet habe. (941)

Weil sie die Angabe »Mengen« zu weit aus dem Bereich der Möglichkeiten erachtete, (942) strich Miss Lewinsky den unterstrichenen Satz und schrieb das folgende ans Ende dieses Paragraphen: »Es waren bei all diesen Anlässen andere Leute anwesend.« (943) Sie sprach über diesen vorgeschlagenen Satz und ebenso über ihre allgemeine Besorgnis über Paragraph 8 mit Mr. Jordan. (944)

Auf Fragen vor der Grand Jury gab Mr. Jordan zu, daß Miss Lewinsky ihn anrief und Besorgnis wegen der eidlichen Erklärung äußerte, (945) behauptete jedoch, er habe ihr geraten, mit ihrem Anwalt zu sprechen. (946)

Vermerke der am 6. Januar geführten Telefonate zeigen, daß Mr. Jordan eine Reihe von Kontakten mit Miss Lewinsky, dem Präsidenten und Mr. Carter hatte. Weniger als eine halbe Stunde, nachdem Mr. Jordan mit Miss Lewinsky telefonierte, sprach er eine Viertelstunde mit dem Präsidenten. Sofort nach diesem Telefonat, um 16:33 Uhr, rief Mr. Jordan Mr. Carter an. Weniger als eine Stunde später führte Mr. Jordan ein vierminütiges Telefonat über den Hauptanschluß des Weißen Hauses. Im Laufe des Tages rief Mr. Jordan zweimal eine Telefonnummer des Weißen Hauses ein, dreimal Miss Lewinsky und viermal Mr. Carter. (947)

Mr. Carter sagte aus, daß seine Telefongespräche mit Mr. Jordan an diesem und dem nächsten Tag »wahrscheinlich« Bezug zu Miss Lewinsky und seine Prozeß-Strategie für sie hatten. Tatsächlich berechnete Mr. Carter Miss Lewinsky Zeit für »Telefon-Konferenz mit Anwalt Jordan«. (949)

Auf Fragen vor der Grand Jury sagte Mr. Jordan aus, er könne sich nicht genau an die Telefonate des 6. Januar erinnern. Er sagte, er »vermute«, daß er mit Miss Lewinsky über ihre Stellensuche gesprochen habe, und er glaube, daß er Mr. Carter angerufen habe, um festzustellen, »wie er mit dieser äußerst emotionalen Lady zurechtkommt«. (950) Er sagte, er habe Mr. Carter angerufen, ob er vielleicht mit dem Präsidenten über Miss Lewinsky gesprochen hatte, aber er behauptete, daß es »keinen Zusammenhang« zwischen dem dreizehnminütigen

Telefongespräch mit dem Präsidenten und dem Telefonat gab, das er sofort danach mit Mr. Carter führte. (951)

D. 7. Januar. Miss Lewinsky unterzeichnet eidliche Erklärung

Miss Lewinsky vereinbarte am 7. Januar 1998 um 10:00 Uhr einen Termin mit Mr. Carter, um der eidlichen Erklärung die letzte Form zu geben. (952) Sie unterzeichnete die eidliche Erklärung; sie gab jedoch vor der Grand Jury zu, daß Aussagen darin falsch sind. (953) Mr. Carter wies sie darauf hin, daß er »beabsichtigte, dies zurückzuhalten, bis ich mit den Anwälten der Zivilklägerin gesprochen habe«. Er versprach ihr, »in Verbindung zu bleiben« und sagte: »Viel Glück bei Ihrer Jobsuche.« (956)

Laut Mr. Jordan kam Miss Lewinsky am 7. Januar in sein Büro und zeigte ihm die unterschriebene eidliche Erklärung. (957) Im Laufe des Tages führte Mr. Jordan drei längere Telefongespräche mit dem Weißen Haus. (958) Er sagte aus: »Ich wußte, daß der Präsident über die eidliche Erklärung und ob sie unterschrieben worden war oder nicht besorgt gewesen ist«.(951) Als der Präsident gefragt wurde, ob er verstehe, daß die eidliche Erklärung eine sexuelle Beziehung leugnete, sagte er laut Mr. Jordans Aussage: »Ich nehme an, das ist eine vernünftige Annahme.« (960) Mr. Jordan zufolge sagte der Präsident, als er informiert wurde, daß Miss Lewinsky die eidliche Erklärung unterzeichnet hatte: »Prima, gut.« (961) Mr. Jordan sagte, er bemühe sich weiterhin um einen Job für sie, und der Präsident reagierte darauf mit: »Gut.« (962)

Zehn Tage nach diesem Gespräch, bei der beeideten

Aussage im Fall Jones, wurde Präsident Clinton gefragt, ob er wisse, daß sich Miss Lewinsky mit Vernon Jordan getroffen und über den Fall Jones gesprochen hatte. Er antwortete:

Ich habe gewußt, daß er sich mit ihr getroffen hat. Ich glaube, Betty schlug das Treffen mit ihm vor. Jedenfalls traf er sich mit ihr. Ich nahm an, daß er mit ihr über etwas anderes sprach. Ich wußte nicht, daß – ich dachte, er hat ihr einen Rat über ihren Umzug nach New York erteilt. So was hat Betty wohl gesagt. (963)

Bei seiner Aussage vor der Grand Jury erklärte Präsident Clinton jedoch, daß Mr. Jordan »uns« am 7. Januar informierte, daß Miss Lewinsky die eidliche Erklärung, die in Zusammenhang mit dem Fall Jones benutzt werden würde, unterzeichnet hatte. (964) Der Präsident verteidigte seine Aussage unter Eid, indem er vorbrachte:

Zu diesem Zeitpunkt hatte ich den Eindruck, daß ich mich auf die Treffen konzentrierte. Ich glaube, die Treffen, die er hatte, drehten sich um ihren Umzug nach New York und ihre Stellensuche.

Ich erfuhr irgendwann, daß sie ihn um Hilfe gebeten hatte, weil sie eine Vorladung erhalten hatte. Ich bin mir nicht sicher, ob ich wußte, ob sie das in einem persönlichen Gespräch oder einem Telefonat getan hat. Und ich hatte mich nicht auf diesen Punkt konzentriert. Ich weiß, daß... Ich weiß, daß Vernon ihr zu einem Anwalt verhalf, Mr. Carter. Und ich, ich glaube, er tat das, nachdem sie ihn angerufen hatte, aber ich bin mir nicht sicher. Aber ich weiß, daß es bei ihren Treffen hauptsächlich um ihren Umzug nach New York und der Hilfe bei ihrer Jobsuche ging. (965)

Am Tag nach der Unterzeichnung der eidlichen
Erklärung, am 8. Januar 1998, hatte Miss Lewinsky ein
Vorstellungsgespräch in New York mit Jaymie Durnan,
»Senior Vice President and Special Assistant to the Chair-
man« bei MacAndrews & Forbes Holdings, Inc. (MFH).
(966) Mr. Durnan sagte aus, Miss Lewinsky sei zwar
beeindruckend, jedoch nicht geeignet für irgendeine
offene Stelle gewesen. (967) Er sagte ihr, er werde sie an
Revlon weiterreichen, eine MFH-Gesellschaft. (968) Miss
Lewinsky rief Mr. Jordan an und berichtete, daß ihrem
Gefühl nach das Vorstellungsgespräch »sehr mies« ver-
laufen war. (969) Mr. Jordan deutete an, »daß er den
Chairman anrufen« würde. (970)

Um 16:54 rief Mr. Jordan Ronald Perelman an, den
Chairman und Chief Executive Officer von MFH. (971)
Mr. Jordan sagte vor der Grand Jury mit Hochachtung
vor Mr. Perelman: »Man kann nicht höher gelangen –
oder noch reicher werden«. (972) Auf die Frage, warum
er sich entschieden hatte, Mr. Perelman anzurufen, antwortete Mr. Jordan: »Ich habe einen guten Teil meines
Lebens damit verbracht, Institutionen und Leute kennenzulernen, und dabei habe ich gelernt, wie man Dinge
möglich macht. Und der Anruf bei Ronald Perelman
diente dazu, Dinge in die Wege zu leiten, wenn sie möglich waren.« (973)

Laut Mr. Perelman sprach Mr. Jordan von »diesem
gescheiten jungen Mädchen, das ich für toll halte«, und
er sagte, er wolle »sicherstellen, daß jemand sie sich
ansieht.« (977) Mr. Perelman sagte aus, er könne sich
nicht erinnern, daß Mr. Jordan ihn in den etwa zwölf Jahren, in denen er im Verwaltungsrat von Revlon saß,

jemals angerufen hatte, um jemanden zu empfehlen. (978)

Nach dem Telefonat mit Mr. Perelman telefonierte Mr. Jordan mit Miss Lewinsky und sagte: »Ich tue mein Bestes, um Sie zu unterstützen.« (982) Miss Lewinsky erhielt bald einen Anruf von Revlon, bei dem sie zu einem weiteren Vorstellungsgespräch gebeten wurde. (984)

Im Laufe des 8. Januar führte Mr. Jordan drei Telefonate mit dem Weißen Haus – zwei mit einem Anschluß des Anwaltsbüros des Weißen Hauses, einen mit dem Hauptanschluß des Weißen Hauses. (985) Hinsichtlich der Anrufe beim Büro des juristischen Beraters des Weißen Hauses vermutete Mr. Jordan, er habe versucht, Cheryl Mills, Deputy White House Counsel, zu erreichen, um seine »Enttäuschung« über Miss Lewinsky auszudrücken. (986) Laut Mr. Jordan wußte Mr. Mills, wer Miss Lewinsky war. »Es war kein Geheimnis im Weißen Haus, daß ich Monica Lewinsky geholfen habe.« (987)

F. 9. Januar: »Auftrag erledigt«

Am Morgen des Freitag, dem 9. Januar 1998, stellte sich Miss Lewinsky bei Allyn Seidman, Senior Vice President von MFH, und bei zwei Personen von Revlon vor. (988) Miss Lewinsky sagte aus, daß die Vorstellungsgespräche gut verlaufen seien und Miss Seidman sie an diesem Tag anrief und ihr »inoffiziell eine Stelle anbot, die sie inoffiziell annahm«. (989)

Anschließend rief Miss Lewinsky Mr. Jordan an und berichtete von der guten Neuigkeit. (990) Als ihm der

Vermerk eines siebenminütigen Telefonats von 16:14 Uhr an gezeigt wurde, sagte Mr. Jordan aus: »Ich muß davon ausgehen, wenn sie die Stelle bekommen hatte und wir ein siebenminütiges Gespräch geführt haben und ich tags zuvor mit dem Chairman (Ronald Perelman) gesprochen habe – dann muß ich davon ausgehen, daß der Jordan-Zauber funktioniert hat.« (991)

Laut Mr. Jordans Aussage glaubte er, Miss Currie und den Präsidenten informiert zu haben, als er erfahren hatte, daß Miss Lewinsky ein Stellenangebot erhalten hatte. »Ich bin mir sicher, daß ich Betty Currie zu irgendeinem Zeitpunkt sagte: »Auftrag erledigt«. (992) Mr. Jordan sagte aus, daß er ebenfalls dem Präsidenten persönlich sagte: »Monica Lewinsky wird für Revlon arbeiten« und der daraufhin »Vielen Dank« sagte.

G. 12. Januar: Anhörung im Fall Jones

Am 12. Januar 1998 führte Richterin Wright eine Anhörung im Fall Jones durch, um die Streitpunkte vor der Hauptverhandlung zu erörtern, einschließlich der bevorstehenden Aussage des Präsidenten unter Eid. (994) Bei diesem Hearing forderte Richterin Wright Miss Jones' Anwalt auf, alle Zeugen aufzulisten, die beim Prozeß aufgerufen werden sollten. Miss Jones' Zeugenliste führte viele Frauen auf, darunter Miss Lewinsky, um ihre Theorie zu erhärten, daß der Präsident ein Verhaltensmuster hatte, Frauen zu belohnen, je nach ihrer Bereitschaft, sich in sexuelle Beziehungen mit ihm einzulassen. Bei der Anhörung wies Richterin Wright darauf hin, daß sie Miss Jones erlauben würde, einige der Frauen als Zeuginnen aufzurufen, die sie aufgelistet hatte, um das Beweismaterial in ihrem Fall zu erhärten.

H. 13. Januar: Referenzen aus dem Weißen Haus

Am Dienstag, dem 13. Januar 1998, rief Jennifer Sheldon, Personalchefin von Revlon, Miss Lewinsky an und bot ihr offiziell eine Stelle in der Verwaltung der Abteilung Public Relations an. Auf die Frage, ob dies eine relativ schnelle Einstellungsprozedur sei, antwortete Miss Sheldon: »Wenn man bedenkt, wie lange offene Positionen normalerweise unbesetzt bleiben, ja. Dies war ziemlich schnell.« (995) Miss Sheldon bat Miss Lewinsky, einige Empfehlungen zu schicken. (996)

Laut Miss Lewinsky rief sie dann Miss Currie an, »besorgt, daß er (Mr. Hilley) vielleicht nichts Schmeichelhaftes über mich sagt, wenn ich ihn als Empfehlung angebe.« (997) Um 11:11 Uhr am 13. Januar teilte Miss Currie Miss Lewinsky auf dem Anrufbeantworter mit: »Werden heute nachmittag etwas erfahren. Kay«. (998)

An diesem 13. Januar sprach der Präsident mit Stabschef Erskine Bowles über eine Empfehlung für Miss Lewinsky. (999) Der Präsident erzählte Mr. Bowles, daß Miss Lewinsky »einen Job in der ... Privatwirtschaft gefunden und John Hilley als Empfehlung angegeben hat, und ob wir dafür sorgen können, daß er sie bei einer Anfrage empfehlen kann.« Mr. Bowles versicherte dem Präsidenten, daß Mr. Hilley Miss Lewinsky eine Empfehlung entsprechend ihrer Arbeitsleistung geben würde. (1000)

Danach trug Mr. Bowles die Bitte des Präsidenten Mr. Podesta, dem stellvertretenden Stabschef, vor, der seinerseits mit Mr. Hilley sprach. (1001) Mr. Hilley erklärte, weil er Miss Lewinsky nicht persönlich kenne, werde er von seinem Büro eine Empfehlung schreiben lassen. (1002) Es würde ein allgemeines Schreiben sein, und wegen der wenig günstigen Umstände, die Miss Lewinskys Verlassen des Weißen Hauses begleitet hatten, würden nur die Daten der Beschäftigung bestätigt werden. (1003)

Miss Lewinsky sagte aus, daß Miss Currie später an diesem Tag anrief und ihr sagte: »Mr. Podesta kümmert sich darum, und mit Mr. Hilley wird alles in Ordnung gehen.« (1004) Am nächsten Tag, am Mittwoch, 14. Januar um 11:17 Uhr, faxte Miss Lewinsky, daß sie die Stelle annahm und gab John Hilley und ihren Vorgesetzten im Verteidigungsministerium als Empfehlungen an. (1006)

Der Präsident wurde vor der Grand Jury gefragt, ob er mit Mr. Bowles über eine Empfehlung von Mr. Hilley für Miss Lewinsky gesprochen hatte. Er sagte aus, daß er das auf Miss Lewinskys Bitte hin getan hatte, doch er nahm an, daß es nicht am 13. oder 14. Januar, sondern früher gewesen war. (1007)

I. 13. Januar: Letztes Treffen mit Jordan

Laut Miss Lewinsky schaute sie am Dienstag, 13. Januar, bei Mr. Jordans Büro vorbei, um einige Geschenke als Dank für seine Hilfe bei ihrer Jobsuche abzugeben. Miss Lewinsky bot an, ihm eine Kopie ihrer unterschriebenen eidlichen Erklärung im Jones Fall zu zeigen, aber er meinte, daß er sie nicht zu sehen brauchte. (1008)

J. 3./14 Januar:
Unterhaltung Lewinsky-Tripp und Gesprächspunkte

In einer Unterhaltung unter vier Augen am 13. Januar erzählte Miss Lewinsky Linda Tripp: »Dies hat mich mein Anwalt gelehrt. Man soll wirklich nicht sehr oft ›nein‹ sagen, wenn es nicht unbedingt nötig ist. Am besten sagt man: ›Nun, ich kann mich nicht erinnern. Nicht, daß ich wüßte. Es könnte sein, aber ich kann mich wirklich nicht erinnern.‹« (*1009*). Miss Lewinsky sagte, wenn sie unter Eid befragt werden würde: »Waren Sie jemals allein mit dem Präsidenten?«, könnte sie sagen: »Hm, es ist möglich, daß ich ihm am Wochenende einen Brief gebracht habe, aber, wissen Sie — es kann sein, aber ich kann mich wirklich nicht genau erinnern ...«(*1010*)

Dann besprachen Miss Lewinsky und Miss Tripp die Lage:

Miss Lewinsky: Nach der Denkweise dieses Mannes kann ich mir nicht vorstellen, daß er daran denkt, unter Eid zu lügen.

Miss Tripp: Doch, das tut er, denn er ist derjenige, der sagt: Leugnen, leugnen, leugnen. Natürlich weiß er Bescheid.

Miss Lewinsky: Richtig. Aber es ist – schwer zu erklären. Es ist wie – (Seufzen)

Miss Tripp: Du weißt, was ich meine. Ich meine, ich weiß nicht – glaube ich, daß er bewußt –

Miss Lewinsky: Wenn ... wenn ... wenn, wenn jemand ihn fragt: »Lügt Monica unter Eid?«, würde er ja sagen. Aber wenn er allein ist und darüber nachdenkt, dann denkt er nicht so. Okay?

Miss Tripp: Vermutlich.

Miss Lewinsky: Okay? Er denkt: Wir sind sicher. Wir sind clever. Okay? Wir sind smart, wir sind sicher, es ist gut für jeden. (1011)

Am 14. Januar gab Miss Lewinsky Miss Tripp ein dreiseitiges Dokument zu »Punkten in ihrer (Miss Tripps) eidlichen Erklärung.« (1012) Miss Lewinsky sagte aus, sie habe das Dokument selbst geschrieben, obwohl sie sich vielleicht bei einigen Ideen durch die Gespräche mit Miss Tripp habe inspirieren lassen. (1013)

K. 15. Januar: Der Anruf Isikoffs

Vor der Grand Jury sagte Betty Currie aus, daß sie am Donnerstag, 15. Januar, einen Anruf von Michael Isikoff von *Newsweek* erhalten hatte, der sich nach Kurier-Quittungen über Dinge erkundigte, die von Miss Lewinsky ans Weiße Haus geschickt worden waren. (1014)

Miss Currie rief Mr. Jordan an und bat um Rat wegen Mr. Isikoffs Anfrage, weil sie – nach ihren Worten – »ein gutes Einvernehmen mit Vernon« hatte. (1015) Nachdem Miss Currie ein Treffen mit Mr. Jordan in seinem Büro vereinbart hatte, (1016) fuhr Miss Lewinsky sie dorthin. (1017)

Mr. Jordan bestätigte vor der Grand Jury, daß Miss Currie Besorgnis über einen Anruf von Mr. Isikoff ausdrückte. (1018) Er bat sie in sein Büro, riet ihr jedoch, »mit Mike McCurry und Bruce Lindsey zu reden ... denn ich kann Ihnen diese Beratung nicht geben.« (1019)

In einer aufgezeichneten Unterhaltung sprach Miss Lewinsky Miss Tripp an diesem Tag, dem 15. Januar, Mut zu, ihre (Lewinskys) Beziehung zu dem Präsidenten nicht zu enthüllen. Miss Lewinsky versuchte, Miss Tripp zum Lügen zu überreden, indem sie ihr sagte, daß andere lügen wollten: »Ich bin überhaupt nicht mehr so besorgt, denn ich werde nicht in Schwierigkeiten kommen, und weißt du was? Die Geschichte, die ich unterschrieben habe ... unter Eid ist das, was jemand anders unter Eid sagt.« Als Miss Tripp fragte: »Wer?«, antwortete Miss Lewinsky: »Er«, und meinte den Präsidenten. (1020) Miss Lewinsky sagte aus, sie könne sich nicht vorstellen, daß der Präsident bei seiner Aussage unter Eid »einen Fehler machen« würde, denn sie sei »kein großer Fall« wie Jennifer Flowers und Paula Jones. Im Gegensatz dazu handele es ich bei ihr nur »um Gerüchte und Unterstellungen«.

Eine von Miss Lewinskys Freundinnen, Natalie Ungvari, sagte aus, als Miss Lewinsky in den Fall Jones verwickelt wurde, »hatte ich den Eindruck, daß Monica einfach darauf vertraute, daß jeder das Richtige sagen würde, daß alles inszeniert werden würde, damit alles geheim bleibt.« (1022)

L. 15./16. Januar: Entwicklungen im Fall Paula Jones

Am 15. Januar 1998 stellte Präsident Clintons Anwalt den Anwälten von Miss Jones' die Antworten des Präsidenten auf ihr Ersuchen um Dokumente zur Verfügung. (1023) In einem der Ersuchen wurden alle Dokumente angefordert, die Kommunikationen zwischen dem Präsidenten und Monica Lewinsky widerspiegelten. (1024) Präsident Clinton legte Einspruch gegen die Relevanz dieses Ersuchens ein, brachte jedoch ungeachtet der Einwände vor, daß er keine zugänglichen Dokumente habe.

Ebenfalls am 15. Januar entwarf Mr. Carter einen Antrag zur Aufhebung der Vorladung Miss Lewinskys, die durch Paula Jones' Anwälte beantragt worden war. Dem Antrag war Miss Lewinskys unterschriebene eidliche Erklärung beigefügt. (1025) Auf Antrag von Katherine Sexton, der Anwältin, die zu den persönlichen juristischen Vertretern des Präsidenten zählte, schickte Mr. Carter eine Kopie der eidlichen Erklärung per Fax an ihre Anwaltskanzlei. Mr. Carter sagte aus, daß er Miss Sexton gefragt habe, warum sie die eidliche Erklärung an diesem Tag brauchte:

Ich sagte: »Nun, Katie, Sie werden sie morgen erhalten, weil ich sie als Anlage dem Antrag beifüge.« Sie sagte: »Nun, Sie haben sie bereits der Gegenpartei zur Verfügung gestellt, also kann ich eine Kopie haben« – Worte dieser Art. Ich sagte: »Ich habe kein Problem damit.« Und so habe ich sie ihr gefaxt. (1026)

Am 16. Januar 1998 veranlaßte Mr. Carter die Übernacht-Auslieferung des Antrags zur Aufhebung der Vorladung mit der eidlichen Erklärung als Anlage an Richterin Susan Webber Wrights Urkundsbeamten und Paula Jones' Anwälte. (1027)

XIV. 7. Januar 1998 bis heute:
Die eidliche Aussage und was danach folgt

Während seiner zu Protokoll gegebenen eidlichen Aussage am 17. Januar 1998 im Fall Jones wurden dem Präsidenten eine Reihe von Fragen über Monica Lewinsky gestellt. Unter Eid leugnete der Präsident, ein sexuelles Verhältnis oder sexuelle Beziehungen mit ihr gehabt zu haben. An diesem Abend rief der Präsident Miss Currie an und bat sie, ihn am nächsten Tag zu treffen, um über Miss Lewinsky zu sprechen. Nachdem Anschuldigungen, daß der Präsident ein Verhältnis mit einer Praktikantin des Weißen Hauses hatte, in der Öffentlichkeit bekannt geworden waren, bestritt der Präsident ganz entschieden die Berichte bei Beratern und der amerikanischen Öffentlichkeit.

A. 17. Januar: Die eidliche Aussage

Am Samstag, 17. Januar 1998, gab der Präsident unter Eid seine Aussage im Fall Jones zu Protokoll. (*1028*) Richterin Susan Webber Wright reiste von Little Rock, Arkansas, an, um den Vorsitz bei der Abgabe der beeideten Aussage in Washington, D.C., zu führen. (*1029*)

Vor allen Fragen erinnerte Richterin Wright die Parteien an ihre Geschäftsordnung. Sie erklärte konkret: »Wenn jemand irgend etwas, was auch immer, über diese Abgabe der beeideten Aussage preisgibt, wird das eine Verletzung der Protective Order sein. Dies schließt die Fragen ein, die gestellt werden ... Sie mögen zugeben, daß sie (die Abgabe der eidlichen Aussage) stattgefunden hat, aber das ist alles.« (*1030*) Richterin Wright akzeptierte die folgende Definition für »sexuelle Beziehungen«:

Für die Zwecke dieser Abgabe eidlicher Aussagen, läßt sich eine Person auf »sexuelle Beziehungen« ein, wenn sie zu Kontakt von Genitalien, Anus, Leisten, Brust, Innenseite der Schenkel oder Gesäß einer anderen Person auffordert oder selbst ausführt in der Absicht, bei dieser Person sexuelles Verlangen zu erregen oder zu befriedigen . . . ›Kontakt‹ bedeutet absichtliches Berühren, entweder direkt oder durch Kleidung. (*1031*)

Nachdem der Präsident ein paar Fragen über Miss Lewinsky beantwortet hatte, bat sein Anwalt, Robert Bennett, Richterin Wright nachdrücklich, weitere Fragen zu beschränken. Mr. Bennett brachte vor, daß Miss Lewinsky eine eidliche Erklärung unterschrieben hatte, »daß es absolut keinen Sex jedweder Art oder Form mit Präsident Clinton« gegeben hat.« (*1032*) Als Richterin Wright Mr. Bennett ermahnte, keine Äußerungen zu machen, »die den Zeugen beeinflussen könnten«, sagte Mr. Bennett: »Durch die Vorbereitung des Zeugen auf diese Abgabe seiner eidlichen Aussage ist sich der Zeuge Miss Lewinskys eidlicher Erklärung voll bewußt, und so habe ich ihm keine einzige Sache gesagt, die er nicht weiß.« (*1033*) Präsident Clinton, der anwesend war, als Mr. Bennett Einspruch einlegte, widersprach nicht der Äußerung seines Anwalts. Richterin Wright lehnte Mr. Bennetts Einspruch ab und ließ eine Fortsetzung der Befragung über Miss Lewinsky zu. (*1034*)

Im Laufe der umfassenden Befragung sagte der Präsident aus, er habe Miss Lewinsky »bei zwei oder drei Anlässen« im Herbst 1995 während des durch den Haushaltsstreit erzwungenen Stillstands gesehen, einschließlich einmal, als sie ihm Pizza gebracht habe, und ein-

oder zweimal, als sie Dokumente abgeliefert habe. (*1035*)
Er konnte sich nicht erinnern, ob er bei solchen Anlässen
allein mit Miss Lewinsky gewesen war, doch er räumte
ein, daß es möglich war. (*1036*) Der Präsident sagte ferner
aus, daß er sich nicht an das Thema irgendeiner Unterhaltung mit Miss Lewinsky erinnern könne. (*1037*)

Präsident Clinton erinnerte sich, daß er nur ein paar
unwesentliche persönliche Botschaften von Miss
Lewinsky erhalten habe, und er konnte sich nicht erinnern, jemals eine besprochene Kassette von ihr erhalten
zu haben. (*1038*) Laut Aussage erhielt er »ein oder zwei«
Geschenke von ihr – ein Buch oder zwei und eine Krawatte. (*1039*) Ursprünglich hatte der Präsident ausgesagt,
er könne sich an keinerlei Geschenke erinnern, die er ihr
vielleicht gemacht habe; später bei der Abgabe der eidlichen Aussage fiel ihm ein, daß einige Dinge, die er in
einem Restaurant in Martha's Vineyard gekauft hatte,
durch Miss Currie zu ihr gelangt sein könnten. (*1040*) Der
Präsident sagte aus, daß er Miss Lewinsky möglicherweise eine Hutnadel geschenkt habe, er könne sich
jedoch nicht mit Sicherheit daran erinnern. (*1041*)

Der Präsident sagte aus, daß seine letzte Unterhaltung
mit Miss Lewinsky vor Weihnachten stattgefunden habe,
als sie das Weiße Haus besucht hatte, um Miss Currie zu
sehen. Laut Aussage des Präsidenten: »Ich steckte meinen Kopf heraus und sagte hallo zu ihr.« (*1042*) Er sagte
ebenfalls, es sei möglich, daß er im Verlauf dieser Begegnung mit Miss Lewinsky gescherzt hatte, daß die
Anwälte der Zivilklägerin »jede Frau« vorladen würden,
»mit der ich jemals geredet habe«, und das würde auf
Miss Lewinsky zutreffen. (*1043*)

Laut Aussage des Präsidenten hat er nicht gewußt, daß
Mr. Jordan mit Miss Lewinsky über den Fall Jones
gesprochen hatte, bei dem sie ebenfalls unter Strafandro-

hung vorgeladen worden war, um unter Eid auszusagen. (*1044*)

Zum Schluß der Abgabe der eidlichen Aussage sagte Richterin Wright: »Bevor (der Präsident) geht, möchte ich ihn als Zeuge in diesem Verfahren und jeden anderen Anwesenden daran erinnern, daß diese Sitzung durch die Protective Order hinsichtlich jeder Offenlegung geschützt ist und ... alle anwesenden Parteien einschließlich ... des Zeugen, nichts, was auch immer, über die ihnen gestellten Fragen, den wesentlichen Inhalt der Aussagen unter Eid ... keine Einzelheiten preisgeben dürfen ... Dies ist äußerst wichtig für dieses Gericht.« (*1046*)

Irgendwann nach der unter Eid zu Protokoll gegebenen Aussage des Präsidenten besuchte Mr. Podesta Bruce Lindsey, Deputy White House Counsel, im Weißen Haus und fragte ihn, wie die Abgabe der Aussage unter Eid verlaufen war. Laut Mr. Podesta sagte Mr. Lindsey, der Präsident sei über Monica Lewinsky befragt worden. (*1047*) Mr. Lindsey sagte aus, während der Pause in der beeideten Aussage des Präsidenten habe ihm der Präsident gesagt, daß Miss Lewinskys Name zur Sprache gekommen sei. (*1048*)

Am selben Abend traf sich Mr. Lindsey mit dem Präsidenten im Oval Office, wo sie über die Abgabe der Aussage unter Eid sprachen. (*1049*) Mr. Lindsey berief sich auf das Anwalt-Mandant-Verhältnis, das ihm Schweigepflicht auferlegte, und darauf, daß es sich um ein schwebendes Verfahren handelte, und lehnte ab preiszugeben, worüber bei diesem Treffen gesprochen wurde.

B. Der Präsident trifft Miss Currie

Bald nach der Aussage unter Eid rief der Präsident Miss Currie an und bat sie, am nächsten Tag ins Weiße Haus zu kommen. (1050) Miss Currie räumte ein, daß (der Präsident) sie selten am Sonntag ins Weiße Haus gebeten hatte. (1051) Der Präsident wollte über Miss Lewinskys Besuche im Weißen Haus sprechen. (1052)

Am 18. Januar 1998, um ungefähr 17:00 Uhr, traf sich Miss Currie mit dem Präsidenten. (1053) Das Treffen fand in ihrem Büro außerhalb des Oval Office statt. Laut Miss Currie wirkte der Präsident »besorgt«. (1054) Er erzählte Miss Currie, daß er während seiner gestrigen Aussage unter Eid über Monica Lewinsky befragt worden war. (1055) Miss Currie sagte aus: »Ich glaube, er sagte: ›Da gibt es einige Dinge, die Sie vielleicht wissen wollen.‹« (1056) Er fuhr mit einer Reihe von Erklärungen fort (1057), eine gleich nach der anderen: (1058)

- »Sie waren immer hier, wenn sie hier war, richtig?«
- »Wir waren nie wirklich allein.«
- »Monica (Lewinsky) machte sich an mich heran, und ich habe sie nie angerührt, richtig?«
- »Sie können alles sehen und hören, richtig?« (1059)

Miss Currie sagte aus, nach seinem Verhalten und der Art, wie er die Erklärungen abgab, wollte der Präsident ihre Zustimmung. (1060)

Laut Miss Currie war sie tatsächlich gleicher Meinung wie der Präsident, als er sagte: »Sie waren immer hier, wenn sie hier war, richtig?« (1063) Vor der Grand Jury räumte Miss Currie jedoch die Möglichkeit ein, daß Miss Lewinsky den Präsidenten besucht haben könnte, wenn sie sich nicht im Weißen Haus aufgehalten hatte. (*1064*)

Hinsichtlich der Frage, ob der Präsident »nie wirklich allein« mit Miss Lewinsky gewesen war, sagte Miss Currie aus, daß der Präsident bei mehreren Anlässen entweder im Oval Office oder im Arbeitszimmer gewesen und niemand sonst anwesend gewesen war. (*1065*)

Miss Currie erklärte, sie habe den Präsidenten und Miss Lewinsky bei solchen Anlässen nicht als »allein« betrachtet, weil sie an ihrem Schreibtisch außerhalb des Oval Office gewesen sei; folglich seien sie alle zusammen im gleichen »allgemeinen Bereich« gewesen. (*1066*) Miss Currie sagte aus, »der Präsident ist eigentlich nie allein. Es ist immer jemand um ihn herum.« (*1067*)

Zu dem Punkt, daß Miss Lewinsky »sich an ihn heranmachte«, sagte Miss Currie aus, daß sie »keinen Grund gehabt hatte, um zu wissen« ob Miss Lewinsky sich jemals »an (den Präsidenten) heranmachte«, weil sie (Miss Currie) nicht immer anwesend gewesen war. (*1068*) Schließlich sagte Miss Currie zu dem Punkt, ob sie »alles sehen und hören konnte«, daß sie dem Präsidenten nicht hätte zustimmen sollen. (*1069*) Sie sagte aus, daß sie »nichts gehört« hatte, wenn der Präsident und Miss Lewinsky allein im Arbeitszimmer gewesen waren, während sie an ihrem Schreibtisch gesessen hatte. (*1070*)

Laut Miss Currie sagte der Präsident ebenfalls während des Treffens am 18. Januar 1998: (Monica Lewinsky) »wollte Sex mit mir, aber ich sagte ihr, daß ich das nicht tun kann.« (*1071*)

Als der Präsident vor der Grand Jury zu diesem Treffen mit Miss Currie befragt wurde, sagte er aus, er erinnere sich an das Gespräch, aber er bestritt, »versucht zu haben, Betty Currie zu überreden, etwas Unwahres zu sagen.« (*1072*) Statt dessen habe er ihr »eine Reihe von

Fragen« gestellt, »um schnell (seine) Erinnerung aufzufrischen«. (1073) Der Präsident erklärte: »Ich wollte nachweisen. . . daß Betty zu allen anderen Zeiten in dem Komplex war, und ich wollte wissen, welche Erinnerung Betty daran hatte, was sie hören konnte . . . und ich versuchte es schnell herauszufinden . . . weil ich wußte, daß ich mich auf etwas gefaßt machen mußte.« (1074)

In seiner Aussage vor der Grand Jury räumte der Präsident »der Fairneß halber« ein, daß sich Miss Currie etwas zwiespältig gefühlt haben mochte, wie sie (auf seine Erklärungen) reagieren sollte. (1075) Der Präsident behauptete, er habe nachweisen wollen, daß Miss Currie »immer anwesend« war und alles sehen und hören konnte. (1076) Gleichzeitig räumte er ein, daß er stets zu vermeiden versucht hatte, daß Miss Currie von seiner Beziehung mit Miss Lewinsky erfuhr. (1077) »Ich tat, was Leute tun, wenn sie das Falsche machen. Ich versuchte, es zu tun, wo niemand sonst es sehen konnte.« (1078)

Der Präsident wurde ebenfalls über seine Erklärung befragt, daß Miss Currie immer bei Miss Lewinsky im Oval Office gewesen war. Er erklärte, daß er mit »Oval Office« vielleicht den gesamten Komplex des Oval Office gemeint habe. Der Präsident erklärte ferner: »Ich sprach von 1997. Ich versuchte nie, Betty Currie zu der Behauptung zu veranlassen, daß sie bei der Anwesenheit von Monica Lewinsky in der Nähe war, wenn es nicht der Fall war. (1080) Auf die Frage, ob er seine Äußerungen auf das Jahr 1997 beschränkt habe, antwortete der Präsident: »Nun, ich erinnere mich nicht, ob es so war, aber . . . Ich nahm an, sie (Miss Currie) wußte, worüber ich sprach.« (1081)

Auf die Frage zu seiner Äußerung gegenüber Miss Currie »Sie konnten alles sehen und hören?«, antwortete der Präsident:

Nach meiner Erinnerung meinte ich damit, daß sie hören konnte, was vorging, wenn sie aus ihrem Büro zum Oval Office kam. Und oftmals, wissen Sie, stand die Tür ihres Büros einfach offen, wenn ich im Oval Office war. Die Tür zum Flur war nie ganz geschlossen. Ich glaube – ich bin mir nicht ganz sicher, was ich meinte, aber ich kann gemeint haben, daß sie im allgemeinen Unterhaltungen hören konnte, auch wenn sie nicht sehen konnte, ja, ich glaube, das meinte ich.« (*1082*)

Als der Präsident schließlich über seine Äußerung Miss Curries gegenüber »Monica machte mich an, und ich habe sie nie angerührt« befragt wurde, verweigerte er die Antwort. (*1083*)

C. 18./19 Januar: Versuche, Miss Lewinsky zu erreichen

Nach dem Gespräch mit dem Präsidenten am Sonntagnachmittag piepste Miss Currie viermal Miss Lewinsky an. (*1084*) Sie sagte aus, daß der Präsident »mich vielleicht gebeten hat, sie (Miss Lewinsky) anzurufen, um festzustellen, was sie wußte oder wo sie war oder was geschah.« (*1085*) Später an diesem Abend, um 23:02 Uhr, rief der Präsident Miss Currie an, um zu fragen, ob sie mit Miss Lewinsky gesprochen hatte. (*1086*)

Über einen Zeitraum von zwei Stunden versuchte Miss Currie am Montag, dem 19. Januar, achtmal vergebens, mit Miss Lewinsky Kontakt aufzunehmen, entweder mit Piepser oder Telefon. (*1087*) Nachdem sie den Präsidenten informiert hatte, daß sie Miss Lewinsky nicht erreichen konnte, piepste Miss Currie sie erneut an. (*1091*) Der Zweck dieser Anrufe und Piepser bestand laut Miss Currie darin, Miss Lewinsky zu informieren, daß ihr Name bei der unter Eid zu Protokoll gegebenen Aussage des Präsidenten erwähnt worden war. (*1092*)

Mr. Jordan versuchte auch erfolglos, Miss Lewinsky an diesem Morgen zu erreichen. (*1094*) An diesem Nachmittag traf sich Mr. Jordan mit dem Präsidenten im Oval Office. (*1095*) Später rief Miss Lewinskys Anwalt, Frank Carter, Mr. Jordan an und sagte, Miss Lewinsky hätte einen neuen Rechtsbeistand, William Ginsburg und Nathaniel Speights. (*1096*) Mr. Jordan gab diese Information am Abend in einem siebenminütigen Telefongespräch an den Präsidenten weiter. (1097)

D. 20./22 Januar: Die Lewinsky-Story wird bekannt

Nach der Veröffentlichung eines Artikels, in dem Präsident Clinton eine sexuelle Beziehung mit Miss Lewinsky nachgesagt wurde, konferierte er mit seinen Anwälten und ließ eine Reihe von Dementis an seine Berater und die amerikanische Öffentlichkeit herausgeben.

1. »Clinton angeklagt«

Am Mittwoch, 21. Januar 1998, veröffentlichte die Washington Post einen Artikel mit dem Titel »Clinton der Anstiftung zur Lüge beschuldigt; Starr untersucht, ob der Präsident Frau sagte, angebliche Affäre bei Jones' Anwälten zu leugnen.« (*1098*) Das Weiße Haus erfuhr das

Wesentliche der Story in der *Post* am Abend des 20. Januar 1998. (*1099*)

Präsident Clinton führte in dieser Nacht und am nächsten Morgen eine Reihe von Telefongesprächen. (*1100*) Von 00:08 bis 00:39 sprach er mit seinem persönlichen Anwalt Robert Bennett. Mr. Bennett wurde in dem Artikel der Post mit der Äußerung zitiert »Der Präsident bestreitet entschieden, jemals eine Beziehung mit Miss Lewinsky gehabt zu haben, und sie bestätigte, daß es wahr ist.« (*1101*) Er fügte hinzu: »Diese Story ist lächerlich, und ehrlich, sie stinkt.« (*1102*)

Sofort nach dem Telefonat mit Mr. Bennett rief Präsident Clinton den Deputy White House Counsel Bruce Lindsey an; sie sprachen ungefähr eine halbe Stunde lang miteinander, bis 1:10 Uhr. (*1103*)

Um 1:16 Uhr rief der Präsident Miss Currie zu Hause an und sprach mit ihr 20 Minuten lang. Miss Currie sagte aus, der Präsident sei besorgt gewesen, weil ihr Name im Artikel der *Post* erwähnt worden war. (*1104*) Bald nach diesem Telefonat rief der Präsident Mr. Lindsey an. (1107)

Als Reaktion auf die Story in der *Washington Post* an diesem Tag gab das Weiße Haus eine Erklärung ab, die vom Präsidenten persönlich genehmigt wurde und in der stand, daß er »empört über diese Beschuldigungen« sei und »nie eine unziemliche Beziehung mit dieser Frau« gehabt habe. Der Sprecher des Weißen Hauses, Mike McCurry, sagte, die Erklärung »wurde vom Büro des Anwalts vorbereitet, und ich überprüfte sie mit dem Präsidenten, um sicherzustellen, daß sie widergibt, was er sagen wollte ... Er sah sie sich an und fand sie gut. Sie wurde nach Rücksprache zwischen den Anwälten und dem Präsidenten vorbereitet. Ich wollte natürlich nachprüfen, daß es genau das ist, was der Präsident mich sagen lassen wollte.« (*1108*)

2. Leugnen gegenüber Mitarbeitern

Miss Lewinsky zufolge wurde der Rest des Morgens mit einer Reihe von Treffen in der Angelegenheit Lewinsky verbracht, einschließlich der Vorbereitung des Präsidenten auf erwartete Fragen bezüglich Lewinsky in drei zuvor geplanten Interviews mit den Medien. (1109) Bei diesen Treffen leugnete Präsident Clinton bei mehreren seiner Spitzenberater die Behauptungen.

Der Präsident traf sich mit Stabschef Erskine Bowles, zusammen mit seinen beiden Stellvertretern, John Podesta und Sylvia Matthews. Laut Mr. Bowles sagte ihnen der Präsident: »Ich möchte Sie wissen lassen, daß ich keine sexuelle Beziehung mit dieser Frau, Monica Lewinsky, habe. Ich habe niemanden aufgefordert zu lügen. Und wenn die Fakten herauskommen, werden Sie verstehen.« (1110) Der Präsident leugnete an diesem Morgen ähnlich bei Harold Ickes, seinem ehemaligen stellvertretenden Stabschef. (1111) Der Präsident besprach die Angelegenheit ebenfalls zum zweiten Mal mit Miss Currie. Er rief sie ins Oval Office – so Miss Currie – und gab eine »Art Zusammenfassung dessen, worüber am Sonntag gesprochen worden war – wissen Sie – ›Ich war nie allein mit ihr‹, solche Dinge.« (1113) Der Präsident sprach im gleichen Tonfall und zeigte das gleiche Verhalten wie bei der ersten Sitzung mit ihr. (1114) Miss Currie sagte aus, daß der Präsident vielleicht erwähnt hatte, daß sie über Miss Lewinsky befragt werden könnte. (1115)

Später an diesem Tag bestellte der Präsident Sidney Blumenthal ins Oval Office. Sie sprachen etwa eine halbe Stunde lang miteinander. (1116) Der Präsident sagte zu Mr. Blumenthal: »Ich habe nichts Falsches getan.« (1117) Laut Mr. Blumenthals Aussage sagte der Präsident zu ihm: »Monica Lewinsky kam zu mir und machte mir ein sexuelles Angebot.« Der Präsident sagte, er habe »sie abgewiesen«. (1119) Der Präsident sagte Mr. Blumenthal ebenfalls: »Miss Lewinsky hat mir gedroht. Sie sagte, sie würde den Leuten erzählen, daß wir ein Verhältnis hätten, daß sie bei ihresgleichen als spätes Mädchen bekannt sei und das hasse, und wenn sie eine Affäre hätte oder sagte, daß sie eine Affäre hätte, würde sie nicht mehr das späte Mädchen sein.« (1120) Mr. Blumenthal fragte dann den Präsidenten, ob er und Miss Lewinsky allein gewesen waren, als sie ihm gedroht hatte. Der Präsident antwortete: »Nun, ich war in Sicht- oder Hörweite von irgend jemand.«

Laut Mr. Blumenthal beklagte sich der Präsident: »Ich fühle mich wie eine Figur in einem Roman. Ich fühle mich wie jemand, der von einer grausamen Kraft umzingelt ist, die eine Lüge über mich erfindet. Und ich kann die Wahrheit nicht herausbekommen. Ich fühle mich wie die Figur in dem Roman *Darkness at Noon*.« (1112)

Bald darauf, während eines Treffens über den Fortschritt einer Rede des Präsidenten vor Gewerkschaftlern, bestritt der Präsident ein zweites Mal die Anschuldigungen bei Mr. Podesta. (1123) Mr. Podesta sagte aus:

Er sagte, daß er nie Sex mit ihr gehabt hatte – und ihn nie verlangt hat – wissen Sie, er wiederholte das Leugnen, aber er war äußerst deutlich in der Aussage, daß er nie Sex mit ihr hatte ... Nun, ich glaube, er sagte – er sagte es bestimmt – daß es unterschiedliche Meinungen darüber gibt, was zu sexuellen Akten zählt, und er sagte, er habe nie Sex in irgendeiner Art gehabt – sie hätten keinen Oralsex gehabt.« (1124)

Der Präsident wurde bei seiner Aussage vor der Grand Jury gefragt, ob er sich erinnere, bei seinen Beratern, einschließlich Mr. Bowles, Mr. Podesta, Mr. Blumenthal, Mr. Ickes und Mr. Jordan, eine sexuelle Beziehung mit Miss Lewinsky geleugnet zu haben. (*1126*) Der Präsident erinnerte sich nicht an genaue Einzelheiten, jedoch an folgendes:

> Ich habe mich mit gewissen Leuten getroffen, und einigen davon habe ich gesagt, daß ich keinen Sex mit Monica Lewinsky oder keine Affäre oder so etwas mit ihr gehabt habe. Ich sagte, ich sei sehr vorsichtig gewesen, und versuchte sonst nichts zu sagen ... Ich erinnere mich, daß ich bei einigen Leuten, die es meiner Meinung nach hören sollten, eine Reihe von Dementis abgab, aber ich versuchte, vorsichtig und genau zu sein.
>
> Und ich glaube, Sir, daß – Sie werden sie fragen müssen, was sie dachten. Aber ich benutzte diese Begriffe in der Art, wie Leute sie benutzen.« (*1127*)

Laut Aussage des Präsidenten hatte er »Dinge über diese Beziehung gesagt, die wahr waren. In der Sprache, die ich benutze, sagte ich, es war nichts zwischen uns. Das stimmte. (*1128*) Ich sagte, ich hatte keinen Sex mit ihr, wie ich ihn definierte. Das stimmte.« (*1129*) Der Präsident schränkte diese Antwort jedoch ein. »Ich habe Dinge gesagt, die stimmten. Sie mögen irreführend gewesen sein, und wenn sie es waren, muß ich die Verantwortung dafür übernehmen, und es tut mir leid.« (*1130*)

3. Zunächst Leugnen gegenüber der amerikanischen Öffentlichkeit

Am Nachmittag des 21. Januar hatte der Präsident seinen ersten einiger zuvor geplanten Medien-Auftritte. In einem Interview des landesweiten öffentlichen Rundfunks, in der Sendung »All Things Considered«, fand der folgende Dialog statt:

Frage: Mr. President ... viele Amerikaner sind heute mit der Nachricht aufgewacht, daß die parteilose Richterin aus Whitewater in einer Beschuldigung ermittelt, daß Sie ... eine junge Frau ermuntert haben sollen, die Anwälte im Zivilprozeß Paula Jones zu belügen. Ist an dieser Anschuldigung etwas dran?

Antwort Clinton: Nein, Sir, da ist nichts dran. Es ist einfach nicht wahr.

Frage: Stimmt die Anschuldigung, daß es ein Verhältnis zwischen Ihnen und der jungen Frau gibt?

Antwort Clinton: Nein. Das stimmt ebenfalls nicht ... die Beschuldigungen sind nicht wahr. Und ich habe niemanden aufgefordert, zu lügen. (1131)

An diesem Abend trat der Präsident in der PBS Sendung »Nachrichtenstunde mit Jim Lehrer« auf. Er wurde erneut gefragt, ob die Beschuldigung, eine Affäre mit einer Praktikantin des Weißen Hauses gehabt zu haben, zutraf. Der Präsident erwiderte: »Das ist nicht wahr. Das ist nicht wahr. Ich habe niemanden gebeten, etwas anderes zu sagen als die Wahrheit. Es gibt keine unziemliche Beziehung. Und ich beabsichtige bei dieser Untersuchung zu kooperieren. Aber das ist nicht wahr.« Als er gebeten wurde, zu definieren, was er mit der Bezeichnung »unziemliche Beziehung« meinte, antwortete der Präsident: »Nun, ich nehme an, Sie wissen, was damit gemeint ist. Es bedeutet, daß es keine sexuelle Beziehung gibt, keine unschickliche sexuelle Beziehung oder andere Art unschicklicher Beziehung.« (1132)

Am nächsten Morgen, dem 22. Januar 1998, leugnete der Präsident abermals, daß er etwas Unangemessenes getan habe. Er sprach bei einem vom Fernsehen ausgestrahlten Fototermin mit Palästinenser-Führer Yasser Arafat und sagte: »Die Anschuldigungen sind falsch, und ich würde niemals jemand auffordern, irgend etwas anderes zu tun, als die Wahrheit zu sagen. Das ist falsch.« (1133)

Der Präsident gab an diesem Tag auch Roll Call ein Interview. Er sagte: »Die Beziehung war nicht unziemlich, und ich finde, dies ist wichtig, zu sagen ... Aber lassen Sie mich antworten – es ist keine unziemliche Beziehung, und ich weiß, was die Worte bedeuten ... die Beziehung war nicht sexuell. Und ich weiß, was Sie meinen, und die Antwort lautet nein.« (1134)

Bei jedem dieser Interviews gelobte der Präsident, bei der Ermittlung völlig zu kooperieren. In NPR sagte der Präsident: »Ich habe den Leuten gesagt, daß ich bei der Ermittlung kooperieren werde, und ich bin bereit, mit dem Ermittlern zusammenzuarbeiten. Ich weiß wirklich nicht mehr als Sie. Aber ich werde kooperieren ... Ich werde mein Bestes tun, um bei der Ermittlung zu kooperieren.« (1135) Zu Mr. Lehrer sagte er: »Wir tun das Beste, um hier zu kooperieren, aber wir wissen noch nicht viel ... Ich finde, es ist wichtig, daß wir zusammenarbeiten, ich werde kooperativ sein, aber ich möchte mich auf die vorliegende Arbeit konzentrieren.« (1136)

Bei seinem Fototermin mit Mr. Arafat sagte der Präsident:

Das amerikanische Volk hat ein Recht darauf, Antworten zu bekommen. Wir arbeiten sehr hart daran, dem nachzukommen, all die Bitten um Information zu erfüllen. Und wir werden so viele Antworten geben, wie wir können, sobald wir können, zu angemessener Zeit, im Einklang mit unserer Verpflichtung, ebenfalls bei den Ermittlungen zu kooperieren. Und das ist kein Ausweichen, ich habe mit unseren Leuten geredet. Ich will dies tun, lieber früher als später. Wir werden so schnell wie möglich daran arbeiten und Ihnen dort draußen all diese Fragen beantworten.« (1137)

Schließlich gelobte der Präsident zum Abschluß seines Interviews mit Roll Call: »Ich will bei dieser Entwicklung kooperieren ... Und ich werde es tun.« (1138)

4. »Wir müssen nur gewinnen«

Inmitten der hektischen Presse-Aktivität am 21. Januar 1998 las der ehemalige politische Berater des Präsidenten, Dick Morris, den Artikel in der *Post* und rief den Präsidenten an. (1139) Laut Mr. Morris sagte er dem Präsidenten: »Du armer Hurensohn. Ich habe soeben gelesen, was los ist.« (1140) Der Präsident erwiderte nach Mr. Morris' Erinnerung: »O Gott, dies ist einfach schrecklich ... Ich habe nicht getan, was man mir vorwirft, aber ich habe etwas getan. Ich meine mit diesem Mädchen, ich habe nicht getan, was man sagt, aber ich habe ... etwas getan. (1141) Und vielleicht habe ich genug getan, so daß ich nicht weiß, ob ich meine Unschuld beweisen kann ... Es tauchen vielleicht Geschenke auf. Ich habe ihr Geschenke gemacht ... und vielleicht gibt es Nachrichten auf ihrem Anrufbeantworter. (1142)

Mr. Morris beruhigte den Präsidenten. »Die Bereitschaft, zu verzeihen, ist groß in diesem Land, und du solltest erwägen, sie anzuzapfen.« (1143) Der Präsident sagte: »Aber was ist mit der juristischen Seite? Du kennst die juristische Seite? Starr und Meineid und alles ... Weißt du, seit der Wahl habe ich versucht, mich zurückzuhalten. Ich habe versucht, meinen Körper zurückzuhalten, sexuell, meine ich ... Aber manchmal bin ich ausgerutscht, und mit diesem Mädchen habe ich einfach einen Fehler gemacht.« (1144)

Mr. Morris schlug ihm vor, eine Meinungsumfrage über die Bereitschaft der Wähler, bei einem eingestandenen Ehebruch zu verzeihen, in Auftrag zu geben. Der Präsident stimmte zu. (1145)

Mr. Morris rief den Präsidenten später an diesem Abend an und teilte ihm die Ergebnisse der Meinungsumfrage mit, die zeigten, daß die Wähler »bereit sind, (dem Präsidenten) Ehebruch zu verzeihen, jedoch keinen Meineid oder Behinderung der Justiz.« (1146) Als Mr. Morris erklärte, die Ergebnisse der Meinungsumfrage sprächen dafür, daß der Präsident nicht mit einem Geständnis oder einer Erklärung an die Öffentlichkeit gehen sollte, erwiderte er: »Nun, dann müssen wir nur gewinnen.« (1147) Der Präsident führte ein weiteres Gespräch mit Mr. Morris am Abend des 22. Januar 1998, bei dem Mr. Morris erwog, eine Pressekonferenz abzuhalten, »um Monica Lewinsky aus dem Wasser zu blasen«. (1148) Der Präsident mahnte Mr. Morris, »vorsichtig« zu sein. Laut Mr. Morris warnte der Präsident ihn davor, »zu hart zu (Miss Lewinsky) zu sein, weil die geringe Möglichkeit besteht, daß sie vielleicht nicht mit Starr zusammenarbeitet und wir sie nicht durch

etwas befremden wollen, das wir bekanntmachen.«
(*1149*)

Unterdessen hatte in Kalifornien der gute Freund des Präsidenten und Hollywood-Produzent Harry Thomason das Interview mit Jim Lehrer im Fernsehen gesehen. (*1150*) Mr. Thomason, der den Präsidenten gelegentlich bei Medien-Dingen beraten hatte, reiste nach Washington, D.C., und traf sich am nächsten Tag mit ihm. (*1151*) Mr. Thomason sagte dem Präsidenten: »Die Presse fand (die Äußerungen des Präsidenten) anscheinend schwach, und er, Thomason, finde, »daß die Antwort nicht so stark gewesen ist, wie sie hätte sein können.« (*1152*) Mr. Thomason empfahl dem Präsidenten, »es so zu erklären, daß keiner Zweifel daran hat, daß nichts passiert ist.« (*1153*) Der Präsident war gleicher Meinung: »Wissen Sie, Sie haben recht. Ich sollte überzeugender sein, als ich es gewesen bin.« (*1154*)

In den folgenden Tagen ließ der Präsident durch sein Kabinett eine Reihe entschiedener Dementis herausgeben. Am 23. Januar 1998 berief der Präsident eine Kabinettsversammlung ein, bei der er die Behauptungen als unwahr bezeichnete. (*1155*) Danach erschienen mehrere Kabinettsmitglieder vor dem Weißen Haus. Madeline Albright, die Außenministerin, sagte: »Ich glaube, daß die Behauptungen völlig unwahr sind.« Die anderen stimmten zu. »Ich schließe mich dem absolut an«, sagte Handelsminister William Daley. Kultusminister Richard Riley und Gesundheitsministerin Donna Shalala pflichteten bei. (*1156*)

Am nächsten Tag kündigte Ann Lewis, die Leiterin der Kommunikationsabteilung des Weißen Hauses, öffentlich an, daß »diejenigen von uns, die an die Öffentlichkeit gehen und im Namen des Präsidenten sprechen wollten«, vom juristischen Team des Präsidenten grünes Licht erhalten hatten. (*1157*) Sie berichtete, daß der Präsident die Behauptungen »sofort« beantwortet hatte, indem er jede unangemessene Beziehung bestritten hatte. Sie glaube, daß der Präsident bei der Herausgabe seiner öffentlichen Dementis »keine Haarspalterei mit der Definition betrieben hat, was eine sexuelle Beziehung ist, indem er über »ist« redete, anstatt »war«. (*1158*) »Wissen Sie, ich dachte immer, vielleicht war ich naiv, seit ich nach Washington gekommen bin, wenn man von einer sexuellen Beziehung spricht, weiß jeder, was damit gemeint ist.« Miss Lewis sagte ausdrücklich, daß die Bezeichnung »sexuelle Beziehung« »Oralsex« einschließt.« (*1159*)

***

Am Montag, 26. Januar 1998, bei Stellungnahmen im Roosevelt Room des Weißen Hauses, gab Präsident Clinton seine letzte öffentliche Erklärung für mehrere Monate in der Angelegenheit Lewinsky ab. Bei einer Veranstaltung zur Förderung der Gesundheitsfürsorge nach den Schulstunden leugnete der Präsident die Anschuldigungen nachdrücklich. »Ich möchte dem amerikanischen Volk eines sagen. Ich möchte, daß Sie mir zuhören. Ich sage dies noch einmal: Ich habe keine sexuellen Beziehungen mit dieser Frau, Miss Lewinsky, gehabt. Ich habe nie jemanden aufgefordert, zu lügen, kein einziges Mal. Niemals. Diese Behauptungen sind falsch.« (*1160*)

GJ Grand Jury; Int. Interview/Gespräch;
Depo. Deposition – eidliche Aussage; S. Seite/Seiten;
Subpoena Vorladung; T Tonband; Tab Tabelle

1. Lewinsky 6/8/98 vor GJ (Grand Jury) DB Fotos 0004 (Foto des Kleids).

2. FBI-Laborbericht 3/8/98.

3. OIC-(Office of the Independent Counsel = Sonderermittler Kenneth Starr) Brief an David Kendall, 31/7/98.

4. Kendall-Brief an OIC, 31/7/98; zweiter OIC-Brief an Kendall, 31/7/98; Kendall-Brief ans OIC, 3/8/98; OIC-Brief an Kendall, 3/8/98.

5. FBI Observationsbericht (Weißes Haus), 3/8/98.

6. FBI-Laborberichte 6/8/98 & 17/8/98.

7. FBI-Laborbericht, 17/8/98.

8. Lewinsky 27/7/98 Int. Während früherer Verhandlungen mit diesem Büro hat Miss Lewinsky ein zehn Seiten umfassendes, handschriftliches Statement zur Verfügung gestellt, das ihren Umgang mit dem Präsidenten und andere Angelegenheiten, in denen ermittelt wurde, zusammenfaßte. Lewinsky 1/2/98 Statement. Miss Lewinsky hat später die Richtigkeit des Statements in einer Aussage vor der Grand Jury bestätigt. Lewinsky 20/8/98 GJ. Die Verhandlungen im Januar und Februar 1998 (deren Ergebnis das handschriftliche Statement war) führten nicht zu einer Vereinbarung der Zusammenarbeit, weil Miss Lewinsky es ablehnte, sich in einem persönlichen Gespräch zur Aussage bereitzuerklären, was das OIC angesichts ihrer meineidlichen Falschaussage im Fall Jones, ihrer Bemühungen, Linda Tripp zum Meineid zu bewegen, ihrer Behauptung in einem aufgezeichneten Gespräch, daß sie so erzogen worden wäre, daß Lügen eine Notwendigkeit wäre

sowie ihrer Fälschung eines Briefes während ihrer Zeit im College für unbedingt erforderlich hielt. Im Juli 1998 stimmte Miss Lewinsky einem persönlichen Gespräch zu, und den Parteien gelang es, zu einer Vereinbarung zu kommen.

9. Ex. ML-7 an Lewinsky 6/8/98 GJ.

10. Lewinsky 26/8/98 Depo. Seiten 5-6; Lewinsky 6/8/98 GJ Seiten 27-28.

11. Lewinsky 26/8/98 Depo. Seite 69.

12. Lewinsky 6/8/98 GJ Seiten 59-60, 87; Lewinsky 20/8/98 GJ Seite 82; Lewinsky 24/8/98 Int. S. 8.

13. Miss Tripp sagte aus, daß sie sich bei zwei Gelegenheiten Notizen machte. Tripp 30/6/98 GJ Seiten141-42; Tripp 7/7/98 GJ Seiten 153-54; Tripp 16/7/98 GJ S. 112-13.

14. Kassorla 28/8/98 Int. S. 2-3. Miss Lewinsky (die freiwillig ihre Therapeutin von der Schweigepflicht entband) konsultierte Dr. Kassorla persönlich von 1992 bis 1993, danach telefonisch. In der Erwartung, das Weiße Haus könnte Miss Lewinsky entlassen, um den Präsidenten zu schützen, warnte Dr. Kassorla ihre Patientin, daß von Arbeitsplatzromanzen allgemein abzuraten sei.

15. Kassorla 28/8/98 Int. S. 2, 4. Miss Lewinsky konsultierte im November 1996 auch dreimal eine andere Ärztin, Kathleen Estep. Sie diagnostizierte, daß Miss Lewinsky unter Depressionen und Minderwertigkeitsgefühlen litt, bewertete sie aber als selbstbewußt, glaubwürdig, aufschlußreich, introspektiv, relativ stabil und als nicht verblendet. Estep 23/8/98 Int. S. 1-4.

16. Catherine Davis 17/3/98 GJ S. 21-22.

17. Young 23/6/98 GJ S. 40. Siehe auch Catherine Davis 17/3/98 GJ S. 73; Erbland 12/2/98 GJ S. 25 (»Ich hatte nie einen Grund zu glauben, daß sie mich anlügen würde. Ich weiß nicht, wann sie mich vorher schon ein-

mal belogen hat, und wir unterhielten uns über unsere Freunde und, nun ja, sexuelle Beziehungen, die wir mit ihnen während unserer Freundschaft eingegangen waren, und als Lügnerin kenne ich sie nicht.«); Finerman 18/3/98 Depo. S. 113-16 (charakterisierte Miss Lewinsky als vertrauenswürdig und ehrlich); Raines 29/1/98 GJ S. 87 (»Ich habe nie einen Anlaß gesehen zu glauben, daß [Miss Lewinskys Statements] Lügen oder erfunden waren.«); Tripp 29/7/98 GJ S. 187 (»Es gab so viele Gründe, warum ich ihr glaubte. Sie kannte viel zu viele Einzelheiten. Sie hatte Einzelheiten, die niemand von uns niemals haben konnte, wenn man nicht einer solchen Situation ausgesetzt ist, wie sie von sich behauptete.«); Ungvari 19/3/98 GJ S. 19 (»[s]ie hat mich noch nie zuvor belogen«); id. S. 21, 61-62; Young 23/6/98 GJ S. 38-40.

18. Miss Lewinsky sagte aus, daß sie »immer gern Verabredungen wahrnahm.« Lewinsky 6/8/98 GJ S. 28. Siehe auch Tripp 30/6/98 GJ S. 141-42 (Miss Lewinsky »hatte über die gesamte Beziehung ein fotografisches Gedächtnis«).

19. Clinton 17/1/98 Depo. S. 78, 204. Die Abschrift dieser eidlichen Aussage befindet sich in Document Supp. A. Aus Gründen der Privatsphäre hat das OIC die Namen von drei Frauen aus der Abschrift gestrichen. Das OIC wird eine unredigierte Abschrift zur Verfügung stellen, wenn das Repräsentantenhaus das wünscht.

20. Clinton 17/1/98 Depo. S. 57.

21. Clinton 17/1/98 Depo. S. 54.

22. Clinton 17/1/98 Depo. S. 204. Außer seinem Leugnen einer sexuellen Beziehung mit Miss Lewinsky sagte der Präsident aus, daß er sich nicht an viele Details ihrer Begegnungen erinnern könne. Er sagte, er könne sich nicht im einzelnen daran erinnern, ob er jemals allein

mit Miss Lewinsky gewesen wäre, auch nicht an persönliche Gespräche oder Notizen oder Nachrichten, die sie ihm geschickt hatte, oder an eine Audiokassette, die sie ihm geschickt hatte, oder an besondere Geschenke, die er ihr gegeben hatte. Allein zusammen: Clinton 17/1/98 Depo. S. 52-53, 56-59. Gespräche: Id. S. 59. Karten und Briefe: Id. S. 62. Audiokassette: Id. S. 63-64. Geschenke vom Präsidenten an Miss Lewinsky: Id. S. 75. Als er nach ihrer letzten Unterhaltung gefragt wurde, sprach der Präsident eine Begegnung im Dezember an, als, wie er sagte, Miss Lewinsky seine Sekretärin besucht und er den Kopf durch die Tür »gesteckt« hatte, um hallo zu sagen. Id. S. 68. Er erwähnte nicht ein Privattreffen mit Miss Lewinsky am 28. Dezember 1997, und auch nicht das Telefongespräch mit ihr am 5. Januar 1998.
Lewinsky 6/8/98 GJ S. 27-28 & Ex. ML-7; Clinton 17/8/98 GJ S. 34-36, 126-28.

23. Clinton 17/8/98 GJ S. 10, 79, 81.

24. Clinton 17/8/98 GJ S. 10.

25. Clinton 17/8/98 GJ S. 31, 10.

Siehe auch id. S. 38-39.

26. Clinton 17/8/98 GJ S. 10, 92-93.

27. Clinton 17/8/98 GJ S. 22.

28. Clinton 17/8/98 GJ S. 10, 12, 93-96.

29. 849-DC-00000586. Die Definition beschreibt eine Strafgesetztat, (federal criminal statute,) 18 U.S.C. § 2246(3). Die Auslassungen im Zitat betreffen zwei Absätze in der Definition, die Richterin Wright für nicht anwendbar befand. Clinton 17/1/98 Depo. S. 21-22. Der Präsident sagte aus, er betrachte die Definition als »ziemlich seltsam«, und an einer Stelle sprach er von »Leuten, die in ein Gerichtsverfahren hineingezogen und mit Definitionen traktiert werden und von dem großen Aufwand, sie irgendwie auszutricksen.« Clinton

17/8/98 GJ S. 19, 22. Er erkannte jedoch an, daß die Definition »diejenige war, für die sich die Richterin entschieden hat, und ich war daran gebunden.« Clinton 17/8/98 GJ S. 19.

30. Clinton 17/8/98 GJ S. 15, 93, 100, 102.

31. Clinton 17/8/98 GJ S. 151.

32. Clinton 17/8/98 GJ S. 168.

33. Clinton 17/8/98 GJ S. 102-105, 167-68.

34. Clinton 17/8/98 GJ S. 95-96, 100, 110, 139. Der Präsident hat nicht immer ausgeführt, daß es sich um einen direkten Kontakt handeln müßte. Id. S. 15 (»[M]ein Verständnis der Definition ist, daß sie den Kontakt der Person mit den aufgezählten Körpergegenden einschließt, wenn der Kontakt mit der Absicht zu erregen oder zu befriedigen stattfindet«); id. S. 16 (Definition schließt »[j]eden Kontakt mit den dort erwähnten Körpergegenden« ein).

35. Lewinsky 6/8/98 GJ S. 27-28 & Ex. ML-7. Diese Anzahl schließt Begegnungen ein, wenn einer oder beide Kontakte mit den Genitalien des anderen hatte, aber nicht die Begegnungen, wenn sie sich nur küßten. Was den Zeitpunkt einiger ihrer sexuellen Begegnungen angeht, gibt es Widersprüche zwischen Miss Lewinskys Aussage und der des Präsidenten. Nach Miss Lewinsky hatten sie und der Präsident 1995 drei sexuelle Begegnungen (der Präsident sagt, er erinnert sich an keine) und 1997 zwei sexuelle Begegnungen (nicht eine, wie der Präsident aussagt). Lewinsky 6/8/98 GJ S. 27-28 & Ex. ML-7; Lewinsky 26/8/98 Depo. S. 6; Clinton 17/8/98 GJ S. 9-10. Die Aussage des Präsidenten unterschlägt die beiden Begegnungen in 1995, als Miss Lewinsky als Praktikantin arbeitete (und auch die eine Begegnung, als sie zu den Mitarbeitern des Weißen Hauses zählte), und sieht die Begegnung in 1997, aus der das

spermabefleckte Kleid hervorging, als einzige Verfehlung.

36. Lewinsky 6/8/98 GJ S. 34-36; Lewinsky 20/8/98 GJ S. 17; Lewinsky 27/7/98 Int. S. 2; Lewinsky 31/7/98 Int. S. 4; Catherine Davis 17/3/98 GJ S. 16; Erbland 12/2/98 GJ S. 27-28, 43-44; Finerman 18/3/98 Depo. S. 32; Kassorla 28/8/98 Int. S. 2; Raines 29/1/98 GJ S. 32-33; Tripp 2/7/98 GJ S. 54, 101; Tripp 7/7/98 GJ S. 171; Ungvari 19/3/98 GJ S. 19, 25.

37. Lewinsky 6/8/98 GJ S. 35; Lewinsky 27/7/98 Int. S. 2.

38. Lewinsky 6/8/98 GJ S. 12, 21; Lewinsky 1/2/98 Statement S. 1. Siehe auch Andrew Bleiler 28/1/98 Int. S. 3; Catherine Davis 17/3/98 GJ S. 21; Kassorla 28/8/98 Int. S. 2; Tripp 2/7/98 GJ S. 100, 104-107; Ungvari 19/3/98 GJ S. 23.

39. Lewinsky 6/8/98 GJ S. 19; Catherine Davis 17/3/98 GJ S. 20; Erbland 12/2/98 GJ S. 29, 44; Ungvari 19/3/98 GJ S. 20; Young 23/6/98 GJ S. 37-38; aber siehe Raines 29/1/98 GJ S. 43 (wo sie aussagte, sie sei sich »ziemlich sicher«, daß Miss Lewinsky von gegenseitigem oralen Sex gesprochen hätte); Tripp GJ 2/7/98 S. 101 (wo sie aussagte, sie hätte es so verstanden, daß der Präsident sich bei seltenen Gelegenheiten revanchierte).

40. Lewinsky 6/8/98 GJ S. 38-39. Siehe auch Lewinsky 20/8/98 GJ S. 24.

41. Lewinsky 6/8/98 GJ S. 19-20, 38-39; Ungvari 19/3/98 GJ S. 23-24.

42. Lewinsky 30/7/98 Int. S. 5-13, 15-16; Lewinsky 6/8/98 GJ S. 19-21; Lewinsky 20/8/98 GJ S. 31-32, 40, 67-69; Lewinsky 26/8/98 Depo. S. 20, 30-31, 50; Andrew Bleiler 28/1/98 Int. S. 3; Catherine Davis 17/3/98 GJ S. 20-21, 169; Erbland 12/2/98 GJ S. 29, 43-45; Estep

23/8/98 Int. S. 2; Kassorla 28/8/98 Int. S. 2; Ungvari 19/3/98 GJ S. 23-24.

43. Clinton 17/8/98 GJ S. 10; Lewinsky 26/8/98 Depo. S. 5. In Miss Lewinskys Erinnerung begann sich die Freundschaft nach ihrer sechsten sexuellen Begegnung zu entwickeln, als der Präsident sich zu ihr setzte und etwa 45 Minuten mit ihr redete, nachdem sie sich darüber beschwert hatte, daß er sich nicht mühte, sie besser kennenzulernen. Lewinsky 26/8/98 Depo. S. 23, 33-34.

44. Lewinsky 20/8/98 GJ S. 59. Siehe auch id. S. 52; Lewinsky 6/8/98 GJ S. 168. Nachdem der Präsident in einer Rede im August 1998 unangemessenes Verhalten mit Miss Lewinsky zugegeben hatte, sagte sie aus, daß sie sich ihrer Gefühle nicht mehr sicher sei, weil er ihrer Ansicht nach ihre Beziehung als »Dienstleistungsvertrag beschrieb, daß ich bei ihm nur Oralsex ausübte, und daß das die ganze Beziehung gewesen wäre. Für mich war es viel mehr als das.« Lewinsky 20/8/98 GJ S. 54. Siehe auch id. S. 53-56, 102-104.

45. MISSL-55-DC-0178 (Dokument stammt aus Miss Lewinskys Heimcomputer); Catherine Davis 17/3/98 GJ S. 147; Erbland 12/2/98 GJ S. 92.

46. Lewinsky 20/8/98 GJ S. 52; T1 S. 101. Siehe auch Marcia Lewis 11/2/98 GJ S. 7; Catherine Davis 17/3/98 GJ S. 182.

47. Lewinsky 6/8/98 GJ S. 18.

48. Lewinsky 27/7/98 Int. S. 6; Currie 7/5/98 GJ S. 60; Catherine Davis 17/3/98 GJ S. 27; Raines 29/1/98 GJ S. 53; Ungvari 19/3/98 GJ S. 45; Young 23/6/98 GJ S. 47; (49)

49. —

50. Lewinsky 27/7/98 Int. S. 6.

51. Lewinsky 26/8/98 Depo. S. 55-57; Lewinsky 27/7/98 Int. S. 6.

52. Marcia Lewis 11/2/98 GJ S. 7-8.

53. Erbland 12/2/98 GJ S. 84. Siehe auch Lewinsky 26/8/98 Depo. S. 56-57; Catherine Davis 17/3/98 GJ S. 166-67. Ende 1997 fragte Miss Lewinsky Vernon Jordan, ob er glaubte, daß die Clintons verheiratet blieben. Lewinsky 1/2/98 Statement S. 8; Jordan 3/3/98 GJ S. 150.

54. Lewinsky 6/8/98 GJ S. 17. Siehe auch Lewinsky 26/8/98 Depo. S. 24; Lewinsky 24/8/98 Int. S. 6; Tripp 7/7/98 GJ S. 172.

55. Raines 29/1/98 GJ S. 39. Siehe auch Catherine Davis 17/3/98 GJ S. 18; Finerman 18/3/98 Depo. 47-49; Raines 29/1/98 GJ S. 47-48; Tripp 14/7/98 GJ S. 77, 79-81.

56. Lewinsky 6/8/98 GJ S. 52-53.

57. Lewinsky 6/8/98 GJ S. 52.

58. Lewinsky 6/8/98 GJ S. 21-23; Lewinsky 27/7/98 Int. S. 2. Siehe auch Catherine Davis 17/3/98 GJ S. 36; Erbland 12/2/98 GJ S. 38-39, 43; Finerman 18/3/98 Depo. S. 26-29, 110, 116-17; Raines GJ S. 51; Tripp 7/7/98 GJ S. 62-63, 65-66; Ungvari 19/3/98 GJ S. 81.

59. Lewinsky 6/8/98 GJ S. 44; Lewinsky 24/8/98 Int. S. 5; Currie 14/5/98 GJ S. 131-32, 136, 141; Currie 22/7/98 GJ S. 35, 77.

60. Lewinsky 20/8/98 GJ S. 55.

61. Lewinsky 6/8/98 GJ S. 23.

62. Lewinsky 6/8/98 GJ S. 23-24; Lewinsky 27/7/98 Int. S. 2. Siehe auch Catherine Davis 17/3/98 GJ S. 36-37; Erbland 12/2/98 GJ S. 38-39; Raines 29/1/98 GJ S. 51; Ungvari 19/3/98 GJ S. 81. Miss Lewinsky gab dem Präsidenten einen Roman über Telefonsex, Vox von Nicholson Baker. Lewinsky 27/7/98 Int. S. 13; 1361-DC-00000030 (Im Privatarbeitszimmer des Weißen Hauses gibt es eine Bücherliste, in der Vox verzeichnet ist).

63. Lewinsky 30/7/98 Int. S. 15.

64. Lewinsky 6/8/98 GJ S. 23; Lewinsky 20/8/98 GJ S. 6. Die Tonbandnachrichten, die Miss Lewinsky dem OIC übergab, lauten wie folgt: »Ah, Mist.« »Hey.« »Komm herein. Ich bin's.« »Tut mir leid, daß ich dich verpaßt habe.« Lewinsky 6/8/98 GJ S. 22-23; Lewinsky 29/7/98 Int. S. 3, 5; Lewinsky 3/8/98 Int. S. 6.

65. Lewinsky 6/8/98 GJ S. 22-23; Catherine Davis 17/3/98 GJ S. 28-29; Erbland 12/2/98 GJ S. 49; Kassorla 28/8/98 Int. S. 4; Raines 29/1/98 GJ S. 89; Tripp 2/7/98 GJ S. 89; Tripp 9/7/98 GJ S. 95-97, 104-105; Ungvari 19/3/98 GJ S. 31-33.

66. Lewinsky 6/8/98 GJ S. 67-69.

67. Lewinsky 6/8/98 GJ S. 74-75.

68. Lewinsky 6/8/98 GJ S. 114.

69. Clinton 17/8/98 GJ S. 10.

70. Clinton 17/8/98 GJ S. 47, 51.

71. Clinton 17/8/98 GJ S. 47, 124.

72. Lewinsky 6/8/98 GJ S. 25-26.

73. Lewinsky 27/7/98 Int. S. 12. Siehe auch MISSL-55-DC-0184 – 186 (achtzeiliges Gedicht, das auf Miss Lewinskys Heimcomputer sichergestellt wurde. Darin wird der Präsident als »der Boss, in den wir alle verknallt sind« angesprochen, und sie wünscht ihm einen »Happy National Boss Day!«).

74. V006-DC-00000167; V006-DC-00000181 (Geschenkeverzeichnis und Spenderinformationen).

75. V006-DC-00000157 – 158 (dto).

76. Lewinsky 11/8/98 Int. S. 2; V006-DC-00000178 (Autogrammfoto).

77. Wenige von Miss Lewinskys weiteren Geschenken wurden in das Verzeichnis eingetragen. Von den rund 30 Geschenken, die sie dem Präsidenten nach ihren Angaben gemacht hatte (darunter einige Antiquitäten), sind

im Verzeichnis des Weißen Hauses nur das Gedicht der Praktikanten, zwei oder drei Krawatten (Widerspruch im Register) und ein T-Shirt erfaßt. V006-DC-00000157; V006-DC-00000162; V006-DC-00000167; V006-DC-00000180; V006-DC-00000181; V006-DC-00003714; V006-DC-00003715.

78. MISSL-55-DC-0177.

79. Lewinsky 26/8/98 Depo. S. 5-6 & Ex. ML-7. Als Reaktion auf eine Vorladung vom 20. Januar 1998, zu der auch »alle Geschenke von oder an Monica Lewinsky, darunter alle Krawatten, Krug, Briefbeschwerer, Buch oder jedes andere Geschenk« vorgelegt werden sollten, händigte der Präsident eine Krawatte, zwei antike Bücher, einen Krug und ein silbernes Etui für Zigarren oder Zigaretten aus. Vorladung V002; V002-DC-00000001; V002-DC-00000469. Eine Vorladung vom 17. Juli 1998 förderte weitere besondere Geschenke zu Tage, darunter das Buch Vox, ein Roman von Nicholson Baker über Telefonsex, den Miss Lewinsky dem Präsidenten nach ihren Angaben im März 1997 gegeben hatte. Lewinsky 6/8/98 GJ S. 183-84; Lewinsky 27/7/98 Int. S. 13; Subpoena D1415. Der Präsident rückte Vox auf keine der beiden Vorladungen heraus, obwohl sein Anwalt behauptete, daß »der Präsident sich den Vorladungen der Grand Jury fügte.« David Kendall, Brief an das OIC, 31/8/98. Vox erscheint aber im Oktober 1997 auf einer Liste von Büchern, die sich im Privatarbeitszimmer des Präsidenten befinden, und Miss Lewinsky sah es dort am 13. November 1997. 1361-DC-00000030; Lewinsky 6/8/98 GJ S. 183-84.

80. Lewinsky 26/8/98 Depo. S. 5-6 & Ex. ML-7.

81. Lewinsky 20/8/98 GJ S. 36. Siehe auch Lewinsky 6/8/98 GJ S. 236; Catherine Davis 17/3/98 GJ S. 153.

82. Lewinsky 6/8/98 GJ S. 236; Lewinsky 20/8/98

GJ S. 36; Lewinsky 3/8/98 Int. S. 8; Lewinsky 11/8/98 Int. S. 2-3. Er trug zum Beispiel am Tag nachdem der Präsident mit Miss Lewinsky telefoniert hatte, am 7. Februar 1996, und einen Tag nachdem sie am 4. August 1996 miteinander gesprochen hatten, eine Krawatte, die sie ihm gegeben hatte. 5/8/98 Int. S. 1; Lewinsky 11/8/98 Int. S. 2-3.

83. Lewinsky 6/8/98 GJ S. 236.

84. Clinton 17/8/98 GJ S. 47.

Siehe auch id. S. 33-36, 43-46.

85. Lewinsky 6/8/98 GJ S. 26.

86. Lewinsky 6/8/98 GJ S. 189.

87. Lewinsky 6/8/98 GJ S. 26-27.

88. Clinton 17/8/98 GJ S. 48-49. Im Gegensatz dazu die Aussage im Fall Jones: Der Präsident wurde gefragt, ob er sich an etwas Schriftliches in Miss Lewinskys Notizen oder Karten an ihn erinnerte. Er sagte aus: »Nein. Manchmal, wissen Sie, etwas Belangloses oder ein Geburtstagsglückwunsch oder manchmal, wissen Sie, eine Anregung, wie man mehr junge Menschen in einige der Pläne einbindet, an denen ich arbeitete. Nichts Bemerkenswertes daran. Ich erinnere mich an nichts Bestimmtes.« Clinton 17/1/98 Depo. S. 62.

89. Lewinsky 1/2/98 Statement S. 10. Siehe auch Lewinsky 20/8/98 GJ S. 62-63; Lewinsky 6/8/98 GJ S. 141-42, 178-79. Miss Lewinsky sagte einmal zu Betty Currie: »So lange uns niemand gesehen hat – und niemand hat uns gesehen – kann nichts passieren.« Currie 27/1/98 GJ S. 63-64.

90. Lewinsky 6/8/98 GJ S. 78, 97-101; Lewinsky 27/7/98 Int. S. 3.

91. Lewinsky 20/8/98 GJ S. 22. Siehe auch Lewinsky 27/7/98 Int. S. 9 (Der Präsident ging davon aus, daß Miss Lewinskys beeidigte Erklärung im Fall Jones ein

Abstreiten sein würde, da ihre gemeinsame Verhaltens-
weise auf Vertuschen und Abstreiten ausgerichtet gewesen war).

92. Lewinsky 20/8/98 GJ S. 4; Lewinsky 6/8/98
GJ S. 166-67. Siehe auch Lewinsky 27/7/98
Int. S. 9-10, 12.

93. Lewinsky 6/8/98 GJ S. 234.

94. Clinton 17/8/98 GJ S. 38.

95. Clinton 17/8/98 GJ S. 38, 119.
Siehe auch id. S. 80, 119, 136, 153.

96. Clinton 17/8/98 GJ S. 37.

97. Lewinsky 6/8/98 GJ S. 53-54.
Siehe auch Lewinsky 27/7/98 Int. S. 2, 11; Lewinsky
19/8/98 Int. S. 4; Lewinsky 1/2/98 Statement S. 1.

98. Lewinsky 6/8/98 GJ S. 53-54.

99. Lewinsky 6/8/98 GJ S. 54.

100. Lewinsky 6/8/98 GJ S. 54-55; Lewinsky 30/7/98
Int. S. 10.

101. Lewinsky 6/8/98 GJ S. 54-55.

102. Lewinsky 6/8/98 GJ S. 18, 53-54.

103. Lewinsky 6/8/98 GJ S. 18-19; Lewinsky 1/2/98
Statement S. 1.

104. Lewinsky 20/8/98 GJ S. 105; Lewinsky 1/2/98
Statement S. 1.

105. Lewinsky 20/8/98 GJ S. 22.

106. Lewinsky 1/2/98 Statement S. 4; Lewinsky
6/8/98 GJ S. 123, 233.

107. Clinton 17/1/98 Depo. S. 50-51, 68.

108. Clinton 17/8/98 GJ S. 118-19.

109. Clinton 17/8/98 GJ S. 119. Der Präsident führte
nicht aus, wie er die Worte »gebeten« oder »lügen« in
diesem Statement verstand. In anderen Wortwechseln
zeigte er an, daß er manche Worte eng auslegte. Id. S. 59
(Genauigkeit eines bestimmten Statements »hängt davon

ab, welche Bedeutung das Wort ›ist‹ hat«); id. S. 107
(»Ich habe nicht Sex mit ihr gehabt, wie ich ihn definierte«); id. S. 134 (»Es hängt davon ab, wie Sie das Wort
allein definieren«); id. (»Es gab viele Male, daß wir allein
waren, aber ich hielt uns nie für allein«).

110. Lewinsky 6/8/98 GJ S. 47. Neben Wochenend-
besuchen traf Miss Lewinsky den Präsidenten manchmal an Feiertagen: Silvester, President's Day, Ostersonntag, Nationalfeiertag am 4. Juli. Im November 1997 war
sie verärgert, daß der Präsident keine Verabredung für
den Veterans Day traf. Lewinsky 3/9/98 Int. S. 2.

111. Lewinsky 6/8/98 GJ S. 18. Siehe auch Lewinsky
20/8/98 GJ S. 7, 22.

112. Lewinsky 6/8/98 GJ S. 84-85; Lewinsky 20/8/98
GJ S. 7. Miss Lewinsky erzählte Freunden von Leuten im
Weißen Haus, denen sie lieber aus dem Weg ging. Tripp
30/6/98 GJ S. 159-60, 164; Tripp 14/7/98 GJ S. 75;
T1 S. 32; 1037-DC-00000318 (email von Miss Lewinsky).

113. Lewinsky 6/8/98 GJ S. 34-35; Lewinsky 20/8/98
GJ S. 16-17; Lewinsky 31/7/98 Int. S. 4. Das Arbeitszim-
mer ist eines der privatesten Zimmer im Weißen Haus.
Fox 17/2/98 GJ S. 76. Siehe auch Chinery 23/7/98
GJ S. 52; Currie 6/5/98 GJ S. 67; Ferguson 17/7/87
GJ S. 32, 38; Maes 8/4/98 GJ S. 89-90; Podesta 23/6/98
GJ S. 72.

114. Lewinsky 31/7/98 Int. S. 4.

115. Lewinsky 4/8/98 Int. S. 4.

116. Lewinsky 6/8/98 GJ S. 36.
Siehe auch Lewinsky 31/7/98 Int. S. 4.

117. Lewinsky 6/8/98 GJ S. 36-37; Lewinsky 27/7/98
Int. S. 2. Einem Beamten des Geheimdienstes zufolge,
der das Oval Office betrat, während der Präsident und
Miss Lewinsky im Arbeitszimmer oder in der Nähe
waren, stand die Tür, die vom Oval Office in den Flur

führt, einen Spalt weit offen. Muskett 21/7/98
GJ S. 36-37, 39. In seiner Aussage im Fall Jones wurde
der Präsident gefragt, ob es Türen an beiden Enden des
Flurs gäbe. Er erwiderte: »[Die] gibt es, und sie stehen
immer auf.« Clinton 17/1/98 Depo. S. 59. Anfang 1998,
während der Präsident jegliche sexuelle Beziehung mit
Miss Lewinsky leugnete, sagte er wiederholt dem
Deputy Chief of Staff John Podesta, daß »die Tür offen
war.« Podesta 16/6/98 GJ S. 88-89.

118. Lewinsky 6/8/98 GJ S. 56. Siehe auch Lewinsky
31/7/98 Int. S. 3.

119. Lewinsky 31/7/98 Int. S. 3.

120. Lewinsky 26/8/98 Depo. S. 44-45;
Lewinsky 30/7/98 Int. S. 9; Lewinsky 31/7/98 Int. S. 4.
Miss Lewinsky sagte auch über die verschiedenen
Schritte aus, die sie unternahm, um sicherzustellen, daß
die Beziehung geheim blieb; so benutzte sie verschie-
dene Türen, um ins Oval Office zu gelangen oder her-
auszukommen, so mied sie es, den Präsidenten auf einer
Party des Weißen Hauses zu treffen, und so sprach sie
den Präsidenten in Notizen an Betty Currie als »sie« an.
Lewinsky 6/8/98 GJ S. 44-45, 57, 218; Lewinsky 20/8/98
GJ S. 5-6, 18; Lewinsky 29/7/98 Int. S. 2-3.

121. Clinton 17/8/98 GJ S. 38. Siehe auch id. S. id.
(Nach dem Wissen des Präsidenten wußte Miss Currie
nichts von sexuellen Aktivitäten zwischen dem Präsidenten und Miss Lewinsky); id. S. 54 (»Ich müßte ein
Exhibitionist sein, wenn ich nicht versucht hätte, alle
anderen auszuschließen.«).

122. Lewinsky 6/8/98 GJ S. 56.

123. Lewinsky 6/8/98 GJ S. 189, 198.
Siehe auch Lewinsky 2/8/98 Int. S. 3. Der Präsident war
gesetzlich verpflichtet, diese Notiz an die Jones-Anwälte
zu geben, aber das unterließ er.

124. Lewinsky 24/8/98 Int. S. 8.

125. Clinton 17/8/98 GJ S. 50.

Siehe auch id. S. 130-131.

126. Eines dieser Tonbänder, T30, ist die unter Aufsicht des FBI entstandene Aufzeichnung eines Gesprächs zwischen Miss Tripp und Miss Lewinsky. Das andere Band, T22, enthält ein Telefongespräch zwischen Miss Tripp und Miss Lewinsky, aufgezeichnet von Miss Tripp.

Von diesen und anderen Abschriften der aufgezeichneten Gespräche hat das OIC einige kurze, irrelevante und unbedeutende Passagen gestrichen; die meisten betreffen Miss Lewinskys Familienmitglieder. Die meisten dieser Streichungen bestehen nur aus einem oder zwei Wörtern, andere sind auch länger. Die Tonbänder selbst sind vom OIC nicht bearbeitet worden. Das OIC wird unredigierte Abschriften zur Verfügung stellen, wenn das Repräsentantenhaus es möchte.

Miss Tripp hat dem OIC 27 Tonbänder ihrer Telefongespräche mit Miss Lewinsky zur Verfügung gestellt (davon erwiesen sich vier als unabhörbar oder ohne jeden Ton. Miss Tripp sagte aus, daß sie die Originalaufzeichnungen zur Verfügung gestellt hat. Sie sagte auch aus, daß ihr von Kopien der Aufzeichnungen nichts bekannt sei, wohl aber hatten Dritte Zugang zu den Aufzeichnungen, bevor sie übergeben wurden. Nach einer vorläufigen Untersuchung des FBI wiesen mehrere der 23 Tonbänder mit vernehmbaren Unterhaltungen Geräusche auf, die auf Duplikate schließen lassen, und eines der Bänder wies Zeichen eines Kopierens von einem Aufzeichnungsgerät auf, das während des Kopiervorgangs angehalten und neu gestartet worden war. Diese vorläufigen Ergebnisse lassen Zweifel an der Verläßlichkeit und Authenzität von mindestens einem Tonband aufkommen, und das wiederum wirft Fragen über die

Zuverlässigkeit von Miss Tripp auf, was ihre Aussage über den Umgang mit den Tonbändern angeht. Das OIC forscht in dieser Angelegenheit weiter. Dieser Bericht zitiert nicht von den Tonbändern, die Zeichen von Kopiervorgängen enthalten. Eine weitergehende Erörterung dieses Themas findet im Appendix statt, Tab. I.

127. T30 S. 41.

128. T30 S. 41.

129. T30 S. 41-42.

130. T22 S. 12.

131. T22 S. 12.

132. 828-DC-00000012 (Lebenslauf); Lewinsky 27/7/98 Int. S. 1; Walter Kaye 21/5/98 GJ S. 34, 51-52; Marcia Lewis 3/4/98 Depo. S. 90; Abramisson 20/2/98 Int.S. 1; Footlik 19/3/98 Int. S. 1; 827-DC-00000003 (Eintrag im Protokoll des Weißen Hauses zu Miss Lewinsky). Präsident Clinton sagte aus, daß Mr. Kaye »ein guter Freund von mir ist und einer guter Freund unserer Regierung.« Clinton 17/1/98 Depo. S. 61. Miss Lewinsky wurde am 23. Juli 22. 812-DC-00000002 (Paß, der ihren Geburtstag zeigt).

133. Lewinsky 6/8/98 GJ S. 8; Lewinsky 20/8/98 GJ S. 8; Bobowick 12/2/98 Int. S. 1; Currie 27/1/98 GJ S. 23-24; Panetta 28/1/98 GJ S. 121-23; Palmieri 24/2/98 GJ S. 12; V006-DC-00000020 (Angestelltenformular im Weißen Haus).

134. Lewinsky 3/8/98 Int. S. 2.

135. Lewinsky 3/8/98 Int. S. 2; 828-DC-00000012 (Lebenslauf); V006-DC-00000225 V006-DC-00000198 (Internes Telefonverzeichnis des Weißen Hauses von 1995); V006-DC-00002287 (Bericht von Miss Lewinskys Versetzung).

136. Lewinsky 26/8/98 Depo. S. 60.

137. Lewinsky 6/8/98 GJ S. 10.

138. Lewinsky 6/8/98 GJ S. 9; Lewinsky 27/7/98 Int. S. 2; Lewinsky 3/8/98 Int. S. 1; V006-DC-00001826 (Foto zeigt Präsident und Miss Lewinsky).

139. Lewinsky 26/8/98 Depo. S. 16-17 & Ex. ML-7.

140. Finerman 18/3/98 Depo. S. 10-11; Ungvari 19/3/98 GJ S. 15-17.

141. Facts on File 852, 868 (1995).

142. Washington Post, 20/11/95 S. A19; Los Angeles Times, 14/11/95 S. A15; USA Today, 17/11/95 S. 4A.

143. Lewinsky 6/8/98 GJ S. 10-11; Byrne 25/6/98 Depo. S. 18; Byrne 30/7/98 GJ S. 36; Palmieri 24/2/98 GJ S. 16-19; Panetta 28/1/98 GJ S. 122.

144. Goodin 17/2/98 GJ S. 48-50; Griffin 11/5/98 Int. S. 1; Lewinsky 6/8/98 GJ S. 10-11; Palmieri 24/2/98 GJ S. 20-22; Raines 29/1/98 GJ S. 35-36; V006-DC-00003737 – 3744 (Fotos des Weißen Hauses, die den Präsidenten und Miss Lewinsky während des Urlaubs zeigen).

145. Lewinsky 6/8/98 GJ S. 11.

146. Lewinsky 3/8/98 Int. S. 2; Barry Toiv 11/3/98 Int. S. 1 (Positionsbezeichnung).

147. Lewinsky 6/8/98 GJ S. 10; Lewinsky 27/7/98 Int. S. 1-2. Sie erzählte anderen, daß ihre körperliche Beziehung mit dem Präsidenten während des Haushaltsstreits im November 1995 begann. Raines 29/1/98 GJ S. 38; Tripp 2/7/98 GJ S. 38-39. Einer Freundin gegenüber präzisierte Miss Lewinsky, daß die Beziehung am 15. November 1995 begann. Tripp 30/6/98 GJ S. 138; Tripp 2/7/98 GJ S. 38-39, 80-82.

148. 827-DC-00000008. Den Akten zufolge war dies der eine Tag von insgesamt zweien, an denen Miss Lewinsky während ihrer Beschäftigung im Weißen Haus erst nach Mitternacht nach Hause ging. 827-DC-00000003 – 16. (Der andere Tag, an dem sie das

Weiße Haus erst nach Mitternacht verließ, lag nicht in der Zeit der Stillegung, es war die Nacht vom 6. zum 7. Dezember 1995.) Wie das Versäumnis zeigt, Miss Lewinskys Ausgang am Nachmittag des 15. November zu registrieren, zeichnen White House Epass und WAVES nicht jedes Kommen und Gehen von Beschäftigten und Besuchern auf. Secret Service Repräsentanten Barry Smith et al. 16/3/98 Int. S. 3-5. Siehe auch Appendix, Tab I.

149. 1222-DC-00000156, 1222-DC-00000083 – 85. Die Zeiten sind ungefähre Angaben, da die verschiedenen Dienstbücher über die Bewegungen des Präsidenten um einige Minuten variieren. Abgesehen von gelegentlichen Ausnahmen unterscheiden diese Bücher nicht zwischen dem privaten Arbeitszimmer des Präsidenten und dem Oval Office.

150. Lewinsky 27/7/98 Int. S. 2; Lewinsky 24/8/98 Int. S. 5.

151. Lewinsky 30/7/98 Int. S. 5; Lewinsky 11/8/98 Int. S. 7; Erbland 12/2/98 GJ S. 24-25.

152. Lewinsky 6/8/98 GJ S. 11; Lewinsky 27/7/98 Int. S. 2; Lewinsky 30/7/98 Int. S. 5.

153. Lewinsky 6/8/98 GJ S. 11; Lewinsky 27/7/98 Int. S. 2; Lewinsky 30/7/98 Int. S. 5.

154. Lewinsky 6/8/98 GJ S. 11; Lewinsky 26/8/98 Depo. S. 7. Miss Lewinsky erzählte Vertrauten später, daß die Beziehung mit den Küssen begann. Catherine Davis 17/3/98 GJ S. 19; Finerman 18/3/98 Depo. S. 31-35; Tripp 7/7/98 GJ S. 151-52.

155. Lewinsky 30/7/98 Int. S. 5.

156. Lewinsky 26/8/98 Depo. S. 7.

157. Lewinsky 6/8/98 GJ S. 12; Lewinsky 30/7/98 Int. S. 5.

158. Lewinsky 26/8/98 Depo. S. 7.

159. Lewinsky 26/8/98 Depo. S. 7; Lewinsky 6/8/98 GJ S. 12, 13.

160. Lewinsky 26/8/98 Depo. S. 8; Lewinsky 30/7/98 Int. S. 5.

161. Lewinsky 26/8/98 Depo. S. 7-8.

162. Lewinsky 26/8/98 Depo. S. 8. Siehe auch id. S. 21. Vorher an diesem Abend hatte Miss Lewinsky ihre Unterwäsche ausgezogen. Lewinsky Int. 3/9/98 S. 1.

163. Lewinsky 6/8/98 GJ S. 12-14; Lewinsky 26/8/98 Depo. S. 9-10; Lewinsky 30/7/98 Int. S. 6.

164. Lewinsky 26/8/98 Depo. S. 10.

165. Lewinsky 26/8/98 Depo. S. 11.

166. Lewinsky 3/9/98 Int. S. 3; Lewinsky 24/8/98 Int. S. 5; Lewinsky 30/7/98 Int. S. 6.

167. Lewinsky 6/8/98 GJ S. 11-12; Lewinsky 26/8/98 Depo. S. 7.

168. 1362-DC-00000549 (Dienstbuch).

169. Lewinsky 30/7/98 Int. S. 6.

170. 1472-DC-00000006 – 08. 11 Minuten später begann der Präsident Gespräche mit anderen Kongreßabgeordneten. Id.

171. 827-DC-00000008 (Epass Aufzeichnungen).

172. 1222-DC-00000085 (Dienstbuch).

173. Lewinsky 6/8/98 GJ S. 14. Siehe auch Lewinsky 30/7/98 Int. S. 6-7.

174. Lewinsky 6/8/98 GJ S. 14-15; Lewinsky 30/7/98 Int. S. 7.

175. Lewinsky 6/8/98 GJ S. 15-16.

176. Nach Miss Curries Erinnerung waren Miss Lewinsky und der Präsident etwa 30 Sekunden allein. Currie 27/1/98 GJ S. 33-34; Currie 14/5/98 GJ S. 36-38. Miss Hernreich sagte aus, daß Miss Lewinsky und der Präsident etwa zwei bis vier Minuten allein waren, wenn sie während des Haushaltsstreits das Essen

brachte. Hernreich 26/2/98 GJ S. 36-37.
Siehe auch Hernreich 25/2/98 GJ S. 12-17. Andere Zeugen erinnerten sich auch daran, daß Miss Lewinsky während der Stillegung die Pizza brachte. Keating 25/2/98 GJ S. 31-32; Palmieri 24/2/98 GJ S. 20, 53, 62. Der Präsident und Miss Lewinsky (wie auch andere) sind auf acht Fotos zu sehen, die am 17. November aufgenommen wurden, auf drei Fotos ißt der Präsident Pizza. V006-DC-00003737 – 3744.

177. Lewinsky 6/8/98 GJ S. 16; Lewinsky 26/8/98 GJ S. 11-15; Lewinsky 30/7/98 Int. S. 7.

178. Lewinsky 26/8/98 Depo. S. 12-13; Lewinsky 30/7/98 Int. S. 7.

179. Lewinsky 26/8/98 Depo. S. 12; Lewinsky 30/7/98 Int. S. 7.

180. Lewinsky 30/7/98 Int. S. 7.

181. Lewinsky 26/8/98 Depo. S. 13-14.

182. Lewinsky 26/8/98 Depo. S. 13-14; Lewinsky 30/7/98 Int. S. 7. Eine Freundin schloß, daß Miss Lewinsky und der Präsident sich küßten, als sie die Pizza brachte, und daß Miss Lewinsky den Oralsex bei ihm während einer späteren Begegnung ausübte. Ungvari 19/3/98 GJ S. 18-19, 20, 23. Einer von Miss Lewinskys Beratern nahm an, daß die Beziehung mit dem Präsidenten auf einer Pizzaparty begann. Estep 23/8/98 Int. S. 2.

183. Lewinsky 30/7/98 Int. S. 7. Siehe auch Lewinsky 26/8/98 Depo. S. 15.

184. 1472-DC-00000015 (Telefonatverzeichnis). Miss Lewinsky sagte, daß dies wahrscheinlich der Name war, den sie bei diesem Treffen gehört hatte. Lewinsky 11/8/98 Int. S. 5. Sie sagte aus, daß sie sich nicht erinnern könnte, ob der Präsident die ganze Zeit telefonierte, während sie Oralsex ausführte. Lewinsky

26/8/98 Depo. S. 14.

185. Clinton 17/1/98 Depo. S. 58.

186. Clinton 17/8/98 GJ S. 31-32.

187. 827-DC-00000011 (Epass Aufzeichnungen).

188. 1222-DC-00000179 (Dienstbücher). Der Präsident führte in dieser Zeit ein Telefongespräch, von 12:53 bis 12:58 Uhr. 1506-DC-00000029 (Telefonatverzeichnis).

189. Lewinsky 26/8/98 Depo. S. 15-16; Lewinsky 27/7/98 Int. S. 3-4; Lewinsky 30/7/98 Int. S. 8.

190. Lewinsky 26/8/98 Depo. S. 16.

191. Lewinsky 26/8/98 Depo. S. 16; Lewinsky 27/7/98 Int. S. 3-4; Lewinsky 30/7/98 Int. S. 8.

192. Lewinsky 26/8/98 Depo. S. 16.

193. Lewinsky 26/8/98 Depo. S. 16-17. Siehe auch Lewinsky 30/7/98 Int. S. 8.

194. Lewinsky 27/7/98 Int. S. 3-4; Lewinsky 30/7/98 Int. S. 8.

195. Lewinsky 26/8/98 Depo. S. 17. Siehe auch Finerman 18/3/98 Depo. S. 30-32, 35.

196. Lewinsky 30/7/98 Int. S. 3.

197. 1222-DC-00000325 (Secret Service Dienstbücher).

198. Clinton 17/8/98 GJ S. 31-32.

199. Clinton 17/8/98 GJ S. 9-10.

200. Miss Lewinsky nahm an, daß der Präsident geglaubt haben könnte, es wäre irgendwie unanständig, eine sexuelle Beziehung mit einer Praktikantin zu unterhalten. Lewinsky 24/8/98 Int. S. 5.

201. Clinton 17/8/98 GJ S. 10.

202. Wie oben bemerkt, sind die Eintragungen in den An- und Abwesenheitsbüchern des Weißen Hauses unvollständig.

203. 1222-DC-00000183 (Dienstbücher).

204. Lewinsky 26/8/98 Depo. S. 18. Siehe auch Lewinsky 30/7/98 Int. S. 2, 8.

205. Lewinsky 26/8/98 Depo. S. 18.

206. Lewinsky 26/8/98 Depo. S. 19.

207. Lewinsky 26/8/98 Depo. S. 19.

208. Lewinsky 26/8/98 Depo. S. 19.

209. Lewinsky 26/8/98 Depo. S. 19.

210. Lewinsky 26/8/98 Depo. S. 20. Sie hatten auch oral-anale Kontakte. Id.

211. Lewinsky 26/8/98 Depo. S. 38.

212. 1222-DC-00000325, 1362-DC-00001171 (Secret Service Dienstbücher).

213. Fox 17/2/98 GJ S. 33. Obwohl Mr. Fox glaubte, das Ereignis hätte Ende 1995 stattgefunden, läßt die Gesamtheit der Beweise vermuten, daß es sich an diesem Tag, am 7. Januar 1996, abspielte.

214. Fox 17/2/98 GJ S. 31.

215. Fox 17/2/98 GJ S. 60-61, 66-67.

216. Fox 17/2/98 GJ S. 33.

217. Fox 17/2/98 GJ S. 19-20, 42, 49-50.

218. Fox 17/2/98 GJ S. 34-35. Officer Fox sagte aus, daß der Präsident und Miss Lewinsky allein waren. Fox 17/2/98 GJ S. 36-37. Seine beeidete Aussage zu diesem Punkt weicht von der öffentlichen Erklärung seines Anwalts ab, der Reportern mitteilte, Officer Fox wüßte nicht, ob die beiden allein gewesen wären. Chicago Tribune, 17/2/98 S. 1C.

219. 827-DC-00000013 (Epass Aufzeichnungen).

220. 1222-DC-00000189 (Dienstbücher). Während Miss Lewinsky im Weißen Haus war, erhielt der Präsident einen einzigen Anruf, um 15:47 Uhr. Gesprächsdauer eine Minute. 1506-DC-00000050 (Telefonatverzeichnis).

221. Lewinsky 30/7/98 Int. S. 9; Lewinsky 24/8/98 Int. S. 6.

222. Lewinsky 26/8/98 Depo. S. 22-23.

223. Lewinsky 26/8/98 Depo. S. 23.

224. Lewinsky 26/8/98 Depo. S. 23.

225. Lewinsky 26/8/98 Depo. S. 23-24.
Siehe auch Lewinsky 30/7/98 Int. S. 10.

226. Lewinsky 26/8/98 Depo. S. 24-25.

227. Lewinsky 26/8/98 Depo. S. 25.

228. Lewinsky 26/8/98 Depo. S. 26.

229. Lewinsky 26/8/98 Depo. S. 26. Diese Unterbrechung mag durch das einminütige Telefongespräch des Präsidenten um 15:47 Uhr eingetreten sein. 1506-DC-00000050 (Telefonatverzeichnis).

230. Lewinsky 26/8/98 Depo. S. 26-27. Miss Lewinsky erklärte, daß die Blairs aus Arkansas den Präsidenten besuchten. Lewinsky 30/7/98 Int. S. 10. Das wird durch einen Reise- und Besuchsplan des Secret Service für den 21. Januar 1996 bestätigt, in dem Diane Blair als Hausgast aufgeführt ist. 1222-DC-00000024 (Reise- und Besuchsbuch des Präsidenten).

231. Lewinsky 26/8/98 Depo. S. 27-28; Lewinsky 30/7/98 Int. S. 10; Tripp 7/7/98 GJ S. 124-26, 139-143; Tripp 9/7/98 GJ S. 4-5; 845-DC-00000004 (Tripp-Aufzeichnungen).

232. 1222-DC-00000196 (Dienstbücher).

233. 1506-DC-00000068 (Telefonatverzeichnis).

234. Lewinsky 26/8/98 Depo. S. 28-29;
Lewinsky 24/8/98 Int. S. 6.

235. Lewinsky 26/8/98 Depo. S. 29-30.

236. Lewinsky 26/8/98 Depo. S. 30-31.

237. Lewinsky 26/8/98 Depo. S. 31-32. Sie nahmen auch oral-anale Kontakte auf. Id. S. 30-31.

238. Lewinsky 26/8/98 Depo. S. 33.

239. Lewinsky 26/8/98 Depo. S. 33-34.

240. Lewinsky 26/8/98 Depo. S. 33.

241. Lewinsky 26/8/98 Depo. S. 33-34;
Lewinsky 24/8/98 Int. S. 6; Tripp 7/7/98 GJ S. 169-71;

845-DC-00000006 (Tripp-Aufzeichnungen).

242. 1222-DC-00000197, 1222-DC-00000102 (Dienstbücher).

243. 1506-DC-00000102 (Telefonatverzeichnis).

244. Lewinsky 30/7/98 Int. S. 11; Lewinsky 24/8/98 Int. S. 6.

245. Lewinsky 30/7/98 Int. S. 3, 11-12.

246. Lewinsky 30/7/98 Int. S. 3, 11.

247. Lewinsky 6/8/98 GJ S. 24; Lewinsky 29/7/98 Int. S. 3.

248. Lewinsky 30/7/98 Int. S. 11. Miss Lewinsky erzählte die Begebenheit später mehreren anderen. Erbland 12/2/98 GJ S. 46-47; Finerman 18/3/98 Depo. S. 47; Tripp 7/7/98 GJ S. 175-76; Ungvari 19/3/98 GJ S. 80.

249. Lewinsky 24/8/98 Int. S. 6. Siehe auch Lewinsky 30/7/98 Int. S. 11.

250. Garabito 30/7/98 GJ S. 16-17, 23-24. Nach der Beschreibung eines Kollegen ist Agent Garabito über ein Meter achtzig groß, schlank und spanischer Abstammung. OIC Memo des Interviews mit Special Agent Thomas M. Powers, 7/9/98.

251. Garabito 30/7/98 GJ S. 25, 30-31.

252. Garabito 30/7/98 GJ S. 32. Agent Garabito erzählte das Vorkommnis später Larry L. Cockell, Chef der Präsidialen Schutztruppe des Secret Service. Das OIC erfuhr durch Agent Cockells Aussage von dem Vorfall. Cockell 23/7/98 GJ S. 25-26.

253. 1472-DC-00000017 (Telefonatverzeichnis).

254. 1506-DC-00000017 (Telefonatverzeichnis).

255. Forbes, 22/9/97 S. 2.

256. Lewinsky 6/8/98 GJ S. 90.

257. Lewinsky 6/8/98 GJ S. 91. Siehe auch Lewinsky 26/8/98 Depo. S. 34; Tripp 7/7/98 GJ S. 179-80. Miss

Lewinsky bot an, ins Weiße Haus zurückzugehen, um ihn zu treffen, aber der Präsident sagte, er müßte in der Privatwohnung bleiben, weil seine Tochter krank sei. Lewinsky 30/7/98 Int. S. 12; Lewinsky 24/8/98 Int. S. 6.

258. Ungvari 19/3/98 GJ S. 29-31; Lewinsky 3/8/98 Int. S. 3; Ungvari 18/3/98 Int. S. 4; Verna 11/6/98 Depo. S. 10; 845-DC-00000009 (Tripp-Aufzeichnungen).

259. Ungvari 19/3/98 GJ S. 30.

260. Lewinsky 11/8/98 Int. S. 2.

261. Lewinsky 20/8/98 GJ S. 19; Lewinsky 30/7/98 Int. S. 12; 845-DC-00000010 – 11 (Tripp-Aufzeichnungen).

262. Lewinsky 26/8/98 Depo. S. 34-35.

263. 1222-DC-00000112 (Dienstbücher). Der Präsident und 32 Gäste sahen Executive Decision an diesem Abend. 1506-DC-00000558 (White House Tagebuch).

264. 968-DC-00003459 (Kalender von Hillary Clinton).

265. Lewinsky 29/7/98 Int. S. 3; Lewinsky 30/7/98 Int. S. 12-13.

266. 827-DC-00000016 (Epass Aufzeichnungen).

267. 1222-DC-00000216 – 217; 1222-DC-00000112 – 113 (Dienstbücher).

268. 1506-DC-00000139 (Telefonatverzeichnis).

269. 968-DC-00003459 (Kalender von Hillary Clinton). Mrs. Clinton kehrte an diesem Abend zurück. 1506-DC-00000559 (White House Tagebuch); 1222-DC-00000041 (Secret Service Reise- und Besuchsbuch).

270. Lewinsky 26/8/98 Depo. S. 35-36.

271. Lewinsky 26/8/98 Depo. S. 36; Lewinsky 30/7/98 Int. S. 12.

272. Lewinsky 26/8/98 Depo. S. 38-39.

273. Lewinsky 26/8/98 Depo. S. 37.

274. Lewinsky 30/7/98 Int. S. 12-13;

Lewinsky 26/8/98 Depo. S. 37-38. Vor der Grand Jury
lehnte der Präsident es ab, auf die Frage zu antworten,
ob Miss Lewinsky log, wenn sie sagte, daß er eine
Zigarre als Sexualspielzeug bei ihr benutzt hatte. Clinton
17/8/98 GJ S. 110-11.

275. Lewinsky 30/7/98 Int. S. 13.

276. Fox 17/2/98 GJ S. 42-43.

277. Ludtke 5/6/98 Int. S. 1-2.

278. Muskett 21/7/98 GJ S. 124. Andere bemerkten
ebenfalls, daß Miss Lewinsky Zeit im Westflügel ver-
brachte. Byrne 13/3/98 Depo. S. 22-25; Byrne 25/6/98
Depo. S. 23, 39-44, 55-62, 104-113; Byrne 30/7/98
GJ S. 8, 39-40; Hannie 6/4/98 Int. S. 2-3;
Keating 25/2/98 GJ S. 52.

279. Lewinsky 20/8/98 GJ S. 12.

280. Bordley 13/8/98 GJ S. 9-16.

281. Bordley 13/8/98 GJ S. 20-23, 29.

282. Bordley 13/8/98 GJ S. 25-29.

283. Ferguson 17/7/98 GJ S. 14-17, 27-28;
Ferguson 23/7/98 GJ S. 14-17, 20.

284. Ferguson 17/7/98 GJ S. 27.

285. Ferguson 17/7/98 GJ S. 27-28; Ferguson 23/7/98
GJ S. 20-21.

286. Ferguson 17/7/98 GJ S. 29, 31.

287. Ferguson 17/7/98 GJ S. 29. Außerdem sagten
Officer Lewis Fox und Agent Nelson Garabito aus, daß
sie je einmal Miss Lewinsky ins Oval Office einließen,
wie oben wiedergegeben. Fox 17/2/98 GJ S. 32-37;
Garabito 30/7/98 GJ S. 16-32. Officer Fox sah Miss
Lewinsky bei einer anderen Gelegenheit das Oval Office
verlassen, aber er wußte nicht, wie lange sie drinnen
gewesen war. Fox 17/2/98 GJ S. 43-46. Officer Gary
Byrne sagte auch aus, daß er Miss Lewinsky im Oval
Office mit dem Präsidenten gesehen hatte, obwohl

einige Einzelheiten seines Berichts in verschiedenen Beschreibungen voneinander abwichen. Byrne 30/7/98 GJ S. 7-32; Byrne 17/7/98 GJ S. 4-10.

288. Byrne 13/3/98 Depo. S. 27-28, 46-47, 51-55; Byrne 25/6/98 Depo. S. 31.

289. Lewinsky 20/8/98 GJ S. 10-11; Lewinsky 31/7/98 Int. S. 6.

290. Lieberman 30/1/98 GJ S. 36-37. Miss Lieberman sagte aus, daß sie Miss Lewinsky stets abgelehnt hatte. Als sie Miss Lewinsky wieder im Weißen Haus sah, nachdem sie dort nicht mehr arbeitete, fragte Miss Lieberman Miss Currie: »Was hat sie hier zu tun?« Sie hatte möglicherweise auch zu Miss Currie gesagt, die Miss Lewinsky gesagt hatte, sie könnte den Abflug des Hubschraubers des Präsidenten verfolgen: »Was sind Sie – verrückt?« oder irgendwie sonst »mein Mißfallen geäußert.«(291)

291. Lieberman 30/1/98 GJ S. 50-52. –

292. Lewinsky 20/8/98 GJ S. 8.

293. Lieberman 30/1/98 GJ S. 41.

294. Panetta 28/1/98 GJ S. 139-42.

295. Lieberman 30/1/98 GJ S. 45. Siehe auch Panetta 28/1/98 GJ S. 143 (wo er Vorkehrungen beschreibt, »das Büro des Präsidenten und seine Integrität zu beschützen«, wozu auch gehört, den Präsidenten davor zu bewahren, sich allein mit weiblichen Bekannten in Situationen zu treffen, die »fehlinterpretiert werden könnten«).

296. Lewis 11/2/98 GJ S. 37-40. Siehe auch T3 S. 15; Lewinsky 31/7/98 Int. S. 7. Miss Lieberman sagte aus, daß das Gespräch im September 1997 stattfand. Lieberman 30/1/98 GJ S. 66. In ihrer Erinnerung begann der Wortwechsel, als Miss Lewis zu ihr kam und sagte: »Sie haben [Miss Lewinskys] Leben wegen etwas ruiniert,

das sie nie getan hat.« Laut Miss Lieberman hat sie keine Antwort gegeben, und Miss Lewis entfernte sich. Später kehrte Miss Lewis zurück und sagte, sie begreife sehr wohl, was Miss Lieberman getan hätte und warum. Lieberman 30/1/98 GJ S. 64-66.

297. Abramisson 20/2/98 Int. S. 3; Band 25/2/98 Int. S. 2-3; Currie 6/5/98 GJ S. 40-41; Ganong 12/2/98 Int. S. 2; Keating 25/2/98 GJ S. 73; Panetta 28/1/98 GJ S. 139-42.

298. 1089-DC-00000970 (Memo von Mr. Hilley an Miss Lieberman); Hilley 19/5/98 GJ S. 34-35, 47-50. Mr. Hilley sagte aus, daß »außergewöhnliche Aktivitäten« – die auf Miss Lewinsky und auf eine ihrer Kolleginnen zutrafen, die ebenfalls versetzt wurde – nicht auf etwas Sexuelles anspielten. Hilley 19/5/98 GJ S. 49-50. Siehe auch Byrne 25/6/98 Depo. S. 22-25, 27-28, 38, 43, 54-55; Currie 14/5/98 GJ S. 19-35; Fox 17/2/98 GJ S. 46-48; Maes 7/5/98 GJ S. 34-42.

299. Duncan 18/2/98 GJ S. 24.

300. V006-DC-00001347.

301. Duncan 18/2/98 GJ S. 13-14.

302. Duncan 18/2/98 GJ S. 23, 41.

303. Duncan 18/2/98 GJ S. 8, 23-24.

304. Lewinsky 6/8/98 GJ S. 61. Der Präsident reiste an diesem Tag nach Oklahoma City. V006-DC-00000694 (Zeitplan des Präsidenten); 968-DC-00000841 (dto).

305. Keating 25/2/98 GJ S. 76. Die Position im Pentagon wurde besser bezahlt als Miss Lewinskys Arbeit im Weißen Haus. Lewinsky 3/8/98 Int. S. 5. Miss Lewinskys Vorgesetzte, Jocelyn Jolley, wurde an diesem Tag ebenfalls versetzt. Keating 25/2/98 GJ S. 76-79; Lewinsky 6/8/98 GJ S. 171. Im Gegensatz zu Miss Lewinsky wurde Miss Jolley zurückgesetzt: sie erhielt eine befristete Stelle in der Allgemeinen Verwaltung.

Jolley 24/2/98 GJ S. 36-39; Keating 25/2/98 GJ S. 79.

306. Keating 25/2/98 GJ S. 78-79; Lewinsky 3/8/98 Int. S. 3; Capps 23/3/98 Int. S. 2; Fox 17/2/98 GJ S. 47; Lynn 5/8/98 GJ S. 14-16; Verna 21/7/98 GJ S. 21-23.

307. Lewinsky 6/8/98 GJ S. 171.
Siehe auch Lewinsky 3/8/98 Int. S. 3. Miss Lewinsky sagte aus, daß Mr. Keating sie im Glauben ließ, sie könnte wahrscheinlich nach der Wahl zu ihrer Arbeit im Weißen Haus zurückkehren. Lewinsky 3/8/98 Int. S. 4. Mr. Keating sagte aus, er hätte ihr mitgeteilt, wenn sie sich im Pentagon gut bewähre, »könnte sie vielleicht wieder einen Job im Weißen Haus bekommen. Aber nicht jetzt.« Keating 25/2/98 GJ S. 79.

308. Lewinsky 26/8/98 Depo. S. 60.

309. Lewinsky 6/8/98 GJ S. 62.

310. 827-DC-00000016 (Epass Aufzeichnungen).

311. 1222-DC-00000219 (Dienstbücher).

312. Lewinsky 6/8/98 GJ S. 62. Siehe auch Lewinsky 26/8/98 Depo. S. 39; Lewinsky 27/7/98 Int. S. 4; Tripp 9/7/98 GJ S. 29-30.

313. In Miss Lewinskys Erinnerung sagte Officer Muskett zuerst, daß er Evelyn Liebermans Genehmigung benötigte, ehe er Miss Lewinsky ins Oval Office einlassen könnte, aber Miss Lewinsky redete ihm das aus. Lewinsky 6/8/98 GJ S. 91; Lewinsky 20/8/98 GJ S. 42; Lewinsky 26/8/98 Depo. S. 39-40; Lewinsky 27/7/98 Int. S. 4; Lewinsky 30/7/98 Int. S. 13; Lewinsky 31/7/98 Int. S. 6.

314. Lewinsky 27/7/98 Int. S. 4.

315. Lewinsky 6/8/98 GJ S. 63.
Siehe auch Lewinsky 26/8/98 Depo. S. 40; Lewinsky 30/7/98 Int. S. 13; Erbland 12/2/98 GJ S. 37; Tripp 9/7/98 GJ S. 31; 833-DC-00001070 (Dokument wiederhergestellt auf Miss Lewinskys Computer, es

bezieht sich auf das Versprechen des Präsidenten, ihre Rückkehr in die Wege zu leiten); MISSL-DC-00001052 (ein weiteres wiederhergestelltes Dokument aus dem Computer. In ihm heißt es: »Du hast mir versprochen, mich nach der Wahl mit einem Fingerschnipsen zurückzuholen.«); Lewinsky Statement 1/2/98 S. 1 (»er hatte ihr versprochen, sie nach der Wahl zurück ins WH zu holen«); Tripp 9/7/98 GJ S. 31, 37-38, 42.

316. In einem aufgezeichneten Gespräch berichtete Miss Lewinsky Teile dieser Diskussion:

[E]r sagte: »Ich verspreche dir«, wissen Sie, etwas wie: »Wenn ich im November gewinne, hole ich dich einfach zurück. Du kannst irgendwas tun, was du willst. Du kannst auch sein, was du willst.« Und dann machte ich einen Scherz und sagte: »Nun, kann ich denn Assistentin des Präsidenten für Blasarbeiten sein?« Er sagte: »Das würde mir gefallen.«

T7 S. 34-35.

317. Lewinsky 6/8/98 GJ S. 64.

318. Clinton 17/8/98 GJ S. 130.

319. Lewinsky 26/8/98 Depo. S. 40.

320. Lewinsky 6/8/98 GJ S. 94-97.

321. Lewinsky 26/8/98 Depo. S. 40-41.

322. Lewinsky 26/8/98 Depo. S. 41.

323. Lewinsky 26/8/98 Depo. S. 41.

324. Lewinsky 6/8/98 GJ S. 20, 95-97; Lewinsky 30/7/98 Int. S. 13.

325. Lewinsky 6/8/98 GJ S. 95; Lewinsky 26/8/98 Depo. S. 41-44; Lewinsky 27/7/98 Int. S. 4-5; Lewinsky 30/7/98 Int. S. 13.

326. Lewinsky 6/8/98 GJ S. 92; Lewinsky 27/7/98 Int. S. 4-5; Lewinsky 30/7/98 Int. S. 13.

327. 1248-DC-00000008 (Telefonatverzeichnis).

328. Lewinsky 6/8/98 GJ S. 93, 97.

329. Lewinsky 6/8/98 GJ S. 93.
Siehe auch Lewinsky 26/8/98 Depo. S. 43;
Lewinsky 27/7/98 Int. S. 5; Lewinsky 30/7/98 Int. S. 13.
Miss Lewinsky sagte aus, daß sie Mr. Ickes nicht
gesehen hat, aber seine Stimme erkannte.
Lewinsky 6/8/98 GJ S. 97.

330. Lewinsky 6/8/98 GJ S. 93; Lewinsky 26/8/98
Depo. S. 45; Lewinsky 27/7/98 Int. S. 5;
Lewinsky 30/7/98 Int. S. 13.

331. Lewinsky 6/8/98 GJ S. 94.
Siehe auch Lewinsky 30/7/98 Int. S. 11; Tripp 9/7/98
GJ S. 30-36; 845-DC-00000012 – 13 (Tripp-Aufzeichnungen).

332. Muskett 21/7/98 GJ S. 9-13.

333. Muskett 21/7/98 GJ S. 22-24.

334. Muskett 21/7/98 GJ S. 25-26, 83.

335. Muskett 21/7/98 GJ S. 27-28, 91-93.

336. Muskett 21/7/98 GJ S. 28, 31-33.

337. Muskett 21/7/98 GJ S. 34-37.

338. Lewinsky 6/8/98 GJ S. 36-37; Lewinsky 27/7/98
Int. S. 2.

339. Muskett 21/7/98 GJ S. 36-37, 39-40. Officer Muskett erinnerte sich, daß Reginald Hightower zu diesem
Zeitpunkt der diensthabende Zivilagent war. Muskett
21/7/98 GJ S. 22. Obwohl er nicht »100 prozentig
sicher« war, daß dieser Vorfall stattfand, sagte Agent
Hightower aus, daß er »wahrscheinlich so stattfand.«
Hightower 28/7/98 GJ S. 46-49.

340. Muskett 21/7/98 GJ S. 42-46. Mr. Ickes sagte aus,
daß er sich an den Vorfall nicht erinnern kann, daß er
ihn aber auch nicht ausschließen kann. Ickes 5/8/98
GJ S. 58-59.

341. Muskett 21/7/98 GJ S. 47-52, 89.

342. 1506-DC-00000144 (Telefonatverzeichnis).

343. Lewinsky 6/8/98 GJ S. 64-65.
Siehe auch Lewinsky 1/2/98 Statement S. 1;
Lewinsky 31/7/98 Int. S. 6-7; Lewinsky 3/8/98 Int. S. 5;
Tripp 9/7/98 GJ S. 72-73; 845-DC-00000014 (Tripp-Aufzeichnungen); T2 S. 17.

344. Lewinsky 6/8/98 GJ S. 65; Lewinsky 29/7/98
Int. S. 3-4; Lewinsky 3/8/98 Int. S. 5.

345. Lieberman 30/1/98 GJ S. 62.

346. Lieberman 30/1/98 GJ S. 62.

347. Bowles 2/4/98 GJ S. 66-67.

348. Currie 7/5/98 GJ S. 49-50.

349. Jordan 3/3/98 GJ S. 64-65.

350. V006-DC-00002289 (email, die Austritte von
Beschäftigten im Weißen Haus festhält);
Lewinsky 6/8/98 GJ S. 65. Aus der Stellenbeschreibung
für diese Position:

Der Inhaber dieser Planstelle C hat Zugang zu streng
vertraulichen,sensitiven und häufig politisch kontroversen Informationen und muß deshalb eine Person sein, in
die der [Assistant Secretary of Defense for Public
Affairs] volles Vertrauen setzt.

833-DC-00002880. Miss Lewinsky erhielt die Unbedenklichkeitsbescheinigung für die sensitiven Fachinformationen, zu denen sie in dieser Position Zugang
haben würde. Lewinsky 24/8/98 Int. S. 3. Auszug aus
den Regularien:

Sensitive Fachinformationen sind nicht nur Informationen, die aus Gründen der nationalen Sicherheit als
Streng Geheim, Geheim oder Vertraulich eingestuft werden, sondern sie unterliegen auch bestimmten Zugangs-
und Weiterleitungsanforderungen, weil sie aus besonders sensitiven geheimen Quellen stammen oder mit
sensitiven Methoden erzielt wurden.

351. Lewinsky 29/7/98 Int. S. 1.

352. Lewinsky 6/8/98 GJ S. 66.

353. Tripp 9/7/98 GJ S. 94-98.

354. Lewinsky 6/8/98 GJ S. 28 & Ex. ML-7.

355. Tripp 14/7/98 GJ S. 3-4, 11-12; 845-DC-00000019 (Tripp-Aufzeichnungen).

356. Lewinsky 29/7/98 Int. S. 4-5.

357. Lewinsky 30/7/98 Int. S. 14.

Siehe auch Lewinsky 29/7/98 Int. S. 4; Lewinsky 6/8/98 GJ S. 27-28; Tripp 9/7/98 GJ S. 118-19 (fälschlicherweise annehmend, daß dies am 15. Juli 1996 geschah); 845-DC-00000018 (Tripp-Aufzeichnungen).

358. 1506-DC-00000275 (Telefonatverzeichnis); 1506-DC-000000638.

359. Lewinsky 29/7/98 Int. S. 4-5; Lewinsky 30/7/98 Int. S. 14-15; 845-DC-00000016 – 17 (Tripp-Aufzeichnungen); 845-DC-00000020 – 22 (dto); Tripp 9/7/98 GJ S. 102-04, 115-16; Tripp 14/7/98 GJ S. 11-12, 35-37.

360. 1506-DC-00000222 (21/5/96); 1506-DC-00000264 (5/7/96); 1506-DC-00000268 (6/7/96); 1506-DC-00000328 (22/10/96); 1506-DC-00000353 (2/12/96) (Reisepläne des Präsidenten).

361. Lewinsky 29/7/98 Int. S. 3; Finerman 18/3/98 Depo. S. 49-50; Tripp 9/7/98 GJ S. 53, 61-62, 94. Neben ihren Gesprächen mit dem Präsidenten kontaktierte Miss Lewinsky auch frühere Kollegen aus dem Weißen Haus, um ihr zu helfen, dort wieder zu arbeiten. Lewinsky 3/8/98 Int. S. 5.

362. T7 S. 36.

363. T7 S. 36-37.

364. Lewinsky 30/7/98 Int. S. 14; Lewinsky 6/8/98 GJ S. 21; Erbland 12/2/98 GJ S. 30; Tripp 14/7/98 GJ S. 4-6; 845-DC-00000020 (Tripp-Aufzeichnungen).

365. Lewinsky 20/8/98 GJ S. 25.

366. Lewinsky 29/7/98 Int. S. 3, 16; Tripp 9/7/98

GJ S. 99-100; 845-DC-00000015 (Tripp-Aufzeichnungen). Der Präsident war an diesem Tag von 20:40 Uhr bis 21:25 Uhr im Renaissance Hotel in Washington. 1506-DC-00000188 – 189 (Tagesplan des Präsidenten).

367. V006-DC-00000534 (Gästeliste Rundfunkansprache); 1222-DC-00000045 (Reise- und Besuchsplan); V006-DC-00001841 – 1847 (Fotos); V006-DC-00003735 (Fotoanfragen); V006-DC-00001865 (Videoband).

368. Lewinsky 20/8/98 GJ S. 28-31; Lewinsky 29/7/98 Int. S. 16; Lewinsky 24/8/98 Int. S. 6-7; V006-DC-00000682 (Tagesplan des Präsidenten für den 18. August); V006-DC-00003735 Fotoanfrage von Miss Lewinsky); MISSL-DC-0000489 – 490 (Ereignis-Einladung); Tripp 7/9/98 GJ S. 125-26; 845-DC-00000019 (Tripp-Aufzeichnungen).

369. Lewinsky 20/8/98 GJ S. 28-31. Siehe auch Lewinsky 30/7/98 Int. S. 17.

370. Lewinsky 31/7/98 Int. S. 7. Miss Lewinsky glaubte, daß dies am 23. oder 24. Oktober gewesen sein könnte. Id. Der Präsident war von 18:55 Uhr bis 20:05 Uhr am 23. Oktober im Sheraton Washington Hotel. 1506-DC-00000334 – 335 (Tagesplan des Präsidenten).

371. Newsweek, 10/8/98, Titelfoto.

372. Lewinsky 11/8/98 Int. S. 2.

373. Lewinsky 20/8/98 GJ S. 26-27.

374. Lewinsky 29/7/98 Int. S. 5.

375. V006-DC-00000007 (WAVES Aufzeichnungen); V006-DC-00001855 – 1856 (Fotos vom Empfang); V006-DC-00000391 (White House Veranstaltungsbericht).

376. MISSL-DC-00001052 (Rechtschreibung und Interpunktion korrigiert). Siehe auch Lewinsky 1/2/98 Statement S. 1-2; Tripp 14/7/98 GJ S. 32-34. Miss Lewinsky schickte diesen Brief nicht ab.

Lewinsky 4/8/98 Int. S. 5.

377. Catherine Davis 17/3/98 GJ S. 23-24, 27; Finerman 18/3/98 Depo. S. 12; Kassorla 28/8/98 Int. S. 4; Raines 29/1/98 GJ S. 31-32; Tripp 2/7/98 GJ S. 41-43.

378. Tripp 14/7/98 GJ S. 39-40; 845-DC-00000022 (Tripp-Aufzeichnungen).

379. 833-DC-00001974 (email an Miss Tripp).

380. Currie 7/5/98 GJ S. 63.

381. Currie 6/5/98 GJ S. 97-98.

382. Currie 6/5/98 GJ S. 14-15.

383. Currie 6/5/98 GJ S. 52-53, 94-96.

384. 827-DC-00000002, 827-DC-00000018 (Miss Lewinskys WAVES Aufzeichnungen).

385. Currie 6/5/98 GJ S. 57-58.

386. Currie 6/5/98 GJ S. 84-85. In einem späteren Auftritt vor der Grand Jury sagte Miss Currie aus, daß sie sich nicht mehr daran erinnern könnte, daß sie nur gekommen sei, um Miss Lewinsky einzulassen, aber ausschließen konnte sie das auch nicht. Currie 22/7/98 GJ S. 24.

387. Currie 27/1/98 GJ S. 32-33. Siehe auch Currie 6/5/98 GJ S. 98; Currie 22/7/98 GJ S. 25-26, 41. Miss Currie schwankte später bei diesem Punkt. Currie 22/7/98 GJ S. 14 (»[D]er Präsident ist praktisch nie allein«); id. S. 15-16 (sie sagte aus, daß der Präsident und Miss Lewinsky, zusammen im Arbeitszimmer, »nicht allein« wären, so lange sie, Miss Currie, an ihrem Schreibtisch säße); id. S. 25 (wobei sie einräumte, daß Miss Lewinsky und der Präsident allein waren); id. S. 131 (»Ich war immer da. Und ich betrachtete sie nicht als allein... Ich dachte immer, daß meine Anwesenheit bedeutete, daß sie nicht allein waren.«). Cf. Clinton 17/8/98 GJ S. 134 (»Es gab viele Male, daß

wir allein waren, aber ich dachte nicht wirklich, daß wir allein waren.«).

388. Pape 18/5/98 Int. S. 3-4.

389. Chinery 11/6/98 Depo. S. 33.

390. Chinery 11/6/98 Depo. S. 44-45; Chinery 23/7/98 GJ S. 49.

391. Chinery 23/7/98 GJ S. 8; Chinery 11/6/98 Depo. S. 13-17. Für weitere Bestätigungen des Secret Service zu Miss Curries Rolle, siehe Chinery 23/7/98 GJ S. 49-50; Chinery 11/6/98 Depo. S. 33, 37, 44; Garabito 30/7/98 GJ S. 44-47; Shegogue 4/8/98 GJ S. 11, 14-19, 24-27.

392. Lewinsky 20/8/98 GJ S. 5. Siehe auch id. S. 14; Lewinsky 19/8/98 Int. S. 5.

393. Currie 6/5/98 GJ S. 88-89. Siehe auch id. S. 184; Currie 14/5/98 GJ S. 78.

394. Currie 6/5/98 GJ S. 88-89.

395. Currie 14/5/98 GJ S. 72-74, 91; Currie 24/1/98 Int. S. 3.

396. 837-DC-00000001; 837-DC-00000004; 837-DC-00000006; 837-DC-0000008; 837-DC-00000011; 837-DC-00000014; 837-DC-00000018.

397. Lewinsky 31/7/98 Int. S. 13; Marcia Lewis 11/2/98 GJ S. 28-30; T1 S. 63-64.

398. Dragotta 13/8/98 GJ S. 10-11; Janney 13/8/98 GJ S. 7, 9-11, 14; Niedzwiecki 30/7/98 GJ S. 12-13, 20-21; Pape 5/8/98 GJ S. 24; Keith Williamiss 23/7/98 GJ S. 14.

399. Currie 14/5/98 GJ S. 72-73.

400. Currie 14/5/98 GJ S. 73-74, 86-89; Currie 22/7/98 GJ S. 51-52.

401. Currie 14/5/98 GJ S. 88-89. Siehe auch id. S. 91; Currie 22/7/98 GJ S. 49-50 (wo sie aussagt, daß sie keine verschlossenen Karten von Miss Lewinsky an den Präsi-

denten öffnete, aber unverschlossene »gelesen haben mag«).

402. Currie 6/5/98 GJ S. 88-89.
Siehe auch Currie 14/5/98 GJ S. 78.

403. »Der Präsident hat alles bekommen, was irgend jemand ihm geschickt hat.« Currie 6/5/98 GJ S. 129.

404. Currie 14/5/98 GJ S. 143-45; Currie 24/1/98 Int. S. 8.

405. Currie 6/5/98 GJ S. 157-58.

406. Currie 6/5/98 GJ S. 156; Currie 22/7/98 GJ S. 42-43.

407. Currie 27/1/98 GJ S. 63-64.
Siehe auch Currie 6/5/98 GJ S. 164; Currie 22/7/98 GJ S. 31-33. Laut Miss Lewinsky hat der Präsident ihr mal etwas Ähnliches gesagt, daß, »wenn zwei Menschen eine Beziehung unterhalten und sie sagen, daß nichts geschehen ist – dann ist auch nichts geschehen.« Lewinsky 1/2/98 Statement S. 10, 11.

408. Currie 14/5/98 GJ S. 131-43. Miss Currie sagte aus: »Ich glaube, meine Absicht war, dem Präsidenten persönliche und private Telefongespräche zu gestatten, wenn er es wünschte. Und den Anschein jeglicher Unschicklichkeit, den wollte ich nicht.« Id. S. 141.

409. Currie 22/7/98 GJ S. 33-35.

410. Dragotta 13/8/98 GJ S. 8-10; Pape 5/8/98 GJ S. 17-18. Gefragt, ob sie versucht hätte, Beamte zu überreden, Miss Lewinskys Besuche nicht zu registrieren, sagte Miss Currie aus: »Ich hoffe, daß ich das nicht getan habe. Ich kann es mir nicht vorstellen — und ich kann mir auch nicht vorstellen, daß es sein könnte.« Currie 22/7/98 GJ S. 115. Keiner der Beamten der Uniformierten Division, der vom OIC befragt wurde, gab zu, daß er Miss Lewinsky ohne eine ordnungsgemäße Erlaubnis ins Weiße Haus gelassen hatte. Aber, wie an

anderer Stelle vermerkt, gibt es klare Beweise dafür, daß Miss Lewinsky an Tagen im Weißen Haus war, ohne daß die Aufzeichnungen ihr Kommen und Gehen registriert hätten.

411. V006-DC-00003712 (24/2/97 Nachricht). Aufzeichnungen zeigen zum Beispiel am 5. Dezember 1997 sieben Anrufe von Miss Lewinskys Anschluß zu Miss Curries Anschluß, und sieben Anrufe am folgenden Tag. 1216-DC-00000022.

412. Currie 6/5/98 GJ S. 16-17, 20-21, 68-70, 73-74, 85-86; Currie 7/5/98 GJ S. 8. Siehe auch 1037-DC-00000341 (email).

413. Currie 6/5/98 GJ S. 73-74, 85-86. Miss Currie sagte später: »Ich will nicht den Eindruck der Heimlichtuerei vermitteln, aber es ist einfach so, daß ich sie hereinbrachte, ohne daß jemand sie gesehen hat.« Id. S. 156. Miss Lewinsky bestätigte, daß Miss Currie ihr half, Mr. Goodin und anderen auszuweichen.
Lewinsky 20/8/98 GJ S. 15; Lewinsky 27/7/98 Int. S. 4; Lewinsky 3/8/98 Int. S. 5; Lewinsky 24/8/98 Int. S. 7.

414. Currie 6/5/98 GJ S. 84-85.

415. Lewinsky 31/7/98 Int. S. 4.

416. Lewinsky 5/8/98 Int. S. 3.

417. Lewinsky 31/7/98 Int. S. 5. Miss Lewinsky berichtete Vertrauten über Miss Curries Rolle.
Catherine Davis 17/3/98 GJ S. 17, 33, 37-38; Erbland 12/2/98 GJ S. 43; Finerman 18/3/98 Depo. S. 39-40; Raines 29/1/98 GJ S. 49; Ungvari 19/3/98 GJ S. 38-40; 1037-DC-00000337 – 338 (email von Miss Lewinsky); 1037-DC-00000001 – 02 (Karte von Miss Lewinsky).

418. Carbonetti 16/6/98 Int. S. 2; Chinery 11/6/98 Depo. S. 39-40; Janney 27/5/98 Int. S. 2; LaDow 27/5/98 Int. S. 3; Ludtke 5/6/98 Int. S. 2; Pape 5/8/98

GJ S. 23-24; Pape 18/5/98 Int. S. 3-6.

419. Chinery 23/7/98 GJ S. 50.

420. Pape 18/5/98 Int. S. 5.

421. Washington Post, 14/2/97, »Love Notes« S. 44 (824-DC-00000013 – 14). Siehe auch 1078-DC-00000002. Eine Kopie der Anzeige wurde in der Kiste mit Geschenken und anderen Gegenständen gefunden, die Miss Lewinsky zum Aufbewahren an Miss Currie gegeben hatte, nachdem sie im Fall Jones vorgeladen worden war. 824-DC-00000013 – 14; Lewinsky 20/8/98 GJ S. 71-72. Miss Lewinsky erzählte mehreren Leuten von der Anzeige. Catherine Davis 17/3/98 GJ S. 28; Finerman 18/3/98 Depo. S. 22-23; Marcia Lewis 10/2/98 GJ S. 59-61; Raines 29/1/98 GJ S. 109. In email am 13. Februar sagte sie, daß sie die Nachrichten auf ihrem Telefon von London aus (wo sie am Valentinstag sein würde) abrufen würde – »in der Hoffnung, daß der Miesling anruft und sagt: ›Danke für den Liebesbrief. Ich liebe dich. Willst du mit mir durchbrennen?‹ Was glaubst du, wie wahrscheinlich das ist?« 833-DC-00001934. Am 19. Februar schrieb sie in einer email, daß der Präsident ihr am Valentinstag keine Nachricht hinterlassen hatte. 833-DC-00009446.

422. 827-DC-00000018 (Epass Aufzeichnungen); Kessinger 24/2/98 Int. S. 2.

423. 833-DC-00001906 (email von Miss Lewinsky an Miss Tripp).

424. V006-DC-00003712.

425. V006-DC-00003720 (Gästeliste Radioansprache).

426. 827-DC-00000018; V006-DC-00000008; V006-DC-00001796.

427. 1222-DC-00000234; 968-DC-00000073.

428. 968-DC-00003506.

429. Lewinsky 26/8/98 Depo. S. 45-46, 48-49;

Lewinsky 6/8/98 GJ S. 30.

430. Lewinsky 6/8/98 GJ S. 45-46.

431. Lewinsky 26/8/98 Depo. S. 46.

432. Lewinsky 6/8/98 GJ S. 30.

433. Lewinsky 6/8/98 GJ S. 30-31, 46-47;
Lewinsky 30/7/98 Int. S. 15; Lewinsky 31/7/98 Int. S. 5.
Mr. Goodin und Miss Currie bestätigten, daß Miss
Lewinsky zurückblieb und nach der Rundfunkansprache mit dem Präsidenten sprach. Currie 27/1/98
GJ S. 34; Goodin 17/2/98 GJ S. 52, 55. Mr. Goodin sagte
aus, er hätte den Präsidenten angesprochen und »im
Grunde angeboten, sie wegzujagen, weil ich nicht
wußte, ob es eine sinnvolle Nutzung seiner Zeit war«,
aber der Präsident erwiderte, daß »sie die Freundin
eines politischen Förderers sei.« Goodin 17/2/98
GJ S. 56. Nancy Hernreich, die während der Rundfunkansprache nicht anwesend war, sagte aus, daß Mr. Goodin ihr am folgenden Arbeitstag von Miss Lewinskys
Anwesenheit berichtet hätte. Hernreich 26/2/98
GJ S. 5-9.

434. Currie 22/7/98 GJ S. 130-31; Currie 27/1/98
GJ S. 34-35; Lewinsky 6/8/98 GJ S. 31;
Lewinsky 30/7/98 Int. S. 15.

435. Currie 22/7/98 GJ S. 131. Miss Currie beharrte
auch darauf, daß der Präsident und Miss Lewinsky
»[n]ie außer Sichtweite« waren. Id. S. 135. Der Präsident
dagegen räumte »unschicklichen, intimen Kontakt« mit
Miss Lewinsky am 28. Februar ein und sagte aus, daß
seines Wissens nach Miss Currie nie solche Begegnungen zwischen ihm und Miss Lewinsky mitbekommen
hatte. Clinton 17/8/98 GJ S. 10, 53-54.

436. Lewinsky 26/8/98 Depo. S. 46-47.

437. Lewinsky 26/8/98 Depo. S. 46-47.

438. Lewinsky 26/8/98 Depo. S. 47;

Lewinsky 6/8/98 GJ S. 31. Miss Currie sagte aus, daß der Präsident sie anschließend gefragt hätte: »Hat Monica Ihnen die Haarnadel gezeigt, die ich ihr gegeben habe?« Currie 6/5/98 GJ S. 142.

439. Lewinsky 6/8/98 GJ S. 156.
Siehe auch Lewinsky 20/8/98 GJ S. 72;
Lewinsky 26/8/98 Depo. S. 47; Currie 6/5/98
GJ S. 101-102; Catherine Davis 17/3/98 GJ S. 30-31;
Erbland 12/2/98 GJ S. 40-41; Finerman 18/3/98
Depo. S. 15-16; Marcia Lewis 10/2/98 GJ S. 51-52;
Raines 29/1/98 GJ S. 53-55.

Ein Entwurf von Miss Lewinskys Dankesbrief (»Dear Mr. P«) wurde in ihrem Apartment gefunden. Dort heißt es u.a.:

Mein ganzes Leben lang hat man mir immer gesagt, wie schwer es ist, für mich einzukaufen, und doch ist es Ihnen gelungen, zwei absolut perfekte Geschenke für mich auszuwählen! Eine kleine Wendung (mit nur acht Buchstaben) wie »thank you« kann einfach nicht einmal annähernd ausdrücken, was ich über das empfinde, was Sie mir gegeben haben. Kunst & Poesie sind Geschenke für meine Seele!

Ich liebe die Haarnadel. Sie ist lebhaft, einzigartig und ein wunderbares Kunstwerk. Jetzt hoffe ich nur, daß ich eine Hutnadel habe, die dazu paßt (ahhh, ich habe einen weiteren Vorwand, einkaufen zu gehen)! Ich weiß, daß ich bestimmt Komplimente darüber hören werde.

Ich hatte bisher nur Auszüge aus »Leaves of Grass« gelesen – nie das Ganze oder in einer so wunderschön gebundenen Ausgabe. Wie Shakespeare sind auch Whitmans Stücke so zeitlos. Ich finde Trost in seinen früheren Arbeiten, die so tiefgründig und irgendwie immer scharfsinnig sind. Whitman ist so kostbar, daß man ihn lesen muß, wie man einen guten Wein schmeckt oder eine gute Zigarre – hereinziehen, im Mund behalten und genießen!

Ich hoffe, Sie wissen, wie sehr dankbar ich für diese Geschenke bin, besonders für das Geschenk der Freundschaft. Ich werde sie alle wie einen Schatz hüten ... immer.

MISSL-DC-00000621 – 622 (Hervorhebungen im Original) (Auslassungen im Original). Miss Lewinsky sagte, sie hätte eine Version dieses Briefes an den Präsidenten geschickt und eine Krawatte beigelegt.
Lewinsky 4/8/98 Int. S. 5.

440. Lewinsky 24/8/98 Int. S. 7; Finerman 18/3/98 Depo. S. 22; Raines 29/1/98 GJ S. 109.

441. Lewinsky 26/8/98 Depo. S. 47-48.
Siehe auch Lewinsky 6/8/98 GJ S. 31, 38-39.

442. Lewinsky 26/8/98 Depo. S. 47-48.
Siehe auch Lewinsky 6/8/98 GJ S. 31, 38-39.

443. Lewinsky 30/7/98 Int. S. 15.

444. Lewinsky 26/8/98 Depo. S. 48.

445. Lewinsky 6/8/98 GJ S. 32, 39-40. Miss Lewinsky sagte aus, daß sie das befleckte Kleid nicht als Souvenir behielt. Sie sagte, daß sie ihre Kleider nicht eher reinigt, bis sie sie wieder tragen will. »Ich wollte es reinigen. Ich wollte es wieder tragen.« Lewinsky 6/8/98 GJ S. 41. Sie sagte auch aus, daß sie nicht sicher war, ob die Flecken Sperma waren. Nach der Radioansprache war sie aus essen gegangen, »[s]o konnte es auch Spinattunke sein oder so was.« Lewinsky 6/8/98 GJ S. 40.
Siehe auch Lewinsky 29/7/98 Int. S. 17.

446. FBI Laborberichte, 6/8/98, 17/8/98.

447. Clinton 17/8/98 GJ S. 55.

448. Clinton 17/8/98 GJ S. 138.

449. Clinton 17/8/98 GJ S. 136-37.

450. V006-DC-00000008 (WAVES Aufzeichnungen);

V006-DC-00001792 (WAVES Nachfrage). Das Telefonatverzeichnis zeigt, daß Miss Lewinsky an diesem Tag um
8:37 Miss Currie anrief und eine Minute lang sprach.
1014-DC-00000022.

451. 968-DC-00000236 (Präsidenten-Tagebuch);
V006-DC-00002130 (Dienstbücher); 968-DC-00003510
(Telefonatverzeichnis). Mrs. Clinton war in Afrika.
968-DC-00003843 (Reiseplan).

452. Lewinsky 30/7/98 Int. S. 16; Lewinsky 20/8/98
GJ S. 67-69; Lewinsky 24/8/98 Int. S. 7.

453. Lewinsky 26/8/98 Depo. S. 49.

454. Lewinsky 26/8/98 Depo. S. 50.

455. Lewinsky 26/8/98 Depo. S. 50.

456. Lewinsky 26/8/98 Depo. S. 51. Siehe auch
Lewinsky 20/8/98 GJ S. 68-69; Lewinsky 30/7/98
Int. S. 16. Miss Lewinsky sagte aus, daß ihre Genitalien
sich nur kurz berührten: »[W]ir haben es irgendwie versucht, es zu tun, aber weil er so groß ist und er sein Knie
nicht beugen konnte, hat es nicht wirklich geklappt.«
Lewinsky 26/8/98 Depo. S. 51.

457. Lewinsky 20/8/98 GJ S. 68-69; Lewinsky 26/8/98
Depo. S. 50; Lewinsky 30/7/98 Int. S. 16.

458. Lewinsky 30/7/98 Int. S. 16.

459. Clinton 17/8/98 GJ S. 10.

460. Clinton 17/8/98 GJ S. 54-55, 137-38.

461. Lewinsky 6/8/98 GJ S. 66; Lewinsky 27/7/98
Int. S. 5; Lewinsky 31/7/98 Int. S. 8; Lewinsky 1/2/98
Statement S. 1-2; MISSL-DC-00001052; T1 S. 38.
Mr. Nash sagte, er hätte vor Januar 1998 nie von Miss
Lewinsky gehört. Nash 19/3/98 Int. S. 1; Nash 2/9/98
Int. S. 1.

462. Lewinsky 6/8/98 GJ S. 67.

463. Lewinsky 6/8/98 GJ S. 66-67; Lewinsky 27/7/98
Int. S. 5; Lewinsky 5/8/98 Int. S. 2.

464. Lewinsky 6/8/98 GJ S. 86-87.

465. Lewinsky 26/8/98 Depo. S. 62.

466. Clinton 17/8/98 GJ S. 113-14. Später sagte der Präsident: »Ich habe nicht angeordnet, daß sie im Weißen Haus angestellt werden sollte. Ich hätte es tun können. Ich würde es nicht tun.« (467)

467. Clinton 17/8/98 GJ S. 124.

468. Lewinsky 6/8/98 GJ S. 97-99; Lewinsky 27/7/98 Int. S. 3.

469. Lewinsky 6/8/98 GJ S. 87; Lewinsky 27/7/98 Int. S. 3.

470. Lewinsky 6/8/98 GJ S. 98-99; Lewinsky 27/7/98 Int. S. 3. Siehe auch Lewinsky 3/9/98 Int. S. 1.

471. Kaye 21/5/98 GJ S. 103-108. Miss Finerman sagte aus, daß sie ein Gespräch dieser Art mit Mr. Kaye geführt hat. Finerman 18/3/98 Depo. S. 52-57. Mr. Kaye sagte aus, er könnte sich nicht erinnern, mit Miss Scott über Miss Lewinsky gesprochen zu haben.
Kaye 21/5/98 GJ S. 44. Miss Scott sagte aus, sie könnte sich nicht erinnern, in dieser Zeit mit Mr. Kaye über Miss Lewinsky gesprochen zu haben, auch nicht zu irgendeiner Zeit über die Telefongespräche zwischen Miss Lewinsky und dem Präsidenten. Scott 31/3/98 GJ S. 53.

472. 827-DC-00000018 (Epass Aufzeichnungen).

473. 1222-DC-00000242.

474. 968-DC-00003533.

475. Lewinsky 4/8/98 Int. S. 2-3.

476. Lewinsky 6/8/98 GJ S. 24-25, 101.

477. Lewinsky 4/8/98 Int. S. 2; Lewinsky 31/7/98 Int. S. 16.

478. Lewinsky 4/8/98 Int. S. 2-3.

479. Lewinsky 4/8/98 Int. S. 3. Miss Lewinsky erzählte Vertrauten später über das Ende am 24. Mai.

Catherine Davis 17/3/98 GJ S. 133-35; Erbland 12/2/98
GJ S. 46-47; Kassorla 28/8/98 Int. S. 4; Raines 29/1/98
GJ S. 58-59; Tripp 14/7/98 GJ S. 78-84; Ungvari 19/3/98
GJ S. 80. Dr. Kassorla, Miss Lewinskys Therapeutin,
sagte Miss Lewinsky, daß die Erklärung des Präsidenten
wie einstudiert und unaufrichtig klänge.
Kassorla 28/8/98 Int. S. 4.

Ein Fragment eines Dokuments, das auf Miss Lewinskys Heimcomputer wiederhergestellt wurde, bezieht
sich offensichtlich auf die Erklärung des Präsidenten
vom 24. Mai:

. . . bleibt mir nichts anderes übrig, als es zu akzeptieren. Aber ich kann nicht ignorieren, was wir gemeinsam
hatten. Mir ist egal, was du sagst, aber wenn du in deiner Ehe 100% Erfüllung fändest, hätte ich nie diese rohe,
intensive Sexualität gesehen, die ich ein paarmal
gesehen habe – wenn ich deinen Mund auf meiner Brust
beobachtete oder wenn ich in deine Augen schaute,
während du die Tiefe meines Geschlechts erforschtest.
Sonst wäre es nur eine routinemäßige Beziehung gewesen, ohne jede Bedeutung außer einer sexuellen Befriedi-
gung. Ich will nicht, daß du deinen moralischen Maß-
stab brichst. . . MISSL-55-DC-0094; MISSL-55-DC-0124
(Rechtschreibung und Interpunktion korrigiert).

480. Lewinsky 6/8/98 GJ S. 25.
Siehe auch Lewinsky 27/7/98 Int. S. 3 (Geburtstagskuß
16/8/97; Weihnachtskuß 28/12/97); id. S. 7 (Der Präsident sagte ihr, Weihnachten sei ein Kuß erlaubt). Miss
Lewinsky versuchte am 16. August 1997 mit dem Präsidenten genitalen Kontakt herzustellen, aber er wies sie
zurück. Lewinsky 20/8/98 GJ S. 70.

481. Clinton v. Jones, 117 S. Ct. 1636 (1997).

482. Currie 6/5/98 GJ S. 31-33; Currie 7/5/98
GJ S. 44, 68; Currie 14/5/98 GJ S. 6-8, 148. Miss Currie

war nicht sicher, wann das stattfand. Currie 6/5/98
GJ S. 31.

483. Currie 6/5/98 GJ S. 45; Currie 14/5/98
GJ S. 146.

484. Currie 14/5/98 GJ S. 146.

485. Currie 14/5/98 GJ S. 121; Currie 6/5/98
GJ S. 13, 81.

486. Currie 7/5/98 GJ S. 43-44.

487. Currie 7/5/98 GJ S. 68.

488. Currie 7/5/98 GJ S. 69. Im Gegensatz zu Miss
Curries Aussage bezeugte Miss Scott, daß der Präsident
ihr nie aufgetragen hätte, Miss Lewinsky zu helfen,
obwohl sie es diskutiert haben könnten. Nach Miss
Scotts Aussage traf sie sich auf Wunsch von Miss Currie
mit Miss Lewinsky. Scott 19/3/98
GJ S. 20, 32, 37, 78-79, 84-85; Scott 26/3/98 GJ S. 13, 15;
Scott 31/3/98 GJ S. 43-44. Was ihn anging, sagte der Präsident aus, daß er mit Miss Scott darüber gesprochen
hätte, Miss Lewinsky zurück ins Weiße Haus zu holen,
aber er hätte ihr nicht befohlen, Miss Lewinsky anzustellen. Clinton 17/8/98 GJ S. 130.

489. Lewinsky 6/8/98 GJ S. 67; Lewinsky 24/8/98
Int. S. 7. Miss Lewinsky versuchte auch über andere
Wege eine Stelle im Weißen Haus zu bekommen. Sie
bewarb sich um eine Position beim Nationalen Sicherheitsrat und stellte sich dort am 1. Mai und am 11. Juni
vor. Lewinsky 27/7/98 Int. S. 5; Bailey 26/5/98 GJ S. 23;
Dimel 18/2/98 Int. S. 1; Friedrich 17/7/98 Int. S. 1;
Stott 27/2/98 Int. S. 2; V006-DC-00000008 (WAVES Aufzeichnungen); 827-DC-00000018 (Epass Aufzeichnungen); 833-DC-00001876 (Tripp email über ein Stellenangebot); V006-DC-00000221 – 224 (Dimel-Dokumente). Sie
erhielt die Stelle nicht. V006-DC-00000223 – 224 (Dimel-
Brief). Sie bewarb sich auch um eine Stelle im Presse-

büro des Weißen Hauses. Lewinsky 27/7/98 Int. S. 5. Einmal hat Miss Lewinsky dem Präsidenten gesagt, daß sie sich um diese Stellen beworben hatte, und er antwortete, daß er das vorher wissen müßte, wenn er ihr helfen sollte. Lewinsky 27/7/98 Int. S. 5.

490. 827-DC-00000018 (Epass Aufzeichnungen); V006-DC-00000008 (WAVES Aufzeichnungen); Scott 19/3/98 GJ S. 17.

491. 1037-DC-00000265-266 (Rechtschreibung und Interpunktion korrigiert). Siehe auch Finerman 18/3/98 Depo. S. 50-51 (Bericht über dieses Treffen); Tripp 14/7/98 GJ S. 89-91 (Bericht über dieses Treffen).

492. Scott 19/3/98 GJ S. 52. Siehe auch Scott 26/3/98 GJ S. 16-17.

493. Scott 19/3/98 GJ S. 74.

494. Scott 19/3/98 GJ S. 87.

495. 833-DC-00001070.

496. Currie 7/5/98 GJ S. 35; siehe id. S. 39.

497. MISSL-DC-00001176 – 1177. Eine überarbeitete Version dieses Briefes wurde auch in Miss Lewinskys Apartment gefunden. MISSL-DC-00001192. Übereinstimmend mit einer Erklärung im Entwurf sagte Miss Scott aus, daß »ich nichts über Stellen im Weißen Haus höre.« Scott 19/3/98 GJ S. 90. Miss Scott sagte auch aus, daß sie sich an eine nur kurze Dankesnotiz nach dem Treffen mit Miss Lewinsky am 16. Juni erinnerte, und später erhielt sie einen »wirklich stocksauren (pissy) Brief« von Miss Lewinsky, den sie wegwarf. Scott 19/3/98 GJ S. 77; Scott 26/3/98 GJ S. 18.

498. MISSL-DC-00001227 (Hervorhebungen im Original). Miss Lewinsky schickte eine Version der Notiz ab. Lewinsky 4/8/98 Int. S. 6. Aufzeichnungen zeigen, daß Miss Lewinsky in der folgenden Woche in Madrid war und später im Monat in Los Angeles.

MISSL-DC-00001221; 852-DC-00000035;
929-DC-00000056; 852-DC-00000037.

499. 1037-DC-00000103, 1037-DC-00000280,
1037-DC-00000296 (email von Catherine Davis an Miss
Lewinsky mit Bezügen zu »[d]einer Idee, in einer anderen Stadt oder in einem anderen Land« zu arbeiten)
(mehrere Kopien derselben Nachricht).

500. Lewinsky 29/7/98 Int. S. 8.

501. Lewinsky 6/8/98 GJ S. 68, 87; Lewinsky 29/7/98
Int. S. 7-8; Lewinsky 11/8/98 Int. S. 6.

502. Lewinsky 6/8/98 GJ S. 68, 87.
Siehe auch Lewinsky 29/7/98 Int. S. 7-8;
Lewinsky 11/8/98 Int. S. 6.

503. Lewinsky 6/8/98 GJ S. 68-69, 87-89.
Siehe auch Lewinsky 26/8/98 Depo. S. 62-63.

504. Lewinsky 6/8/98 GJ S. 68, 87; Lewinsky 29/7/98
Int. S. 7-8; Lewinsky 11/8/98 Int. S. 6.

505. Lewinsky 29/7/98 Int. S. 8; Lewinsky 13/8/98
Int. S. 1. Miss Lewinsky sagte, sie hätte an die Vereinten
Nationen gedacht, weil ein früherer Kollege aus dem
Pentagon dort arbeitete, dem es gut gefiel. Lewinsky
13/8/98 Int. S. 1.

506. Clinton 17/8/98 GJ S. 124.

507. Lewinsky 6/8/98 GJ S. 69.
Siehe auch Lewinsky 29/7/98 Int. S. 8.

508. Lewinsky 6/8/98 GJ S. 69.
Siehe auch Lewinsky 29/7/98 Int. S. 7.

509. 827-DC-00000018.

510. V006-DC-00002140; V006-DC-00002214.

511. Lewinsky 6/8/98 GJ S. 75.
Siehe auch Lewinsky 29/7/98 Int. S. 8;
Lewinsky 4/8/98 Int. S. 4.

512. Lewinsky 29/7/98 Int. S. 8-9.

513. Lewinsky 26/8/98 Depo. S. 54-55;

Lewinsky 27/7/98 Int. S. 3.

514. Lewinsky 26/8/98 Depo. S. 55-56.

515. Lewinsky 26/8/98 Depo. S. 56-57.

Siehe auch Lewinsky 28/7/98 Int. S. 6.

516. Lewinsky 26/8/98 Depo. S. 56-57.

Siehe auch Catherine Davis 17/3/98 GJ S. 180;
Tripp 7/7/98 GJ S. 55-56; 845-DC-00000193 (Tripp-Aufzeichnungen).

517. Lewinsky 6/8/98 GJ S. 72.

Siehe auch Lewinsky 4/8/98 Int. S. 4.

518. Lewinsky 6/8/98 GJ S. 70-71; Tripp 14/7/98
GJ S. 107-116.

519. Lewinsky 6/8/98 GJ S. 72, 77;
Lewinsky 302 29/7/98 S. 7. Laut Miss Tripp hatte sie
versucht, Mr. Lindsey nach der Kontaktaufnahme von
Mr. Isikoff zu warnen, aber Mr. Lindsey, mit dem sie im
Weißen Haus gearbeitet hatte, rief nicht zurück und
beantwortete ihre Schreiben nicht. Miss Tripp sagte aus,
sie hätte ihn zu erreichen versucht, weil »er einer der
Beschützer« des Präsidenten sei. Tripp 14/7/98
GJ S. 111. Mr. Lindsey sagte aus, er hätte auf ein Schrei-
ben von Miss Tripp geantwortet, aber erst im Juli oder
August. Lindsey 18/2/98 GJ S. 132-33.

520. Lewinsky 6/8/98 GJ S. 71.

521. Lewinsky 6/8/98 GJ S. 73-74; Lewinsky 29/7/98
Int. S. 7.

522. Lewinsky 29/7/98 Int. S. 7; Lewinsky 11/8/98
Int. S. 5.

523. Lewinsky 6/8/98 GJ S. 73; Lewinsky 29/7/98
Int. S. 7.

524. 968-DC-00003546.

525. Lewinsky 6/8/98 GJ S. 75.

526. 827-DC-00000018;
siehe auch Steven Pape 18/5/98 Depo. S. 3.

527. V006-DC-00002142 (Dienstbücher).

528. Lewinsky 6/8/98 GJ S. 75-76; Lewinsky 29/7/98 Int. S. 9. Miss Currie erinnerte sich nicht an Miss Lewinskys Besuch am 14. Juli. Currie 22/7/98 GJ S. 81.

529. Lewinsky 6/8/98 GJ S. 76.

530. 1222-DC-00000251 (Dienstbücher).

531. Lewinsky 6/8/98 GJ S. 76. Der Präsident bezog sich auf den Drudge Report, der Internet nutzt und am 4. Juli (am Tag des vorherigen Besuchs von Miss Lewinsky im Weißen Haus) meldete, daß Michael Isikoff von Newsweek auf »heißer Fährte« einer Story sei, in der es darum gehe, daß der Präsident auf Bundesbesitz eine Bundesangestellte sexuell belästige.
Drudge Report 4/7/97. Siehe auch Washington Post, 11/8/97 S. D1 (über Drudge Report und den Knüller von Newsweek).

532. Lewinsky 6/8/98 GJ S. 76-77.

533. Lewinsky 6/8/98 GJ S. 77.

534. Lewinsky 6/8/98 GJ S. 77-78; Tripp 16/7/98 GJ S. 12.

535. Lewinsky 6/8/98 GJ S. 78; Lewinsky 27/7/98 Int. S. 3; Lewinsky 29/7/98 Int. S. 10; Tripp 14/7/98 GJ S. 117-19; Tripp 16/7/98 GJ S. 9.

536. Lewinsky 6/8/98 GJ S. 78-79.

537. 968-DC-00003550.

538. Lewinsky 6/8/98 GJ S. 79; Tripp 16/7/98 S. 12.

539. Lewinsky 6/8/98 GJ S. 79-80.

540. Lewinsky 29/7/98 Int. S. 10-11. Später rief Miss Tripp doch Mr. Lindsey noch an. Er drängte sie, Robert Bennett anzurufen, aber das tat sie nicht. Lindsey 12/3/98 GJ S. 3, 13; Lindsey 18/2/98 GJ S. 132-40; Tripp 16/7/98 GJ S. 12-14, 54-67, 75-80; Lewinsky 29/7/98 Int. S. 11; T29 S. 16; 880-DC-0000002 – 8.

541. Scott 19/3/98 GJ S. 64-72.

542. Lewinsky 31/7/98 Int. S. 9.

543. Lewinsky 1/2/98 Statement S. 2.

544. Scott 26/3/98 GJ S. 18-21; Currie 7/5/98 GJ S. 68.
Miss Lewinsky beriet sich auch mit ihrem Vorgesetzten,
Kenneth Bacon, über eine Zurückversetzung ins Weiße
Haus. Er gab seine Zustimmung und schickte einen
Brief, in dem er sie empfahl. Bailey 6/2/98 Int. S. 3;
Bacon 26/2/98 Int. S. 2-3; 1012-DC-00000001;
MISSL-DC-00001230.

545. Scott 19/3/98 GJ S. 78-79; Scott 26/3/98
GJ S. 13-15; Scott 31/3/98 GJ S. 43-44; Currie 7/5/98
GJ S. 68.

546. 827-DC-00000018 (Epass Aufzeichnungen);
V006-DC-00000008 (WAVES Aufzeichnungen);
V006-DC-00001770 (WAVES Nachfrage).

547. 1222-DC-00000254 (Dienstbücher).

548. 968-DC-00003556 (Telefonatverzeichnis).

549. Lewinsky 6/8/98 GJ S. 27-28 & Ex. ML-7;
Lewinsky 24/8/98 Int. S. 6.

550. Newsweek, 11/8/97 S. 30.

551. 845-DC-00000190 (Brief); Tripp 16/7/98
GJ S. 85-88.

552. T30 S. 166. Miss Tripp antwortete: »Oh, Gott.
Er glaubt, ich hätte ihn in dem Artikel reingelegt. Ich bin
tot.« Id.

553. V006-DC-00000008 (WAVES Aufzeichnungen).

554. V006-DC-00002146 (Dienstbücher). Secret Service
Officer Steven Pape sagte über Miss Lewinskys Besuch
am 16. August aus. Als Miss Lewinsky das Gebäude
durch das Südwesttor betrat, sagte Officer Pape, der sich
mit Miss Lewinskys Besuchen auskannte, einem Kollegen voraus, daß der Präsident innerhalb kurzer Zeit ins
Oval Office gehen würde. Officer Papes Vorhersage

erwies sich als zutreffend: Der Präsident ging, den Aufzeichnungen zufolge, 18 Minuten, nachdem Miss Lewinsky das Weiße Haus betreten hatte, ins Oval Office. Pape 5/8/98 GJ S. 20-24; Myrick 13/8/98 GJ S. 5-9; V006-DC-00002146 (Dienstbücher); V006-DC-00002095 (Dienstbücher); V006-DC-00002147 (Dienstbücher). Siehe auch Shegogue 4/8/98 GJ S. 10-11, 14-15, 17-20 (Beamte des Secret Service erinnern sich, daß Miss Currie Miss Lewinsky in den Westflügel begleitete. Das war am Tag, bevor der Präsident nach Martha's Vineyard reiste).

555. 968-DC-00003558.

556. 968-DC-00002947.

557. Lewinsky 26/8/98 Depo. S. 52.
Siehe auch Lewinsky 20/8/98 GJ S. 70.

558. Lewinsky 20/8/98 GJ S. 70; Lewinsky 26/8/98 Depo. S. 51-53.

559. Lewinsky 26/8/98 Depo. S. 52.

560. DB-DC-00000022 (Notiz mit dem Datum 12/11/97). Miss Lewinsky sagte, sie hätte diese oder eine ähnliche Notiz an den Präsidenten geschickt. Lewinsky 31/7/98 Int. S. 2.
Siehe auch 1037-DC-00000583 (email an Catherine Davis).

561. 1051-DC-00000003 (Pentagon Telefonaufzeichnungen).

562. 1037-DC-00000086 – 87, 1037-DC-00000167, 1037-DC-00000255 – 256, 1037-DC-00000258 – 259 (email an Catherine Davis); 1318-DC-00000001 (Karte an Dale Young).

563. 1037-DC-00000086 – 87, 1037-DC-00000167, 1037-DC-00000255 – 256, 1037-DC-00000258 – 259 (email an Catherine Davis) (Rechtschreibung und Interpunktion korrigiert).

564. Scott 26/3/98 GJ S. 142.

565. Lewinsky 4/8/98 Int. S. 5.

566. MISSL-DC-00001052 (Rechtschreibung und Interpunktion korrigiert).

567. Lewinsky 3/8/98 Int. S. 6-7; Lewinsky 11/8/98
Int. S. 5. Siehe auch 1037-DC-00000168 (email Bericht).
Mitte oder Ende September, so berichtete Miss
Lewinsky, sagte Miss Currie ihr, daß sie mit Mr. Podesta
gesprochen hätte. Lewinsky 31/7/98 Int. S. 9;
Lewinsky 13/8/98 Int. S. 2; Lewinsky 1/2/98 Statement
S. 2. (Miss Lewinsky dachte, der Präsident ließe Miss
Currie aus Sorge um den Schein die Laufarbeit verrich-
ten, um ihr einen Job zu besorgen. Lewinsky 13/8/98
Int. S. 3.) Mr. Podesta sagte aus, er hätte Miss Currie
mitgeteilt, Miss Lewinsky sollte ihn anrufen.
Podesta 5/2/98 GJ S. 35; Podesta 16/6/98 GJ S. 12-19.
Miss Currie sagte aus, sie könnte sich an diese Reaktion
von Mr. Podesta nicht erinnern, und wenn diese Reak-
tion bei ihr angekommen wäre, hätte sie sie an Miss
Lewinsky weitergegeben. Currie 14/5/98 GJ S. 149-51.
Miss Lewinsky zufolge erwähnte Miss Currie den
Namen Mr. Podesta im September 1997, aber sie sagte
nie, daß sie ihn anrufen sollte. Lewinsky 24/8/98
Int. S. 7. Miss Currie bat Mr. Podesta später um Hilfe,
Miss Lewinsky einen Job in New York zu beschaffen.
Lewinsky 1/2/98 Statement S. 2-3; Podesta 5/2/98
GJ S. 40-43; Podesta 16/6/98 GJ S. 13.

568. 1037-DC-00000038 – 040; 1037-DC-00000167 – 169
(email an Catherine Davis).

569. Lewinsky 6/8/98 GJ S. 27-28 & Ex. ML-7.

570. 1037-DC-00000038, 1037-DC-00000040,
1037-DC-00000167 – 169. Miss Lewinsky erzählte mehreren Personen von den Geschenken.
Catherine Davis 17/3/98 (571)

571. Catherine Davis GJ 31-32, 109-111; Erbland GJ 39-42; Finerman depo 14-15; Marcia Lewis GJ 98; Raines GJ 53-55.

572. Lewinsky 29/7/98 Int. S. 16; Lewinsky 4/8/98 Int. S. 5.

573. MISSL-DC-00001050. Unterhalb des Textes, am Ende der Seite, hatte Miss Lewinsky hinzugefügt: »NUR EINE ERINNERUNG, DIES WEGZUWERFEN UND NICHT DER SEKRETƒRIN ZU GEBEN!« Id. Die Erklärung, daß Miss Lewinsky und der Präsident seit sechs Wochen keine Zeit mehr miteinander verbracht hatten, bezieht sich offensichtlich auf ihren Besuch am 16. August, vor seinem Urlaub.

574. Lewinsky 6/8/98 GJ S. 27-28 & Ex. ML-7. Am 30. September unterschrieb der Präsident schriftliche Beweisfragen im Fall des sexuellen Belästigung und antwortete auf die Anschuldigungen von Miss Jones gegen ihn. V002-DC-00000008 – 15.

575. Lewinsky 13/8/98 Int. S. 1. In einer email deutete Miss Lewinsky an, daß es Miss Currie war, die ihr gesagt hatte, der Präsident würde mit dem Stabschef reden. 1037-DC-00000168.

576. Bowles 2/4/98 GJ S. 12, 65-73.

577. Bowles 2/4/98 GJ S. 67-68.

578. Bowles 2/4/98 GJ S. 70, 74-75. Mr. Bowles legte dieses Vorkommnis in den Spätsommer oder Frühherbst 1997. Bowles 2/4/98 GJ at 65-66. Mr. Podestas Bericht stimmt im Ganzen mit Mr. Bowles' überein, abgesehen davon, daß Mr. Podesta das Vorkommnis ins späte Frühjahr oder in den Sommer 1997 legt; soweit er es verstand, wollte Miss Lewinsky einen Job im Weißen Haus oder einer anderen Behörde haben, und er erinnerte sich, daß Mr. Bowles ihm gesagt hatte, er wisse vom Präsidenten, daß Miss Lewinsky glaubte, sie wäre nicht

fair behandelt worden, als man sie ins Pentagon versetzte. Podesta 5/2/98 GJ S. 21-22.

579. Lewinsky 6/8/98 GJ S. 102.
Siehe auch Lewinsky 6/8/98 GJ S. 102;
Lewinsky 29/7/98 Int. S. 13; Lewinsky 31/7/98 Int. S. 9;
Tripp 28/7/98 GJ S. 110-111, 125-26. Miss Tripps Freundin Kate Friedrich hat jedoch bestritten, die Äußerungen gemacht zu haben, die Miss Tripp ihr zugeschrieben hat. Friedrich 17/7/98 Int. S. 1.

580. Lewinsky 31/7/98 Int. S. 10.

581. Lewinsky 13/8/98 Int. S. 1.

582. MISSL-55-DC-0178 (Rechtschreibung und Interpunktion korrigiert).

583. Lewinsky 4/8/98 Int. S. 2-3.

584. T1 S. 28.

585. T1 S. 24.

586. T1 S. 61.

587. T1 S. 25.

588. T13 S. 19.

589. MISSL-55-DC-00000001 (Brief); 837-DC-00000001 (Kurierquittungen); T1 S. 97.

590. MISSL-55-DC-00000001.

591. Lewinsky 6/8/98 GJ S. 103; Lewinsky 31/7/98 Int. S. 10. Siehe auch Lewinsky 29/7/98 Int. S. 6; Lewinsky 6/8/98 GJ S. 27-28 & Ex. ML-7.

592. T13 S. 20.

593. T8 S. 30. Siehe auch Lewinsky 31/7/98 Int. S. 10. Siehe auch MISSL-55-DC-0177 (Entwurf eines Briefes von Miss Lewinsky an den Präsidenten mit Bezug auf diese Bemerkung) DB-DC-00000017 (ein anderer Entwurf desselben Briefes).

594. T8 S. 30.

595. T8 S. 30.

596. T8 S. 33.

597. Lewinsky 31/7/98 Int. S. 10; Lewinsky 27/7/98 Int. S. 5.

598. Lewinsky 31/7/98 Int. S. 10.

599. Lewinsky 31/7/98 Int. S. 10.

600. Lewinsky 31/7/98 Int. S. 11.

601. 827-DC-00000018 (Epass Aufzeichnungen). Miss Lewinskys Tante, Debra Finerman, schrieb in einer Notiz, daß »Monica von Betty angerufen wurde, heute abend um 9:30 zu kommen.« MISSL-DC-00000456 (Dokument wurde während einer Durchsuchung von Miss Lewinskys Apartment gefunden, die auf mündlicher Übereinkunft beruhte und am 22. Januar 1998 stattfand).

602. 952-DC-00000060 (Dienstbücher).

603. Lewinsky 6/8/98 GJ S. 27-28 & Exh. ML-7.

604. Lewinsky 6/8/98 GJ S. 104; Lewinsky 13/8/98 Int. S. 2-3; T2 S. 5.

605. Lewinsky 6/8/98 GJ S. 104; Lewinsky 31/7/98 Int. S. 11-12. Miss Lewinsky war nicht sicher, ob es während des Besuchs am 11. Oktober war oder während des Telefongesprächs am 10. Oktober, daß sie den Präsidenten das erste Mal bat, mit Mr. Jordan über sie zu sprechen. Lewinsky 6/8/98 GJ S. 104.

606. Lewinsky 6/8/98 GJ S. 104; Lewinsky 31/7/98 Int. S. 11-12. Miss Lewinsky sagte später, der Präsident hätte ihr versichert, sie anzurufen und ihr »einen Bericht« zu geben. T13 S. 17-18.

607. T2 S. 14. Vor der Grand Jury wurde Miss Currie die Abschrift dieser aufgezeichneten Gespräche gezeigt, und sie räumte ein, daß die Treffen, wie Miss Lewinsky sie beschrieben hatte, »vermutlich stattfanden.« Currie 6/5/98 GJ S. 187.

608. T2 S. 14. Obwohl unklar ist, ob der Präsident im Oktober mit Mr. Bowles über eine Empfehlung für Miss

Lewinsky gesprochen hat, gibt es Beweise dafür, daß er dies am 13. Januar 1998 getan hat. Siehe infra in Sektion XIII.H.

609. T2 S. 10-11.

610. T2 S. 11-12.

611. Lewinsky 31/7/98 Int. S. 12. Miss Lewinsky legte dem OIC am 31. Juli 1998 einen Entwurf dieses Dokuments vor. Lewinsky 31/7/98 Int. S. 3.
Siehe auch Lewinsky 13/8/98 Int. S. 3.

612. DB-DC-00000027 (Interpunktion korrigiert) (Hervorhebungen im Original). Miss Lewinsky legte dem OIC am 31. Juli 1998 einen Entwurf dieses Dokuments vor. Lewinsky 31/7/98 GJ S. 3.

613. DB-DC-00000027. Miss Lewinsky deutete auch an, daß sie einen Job bei einem der Rundfunk- und Fernsehstationen erwägen würde, sie erwähnte »Kaplan« und fügte hinzu, daß »CNN ein Büro in NY« habe. DB-DC-00000027. In einem aufgezeichneten Gespräch sagte Miss Lewinsky, daß sie dem Präsidenten während des Treffens am 11. Oktober von ihrem Interesse am Fernsehen erzählt hatte. Der Präsident hatte geantwortet: »Der einzige, den ich bei den Sendern kenne, ist Kaplan, aber er hat seinen Job in Atlanta.« T2 S. 6. Siehe auch Lewinsky 31/7/98 Int. S. 11. CNN-Präsident Rick Kaplan ist ein Freund des Präsidenten.

614. DB-DC-00000027.

615. T7 S. 26.

616. T7 S. 30.

617. T2 S. 21-27. Siehe auch Lewinsky 6/8/98 GJ S. 27-28 & Ex. ML-7; Lewinsky 11/8/98 Int. S. 4.

618. T2 S. 23. In ihrer Beschreibung war die Karte »irgendwie witzig«, und der Text lautete: »Dies ist ein Test für den Notfall des Wahnsinnssystems« T2 S. 21.

Siehe auch Lewinsky 13/8/98 Int S. 3.

619. T2 S. 26-27.

620. T2 S. 27-30. Miss Lewinsky bat Miss Currie, das Paket unter dem Schreibtisch des Präsidenten zu lassen. (621)

621. T2 S. 3-4. (622)

622. Telefonaufzeichnungen belegen, daß Miss Lewinsky am 17. Oktober zwei kurze Gespräche aus dem Pentagon mit Miss Currie führte, eins um 11:10 Uhr und das zweite um 13:06 Uhr. 833-DC-00017869 (Miss Lewinskys Telefonaufzeichnungen). Es gibt keine Aufzeichnungen von Gesprächen, die Miss Currie aus dem Weißen Haus mit Miss Lewinsky geführt hat. Siehe Nagy 19/2/98 Int. S. 4 (»Keine Aufzeichnungen von Ortsgesprächen, die aus dem Weißen Haus kommen«).

Miss Currie sagte vor der Grand Jury aus: »Ich erinnere mich nicht an ein großes Paket, nur an etwas mit dem Plum Book. Und ich erinnere mich einfach nicht daran, daß es ein großes Paket war.« Currie 14/5/98 GJ S. 52-53; siehe auch Currie 14/5/98 GJ S. 154. (Plum Book ist ein Stellenangebotsbuch der Regierung und listet Jobs der Planstellen der Kategorie C auf. Currie 6/5/98 GJ S. 154, 169.) Miss Currie erinnerte sich auch an eine Liste, die Miss Lewinsky von Public Relations Agenturen in New York vorbereitet hatte. Currie 14/5/98 GJ S. 56.

623. Lewinsky 13/8/98 Int. S. 4; Lewinsky 26/8/98 Depo. S. 61-63.

624. Podesta 5/2/98 GJ S. 40-41. Siehe auch Lewinsky 31/7/98 Int. S. 10. Wie schon vorher erwähnt, hatte Miss Currie zuvor Mr. Podesta um Hilfe gebeten, Miss Lewinsky einen Job im Weißen Haus zu besorgen. (625)

625. Siehe supra bei [].

626. Podesta 5/2/98 GJ S. 40-45; Richardson 30/4/98 Depo. S. 28. Am Sonntag, 12. Oktober 1997, reiste der Präsident eine Woche lang nach Südamerika. United States President, Wöchentliche Zusammenstellung der präsidialen Dokumente, S. 1608, 1609, 1653. Auf dieser Reise wurde der Präsident neben anderen vom damaligen Botschafter bei den Vereinten Nationen, William Richardson and dem Stellvertretenden Stabschef, John Podesta, begleitet. Richardson 30/4/98 Depo. S. 28-29; Podesta 5/2/98 GJ S. 44. Botschafter Richardson erinnerte sich, daß Mr. Podesta die Bitte erstmals vor der Reise nach Südamerika vorgetragen hatte. Richardson 30/4/98 Depo. S. 28.

627. Podesta 5/2/98 GJ S. 45; Richardson 30/4/98 Depo. S. 32.

628. Richardson 30/4/98 Depo. S. 160-61; Clinton 17/1/98 Depo. S. 73.

629. Richardson 30/4/98 Depo. S. 26.

630. Watkins 27/5/98 Depo. S. 11-12, 18.

631. Podesta 5/2/98 GJ S. 46.

632. 828-DC-00000012 (Fax-Kopie von Miss Lewinskys Lebenslauf, kopiert von den V.N.); Currie 6/5/98 GJ S. 174.

633. 828-DC-00000004 (Telefonaufzeichnungen der V.N.).

634. Lewinsky 13/8/98 Int. S. 3.

635. Lewinsky 26/8/98 Depo. S. 63-64. Siehe auch Lewinsky 26/8/98 Depo. S. 63-64; Lewinsky 31/7/98 Int. S. 12; Lewinsky 27/7/98 Int. S. 5.

636. Lewinsky 27/7/98 Int. S. 5.

637. Richardson 30/4/98 Depo. S. 47-48; Watkins 27/5/98 Depo. S. 27-29. Miss Watkins sagte weiter aus, daß sie oft vom Apparat des Botschafters aus

anruft. Watkins 27/5/98 Depo. S. 37-38.

638. Lewinsky 13/8/98 Int. S. 3-4.

639. Lewinsky 13/8/98 Int. S. 4.

640. Lewinsky 13/8/98 Int. S. 4.

Siehe auch Lewinsky 31/7/98 Int. S. 12.

641. Lewinsky 26/8/98 Depo. S. 64-65;
Lewinsky 31/7/98 Int. S. 13.

642. Lewinsky 26/8/98 Depo. S. 65. Miss Lewinsky schrieb eine email an ihre Freundin Catherine Allday Davis: »Es war schön, der große Mistkerl hat Donnerstagabend angerufen, um mich aufzubauen, denn ich hatte eine solche Angst, daß ich mich wie eine Idiotin anhöre.« 1037-DC-00000022 (Rechtschreibung korrigiert).(643)

643. 1037-DC-000000022 (Rechtschreibung korrigiert).

644. Lewinsky 31/7/98 Int. S. 13.

Siehe auch Lewinsky 26/8/98 Depo. S. 65.

645. Clinton 17/1/98 Depo. S. 74.

646. 828-DC-00000023 (Botschafter Richardsons Tagebuch mit dem Eintrag des Treffens um 7:30 Uhr mit Monica Lewinsky).

Siehe auch Botschafter Richardson 30/4/98 Depo. S. 66-68; Sutphen 27/5/98 Depo. S. 7; Cooper 27/1/98 Int. S. 1-2; Lewinsky 31/7/98 Int. S. 13-14. Nach dem Treffen mit Miss Lewinsky verbrachte Botschafter Richardson den Rest des Tages mit Treffen von Senatoren und Kongreßabgeordneten. 828-DC-00000023 (Botschafter Richardsons Reise- und Besuchsbuch für den 31. Oktober).

647. Richardson 30/4/98 Depo. S. 68; Cooper 27/1/98 Int. S. 1-2.

648. Richardson 30/4/98 Depo. S. 39; Sutphen 27/5/98 Depo. S. 15-16; Cooper 27/1/98 Int. S. 2.

649. Der Entwurf wurde aus Miss Lewinskys Computer während der auf mündlicher Übereinkunft beruhenden Durchsuchung am 22. Januar 1998 wiederhergestellt.

650. MISSL-55-DC-0179 (Interpunktion hinzugefügt)(Schrägschrift im Original).

651. MISSL-55-DC-0179.

652. MISSL-55-DC-0179. Miss Lewinsky schloß den Brief: »Ich war froh, daß das Vorstellungsgespräch bei den V.N. gut gelaufen ist, aber ich fürchte, es wird so sein wie ein Pentagon in N(ew) Y(ork)... IGITT!« MISSL-55-DC-0179 (Auslassungen im Original).

653. Lewinsky 13/8/98 Int. S. 4-5; Lewinsky 31/7/98 Int. S. 14; Lewinsky 27/7/98 Int. S. 5.

654. 828-DC-00000003.

655. Lewinsky 26/8/98 Depo. S. 67; Lewinsky 27/7/98 Int. S. 5; Lewinsky 31/7/98 Int. S. 14; Lewinsky 13/8/98 Int. S. 5.

Laut Botschafter Richardson handelte es sich bei der Position, die Miss Lewinsky angeboten wurde, um keine neu geschaffene. Er sagte aus, daß er beabsichtigte, eine offene Position im Büro der V.N. in Washington auszuweiten und nach New York zu verlegen. Richardson 30/4/98 Depo. S. 39-40. Obwohl Botschafter Richardson sich nicht erinnerte, ob die Position öffentlich ausgeschrieben war, sagte er aus, daß es üblich sei, Positionen dieser Kategorie nicht auszuschreiben. Richardson 30/4/98 Depo. S. 71-72. Peter Aronsohn, der die Position innehatte, die Miss Lewinsky angeboten wurde, bezeichnete den Job als »neue Position.« Aronsohn 27/8/98 Int. S. 2.

656. Sutphen 27/5/98 Depo. S. 26.

657. Richardson 30/4/98 Depo. S. 90-91; Sutphen 27/5/98 Depo. S. 21-23.

658. Lewinsky 26/8/98 Depo. S. 65-66; Lewinsky 13/8/98 Int. S. 4.

659. Currie 6/5/98 GJ S. 174-75, 181; Currie 14/5/98 GJ S. 65-66.

660. Clinton 17/1/98 Depo. S. 73.

661. Sutphen 27/5/98 Depo. S. 32-33; Lewinsky 13/8/98 Int. S. 5.

662. Sutphen 27/5/98 Depo. S. 33. Siehe auch Richardson 30/4/98 Depo. S. 110-11 (wo er sich daran erinnert, daß Miss Lewinsky um zusätzliche Bedenkzeit bat).

663. Lewinsky 27/7/98 Int. S. 5; Sutphen 27/5/98 Depo. S. 38; 1013-DC-00000095 (Fernsprechgebührenliste von Debra Finerman).

664. 921-DC-00000101 – 118 (Zweiter Satz von Beweisfragen an den Beklagten Clinton).

665. V002-DC-00000016; V002-DC-00000020-21.

666. Siehe supra, IX.B. Siehe auch Lewinsky 6/8/98 GJ S. 104; Lewinsky 31/7/98 Int. S. 11-12.

667. MISSL-55-DC-0179.

668. Lewinsky 31/7/98 Int. S. 14.

669. Lewinsky 31/7/98 Int. S. 14. Telefonaufzeichnungen zeigen, daß Miss Lewinsky am Montag, 4. November, um 15:54 Uhr ein dreieinhalbminütiges Gespräch mit Mr. Jordans Büro geführt hat; um 16:09 Uhr führte Mr. Jordan ein einminütiges Gespräch mit Miss Currie, und um 16:38 Uhr rief Mr. Jordan wieder eine Minute lang Miss Currie an. 833-DC-00017875 (Miss Lewinskys Telefonaufzeichnungen); V004-DC-00000134 (Akin, Gump Telefonaufzeichnungen).

670. T2 S. 11-12. Siehe auch Lewinsky 31/7/98 Int. S. 11.

671. Jordan 5/5/98 GJ S. 47 (Mr. Jordan sagte aus, er glaubte, der Präsident hätte zu Miss Currie gesagt:

»[R]ufen Sie Vernon an und bitten Sie Vernon, ihr zu helfen«).

672. Currie 6/5/98 GJ S. 169-70, 176-78, 182-83, 198.

673. Clinton 17/1/98 Depo. S. 81.

674. Clinton 17/1/98 Depo. S. 82.

675. 1178-DC-00000011 (Telefonatverzeichnis).

676. Lewinsky 31/7/98 Int. S. 14.

677. Lewinsky 31/7/98 Int. S. 14-15.

678. Lewinsky 13/8/98 Int. S. 3.

679. Lewinsky 6/8/98 GJ S. 106; Lewinsky 31/7/98 Int. S. 14-15; Lewinsky 27/7/98 Int. S. 8, 10. Miss Lewinsky zitierte später die Bemerkung in einer email an eine Freundin.(680)

680. 1037-DC-00000017 (email sichergestellt auf dem Computer von Miss Davis. –

681. 1037-DC 00000017 (email sichergestellt auf dem Computer von Catherine Davis).

682. Jordan 3/3/98 GJ S. 13.

683. V004-DC-00000135 (Akin, Gump Telefonaufzeichnungen).

684. Jordan 5/5/98 GJ S. 54.

685. 1178-DC-00000026 (WAVES Aufzeichnungen). Miss Lewinsky erfuhr von dem Treffen des Präsidenten mit Mr. Jordan. In einer email an eine Freundin, datiert am 6. November, schrieb Miss Lewinsky, daß Mr. Jordan »gestern nachmittag den großen Mistkerl« getroffen hatte. 1037-DC-00000017 (Rechtschreibung korrigiert) (email an Catherine Davis).

686. Jordan 5/5/98 GJ S. 34.

687. 833-DC-00000980 (Brief wiederhergestellt aus dem Computer, den Miss Lewinsky im Pentagon benutzte)(Rechtschreibung korrigiert).

688. 1037-DC-00000017 (email sichergestellt auf Catherine Davis' Computer). Miss Lewinsky schrieb, sie sei

»ein wenig zu nervös, um den ganzen Namen zu nennen. Sein Vorname ist Vernon.« Id. Laut ihrer Tante, Debra Finerman, benutzte Miss Lewinsky den Codenamen »Gwen«, wenn sie von Mr. Jordan schrieb, weil »er eine bedeutende Person ist«, und weil Miss Lewinsky »immer das Gefühl hatte, daß jemand bei ihren Telefongesprächen hereinhörte«, sie wollten keinen Lauscher wissen lassen, daß Mr. Jordan ihr half, einen Job zu finden. Finerman 18/3/98 Depo. S. 60.
Siehe auch Lewinsky 5/8/98 Int. S. 3; Lewinsky 3/8/98 Int. S. 9.

689. Jordan 3/3/98 GJ S. 50.

690. Jordan 5/5/98 GJ S. 26-30, 34.

691. Epass Aufzeichnungen belegen, daß Miss Lewinsky das Weiße Haus um 18:20 Uhr betrat, eingelassen von Miss Currie. 827-DC-00000018. Das Dienstbuch des Secret Service zeigt, daß der Präsident den State Floor um 17:23 Uhr betrat und um 18:34 ins Oval Office ging. V006-DC-00002156.

692. 1037-DC-00000318 (email sichergestellt auf dem Computer von Catherine Davis).

693. Lewinsky 13/8/98 Int. S. 5.

694. Lewinsky 13/8/98 Int. S. 5. Viele von Miss Lewinskys vorherigen Besuchen beim Präsidenten hatten an Feiertagen stattgefunden. Siehe z.B. Lewinsky 30/7/98 Int. S. 3, 13, 17 (wo sie die Besuche an Silvester, am President's Day, am Ostersonntag und am 4. Juli beschreibt).

695. 837-DC-00000008 (Kurierquittung).

696. DB-DC-00000022. Miss Lewinsky legte dem OIC am 31. Juli 1998 einen Entwurf dieses Briefes vor. Siehe auch Lewinsky 31/7/98 Int. S. 1 (wo sie bestätigt, eine hauptsächlich ähnlich lautende Notiz abgegeben zu haben).

697. DB-DC-00000022.

698. Lewinsky 13/8/98 Int. S. 5-6. Am 12. November 1997 reagierte der Präsident auf den dritten Fragensatz im Fall Paula Jones. Als Antwort auf das Verlangen, der Präsident sollte Informationen über alle Individuen geben, die nachprüfbare und relevante Angaben zu den umstrittenen Fakten des Falles liefern könnten, stellte der Präsident eine Liste mit Namen zur Verfügung, die Miss Lewinsky nicht aufführte. 849-DC-0000090 – 97.

699. 1037-DC-00000318 (email sichergestellt auf dem Computer von Catherine Davis).

700. 1037-DC-00000318 (Rechtschreibung korrigiert). Lewinsky 13/8/98 Int. S. 6. Am 13. November sagte Miss Hernreich vor dem Kongreß aus.

701. MISSL-1249-DC-0140; Lewinsky 13/8/98 Int. S. 6.

702. 1037-DC-00000318 (email sichergestellt auf dem Computer von Catherine Davis).

703. Lewinsky 13/8/98 Int. S. 6; 1234-DC-00000050 (Dienstbücher); 986-DC-00003799 (Kearney-Tagebuch).

704. Lewinsky 13/8/98 Int. S. 6.

705. Lewinsky 13/8/98 Int. S. 6; 1037-DC-00000318 (email an Catherine Davis).

706. In einer Notiz, die sie dem Präsidenten in der folgenden Woche schrieb, erwähnte Miss Lewinsky auch die Geschenke: »Ich habe vergessen, dir was zu sagen ... Der Gingko Blowjoba oder wie immer er heißen mag, und die Raute aus Zink waren von mir.« MISSL-55-DC-0140 (Rechtschreibung und Grammatik korrigiert).

707. Lewinsky 6/8/98 GJ S. 183-85; Lewinsky 2/8/98 Int. S. 4. Miss Lewinsky sah auf dem Schreibtisch des Präsidenten auch den Ausschnitt ihrer Anzeige zum Valentinstag, die sie in der Washington Post aufgegeben hatte. Lewinsky 6/8/98 GJ S. 183-84. In einem Doku-

ment, das sie kurz nach diesem Besuch erstellte, schrieb Miss Lewinsky: »Als ich mich eine halbe Stunde lang in deinem Büro versteckte, fiel mir die neue CD von Sarah McLachlananf. Ich habe sie auch, sie ist wunderbar. Wann immer ich dem fünften Lied lausche, denke ich an dich. Dieses Lied und Billie Holidays Version von ›I'll be Seeing You‹ garantieren, daß mir die Tränen kommen, wenn ich an dich denke!« MISSL-1249-DC-0140-41 (wiederhergestelltes Dokument aus Miss Lewinskys Heimcomputer) (Rechtschreibung und Grammatik korrigiert).

708. 1037-DC-00000318 (email an Catherine Davis).

709. Lewinsky 13/8/98 Int. S. 6.

710. OIC 27/8/98 Memo.

711. 968-DC-00000187 (Tagesablaufplan des Präsidenten); 968-DC-00000303 (Kearney-Tagebuch). Miss Currie sagte ursprünglich aus, daß sie sich nicht an den Besuch von Miss Lewinsky am 13. November erinnern könnte. Currie 6/5/98 GJ S. 12, 15. Nachdem sie dokumentierte Beweise gesichtet hatte, erinnerte sie sich, daß es das einzige Mal war, daß sie Miss Lewinsky heimlich ins Weiße Haus geschleust hatte. Id. S. 85.

712. Lewinsky 11/8/98 Int. S. 1; Lewinsky 31/7/98 Int. S. 1-2; 837-DC-00000011 (Kurierquittungen); MISSL-1249-DC-0140-41 (Dokument wiederhergestellt auf dem Heimcomputer von Miss Lewinsky).

Am 17. November 1997 antwortete der Präsident auf Paula Jones' ersten Fragensatz zur Vorlage von Dokumenten und Gegenständen. Ein Ersuchen betraf Dokumente, die von Frauen (Mrs. Clinton ausgenommen) an Präsident Clinton geschickt wurden, mit denen Präsident Clinton sexuelle Beziehungen unterhielt. V002-DC-00000056 – 92. Präsident Clinton legte Einspruch gegen dieses Ersuchen ein, da es ausschließlich darauf abzielte, »den Präsidenten und das Amt, das er bekleidet, zu schikanieren, in Verlegenheit zu bringen und zu demütigen.« V002-DC-00000075. Trotzdem antwortete der Präsident, daß er über keine Dokumente verfügte, die unter dieses Ersuchen fallen.

713. Lewinsky 6/8/98 GJ S. 105.

714. Lewinsky 6/8/98 GJ S. 105. Telefon- und Piepser-Aufzeichnungen bestätigen diese Kontakte. 1205-DC-00000016; V004-DC-00000143; 831-DC-00000011. (Man beachte, daß Miss Lewinskys Piepser-Aufzeichnungen die Pazifik-Zeit angeben; in diesem Bericht sind alle Zeitangaben nach der östlichen Standard-Zeit ausgerichtet.)

715. MISSL-1249-DC-0140 (Rechtschreibung und Interpunktion korrigiert).

716. MISSL-1249-DC-0139 (Rechtschreibung und Interpunktion korrigiert).

717. 849-DC-00000128.

718. 849-DC-00000121-37

719. Siehe infra, Section XI.F. Siehe auch Lewinsky 6/8/98 GJ S. 121-26.

720. Clinton 17/8/98 GJ S. 84-85. In seiner eidlichen Aussage im Fall Jones hat der Präsident eingeräumt, daß er von der Zeugenliste eventuell gehört hat, ehe er sie zu Gesicht bekam. Clinton 17/1/98 Depo. S. 70.

721. 833-DC-00003207 (Travel Voucher DOD).

722. Lewinsky 6/8/98 GJ S. 107; Lewinsky 31/7/98 Int. S. 1.

723. V006-DC-00000521 (Gästeliste); VOO6-DC-00001859 (Foto von Miss Lewinsky und dem Präsidenten beim Empfang).

724. Lewinsky 31/7/98 Int. S. 1.

725. Lewinsky 31/7/98 Int. S. 2; MISSL-55-DC-0177. Der Text des Briefes ähnelt in Teilen einer Nachricht auf einer Kassette, die während der auf mündlicher Über-

einkunft beruhende Durchsuchung ihres Apartments gefunden wurde: »Hi. [Schniefen, weinen.] Ich war so traurig, als ich dich gestern abend gesehen habe. Ich war so wütend auf dich, daß du mich wieder einmal zurückgewiesen hast ... Ich wollte deine Wärme fühlen, wollte dich riechen und deine Berührung spüren. Und das hat mich traurig gestimmt. Und ich – du verwirrst mich so sehr. Ich meine, ich ... [Seufzen]. Ich dachte, ich – ich dachte, ich könnte mich in diesen Menschen verlieben, von dem ich wirklich spürte, daß ... daß er so ein guter ... ein guter Mensch sei, so ein gutes Herz, jemand, der ein Leben mit so vielen Erfahrungen lebt. (726)

726. Suche.001 Abschrift S. 2.

727. MISSL-55-DC-0177 (Interpunktion korrigiert).

728. MISSL-55-DC-0177 (Interpunktion korrigiert).

729. MISSL-DC-55-0177 (Interpunktion korrigiert).

730. MISSL-55-DC-0177 (Interpunktion korrigiert).

731. Lewinsky 6/8/98 GJ S. 108-09; Lewinsky 6/8/98 GJ S. 27-29 & Exh. ML-7. Die Zigarrenspitze, die Krawatte, der Krug und das Buch wurden dem OIC vorgelegt. V002-PHOTOS-0011 (Spitze, Krawatte, Buch); V002-PHOTOS-0005 (Krug).

732. Lewinsky 6/8/98 GJ S. 111-12.

733. Bryan Hall 21/5/98 Int. S. 2; Bryan Hall 23/7/98 GJ S. 10-11, 15-16; Niedzwiecki 30/7/98 GJ S. 12-13; Lewinsky 6/8/98 GJ S. 109-11.

734. Lewinsky 6/8/98 GJ S. 110-11; Niedzwiecki 30/7/98 GJ S. 13-14.

735. Byran Hall 23/7/98 GJ S. 12-13; Niedzwiecki 30/7/98 GJ S. 13, 15. Officer Hall kannte Miss Lewinsky von einer vorangegangenen Gelegenheit, als sie von Miss Currie begrüßt wurde, der sie etwas ablieferte. Byran Hall 7/23/7/98 GJ S. 6-10.

736. Tyler 28/7/98 GJ S. 40; Chinery 23/7/98 GJ S. 8.

737. Lewinsky 6/8/98 GJ S. 111-12. Miss Mondale erinnerte sich, daß sie an diesem Morgen den Präsidenten besuchte. Mondale 16/7/98 Int. S. 1. Siehe auch 843-DC-00000004 (Epass-Aufzeichnungen zeigen, daß Miss Mondale das Weiße Haus um 9:33 Uhr betreten hat.

738. Lewinsky 6/8/98 GJ S. 111-12. Siehe auch Currie 22/7/98 GJ S. 88-89. Miss Lewinsky vermutete, daß Miss Mondale für den Präsidenten schwärmte. (739)

739. In einem Gespräch am 11. November spekulierte Miss Lewinsky darüber, daß Miss Mondale und der Präsident eine »Beziehung« beginnen würden. Miss Lewinsky notierte mit Bitterkeit: »Vielleicht schläft sie noch nicht mit ihm. Nun ja, es ist aufregend. Er ist der Präsident.« LT16 S. 91. –

740. Lewinsky 6/8/98 GJ S. 112-13. Miss Currie sagte aus, daß Miss Lewinsky ihr wütend gesagt hatte: »›Sie haben mich belogen, als Sie sagten, der Präsident sei in seinem Office und hätte Besuch.‹ Und ich sagte: ›Ja, Sie haben recht.‹ Sie war nicht sehr glücklich darüber, und wir hatten einen Wortwechsel.« Currie 27/1/98 GJ S. 37.

741. Keith Williamiss 23/7/98 GJ S. 24. Siehe auch Chinery 23/798 GJ S. 10; Purdie 23/7/98 GJ S. 13.

742. Keith Williamiss 23/7/98 GJ S. 12. Einige Aussagen lassen darauf schließen, daß der Präsident selbst Sergeant Williams über den Vorfall am Nordwesttor berichtete. Drei Beamte sagten aus, Sergeant Williams hätte ihnen gesagt, der Präsident hätte ihn angesprochen und angedeutet, daß er den Beamten, der für die Bekanntmachung der Information verantwortlich war, gefeuert sehen wollte. Niedzwiecki 30/7/98 GJ S. 29, 37;

Byran Hall 23/7/98 GJ S. 25-26; Porter 13/8/98
GJ S. 16-18. Officer Niedzwiecki sagte zum Beispiel aus,
Sergeant Williams wäre kurz nach dem Vorfall ans
Nordwesttor gekommen und hätte gesagt: »[D]er Präsi-
dent will jemandes Kopf.« Niedzwiecki 30/7/98
GJ S. 29. Sergeant Williams sagte dagegen aus, daß der
Präsident nicht mit ihm selbst über den Vorfall gespro-
chen hätte. Keith Williams 23/7/98 GJ S. 31-32. Sergeant
Williams zufolge bemerkte er, als er allein mit Miss Cur-
rie war, daß die Tür, die zum Oval Office führt, zuerst
geschlossen war, dann aber einen Spalt offenstand. Keith
Williams 23/7/98 GJ S. 22, 30. Sergeant Williams sagte
aus, daß er aus dem Oval Office eine Stimme hörte, die
er als männlich einstufte und die sagte: »[D]ieser
Mensch muß gefeuert werden.« Keith Williams 30/7/98
GJ S. 10-11. Sergeant Williams sagte den Beamten am
Tor, daß er mit dem Präsidenten gesprochen hätte, um
ihre Aufmerksamkeit zu erhalten. Keith Williams
30/7/98 GJ S. 16-17. Sergeant Williams sagte jedoch
auch dem Aufseher, der ihn am Nachmittag ablöste, daß
der Präsident selbst ihn auf den Vorfall am Nordwesttor
angesprochen hätte. 3/9/98 Depo. S. 8-9.

743. Purdie 23/7/98 GJ S. 13, 18-19. Captain Purdie
sagte aus, daß er glaubte, eine Entlassung stehe »in keinem Verhältnis zum Vorfall... vor allem ohne Untersuchung oder Tatsachendarstellung.«(744)

744. Purdie 23/7/98 GJ S. 19.

745. Lewinsky 6/8/98 GJ S. 113.

746. Lewinsky 6/8/98 GJ S. 113-14.

747. Lewinsky 6/8/98 GJ S. 114.

748. Lewinsky 6/8/98 GJ S. 114.

749. 827-DC-00000018. Die Dienstbücher des Secret
Service zeigen an, daß der Präsident während dieser
Zeit in der Umgebung des Oval Office war.

V006-DC-00002158.

750. Lewinsky 6/8/98 GJ S. 115-16. Besonders wies Miss Lewinsky den Präsidenten darauf hin, »daß ich mich in der vorigen Woche bei Mr. Jordan melden sollte, daß sich die Dinge aber nicht entwickeln und daß eigentlich noch nichts geschehen ist.« Id.

751. Lewinsky 6/8/98 GJ S. 116. Der Präsident sagte Miss Lewinsky auch, daß er schon ein Weihnachtsgeschenk für sie hätte und daß er es ihr bei einem nächsten Besuch geben würde. Lewinsky 1/8/98 Int. S. 2.

752. Lewinsky 6/8/98 GJ S. 115.

753. 1037-DC-00000011 (Rechtschreibung korrigiert).

754. Keith Williams 23/7/98 GJ S. 25. Miss Currie bestätigte, daß sie einem Beamten gesagt hatte: »Okay. Fein. Dies ist nie geschehen.« Sie sagte aber aus, daß sie dies gesagt hätte, damit kein Beamter in Schwierigkeiten geriete. Currie 22/7/98 GJ S. 91-92.

Als Miss Currie an diesem Tag von der Arbeit fuhr, hielt sie an einem Posten des Secret Service an und sagte einem Beamten, daß »sie mit dem Präsidenten gesprochen hätte... und... sie beschlossen hätten, daß der Vorfall nie geschehen war, sie würden ihn nicht weiter verfolgen... keine Disziplinarmaßnahmen gegen sie, sie wollten es einfach vergessen.« Chinery 23/7/98 GJ S. 22-23. Später in der Woche sagte Miss Currie diesem Beamten, daß er einen seiner Vorgesetzten darüber informieren sollte, »daß alles okay war und nur Stillschweigen bewahrt wird.« Keith Williams 23/7/98 GJ S. 27-28.

755. Purdie 23/7/98 GJ S. 32; Purdie 17/7/98 GJ S. 3.

756. Purdie 17/7/98 GJ S. 6; Bryan Hall 23/7/98 GJ S. 31-32; Chinery 23/7/98 GJ S. 21.

757. Porter 13/8/98 GJ S. 12.

758. Niedzwiecki 30/7/98 GJ S. 30-31.

759. Niedzwiecki 30/7/98 GJ S. 31, 44.

Siehe auch Niedzwiecki 5/8/98 GJ S. 4-6 (Text von Niedzwieckis Notizen).

760. Purdie 23/7/98 GJ S. 35.

761. Purdie 23/7/98 GJ S. 34-36. Während Deputy Chief O'Malley aussagte, daß Captain Purdie ihn von dem Vorfall unterrichtete, konnte sich Deputy Chief O'Malley nicht daran erinnern, daß Captain Purdie mit ihm zu irgendeiner Zeit über die Entscheidung gesprochen hat, weder Bericht noch Memo über den Vorfall zu verfassen. Charles O'Malley 8/9/98 Depo. S. 44, 47-48.

762. O'Malley 8/9/98 Depo. S. 22, 40-41.

763. Clinton 17/8/98 GJ S. 84-85, 87. Miss Mondale bestätigte, daß sie an diesem Tag den Präsidenten allein im Arbeitszimmer des Oval Office getroffen hatte. Mondale 16/7/98 Int. S. 1.

764. Clinton 17/8/98 GJ S. 86.

765. Clinton 17/8/98 GJ S. 88-89.

766. Clinton 17/8/98 GJ S. 89-90.

767. Clinton 8/17/8/98 GJ S. 91-92.

768. Lewinsky 6/8/98 GJ S. 151-52; Lewinsky 1/2/98 Statement S. 6. Am 23. Dezember stellten Paula Jones' Anwälte dem Secret Service eine Vorladung zu.

769. Lindsey 12/3/98 GJ S. 64-66; Lindsey 19/2/98 GJ S. 9-10. WAVES Aufzeichnungen zeigen, daß Robert Bennett das Weiße Haus am Samstag, 6. Dezember, um 16:39 Uhr, betreten hat. 1407-DC-00000005.

770. Lindsey 12/3/98 GJ S. 65.

771. 964-DC-00000862 (Postnotizen des Präsidenten).

772. Lindsey 12/3/98 GJ S. 63-64. Mr. Lindsey weigerte sich, auf Fragen über seinen Besuch am 6. Dezember beim Präsidenten zu beantworten und rief sich auf die Schweigepflicht im Verhältnis Anwalt – Mandant. (773)

773. Lindsey 12/3/98 GJ S. 66. Das Bezirksgericht lehnte Mr. Lindseys Antrag ab.

774. WAVES Aufzeichnungen zeigen an, daß Mr. Jordan das Weiße Haus am Sonntag, 7. Dezember, um 17:21 Uhr betrat. 1178-DC-00000026.

775. Jordan 5/5/98 GJ S. 83. Er sagte später aus, daß es bei dem Gespräch »[a]bsolut nicht« um Miss Lewinsky ging. Jordan 5/5/98 GJ S. 116.

776. V004-DC-00000171 (Akin, Gump Besucherverzeichnis) (verzeichnet Besuch von »Malensky«). Miss Lewinsky erinnert sich, den Besuch am 8. oder 9. Dezember vereinbart zu haben. Lewinsky 1/8/98 Int. S. 3. Siehe auch 833-DC-00017886 (wo es um Miss Lewinskys Anruf bei Mr. Jordan am 8. Dezember geht).

Am 8. Dezember schickte Miss Lewinsky Mr. Jordan einen Hut, eine Tafel Schokolade und ein Briefchen, in dem sie ihn freundlich an sein Versprechen erinnerte, ihr zu helfen, einen Job zu finden. Lewinsky 31/7/98 Int. S. 15. Sie schickte auch dem Präsidenten ein Briefchen mit Pfirsichbonbons. Lewinsky 1/8/98 Int. S. 2; Lewinsky 1/8/98 Int. S. 2; 837-DC-00000017; 837-DC-00000020 (Kurierquittungen).

777. Jordan 3/3/98 GJ S. 41-42.

778. V004-DC-00000148 (Akin, Gump Telefonaufzeichnungen). Siehe auch Jordan 3/3/98 GJ S. 54, 62-63, 70.

Mr. Halperin sagte aus, daß Mr. Jordan ihm gesagt hatte, Miss Lewinsky »wäre eine aufgeweckte junge Frau, tatkräftig und begeisterungsfähig und... er hat mir zugeredet, sie zu treffen.« Halperin 23/4/98 GJ S. 13. Ähnlich Miss Fairbairn, die bestätigte, daß Mr. Jordan ihr gesagt hatte, er »würde gern die Bewerbungsunterlagen einer talentierten jungen Dame schicken, um zu sehen, ob sie für eine offene Stelle in Frage kommt.« Fairbairn 29/1/98 Int. S. 1. Mr. Georgescu jedoch erklärte, daß Mr. Jordan »nicht versuchte, mir Miss Lewinsky ›anzudrehen‹.« Georgescu 25/3/98 Int. S. 2.

779. Lewinsky 6/8/98 GJ S. 121. Miss Lewinsky verließ das Treffen mit Mr. Jordan am 8. Dezember und hatte den Eindruck, daß Mr. Jordan ihr einen Job beschaffen würde. Lewinsky 1/8/98 Int. S. 4.

780. Lewinsky 6/8/98 GJ S. 119.

781. Lewinsky 6/8/98 GJ S. 120.

782. Lewinsky 6/8/98 GJ S. 120.

783. Lewinsky 6/8/98 GJ S. 120. In ihrem handgeschriebenen Statement gab Miss Lewinsky einen sehr ähnlichen Bericht über ihr zweites Treffen mit Mr. Jordan: »Miss L. traf sich Anfang Dezember 97 wieder mit Mr. Jordan, und diesmal übergab er Miss L. eine Liste von drei Personen, die sie kontaktieren soll. Er regte auch den Text an, den sie in ihren Briefen an sie verwenden sollte. Irgendwann im Gespräch bemerkte Mr. Jordan, daß Miss L. eine Freundin des Präsidenten der Vereinigten Staaten sei. Miss L. antwortete, daß sie ihn eigentlich nie als »den Präsidenten« sehe; sie spreche zu ihm wie zu einem normalen Mann und ärgerte sich auch über ihn wie über einen normalen Mann. Mr. Jordan fragte, worüber sich Miss L. ärgerte. Miss L. antwortete, der Präs. sähe sie zu wenig und riefe sie auch zu selten an. Mr. Jordan sagte, Miss L. sollte ihre Frustrationen an ihm auslassen, nicht am Präsidenten. (784)

784. Lewinsky Statement S. 3-4. –

785. Lewinsky 6/8/98 GJ S. 120.

786. Jordan 3/3/98 GJ S. 154.

787. Jordan 3/3/98 GJ S. 64-65.

788. Jordan 3/3/98 GJ S. 65.

789. Jordan 3/3/98 GJ S. 65.

790. 1414-DC-00001534 – 46 (Plaintiff's Second Request for Production of Documents and Things – Zweites Gesuch zur Vorlage von Dokumenten und Gegenständen).

791. Lewinsky 6/8/98 GJ S. 121-26.

792. Lewinsky 6/8/98 GJ S. 126. Miss Lewinsky sagte aus, daß der Anruf überraschend kam, weil Mrs. Clinton in der Stadt war. Id. S. 122. Siehe auch 968-DC-00003479 (Mrs. Clintons Kalender bestätigt, daß sie am 17. Dezember in Washington, D.C., war.

793. Lewinsky 6/8/98 GJ S. 122-23.

794. Lewinsky 6/8/98 GJ S. 123.

795. Lewinsky 1/2/98 Statement S. 4.

796. Lewinsky 6/8/98 GJ S. 123.

797. Lewinsky 1/2/98 Statement S. 4.

798. Lewinsky 6/8/98 GJ S. 123-24. Miss Lewinsky sagte aus, daß sie »bei mehreren Gelegenheiten« beschlossen hatten, diese Tarnungsgeschichte zu verwenden, um ihre Beziehung zu vertuschen. Id.

799. Lewinsky 6/8/98 GJ S. 232.

800. Lewinsky 6/8/98 GJ S. 126.

801. Lewinsky 6/8/98 GJ S. 126.

802. Clinton 17/8/98 GJ S. 116.

803. Clinton 17/8/98 GJ S. 119. Der Präsident selbst gab diese Erklärung über Miss Lewinskys Besuche im Oval Office in der eidlichen Aussage im Fall Jones ab. Clinton 17/1/98 Depo. S. 50-51.

804. Clinton 17/8/98 GJ S. 119-20.

805. Clinton 17/8/98 GJ S. 119-20.

806. Clinton 17/8/98 GJ S. 120.

807. Halperin 26/1/98 Int. S. 2.

808. Berk 31/3/98 Int. S. 1-2. In ihrem Statement hat Miss Lewinsky erklärt, daß sie in der Woche nach dem 11. Dezember (nach dem zweiten Treffen mit Mr. Jordan) »nach ihren Briefen zwei Vorstellungsgespräche in NY hatte.« Lewinsky 1/2/98 Statement S. 4.

809. Schick 29/1/98 Int. S. 2.

810. Lewinsky 6/8/98 GJ S. 128; Harte 17/4/98 Int. S. 1.

811. 902-DC-000000135 – 138 (Lewinsky Vorladung).

812. 902-DC-000000137.

813. Lewinsky 6/8/98 GJ S. 128-29;
Lewinsky 27/7/98 Int. S. 6; 1/8/98 Int. S. 6-7. Während
des Telefongesprächs am späten Abend des 17. Dezember sagte der Präsident zu Miss Lewinsky, wenn sie eine
Vorladung erhalte, sollte sie Miss Currie anrufen. Miss
Lewinsky hat das am 19. Dezember nicht getan, weil
Miss Curries Bruder erst kürzlich gestorben war, und
Miss Lewinsky wollte sie nicht behelligen.
Lewinsky 6/8/98 GJ S. 126.

814. Jordan 3/3/98 GJ S. 92-93. Mr. Jordan sagte, er
hätte nicht darüber nachgedacht, Miss Lewinsky selbst
zu vertreten, weil »ich Firmen vertrete. Ich vertrete keine
Einzelpersonen.« Jordan 3/3/98 GJ S. 101.

815. V004-DC-00000172 (Akin, Gump Besucherverzeichnis).

816. V004-DC-00000151 (Akin, Gump Telefonaufzeichnungen, aus denen hervorgeht, daß das Gespräch um
17:05 Uhr beendet war); 1178-DC-00000014 (Telefonatverzeichnis des Präsidenten, aus dem hervorgeht, daß
das Gespräch um 17:08 beendet war). Das Telefonatverzeichnis des Präsidenten wird von Hand geführt und ist
deshalb wahrscheinlich weniger akkurat. Der Präsident
hat möglicherweise zurückgerufen, nachdem Mr. Jordan
um 15:31 Uhr angerufen hatte.

817. Lewinsky 6/8/98 GJ S. 131; V004-DC-00000151
(Akin, Gump Telefonaufzeichnungen) Mr. Jordan fragte,
ob er einen potentiellen Mandanten am Montagmorgen
in Mr. Carters Büro bringen könnte. (818)

818. Jordan 5/5/98 GJ S. 154-55. Siehe auch Carter
18/6/98 GJ S. 10. Obwohl Mr. Jordan darauf beharrte,
daß Miss Lewinsky nicht in seinem Büro war, als er mit
dem Präsidenten sprach, war er unsicher, ob Miss

Lewinsky im Büro war, als er um 17:06 Uhr Mr. Carter anrief. Jordan 5/5/98 GJ S. 154. – -

819. Lewinsky 6/8/98 GJ S. 131.

820. Jordan 5/5/98 GJ S. 140, 152-53.

821. Jordan 5/5/98 GJ S. 145.

822. Jordan 5/5/98 GJ S. 145.

823. Jordan 5/5/98 GJ S. 147.

824. Jordan 5/5/98 GJ S. 147.

825. Jordan 3/3/98 GJ S. 102.

826. Jordan 3/3/98 GJ S. 103.

827. Lewinsky 6/8/98 GJ S. 131-32.

828. Lewinsky 6/8/98 GJ S. 132.

829. Lewinsky 6/8/98 GJ S. 132. In ihrer handschriftlichen Erklärung beschrieb Miss Lewinsky ihr Treffen mit Mr. Jordan an diesem Nachmittag: »Miss L drückte ihre Angst und ihren Respekt vor der Vorladung aus, zu der sie auch Geschenke vom Präs. vorlegen soll, insbesondere Hutnadeln, die Präs. ihr gegeben hatte. Mr. Jordan beschwichtigte ihre Sorgen, indem er sagte, es handele sich um den üblichen Wortlaut.« Lewinsky 1/2/98 Statement S. 5.

830. Lewinsky 6/8/98 GJ S. 133.

831. Jordan 3/3/98 GJ S. 150. Miss Lewinsky bestätigte, daß sie ein solches Gespräch mit Mr. Jordan geführt hatte, aber sie glaubte, daß es nach einem Frühstückstreffen am 31. Dezember stattfand. Lewinsky 6/8/898 GJ S. 188; Lewinsky 1/2/98 Statement S. 8.

832. Jordan 3/3/98 GJ S. 123.

833. Jordan 3/3/98 GJ S. 122. Er sagte auch: »Ich wurde nicht drastisch, ich ging nicht in die Einzelheiten, ich fragte nicht, ob sie sich geküßt hätten, ich fragte nicht, ob sie sich umarmt hätten, denn das alles gehört ja auch zum Sexualakt, so wie ich ihn verstehe.« Id. S. 130.

834. Jordan 3/3/98 GJ S. 126.

835. Jordan 3/3/98 GJ S. 122-24. Siehe auch Lewinsky 6/8/98 GJ S. 133-35.

836. Lewinsky 6/8/98 GJ S. 134.

837. Lewinsky 6/8/98 GJ S. 134.

838. Lewinsky 6/8/98 GJ S. 135. Laut Miss Lewinsky, antwortete Mr. Jordan: »Ich umarme keine Männer.« Id.

839. Jordan 3/3/98 GJ S. 167-8.

840. Jordan 3/3/98 GJ S. 169. Laut Mr. Jordan hörte der Präsident mit »einiger Verwunderung« zu, als Mr. Jordan das Gespräch wiedergab. Id. S. 170.

841. Jordan 3/3/98 GJ S. 173-74.

842. Jordan 3/3/98 GJ S. 170.

843. Jordan 3/3/98 GJ S. 171.

844. Jordan 3/3/98 GJ S. 172. In den folgenden Tagen informierte Mr. Jordan den Präsidenten, daß es ihm gelungen war, Francis Carter zu engagieren, um Miss Lewinsky zu vertreten. Jordan 5/3/98 GJ S. 27.

845. Clinton 17/8/98 GJ S. 64.

846. Clinton 17/8/98 GJ S. 65-66.

847. Jordan 3/3/98 GJ S. 164-66, 183-84.

848. Lewinsky 6/8/98 GJ S. 138.

849. Lewinsky 6/8/98 GJ S. 138.

850. Lewinsky 6/8/98 GJ S. 138-39.

851. Lewinsky 6/8/98 GJ S. 139.

852. Lewinsky 6/8/98 GJ S. 139. Mr. Jordan fragte, was »Telefonsex« sei. Lewinsky 6/6/98 GJ S. 139. Miss Lewinsky sagte, sie hätte es vielleicht auf diese Weise erklärt: »Er kümmert sich um sich an einem Ende, und ich kümmere mich um mich am anderen.« Lewinsky 6/8/98 GJ S. 143.

853. Lewinsky 6/8/98 GJ S. 139-140. In ihrer Erklärung schrieb Miss Lewinsky, daß sie »Mr. Jordan die Gegenstände zeigte, die sie auf die Vorladung hin vorlegen wollte. Miss L glaubt, daß sie deutlich machte,

daß dies nicht alles war, was sie hatte, aber sie dachte, es wäre genug, um sie zufriedenzustellen.« Lewinsky 1/2/98 Statement S. 6.

854. Jordan 3/3/98 GJ S. 153.

855. Die Kalender von Mr. Carter und auch von Mr. Jordan wiesen eine Verabredung um 11:00 Uhr am 22. Dezember 1997 aus. 902-DC-00000231 (Mr. Carters Kalender) und 1034-DC-00000103 (Mr. Jordans Kalender).

856. Carter 18/6/98 GJ S. 12, 14. Laut Mr. Carter hatte Mr. Jordan noch nie selbst einen Mandanten zu Mr. Carters Kanzlei gefahren, obwohl er auch schon früher Klienten zu ihm empfohlen hatte. Id. S. 160-61.(857)

857. CITE

858. Carter 18/6/98 GJ S. 158-60, 15, 75.

859. Mr. Carters Rechnung zufolge dauerte das Gespräch mit Miss Lewinsky 1.1 Stunde. 902-DC-00000037.

860. Lewinsky 6/8/98 GJ S. 146; Carter 18/6/98 GJ S. 25.

861. Lewinsky 6/8/98 GJ S. 146-47; Carter 18/6/98 GJ S. 25.

862. Lewinsky 6/8/98 GJ S. 146. Im Widerspruch zu Miss Lewinsky sagte Mr. Carter aus: »Ich dachte, ich müßte eine eidliche schriftliche Erklärung für sie entwickeln und eingehend berichten, was sie mir gesagt hatte.« Carter 18/6/98 GJ S. 65.

863. Lewinsky 6/8/98 GJ S. 147.

864. Lewinsky 6/8/98 GJ S. 147.

865. Carter 18/6/98 GJ S. 29-30; 902-DC-00000038.

866. Carter 18/6/98 GJ S. 39.

867. Carter 18/6/98 GJ S. 42-43.

868. V002-DC-000000052 – 54 (Präsident Clintons ergänzende Antworten auf den zweiten Fragensatz des

Zivilklägers); 1414-DC-00000512 – 17 (dto).

869. Lewinsky 6/8/98 GJ S. 149.

870. Lewinsky 6/8/98 GJ S. 149.

871. V0006-DC-00000009 (WAVES Aufzeichnungen).

872. Lewinsky 6/8/98 GJ S. 150-51. In seiner Aussage vor der Grand Jury erinnerte sich der Präsident daran, viele dieser Geschenke ihr gegeben zu haben, und er räumte ein, es sei »vermutlich wahr«, daß es mehr Geschenke waren, als er ihr je an einem einzigen Tag gemacht hatte. Clinton 17/8/98 GJ S. 36.

873. Lewinsky 26/8/98 Depo. S. 53.

874. Lewinsky 6/8/98 GJ S. 151.

875. Lewinsky 6/8/98 GJ S. 151-52.

876. Lewinsky 6/8/98 GJ S. 152. In ihrem handschriftlichen Statement vom 1. Februar 1998 schrieb Miss Lewinsky: »Miss L. fragte [den Präsidenten], wie er glaubte, daß die Anwälte von Paula Jones von ihr erfahren hatten. Er hielt es für wahrscheinlich, daß ›diese Frau vom Sommer ... mit Kathleen Willey‹ (Linda Tripp) sie zu Miss L geführt [sic] hatten oder vielleicht auch die uniformierten Agenten. Er teilte Miss L's Besorgnis über die Hutnadel. Er fragte, ob Miss L irgend jemandem erzählt hätte, daß er ihr die Hutnadel geschenkt hatte, und sie antwortete ›nein.‹« Lewinsky 1/2/98 Statement S. 6.

877. Lewinsky 20/8/98 GJ S. 66.

878. Lewinsky 6/8/98 GJ S. 152. Miss Lewinsky gab vor der Grand Jury zu, daß sie tatsächlich anderen von der Hutnadel erzählt hatte. Lewinsky 8/6/98 GJ S. 152.

879. Lewinsky 6/8/98 GJ S. 152.

880. Lewinsky 6/8/98 GJ S. 152. Siehe auch Lewinsky 20/8/98 GJ S. 66.

881. Lewinsky 6/8/98 GJ S. 168.

882. Clinton 17/1/98 Depo. S. 68.

883. Clinton 17/8/98 GJ S. 33.

884. Clinton 17/8/98 GJ S. 39. Er sagte weiter aus, daß er sich nicht daran erinnerte, daß auf Miss Lewinskys Vorladung speziell nach einer Hutnadel verlangt wurde. Clinton 17/8/98 GJ S. 45.

885. Clinton 17/8/98 GJ S. 39.(886)

886. Clinton 17/8/98 GJ S. 45.

887. Catherine Davis 17/3/98 GJ S. 77-79.

888. Lewinsky 6/8/98 GJ S. 154-55.

889. Lewinsky 6/8/98 GJ S. 155.

890. Lewinsky 6/8/98 GJ S. 155-56.

891. Lewinsky 6/8/98 GJ S. 156-58. Miss Currie konnte sich nur an eine andere Gelegenheit erinnern, daß sie zu Miss Lewinskys Watergate Apartment gefahren war. Currie 6/5/98 GJ S. 108.

892. Lewinsky 6/8/98 GJ S. 158-59.

893. Lewinsky 6/8/98 GJ S. 159.

894. Lewinsky 6/8/98 GJ S. 159. Siehe auch Lewinsky 1/8/98 Int. S. 12.

895. Lewinsky 1/2/98 Statement S. 7 (Interpunktion korrigiert).

896. Miss Currie erklärte, daß die Übergabe Ende Dezember 1997 oder Anfang Januar 1998 stattfand. Currie 24/1/98 Int. S. 3; Currie 27/1/98 GJ S. 56-57; Currie 6/5/98 GJ S. 103-07.

897. Currie 6/5/98 GJ S. 105-06.

898. Currie 6/5/98 GJ S. 126.

899. Currie 27/1/98 GJ S. 58. Bei ihrem ersten Auftritt vor der Grand Jury im Januar wurde Miss Currie gefragt, ob sie wüßte, wer die Frage nach den Geschenken gestellt hätte. Sie sagte aus: »Sir, nein, ich weiß es nicht.« Id. Bei einem Auftritt vor der Grand Jury im Mai antwortete Miss Currie auf eine ähnliche Frage, soweit sie wüßte, hätte der Reporter von Newsweek, Michael

Isikoff (der zuvor über Kathleen Willey geschrieben hatte), nach den Geschenken gefragt. Currie 6/5/98 GJ S. 107, 114, 120. Miss Lewinsky sagte aus, daß sie nie mit Mr. Isikoff gesprochen hätte. Lewinsky 24/8/98 Int. S. 9.

900. Currie 6/5/98 GJ S. 107-08. Siehe auch Currie 27/1/98 GJ S. 57-58.

901. Currie 6/5/98 GJ S. 110. Als das OIC später den Karton durch eine Vorladung von Miss Currie erlangte, enthielt der Karton verschiedene Gegenstände, die der Präsident Miss Lewinsky gegeben hatte, darunter (a) eine Hutnadel; (b) eine Brosche; (c) ein offizielles Exemplar der 1996er Ansprache an den Nation mit der Widmung »An Monica Lewinsky mit besten Wünschen – Bill Clinton«; (d) eine Fotografie des Präsidenten im Oval Office mit der handschriftlichen Notiz »An Monica – danke für die Krawatte – Bill Clinton«; (e) eine Fotografie des Präsidenten und Miss Lewinsky mit der Widmung »An Monica — Happy Birthday! Bill Clinton 7-23-97«; (f) ein Strandkleid, zwei T-Shirts und eine Baseballmütze mit einem Black Dog Logo und (g) eine Kopie der Nachricht zum Valentinstag an »Hübscher«, die Miss Lewinsky 1996 als Inserat in der Washington Post plaziert hatte.

902. Currie 6/5/98 GJ S. 106-07.

903. Clinton 17/8/98 GJ S. 51.

904. Clinton 17/8/98 GJ S. 115.

905. Clinton 17/8/98 GJ S. 46.

906. Lewinsky 6/8/98 GJ S. 186. Miss Tripp war, wie Miss Lewinsky, im Fall Jones vorgeladen.

907. Lewinsky 6/8/98 GJ S. 186-87. Obwohl Mr. Jordan aussagte, daß er nie mit Miss Lewinsky gefrühstückt hat, siehe Jordan 5/3/98 GJ S. 60, gibt es starke Indizienbeweise, die Miss Lewinskys Aussage erhärten,

sie hätte am 31. Dezember ein Frühstück mit Mr. Jordan gehabt. Vergleiche Lewinsky 6/8/98 GJ S. 187-89 (wo sie das Frühstück beschreibt) mit 916-DC-00000003 (Park Hyatt Quittung über ein Frühstück, wie Miss Lewinsky es beschrieben hat).

908. Lewinsky 6/8/98 GJ S. 186-89.

909. Lewinsky 6/8/98 GJ S. 187.

910. Lewinsky 6/8/98 GJ S. 187.

911. Lewinsky 6/8/98 GJ S. 188; 26/8/98 Int. S. 2; 1/8/98 Int. S. 13.

912. Lewinsky 1/8/98 Int. S. 13.

913. Lewinsky 6/8/98 GJ S. 190.

914. Lewinsky 6/8/98 GJ S. 190-91.

915. Lewinsky 2/8/98 Int. S. 1.

916. 902-DC-00000232 (Mr. Carters Tagesplaner); 902-DC-00000037 (Mr. Carters Rechnung).

917. Lewinsky 6/8/98 GJ S. 192. Mr. Carter stimmte zu, daß er bei einem Treffen mit Miss Lewinsky Testfragen gestellt hatte. Carter 18/6/98 GJ S. 110-12.

918. Lewinsky 6/8/98 GJ S. 192-93.

919. Carter 18/6/98 GJ S. 67-68; Lewinsky 6/8/98 GJ S. 194, 199.

920. Lewinsky 6/8/98 GJ S. 195.

921. Lewinsky 6/8/98 GJ S. 195; Lewinsky 2/8/98 Int. S. 3; Lewinsky 1/2/98 Statement S. 9 (»An diesem Abend rief Miss L Miss Currie an und bat sie, dem Präs. auszurichten, daß sie mit ihm sprechen wolle, bevor sie am nächsten Tag etwas unterschriebe. Er rief Miss L ein paar Stunden später zurück.«).

922. Lewinsky 6/8/98 GJ S. 196.

923. Lewinsky 2/8/98 Int. S. 3. Siehe auch Lewinsky 1/2/98 Statement S. 9 (»Der Präs. sagte Miss L, sie sollte sich wegen der eidlichen Erklärung nicht sorgen, er hätte schon 15 andere gesehen.«).

924. Lewinsky 6/8/98 GJ S. 197.

925. Lewinsky 6/8/98 GJ S. 197; Lewinsky 1/2/98 Statement S. 9 (»Miss L erzählte ihm, Mr. Carter hätte ein paar Testfragen gestellt, die ihr auch bei einer eidlichen Aussage gestellt werden könnten, und sie wußte nicht, wie sie sie beantworten sollte.«).

926. Clinton 17/8/98 GJ S. 126

927. Clinton 17/8/98 GJ S. 129.

928. Lewinsky 3/9/98 Int. S. 2.

929. Lewinsky 6/8/98 GJ S. 198.

930. Lewinsky 6/8/98 GJ S. 198.

931. Clinton 17/8/98 GJ S. 48-49.

932. Clinton 17/8/98 GJ S. 50.

933. Clinton 17/8/98 GJ S. 127, 49-50.

934. Lewinsky 6/8/98 GJ S. 199-200; Carter 18/6/98 GJ S. 70-73. Eine Entwurfskopie der eidlichen Erklärung mit geringen Abänderungen wurde während der nach mündlicher Übereinkunft vorgenommenen Durchsuchung ihres Apartments am 22. Januar 1998 gefunden. (935)

935. cite

936. Lewinsky 6/8/98 GJ S. 200; Lewinsky 1/2/98 Statement S. 6 (»Nachdem Miss L einen Entwurf der eidlichen Erklärung erhalten hatte, rief sie Mr. Jordan an, um ihn zu bitten, sie durchzulesen, bevor sie das Affidavit unterschrieb. Er wies sie an, eine Kopie in sein Büro zu bringen. Später sprachen sie am Telefon über die eidliche Erklärung, und sie stimmten einige Änderungen ab.«).

937. Lewinsky 6/8/98 GJ S. 194-95.

938. Lewinsky 6/8/98 GJ S. 202.

939. Im ersten Entwurf lautete Paragraph 6 des Affidavits: »Während meiner Beschäftigung im Weißen Haus habe ich den Präsidenten bei mehreren Gelegenheiten getroffen. Ich erinnere mich nicht, ob ich je mit dem Prä-

sidenten allein gewesen bin, obwohl es möglich ist, daß ich ihm, wenn sonst niemand da war, einen Brief zur Unterschrift gebracht habe, während ich im Office of Legislative Affairs gearbeitet habe. Das hätte aber nur ein paar Minuten gedauert und wäre auch kein privates Treffen gewesen, ich meine, nicht hinter verschlossenen Türen.« (940)

940. 849-DC-00000634. —

941. 849-DC-00000634-35 (Hervorhebungen hinzugefügt)

942. Lewinsky 6/8/98 GJ S. 202.

943. 849-DC-00000635.

944. Lewinsky 6/8/98 GJ S. 202.

945. Jordan 5/3/98 GJ S. 11.

946. Jordan 5/3/98 GJ S. 11.

947. Siehe Telefonanrufe, Tabelle 35. Listen der relevanten Telefongespräche enthält Appendix G, Tabellen 1 bis 50.

948. Carter 18/6/98 GJ S. 76-77, 92-93.

949. 902-DC-00000030 (Mr. Carters Rechnung an Miss Lewinsky).

950. Jordan 5/5/98 GJ S. 210, 214.

951. Jordan 5/5/98 GJ S. 218-20.

952. 902-DC-00000232 (Mr. Carters Tagesplaner).

953. Lewinsky 6/8/98 GJ S. 204-05. ‹ber den Satz »Ich habe nie eine sexuelle Beziehung mit dem Präsidenten gehabt«, sagte sie aus, daß er nicht der Wahrheit entspricht. (954)

954. Lewinsky 6/8/98 GJ S. 204. (955)

955. Lewinsky 6/8/98 GJ S. 205.

956. Carter 18/6/98 GJ S. 108.

957. Jordan 5/5/98 GJ S. 222. Siehe auch Jordan 3/3/98 GJ S. 192; Jordan 5/3/98 GJ S. 11; Jordan 28/5/98 GJ S. 62. Miss Lewinsky sagte aus, sie hätte

Mr. Jordan am 6. Januar mitgeteilt, daß sie eine eidliche Erklärung am nächsten Tag unterschreiben werde. Am 13. Januar zeigte sie ihm eine Kopie. Lewinsky 6/8/98 GJ S. 200, 220.

958. Siehe Telefonanrufe, Tabelle 36.

959. Jordan 5/3/98 GJ S. 24-26.

960. Jordan 5/5/98 GJ S. 223-25.

961. Jordan 5/5/98 GJ S. 225.

962. Jordan 5/5/98 GJ S. 226.

963. Clinton 17/1/98 Depo. S. 72.

964. Clinton 17/8/98 GJ S. 74.

965. Clinton 17/8/98 GJ S. 75.

966. Durnan 27/3/98 Int. S. 1.

967. Durnan 27/3/98 Int. S. 2.

968. Durnan 27/3/98 Int. S. 2.

969. Lewinsky 6/8/98 GJ S. 206.

970. Lewinsky 6/8/98 GJ S. 207-08.

971. Siehe Telefonanrufe, Tabelle 37, Anruf 6.

972. Jordan 5/5/98 GJ S. 230.

973. Jordan 5/5/98 GJ S. 231. Gefragt, ob er in der Vergangenheit schon einmal mit Mr. Perelman über Job-Empfehlungen gesprochen hätte, konnte er sich an drei Personen erinnern, die er empfohlen hatte – David Dinkins, dem früheren Bürgermeister von New York City (974)

974. Jordan 5/3/98 GJ S. 56. (975)

975. Jordan 5/3/98 GJ S. 56. Sie wurde die »Nummer zwei« in Revlons Washingtoner Büro. Jordan 5/3/98 GJ S. 56-57. (976)

976. Jordan 5/3/98 GJ S. 58. –

977. Perelman 23/4/98 Depo. S. 10.

978. Perelman 23/4/98 Depo. S. 11. (979)

979. Jordan 24/7/97 Aussage vor dem Repräsentantenhaus, S. 35-37. (980)

980. Id. S. 38. (981)

981. Id. –

982. Jordan 5/5/98 GJ S. 232. Miss Lewinsky sagte so ähnlich aus: Mr. Jordan hatte sie am Abend zurückgerufen und ihr gesagt, sie sollte sich keine Sorgen machen. (983)

983. Lewinsky 6/8/98 GJ S. 209.

984. Lewinsky 6/8/98 GJ S. 209.

985. Siehe Telefonanrufe, Tabelle 37. Zusätzlich rief Mr. Jordan um 18:39 Uhr aus seinem Auto im Büro der Rechtsabteilung des Weißen Hauses an und sprach zwei Minuten lang.

986. Jordan 28/5/98 GJ S. 19.

987. Jordan 28/5/98 GJ S. 20-21. Miss Mills erinnert sich nicht, vor dem 17. Januar 1988 mit Mr. Jordan über Miss Lewinsky gesprochen zu haben. Sie erinnert sich nicht einmal, Miss Lewinskys Namen vor dem 17. Januar gehört zu haben. Mills 11/8/98 GJ S. 10-11.

988. Seidman 23/4/98 Depo. S. 37-38.

989. Lewinsky 6/8/98 GJ S. 210.

990. Lewinsky 6/8/98 GJ S. 210.

991. Jordan 28/5/98 GJ S. 30.

992. Jordan 28/5/98 at 39.

993. Jordan 28/5/98 GJ S. 59. Mr. Jordan fügte hinzu, daß die Reaktion des Präsidenten von Dankbarkeit geprägt gewesen sei. Id.

994. 921-DC-00000770-72

995. Sheldon 24/4/98 Depo. S. 22.

996. Lewinsky 6/8/98 GJ S. 214.

997. Lewinsky 6/8/98 GJ S. 215.

998. 831-DC-00000010. Von einem bestimmten Zeitpunkt an beschlossen Miss Currie und Miss Lewinsky, einen Codenamen – Kay – zu verwenden, wenn sie Nachrichten hinterließen. Currie 22/7/98 GJ S. 175;

Lewinsky 6/8/98 GJ S. 215-17.

999. Bowles 2/4/98 GJ S. 78-79. Mr. Bowles datierte dieses Gespräch mit dem Präsidenten irgendwann zwischen dem 4. und 20. Januar. Bowles 4/2/98 GJ S. 78. Mr. Podesta erinnerte sich, daß Mr. Bowles dieses Gesuch »drei oder vier Tage vor der eidlichen Aussage des Präsidenten« an ihn herantrug – das wäre der 13. oder 14. Januar gewesen, obwohl Mr. Podesta nicht wußte, auf wen das Gesuch zurückging. Podesta 16/6/98 GJ S. 21-22.

1000. Bowles 2/4/98 GJ S. 78.

1001. Bowles 2/4/98 GJ S. 78-79; Podesta 16/6/98 GJ S. 24-28; Hilley 11/2/98 Int. S. 2; Hilley 26/5/98 GJ S. 7-11.

1002. Podesta 16/6/98 GJ S. 24; Hilley 11/2/98 Int. S. 2.

1003. Hilley 11/2/98 Int. S. 2; Hilley 26/5/98 GJ S. 10-11; Hilley 19/5/98 GJ S. 74-76. Vor der Grand Jury sagte Mr. Hilley aus: »Zum jetzigen Zeitpunkt kann ich mich nicht mehr an diesen Teil des Gesprächs mit John Podesta erinnern.« Id. S. 76.

1004. Lewinsky 6/8/98 GJ S. 215. Um 14:20 Uhr piepste Miss Currie erneut Miss Lewinsky an: »Bitte anrufen. Kay.« 831-DC-00000010. Vor der Grand Jury erklärte Miss Currie, sie könnte sich nicht daran erinnern, ob es bei den Anrufen darum ging, Miss Lewinsky über den Stand der Bemühungen des Präsidenten zu benachrichtigen, ihr eine Referenz zu sichern. (1005)

1005. Currie GJ 22/7/98 S. 147-148. –

1006. 830-DC-00000007.

1007. Clinton 17/8/98 GJ S. 111-13.

1008. Lewinsky 6/8/98 GJ S. 220-21. Mr. Jordan reiste am frühen Nachmittag nach Florida. 1034-DC-00000109 (Mr. Jordans Tagesplaner). Kurz nach seiner Ankunft in

Florida rief er Miss Hernreichs Apparat im Weißen Haus an. Siehe Telefonanrufe, Tabelle 42. Später am Abend sprach er fast vier Minuten lang mit dem Präsidenten. 1064-DC-00000008 (Mr. Jordans Hotelrechnung). Vor der Grand Jury sagte Mr. Jordan aus, es wäre »nicht undenkbar«, daß sie Miss Lewinsky erwähnt hätten. Jordan 28/5/98 GJ S. 69.

1009. T30 S. 61.

1010. T30 S. 114.

1011. T30 S. 169-70.

1012. Lewinsky 6/8/98 GJ S. 223-25; GJ Ex. ML-5.

1013. Lewinsky 6/8/98 GJ S. 223-37. Miss Tripp sagte im Gegensatz dazu aus, sie glaubte, daß Miss Lewinsky Hilfe dabei gehabt hätte, die Gesprächspunkte aufzulisten. Tripp 29/7/98 GJ S. 167, 171-172.

1014. Currie 6/5/98 GJ S. 120-21.

1015. Currie 6/5/98 GJ S. 130.

1016. Akin, Gump Aufzeichnungen belegen, daß Miss Currie im Laufe dieses Tages eine Nachricht für Mr. Jordan hinterlassen hat. Auf der Telefonnotiz stand als Anruferin »Betty/Potus«. Die Nachricht lautete: »Ziemlich wichtig.« V005-DC-00000058.

1017. Lewinsky 6/8/98 GJ S. 229. Miss Currie hatte Miss Lewinsky sofort über Mr. Isikoffs Anruf informiert. 831-DC-00000008 (Aufzeichnungen von Miss Lewinskys Anrufbeantworter).

1018. Jordan 5/3/98 GJ S. 71.

1019. Jordan 5/3/98 GJ S. 71.

1020. T22 S. 12.

1021. T22 S. 12-13.

1022. Ungvari 19/3/98 GJ S. 61.

1023. V0002-DC-00000093-116 (Präsident Clintons Antworten auf den zweiten Fragensatz des Zivilklägers).

1024. 1441-DC-00001534-46 (Zweiter Fragensatz) Miss

Lewinskys Name war falsch geschrieben – als Miss Lewisky.

1025. 921-DC-00000775 – 778.

1026. Carter 18/6/98 GJ S. 123.

1027. 921-DC-00000775. Obwohl der Antrag (und das Affidavit) das Gericht am 17. Januar erreichten, trugen die Dokumente den Eingangsstempel vom 20. Januar 1998.

1028. Clinton 17/1/98 Depo. S. 1 (849-DC-00000352 et seq.).

1029. Clinton 17/1/98 Depo. S. 1-2.

1030. Clinton 17/1/98 Depo. S. 10.

1031. Clinton 17/1/98 Depo. S. 22-23; 849-DC-00000586 (Clinton Depo. Ex. 1).

1032. Clinton 17/1/98 Depo. S. 54.

1033. Clinton 17/1/98 Depo. S. 54. Außerdem, wie oben angemerkt, glaubt Mr. Jordan, daß er Präsident Clinton am 7. Januar darüber informierte, daß Miss Lewinsky eine eidliche Erklärung unterzeichnet hatte, in der sie eine sexuelle Beziehung abstreitet. Jordan 5/5/98 GJ S. 223-25.

1034. Clinton 17/1/98 Depo. S. 53-56.

1035. Clinton 17/1/98 Depo. S. 50-51, 58-59.

1036. Clinton 1/17/1/98 Depo. S. 52-53, 59.

1037. Clinton 1/17/1/98 Depo. S. 59.

1038. Clinton 17/1/98 Depo. S. 62-64.

1039. Clinton 17/1/98 Depo. S. 75-77.

1040. Clinton 17/1/98 Depo. S. 75-76.

1041. Clinton 1/17/1/98 Depo. S. 75.

1042. Clinton 17/1/98 Depo. S. 68.

1043. Clinton 17/1/98 Depo. S. 68-71.

1044. Clinton 17/1/98 Depo. S. 72, 79-83.

1045. Clinton 17/1/98 Depo. S. 78.

1046. Clinton 17/1/98 Depo. S. 212-13.

1047. Podesta 16/6/98 GJ S. 62.

1048. Lindsey 19/2/98 GJ S. 12-13. Mr. Lindsey weigerte sich, über den Inhalt dieser Gespräche mit dem Präsidenten auszusagen und führte u. a. wieder die Schweigepflicht an. Id. S. 13.

1049. Lindsey 19/2/98 GJ S. 14-15.

1050. Siehe Telefonanrufe, Tabelle 46, Anruf 4; Currie 27/1/98 GJ S. 65-66; Currie 7/5/98 GJ S. 79-85; Currie 22/7/98 GJ S. 154. Siehe auch Currie 24/1/98 Int. S. 5-6 (»CURRIE teilte mit, daß sie später an diesem Abend einen Anruf von CLINTON erhielt. CURRIE teilte mit, daß CLINTON sagte, er und CURRIE müßten reden. CURRIE sagte, es wäre zu spät, um an diesem Abend noch etwas zu tun, und so beschlossen sie und CLINTON, daß sie sich am folgenden Tag, Sonntag, 18. Januar 1998, um 17 Uhr im Weißen Haus treffen würden.«). Das Telefonatverzeichnis des Präsidenten weist aus, daß der Präsident versuchte, Miss Currie um 19:02 Uhr am 17. Januar zu erreichen, und daß er um 19:13 Uhr zwei Minuten lang mit ihr gesprochen hat. 1248-DC-00000307.

1051. Currie 7/5/98 GJ S. 91. An diesem Abend rief der Präsident auch Mr. Jordan an, der aussagte, sie hätten nicht über die eidliche Aussage vom Nachmittag gesprochen. Siehe Telefontabelle 46, Anruf 2; Jordan 28/5/98 GJ S. 94-95.

1052. Currie 1/27/1/98 GJ S. 70.

1053. Currie 1/27/1/98 GJ S. 67.

1054. Currie 1/27/1/98 GJ S. 76.

1055. Currie 27/1/98 GJ S. 70, 76; 22/7/98 GJ S. 6, 22. Telefonatverzeichnis des Präsidenten weist aus, daß der Präsident Miss Currie vor ihrem Treffen anrief und von 13:11 Uhr bis 13:14 Uhr am 18. Januar mit ihr gesprochen hat. 1248-DC-00000313.

1056. Currie 27/1/98 GJ S. 70.

1057. Currie 27/1/98 GJ S. 73 (»[M]ein Eindruck war, daß er nur Erklärungen abgab.«)

1058. Currie 24/1/98 Int. S. 6-7. Der Präsident wiederholte Miss Currie gegenüber diese Erklärungen ein paar Tage später.

1059. Currie 27/1/98 GJ S. 71-74; 22/7/98 GJ S. 6-7, 10-11, 79. Siehe auch Clinton 17/8/98 GJ S. 55-57. Laut Miss Currie stellte der Präsident die Fragen in einer Art und Weise, daß sie sich gleichzeitig wie Fragen und Erklärungen anhörten. Currie 24/1/98 Int. S. 6.

1060. Currie 27/1/98 GJ S. 74-75. (1061)

1061. Currie 27/1/98 GJ S. 69-76; Currie 22/7/98 GJ S. 6-16. Miss Currie veränderte eine Erklärung, die sie zuvor FBI-Agenten kurz nach den in Frage stehenden Vorgängen gegeben hatte. Miss Currie erklärte, daß das Statement des Präsidenten, das er ihr gegenüber abgegeben hatte – »Sie wollte Sex mit mir machen, und das kann ich nicht tun« – ihr tatsächlich wie ein Statement vorkam, nicht als Erklärung, zu der er Miss Curries Zustimmung erwartete. Currie 27/1/98 GJ S. 73; Currie 22/7/98 GJ S. 23. – (1062)

1062. Currie 27/1/98 GJ S. 75-76.

1063. Currie 27/1/98 GJ S. 71, 75.

1064. Currie 22/7/98 GJ S. 65-66. In der Tat, sagte sie aus, hätte sie irgendwann nach dem 18. Januar erfahren, daß Miss Lewinsky das Oval Office an Samstagen besucht hätte, an einem ihrer dienstfreien Tage. Currie 22/7/98 GJ S. 65-66.

1065. Currie 27/1/98 GJ S. 32-33; 36-38.

1066. Currie 22/7/98 GJ S. 12, 15-6; Currie 27/1/98 GJ S. 76.

1067. Currie 22/7/98 GJ S. 14. Der Präsident hatte offenbar ein ähnliches Verständnis von »allein«. Vor der

Grand Jury erklärte der Präsident, daß »wenn ich sagte, wir waren nie allein, ja, dann meinte ich, daß sie [Miss Currie] stets in der Umgebung des Oval Office war, während Monica da war.« Clinton 17/8/98 GJ S. 132.

An anderer Stelle in ihrer Aussage schien Miss Currie ein anderes Verständnis von »allein« zu haben. Sie sagte aus, bei einer Gelegenheit hätte sie Miss Lewinsky ins Oval Office begleitet, weil andere sie in der Nähe bemerkt hätten, als der Präsident dort arbeitete. Während Miss Lewinsky und der Präsident sich im Arbeitszimmer aufhielten, erklärte Miss Currie, hätte sie im Eßzimmer gewartet, damit »sie nicht allein waren.« Currie 22/7/98 GJ S. 130. Siehe auch Clinton 17/8/98 GJ S. 56 (»Ich habe sie eigens gebeten...Betty... im Eßzimmer zu bleiben, während ich Monica in meinem Arbeitszimmer traf.«) Miss Currie sagte aus, sie hätte nicht gewollt, daß Leute, die Miss Lewinsky beim Betreten des Oval Office gesehen hätten, denken könnten, daß sie und der Präsident dort »allein« wären. Currie 22/7/98 GJ S. 132.

1068. Currie 22/7/98 GJ S. 79. Miss Currie sagte aus: »Die Art, wie mir die Frage seinerzeit gestellt wurde, ließ mich mit ›Richtig‹ antworten. Das schien mir die korrekte Antwort zu sein. Mir schien das mehr ein Statement zu sein als eine Frage.« Id. S. 80.

1069. Currie 27/1/98 GJ S. 75.

1070. Currie 27/1/98 GJ S. 83.

1071. Currie 27/1/98 GJ S. 72-73; 22/7/98 GJ S. 7, 10-11. Miss Currie sagte aus, der Präsident hätte dieses Statement in einer Weise abgegeben, daß er nicht auf ihre Zustimmung wartete. Eher »würde ich es eine Erklärung nennen, Sir.« Currie 27/1/98 GJ S. 73.

1072. Clinton 17/8/98 GJ S. 57.

1073. Clinton 17/8/98 GJ S. 132.

1074. Clinton 17/8/98 GJ S. 55.

1075. Clinton 17/8/98 GJ S. 141.

1076. Clinton 17/8/98 GJ S. 55.

1077. Clinton 17/8/98 GJ S. 135-36 (»Soweit ich es weiß, ist sie nicht gewahr geworden, was bei den... bei den Gelegenheiten geschah, als ich sie 1996 sah, als etwas Unziemliches geschah. Und sie ist auch das eine Mal 1997 nichts gewahr geworden, als etwas geschah.«)

1078. Clinton 17/8/98 GJ S. 38.

1079. Clinton 17/8/98 GJ S. 57-58, 132.

1080. Clinton 17/8/98 GJ S. 133.

1081. Clinton 17/8/98 GJ S. 133.

1082. Clinton 17/8/98 GJ S. 135.

1083. Clinton 17/8/98 GJ S. 139. Der Präsident bezog sich auf eine Erklärung, die er zu Beginn seines Auftritts vor der Grand Jury abgab: »[W]egen persönlichen Erwägungen, die meine Familie, mich selbst und andere betreffen und um die Würde des Amtes aufrechtzuerhalten, das ich innehabe, ist dies alles, was ich über die Einzelheiten dieser besonderen Angelegenheiten sagen werde.« Clinton 17/8/98 GJ S. 10.

1084. Um 17:12 Uhr rief Miss Currie Miss Lewinsky an und hinterließ die Nachricht: »Bitte Kay zu Hause anrufen.« Um 18:22 Uhr rief Miss Currie wieder an. »Bitte Kay zu Hause anrufen.« Um 19:06 Uhr rief Miss Currie Miss Lewinsky an: »Bitte Kay zu Hause anrufen.« Um 20:28 Uhr rief Miss Currie an: »Kay anrufen.« 831-DC-00000008 (Aufzeichnungen von Miss Lewinskys Anrufbeantworter) Siehe auch Currie 7/5/98 GJ S. 96-97; 22/7/98 GJ S. 156, 158.

1085. Currie 7/5/98 GJ S. 99-100.

1086. Telefonanrufe, Tabelle 47, Anruf 11. Siehe auch Currie 22/7/98 GJ S. 161-62.

1087. Siehe Telefonanrufe, Tabelle 48. Um 7:02 Uhr rief

sie Miss Lewinsky an und hinterließ die Nachricht: »Bitte Kay um 8 Uhr zu Hause anrufen.« (1088)

1088. cite (1089)

1089. Miss Currie gab zu, daß diese Anrufe nicht privat-geselliger Natur waren. Currie 22/7/98 GJ S. 161. – (1090)

1090. Currie 7/5/98 GJ S. 104; 22/7/98 GJ S. 161-62.

1091. Currie 7/22/98 GJ at 162-63. Dieses Mal hinterließ Miss Currie eine dringlichere Nachricht. »Bitte Kay anrufen – Familiennotfall.« 831-DC-00000009. Siehe Telefonanrufe, Tabelle 48, Anruf 7.

1092. Currie 22/7/98 GJ S. 157-59; 164-66. (1093)

1093. Currie 22/7/98 GJ S. 162.

1094. Jordan 9/6/98 GJ S. 17. Siehe auch Telefonanrufe, Tabelle 48 (831-DC-00000009).

1095. Jordan 9/6/98 GJ S. 38-39.

1096. Carter 18/6/98 GJ S. 146.

1097. Jordan 9/6/98 GJ S. 54-55.

1098. Schmidt, Baker und Locy, »Clinton angeklagt...« Washington Post, 21. Jan. 1998, S. A1.

1099. Podesta 23/6/98 GJ S. 12.

1100. Siehe Telefonanrufe, Tabelle 50.

1101. Mr. Bennett bezog sich offenbar auf Miss Lewinskys eidliche Erklärung.

1102. Clinton angeklagt... S. A1.

1103. Mr. Lindsey hat, auf Anweisung des Präsidenten, mehrere Vorrechte ins Feld geführt, um seine Aussage über sein Gespräch mit dem Präsidenten am 21. Januar zu verweigern. Lindsey 19/2/98 GJ S. 92. Mr. Lindsey hat aber ausgesagt, daß der Präsident ihn durch seine öfentlichen Erklärungen und auch Erklärungen in seiner Anwesenheit ihn über die Art seiner Beziehung zu Miss Lewinsky getäuscht hat. Lindsey 28/8/98 GJ S. 93-96, 101.

1104. Currie 7/5/98 GJ S. 112-14.

1105. Lindsey 28/8/98 GJ S. 90. Mr. Lindsey weigerte sich, über den Inhalt des Gesprächs auszusagen.

1106. 1034-DC-00000111 (Mr. Jordans Kalender). Siehe auch Jordan 5/3/98 GJ S. 79 (St. Regis Hotel), 160-61 (New York), 179 (Telefonanruf des Präsidenten) Jordan 9/6/98 GJ S. 76.

1107. Siehe Telefonanrufe, Tabelle 50, Anruf 6. Siehe auch Lindsey 28/8/98 GJ S. 90.

1108. Pressekonferenz im Weißen Haus (Mike McCurry), 21. Jan. 1998.

1109. Lindsey 28/8/98 GJ S. 11-12.

1110. Bowles 2/4/98 GJ S. 84. Siehe auch Podesta 16/6/98 GJ S. 85-86.

1111. Ickes 10/6/98 GJ S. 73.

1112. Miss Currie konnte sich nicht mehr daran erinnern, ob der Präsident sie am Dienstag, 20. Januar oder Mittwoch, 21. Januar, ins Oval Office rief, um mit ihr über Miss Lewinsky zu sprechen. Currie 27/1/98 GJ S. 80-81.

1113. Currie 27/1/98 GJ S. 80-81.

1114. Currie 27/1/98 GJ S. 81.

1115. Currie 24/1/98 Int. S. 8. Der Präsident konnte sich im einzelnen nicht an dieses zweite Gespräch mit Miss Currie erinnern, stritt aber nicht ab, daß es stattfand. »Ich erinnere mich nicht, wie oft oder wann ich mit Betty Currie gesprochen habe. Wirklich nicht. Das kann ich wirklich nicht behalten. Ich erinnere mich an das erste Mal, als diese Story herauskam, daß ich herausfinden wollte, was an Fakten dort stand, und ich wollte auch herausfinden, wie Betty es aufgenommen hatte.« Clinton 17/8/98 GJ S. 141-42.

1116. Blumenthal 26/2/98 GJ S. 19.

1117. Blumenthal 4/6/98 GJ S. 48-49. Als er später gefragt wurde, wie er die Erklärung des Präsidenten interpretiert hätte – »Ich habe nichts Falsches getan« – , sagte Mr. Blumenthal: »Ich verstand darunter, daß die Anschuldigungen gegen ihn, die an diesem Tag in der Presse standen, falsch waren, daß er nichts Falsches getan hatte... Er hatte keine sexuelle Beziehung mit ihr, und er hatte nicht versucht, das Gesetz zu behindern oder zum Meineid anzustiften.« (1118)

1118. Blumenthal 26/6/98 S. 26.

1119. Blumenthal 4/6/98 GJ S. 49. Der Präsident sagte: »Ich bin diesen Weg schon gegangen, ich habe vielen Menschen Schmerzen verursacht, das werde ich nicht wieder tun.« Blumenthal 4/6/98 GJ S. 49. Mr. Blumenthal »verstand [dieses Statement] so, daß er eine ehebrecherische Beziehung in der Vergangenheit gehabt hatte, das hat er dem amerikanischen Volk in seinem »60 Minuten«-Interview mit der First Lady sehr deutlich gemacht hat, und so hat er sich der Öffentlichkeit dargestellt... Und es ist sehr wohl bekannt.« Blumenthal 25/6/98 GJ S. 32.

1120. Blumenthal 4/6/98 GJ S. 49.

1121. Blumenthal 4/6/98 GJ S. 50.

1122. Blumenthal 4/6/98 GJ S. 49-50; Blumenthal 25/6/98 GJ S. 15, 51.

1123. Podesta 16/6/98 GJ S. 92.

1124. Podesta 16/6/98 GJ S. 92. Ein paar Wochen später gab der Präsident Mr. Podesta eine weitere in die Irre führende Erklärung über seine Beziehung mit Miss Lewinsky ab. Laut Mr. Podesta: »[E]r sagte mir, nachdem sie [Miss Lewinsky] das Weiße Haus verlassen gehabt hätte, wäre sie vorbeigekommen, um Betty zu besuchen, und daß er — wenn sie da war, Betty bei ihnen war, entweder das, oder sie wären im Oval Office gewesen, dann stand die Tür auf, und Betty war draußen an ihrem Schreibtisch.«(1125)

1125. Podesta 16/6/98 GJ S. 88.

1126. Clinton 17/8/98 GJ S. 101-09.

1127. Clinton 17/8/98/ GJ S. 101, 106. Der Präsident wurde eigens gefragt, ob er bestreite, Mr. Podesta gesagt zu haben, daß er keine Art von Sex, auch nicht Oralsex, mit Miss Lewinsky gehabt hatte. Der Präsident antwortete: »Ich sage nicht, daß jemand mit einem gegensätzlichen Gedächtnis irrt. Ich erinnere mich nicht.« Clinton 17/8/98 GJ S. 105.

1128. Mit der Behauptung, daß seine Erklärung wahr sei, verließ sich der Präsident offenbar auf dieselben verkrampften Unterscheidungen, die er schon während seiner eidlichen Aussage im Fall Jones vorgebracht hatte. Siehe Clinton 17/8/98 GJ S. 59-61 (»Es hängt davon ab, welche Bedeutung das Wort ›ist‹ hat. Wenn ... es ... — wenn ›ist‹ ist bedeutet und nie ist gewesen ... das ist eine Sache. Wenn es bedeutet, da ist nichts, dann war das eine völlig wahre Erklärung. Wenn jemand mich an diesem Tag gefragt hätte, ob ich eine sexuelle Beziehung mit Miss Lewinsky hätte, eine, die ist, also eine Frage im Präsens, dann hätte ich nein gesagt. Und es wäre völlig wahr gewesen.«)

1129. Clinton 17/8/98 GJ S. 107.

1130. Clinton 17/8/98 GJ S. 107.

1131. Radiosendung um 17:07 Uhr am Mittwoch, 21. Januar 1998.

1132. »The News Hour with Jim Lehrer,« PBS, Inteview mit Präsident Bill Clinton, Mittwoch, 21. Januar 1998.

1133. Im Fernsehen gesendete Bemerkungen von Präsident Clinton während des Fototermins im Weißen Haus mit dem Palästinenserführer Yasser Arafat am 22. Januar 1998 um 10:22 Uhr.

1134. Roll Call, Inc., 22. January 1998; Abschrift der Pressekonferenz.

1135. »All Things Considered«, 21. Januar 1998.

1136. »The News Hour«, 21. Januar 1998.

1137. Im Fernsehen gesendete Bemerkungen von Präsident Clinton während des Fototermins im Weißen Haus mit dem Palästinenserführer Yasser Arafat am 22. Januar um 10:22 Uhr.

1138. Roll Call, Inc., 22. Januar 1998. Präsident Clinton erhielt Einladungen, vor der Grand Jury auszusagen am 28. Januar 1998, am 4. February 1998, am 9. Februar 1998, am 21. Februar 1998, am 2. März 1998 und am 13. März 1998. Er lehnte alle diese Einladungen ab. Am 16. Juli 1998 stellte die Grand Jury eine Vorladung für den Präsidenten aus. Der Präsident reagierte prompt mit einem Antrag um eine Verschiebung von zwei Wochen. Bei einer Anhörung über den Antrag des Präsidenten sagte Oberrichterin Norma Holloway Johnson: »Was wir jetzt brauchen, sind rasche Schritte nach vorn... Offenbar hat die Grand Jury entschieden, daß sie den Präsidenten hören will.«

1139. Morris 18/8/98 GJ S. 6, 10, 12. Mr. Morris wurde nach dem Auftritt des Präsidenten vor der Grand Jury am 17. August 1998 befragt, daher hat das OIC nie eine Gelegenheit gehabt, den Präsidenten über dieses Gespräch zu befragen.

1140. Morris 18/8/98 GJ S. 14.

1141. Mr. Morris sagte aus, daß er »etwas« interpretiert hätte, sexueller Natur zu sein. Morris 18/8/98 GJ S. 94.

1142. Morris 18/8/98 GJ S. 14.

1143. Morris 18/8/98 GJ S. 15.

1144. Morris 18/8/98 GJ S. 15-16.

1145. Morris 18/8/98 GJ S. 17.

1146. Morris 18/8/98 GJ S. 28.

1147. Morris 18/8/98 GJ S. 30.

1148. Morris 18/8/98 GJ S. 34. Mr. Morris glaubte, daß Miss Lewinskys Glaubwürdigkeit in Frage stand, hervorgerufen durch die Behauptung eines Reporters der Zeitung USA Today, aus der hervorging, daß der Präsident und Mr. Moris sich einmal telefonisch unterhalten hätten, während sie beide sexuell engagiert gewesen wären. Der Präsident sollte demnach Sex mit Miss Lewinsky gehabt haben, und Mr. Morris mit einer Prostituierten im Jefferson Hotel. Morris 18/8/98 GJ S. 32, 34.

1149. Morris 18/8/98 GJ S. 35.

1150. Thomason 11/8/98 GJ S. 6.

1151. Obwohl Mr. Thomason zunächst nur angeboten hatte, »ein paar Tage« beim Präsidenten zu bleiben, hielt er sich 34 Tage in den Wohnräumen des Weißen Hauses auf. Thomason 11/8/98 GJ S. 6, 10. Mr. Thomason sagte aus, er sei nicht gerade »ein Experte in Medienfragen, aber meine Frau und ich scheinen ein Gefühl dafür zu haben, was der Rest von Amerika denkt.« Thomason 11/8/98 GJ S. 24.

1152. Thomason 11/8/98 GJ S. 15-16. Mr. Thomason sagte, er wäre »von der Annahme ausgegangen, daß [die Anschuldigungen] nicht stimmten«, aber er hatte den Präsidenten nie danach gefragt, weil er mit seinem Anwalt, Robert Bennett, gesprochen hatte, (auch der persönliche Anwalt des Präsidenten), und der hatte ihm geraten, »keine Fragen zu stellen, die Ihnen eine Vorladung bescheren.« Id. S. 22, 27. Mr. Thomason sagte auch aus, daß er den Präsidenten nicht gefragt hätte, ob das Leugnen der Wahrheit entspräche, weil »ich wollte, daß es wahr war, und ich fühlte, daß es nicht wahr war.« Id. S. 32-33.

1153. Thomason 11/8/98 GJ S. 15.

1154. Thomason 11/8/98 GJ S. 27.

1155. Schmidt und Baker, »Ex-Praktikantin. . .«
Washington Post, 24. Jan. 1998, S. A1.

1156. Schmidt und Baker, »Ex-Praktikantin. . .« S. A1.

1157. Larry King Weekend, 24. Jan. 1998,
Abschrift Nr. 98012400V42.

1158. Der Präsident machte einen Unterschied zwischen »ist« und »war«. Siehe Clinton 17/8/98 GJ S. 59.

1159. Larry King Weekend, 24. Jan.

1160. Im Fernsehen gesendete Bemerkungen von Präsident Clinton während der Bildungskonferenz am Montag, 26. Januar 1998, 10 Uhr im Weißen Haus. Siehe Chicago Tribune 27. Jan. 1998, S. 1 (»Ein trotziger Präsident Clinton drohte mit den Fingern zu den Kameras und beharrte darauf, daß er keinen Sex mit einer jungen Praktikantin im Weißen Haus gehabt halte und sie auch nicht überredet zu haben, unter Eid zu leugnen.«).

Elf Gründe für ein Amtsenthebungsverfahren

Es gibt weitgehend sichere und glaubwürdige Informationen, daß Präsident Clinton Handlungen begangen hat, die als Gründe für ein Amtsenthebungsverfahren angesehen werden können

Einführung

Hiermit legt das Sonderermittlungsbüro (Office of Independeant Counsel) OIC, entsprechend Paragraph 595 (c), Abschnitt 28, weitgehend sichere und glaubwürdige Informationen darüber vor, daß Präsident Clinton während des Verfahrens Jones vs. Clinton wegen sexueller Belästigung die Justiz behindert hat, indem er unter Eid log und Beweise für eine Beziehung zu einer jungen Praktikantin im Weißen Haus und Bundesangestellten, Monica Lewinsky, unterdrückt hat. Nachdem im Januar 1998 Ermittlungen durch Bundesermittlungen bezüglich der Handlungen des Präsidenten begonnen hatten, sagte der Präsident vor der Grand Jury unter Eid die Unwahrheit und behinderte die Justiz während der Ermittlungen der Grand Jury. Es gibt weitere weitgehend sichere und glaubwürdige Informationen darüber, daß die Handlungen des Präsidenten Monica Lewinsky betreffend einen Mißbrauch seiner Amtsmacht darstellen, der im Widerspruch steht zu der in der Verfassung verankerten Pflicht des Präsidenten, gewissenhaft die Gesetze zu befolgen.

Nach den vorliegenden wichtigen und glaubwürdigen Informationen werden in den folgenden 11 Punkten mögliche Gründe für ein Amtsenthebungsverfahren dargestellt:

1. Präsident Clinton log in dem gegen ihn angestrengten Zivilverfahren, als er eine sexuelle Affäre, eine anhaltende sexuelle Beziehung oder sexuelle Beziehungen mit Monica Lewinsky leugnete.

2. Präsident Clinton sagte vor der Grand Jury unter Eid die Unwahrheit über seine sexuelle Beziehung zu Monica Lewinsky.

3. Um seine Falschaussage über die sexuelle Beziehung zu Monica Lewinsky zu decken, sagte Präsident Clinton in der Befragung unter Eid die Unwahrheit darüber, ob er mit Monica Lewinsky allein gewesen sei und welche Geschenke zwischen ihnen ausgetauscht worden seien.

4. In der Befragung unter Eid sagte Präsident Clinton die Unwahrheit über seine Gespräche mit Monica Lewinsky bezüglich ihrer Aussagen in dem Fall Jones.

5. Während des Jones-Verfahrens behinderte Präsident Clinton die Justiz und traf mit Monica Lewinsky eine Abmachung darüber, gemeinsam die Wahrheit über ihre Beziehung zu verschleiern, indem er Geschenke verschwieg, die sämtlich auf Antrag der Anwälte von Miss Jones vorgelegt werden sollten.

6. Während des Jones-Verfahrens behinderte Präsident Clinton die Justiz und traf mit Monica Lewinsky eine Abmachung darüber, gemeinsam dem Gericht gegenüber die Wahrheit über ihre Beziehung zu verschleiern. Ihr Plan umfaßte folgende Punkte: (i) Der Präsident und Miss Lewinsky kamen überein, im Jones-Verfahren unter Eid die Unwahrheit zu sagen, (ii) Der Präsident schlug vor, daß Miss Lewinsky zu Gunsten des Präsidenten eine schriftliche beeidigte Erklärung (Affidavit) abfaßte, die ihre eidesstattliche Zeugenaussage unterstützte und verhindern würde, daß man sie über ihre Beziehung befragte. (iii) Miss Lewinsky unterschrieb das falsche

Affidavit und reichte es ein. (iv) Der Präsident benutzte das falsche Affidavit in seiner Aussage unter Eid, um so Fragen über Miss Lewinsky abzuwehren und (v) als das nicht gelang, sagte er während dieser Befragung unter Eid die Unwahrheit über seine Beziehung zu Monica Lewinsky.

7. Präsident Clinton versuchte, die Justiz zu behindern, indem er Miss Lewinsky zu einem Job in New York verhalf, als sie ihm hätte schaden können, wenn sie im Fall Jones als Zeugin die Wahrheit gesagt hätte.

8. Präsident Clinton sagte in seiner Befragung unter Eid die Unwahrheit darüber, ob er in Gesprächen mit Vernon Jordan über Miss Lewinskys Rolle im Fall Jones diskutiert hätte.

9. Der Präsident wirkte auf unzulässige Weise auf eine mögliche Zeugin ein, indem er versuchte, nach seiner Befragung unter Eid die Zeugenaussage seiner Privatsekretärin, Betty Currie, zu beeinflussen.

10. Präsident Clinton war bestrebt, während der Ermittlungen der Grand Jury die Justiz zu behindern, indem er sich sieben Monate lang weigerte auszusagen und indem er die leitenden Berater im Weißen Hauses in dem Wissen belog, daß sie vor der Grand Jury seine Worte weitergeben würden – somit hinterging und behinderte er die Grand Jury.

11. Präsident Clinton mißbrauchte seine verfassungsgegebene Gewalt, indem er (i) im Januar 1998 die Öffentlichkeit und den Kongreß über seine Beziehung zu Miss Lewinsky belog; (ii) er zu diesem Zeitpunkt versprach, bei den Ermittlungen der Grand Jury zu kooperieren, (iii) er sich später sechsmal weigerte, als er aufgefordert wurde, freiwillig vor der Grand Jury auszusagen, (iv) er sich auf Sonderrechte des Präsidenten berief, (v) die Grand Jury im August 1998 belog und (vi) er erneut am

17. August 1998 die Öffentlichkeit und den Kongreß belog – dies alles, um eine mögliche Befragung durch den Kongreß der Vereinigten Staaten von Amerika zu behindern und abzuwenden.

Die ersten beiden möglichen Gründe für ein Amtsenthebungsverfahren betreffen die Tatsache, daß der Präsident unter Eid die Unwahrheit über seine Beziehung zu Miss Lewinsky gesagt hat. Die Einzelheiten, die mit eigenen Gründen verbunden sind, sind in ihrer Natur explizit. Unglücklicherweise hat die Aussage des Präsidenten diesen Einzelheiten große Bedeutung verliehen, wie im Folgenden erläutert werden wird.

I. Es gibt weitgehend sichere und glaubwürdige Informationen, daß Präsident Clinton als Beschuldigter im Fall Jones unter Eid die Unwahrheit über seine sexuelle Beziehung zu Monica Lewinsky gesagt hat.

1. Er leugnete, daß er eine »länger andauernde sexuelle Beziehung« zu Monica Lewinsky hatte.
2. Er leugnete, daß er eine »sexuelle Affäre« mit Monica Lewinsky hatte.
3. Er leugnete, daß er »sexuelle Beziehungen« zu Monica Lewinsky hatte.
4. Er leugnete, daß er Geschlechtsverkehr oder Kontakt mit den Genitalien »irgendeiner Person« hatte, mit der Absicht, sie zu erregen oder zu befriedigen (Miss Lewinsky praktizierte Oralverkehr bei ihm).
5. Er leugnete, Monica Lewinskys Brüste oder Genitalien berührt zu haben mit der Absicht, sie zu erregen oder zu befriedigen.

Am 6. Mai 1994 reichte die frühere Angestellte des Bundesstaates Arkansas, Paula Corbin Jones, vor einem Bundesgericht Klage gegen Präsident Clinton ein, weil er sie am 8. Mai 1991 sexuell belästigt haben soll, indem er in einer Suite des Excelsior Hotels in Little Rock Oralsex von ihr gefordert habe. Während der Ermittlungen im Vorverfahren von Jones vs. Clinton ordnete die Richterin am Distrikt-Gericht, Susan Webber Wright, trotz des Einspruchs des Präsidenten an, daß es den Anwälten von Miss Jones gestattet sei, sich Informationen unterschiedlichster Art zu beschaffen, darunter auch Informationen über Frauen, die als Staatsangestellte in Clintons Amtszeit als Gouverneur bzw. Präsident gearbeitet und angebliche sexuelle Beziehungen mit ihm unterhalten hatten.

Die Anweisungen von Richterin Wright entsprachen der herrschenden legalen Vorgehensweise in Fällen sexueller Belästigung: Es ist üblich, die sexuellen Beziehungen des Beschuldigten am Arbeitsplatz, auch wenn sie im Einverständnis erfolgen, zum Gegenstand der laufenden Untersuchungen zu machen. Richterin Wright bestätigte diese Vorgehensweise und betonte, daß sie dem »hohen Anspruch an Sachlichkeit« folge, wenn sie solche Befragungen zuließe. In einer Anhörung am 12. Januar 1998 forderte Richterin Wright Miss Jones auf, eine Liste möglicher Zeuginnen aufzustellen. Miss Jones' Liste umfaßte etliche »Jane Does«. Die Anwälte von Miss Jones erklärten, daß sie beabsichtigten, eine »Jane Doe« namens Monica Lewinsky als Zeugin aufzurufen, um Miss Jones' Beschuldigungen zu untermauern. Miss Jones behauptete, daß Frauen, die sich auf eine sexuelle Beziehung mit dem Präsidenten einließen, berufliche Vorteile davon hätten; Frauen jedoch, die eine solche Beziehung ablehnten, würden solche Vorteile verweigert.

Am 17. Januar 1998 befragten die Anwälte von Miss Jones in Anwesenheit und unter Vorsitz von Richterin Wright Präsident Clinton unter Eid. Das Bundesgesetz fordert von einem Zeugen, der unter Eid aussagt, daß seine Antworten der Wahrheit entsprechen. Vorsätzlich die Unwahrheit zu sagen ist eine Straftat, die mit Gefängnis oder einer Geldstrafe bestraft werden kann. Zu Beginn jener Befragung legte der Präsident vor Richterin Wright folgenden Eid ab: »Schwören oder bestätigen Sie ... daß die Aussagen, die Sie machen werden, die Wahrheit sind, die ganze Wahrheit und nichts als die Wahrheit, so wahr Ihnen Gott helfe?« Und der Präsident erwiderte: »Ich schwöre.« Bevor sie mit ihrer Befragung begannen, fragten die Anwälte von Miss Jones: »Ist Ihnen bewußt, Sir, daß Ihre Aussage eine Strafe nach sich ziehen kann?« Der Präsident antwortete: »Das ist mir bewußt.«

Nach der Liste der Zeuginnen, die im Dezember 1997 einging (und die den Namen Miss Lewinskys beinhaltete), sowie nach der Anhörung am 12. Januar 1998 war dem Präsidenten und seinen Rechtsberatern bewußt, daß Miss Jones' Anwälte höchstwahrscheinlich den Präsidenten Fragen zu Miss Lewinsky und anderen »Jane Does« stellen würden. In der Tat stellten die Anwälte von Miss Jones zahlreiche Fragen über »Jane Does« einschließlich Miss Lewinsky.

Es gibt weitgehend sichere und glaubwürdige Informationen darüber, daß Präsident Clinton unter Eid die Unwahrheit sagte, als er diese Fragen beantwortete.

A. Beweise dafür, daß Präsident Clinton unter Eid in dem Prozeß die Unwahrheit sagte

1. Die eidesstattlichen Erklärungen Präsident Clintons über Monica Lewinsky.

Im Lauf der gerichtlichen Voruntersuchung legten die Rechtsanwälte von Paula Jones dem Präsidenten ihre Fragen schriftlich vor. In einer hieß es ausdrücklich:

Bitte geben Sie den Namen, die Adresse und die Telefonnummer einer jeden (Bundesangestellten) an, zu der Sie ... während Ihrer Amtszeit als Präsident der Vereinigten Staaten eine sexuelle Beziehung hatten.

Während der Befragung wurde der Begriff »sexuelle Beziehung« nicht genau definiert. Richterin Wright ordnete an, daß der Präsident die Fragen beantworten müsse, und am 23. Dezember 1997 erklärte der Präsident in dem Wissen, daß eine falsche Aussage strafbar sei: »Es gibt keine.«

Während der Befragung am 17. Januar 1998 stellten die Anwälte von Miss Jones dem Präsidenten spezifizierte Fragen über mögliche sexuelle Aktivitäten mit Monica Lewinsky. Die Anwälte verwendeten dabei verschiedene Begriffe, unter anderem »sexuelle Affäre«, »länger andauernde sexuelle Beziehung«, »sexuelle Beziehungen«. Die Begriffe »sexuelle Affäre« und »länger andauernde sexuelle Beziehung« wurden von den Anwälten von Miss Jones nicht näher definiert, dafür jedoch der Begriff: »Sexuelle Beziehungen«: *Eine Person läßt sich auf eine ›sexuelle Beziehung‹ ein, wenn sie zu Kontakt von Genitalien, Anus, Leisten, Brust, Innenseite der Schenkel oder Gesäß einer anderen Person auffordert oder selbst ausführt in der Absicht, bei dieser Person sexuelles Verlangen zu erregen oder zu befriedigen ...* »Kontakt« bedeutet absichtliches Berühren, entweder direkt oder durch die Kleidung.

Präsident Clinton beantwortete eine Reihe von Fragen über Miss Lewinsky, unter anderem auch folgende:

Frage: Hatten Sie eine außereheliche sexuelle Affäre mit Monica Lewinsky?

WJC: Nein.

Frage: Wenn sie jemandem erzählt hätte, daß sie eine sexuelle Affäre mit Ihnen hatte, die im November 1995 begann, wäre dies eine Lüge?

WJC: Es wäre sicherlich nicht die Wahrheit. Es wäre nicht die Wahrheit.

Frage: Ich glaube, ich habe den Begriff ›sexuelle Affäre‹

verwendet. Damit der Bericht keine Fragen offenläßt: Hatten Sie jemals sexuelle Beziehungen zu Monica Lewinsky, in dem Sinn, wie dieser Begriff in Beweisstück Nr. 1 vom Gericht festgelegt wurde?

Mr. Bennett: Ich erhebe Einspruch, weil ich nicht weiß, ob er sich erinnern kann ...

Richterin Wright: Nun, das ist kein Problem. Er kann – ich werde die Frage zulassen, und Sie können dem Zeugen-Definition Nummer 1 zeigen.

WJC: Ich hatte niemals sexuelle Beziehungen mit Monica Lewinsky. Ich hatte niemals eine Affäre mit ihr.

Präsident Clinton leugnete dies wiederholt auch bei der Befragung durch seinen eigenen Anwalt:

Frage: In Absatz 8 des Affidavit (von Miss Lewinsky) erklärt sie: ›Ich habe niemals eine sexuelle Beziehung mit dem Präsidenten gehabt, er hat niemals vorgeschlagen, daß wir eine sexuelle Beziehung haben sollten, und er hat mir auch nicht eine Arbeitsstelle oder andere Vorteile als Gegenleistung für eine sexuelle Beziehung angeboten; genausowenig hat er mir die Beschäftigung oder andere Vorteile versagt wegen der Ablehnung einer sexuellen Beziehung.‹ Entspricht diese Darstellung der Wahrheit, soweit Sie wissen?

WJC: Dies entspricht vollkommen der Wahrheit.

2. Monica Lewinskys Zeugenaussage

Monica Lewinsky sagte vor der Grand Jury unter Eid aus, daß sie eine längere Beziehung mit dem Präsidenten hatte, die im November 1995 begann, als sie als 22jährige Praktikantin im Weißen Haus arbeitete, und die beträchtliche sexuelle Aktivitäten beinhaltete. Sie machte ausführliche Angaben zu Datum, Uhrzeit und Art und Weise jener sexuellen Begegnungen, zu denen auch eine bestimmte Art des Kontakts der Genitalien gehörte. Wie im ersten Teil dieses Berichts dargelegt, erhärten die Aufzeichnungen des Weißen Hauses die Zeugenaussage Miss Lewinskys insofern, als sich der Präsident zu den genannten Zeitpunkten im Bereich des Oval Office aufgehalten hat. Die Aufzeichnungen darüber, wann das Weiße Haus von den Angestellten betreten und verlassen wird, sind nicht vollständig, aber sie bestätigen Miss Lewinskys Anwesenheit bei acht jener Begegnungen. Die zehn Vorfälle werden hier nochmals aufgeführt, weil dies notwendig ist, um zu beurteilen, daß der Präsident unter Eid die Unwahrheit gesagt hat, sowohl während seiner Befragung, als er sexuelle Beziehungen jeder Art geleugnet hat, wie auch bei seiner Aussage vor der Grand Jury, als er einen »unziemlichen intimen Kontakt« zugab, aber leugnete, Miss Lewinskys Brüste oder Genitalien berührt zu haben. Beim Lesen der folgenden Beschreibungen sollte man stets daran denken, daß der Präsident unter Eid alles geleugnet hat.

Unglücklicherweise erfordert das Verhalten des Präsidenten, daß die Beweise des Gegenteils in aller Ausführlichkeit dargestellt werden. Wenn der Präsident bei seinem Erscheinen vor der Grand Jury die sexuelle Beziehung eingestanden hätte, von der Miss Lewinsky berichtete, und zugegeben hätte, daß er bei der Befragung vor Gericht unter Eid gelogen hatte, wären diese detaillierten Beschreibungen überflüssig. Wir hatten stets von einer Befragung Miss Lewinskys über bestimmte Details abgesehen, bis eine solche Befragung nach der Aussage des Präsidenten am 17. August notwendig wurde. Doch in Anbetracht (i) des Leugnens des Präsidenten, (ii) seiner fortgesetzten Behauptung, daß seine Aussagen während der Befragung im Gerichtsprozeß korrekt in bezug auf die verwendeten Begriffe und Definitionen gewesen seien, und (iii) seiner Weigerung, auf andere Fragen zu antworten, ist es unumgänglich, die Details aufzuführen. Diese Einzelheiten verleihen der Aussage Miss Lewinskys Glaubwürdigkeit und Bestätigung. Sie zeigen auch mit Deutlichkeit, daß der Präsident sowohl bei seiner Befragung vor Gericht als auch vor der Grand Jury gelogen hat. Es gibt weitgehend sichere und glaubwürdige Informationen, daß der Präsident absichtlich und in großem Umfang über seine Beziehung zu Miss Lewinsky gelogen hat.

(i) Mittwoch, 15. November 1995

Miss Lewinsky sagte aus, daß sie den ersten sexuellen Kontakt zum Präsidenten am Abend des 15. Novembers 1995 gehabt hat, während sie als Praktikantin im Weißen Haus arbeitete. Zweimal bat der Präsident Miss Lewinsky an jenem Abend, ihn im Bereich des Oval Office zu treffen. Beim ersten Mal nahm der Präsident Miss Lewinsky in das Arbeitszimmer des Oval Office mit, und sie küßten sich. Beim zweiten Mal praktizierte sie in dem Flur vor dem Arbeitszimmer des Oval Office Oralsex beim Präsidenten. Während dieser Begegnung berührte und küßte der Präsident Miss Lewinskys bloße Brüste. Außerdem schob der Präsident seine Hand in Miss Lewinskys Hose und stimulierte ihre Genitalien (eine Handlung, die eindeutig unter die Definition der »sexuellen Beziehungen« bei der eidlichen Aussage im Fall Jones fällt).

(ii) Freitag, 17. November 1995

Miss Lewinsky sagte aus, daß sie den Präsidenten zwei Tage später wiedertraf, am 17. November 1995. Sie berichtete, daß sie während dieser Begegnung im privaten Badezimmer außerhalb des Arbeitszimmers des Oval Office Oralsex mit dem Präsidenten praktizierte. Der Präsident ermunterte zum Oralsex, indem er den Reißverschluß seiner Hose öffnete und sein Geschlechtsteil entblößte. Miss Lewinsky verstand das Verhalten des Präsidenten so, daß er Oralsex von ihr wünschte. Während ihrer Begegnung streichelte und küßte der Präsident Miss Lewinskys bloße Brüste.

(iii) Sonntag, 31. Dezember 1995

Monica Lewinsky sagte aus, daß sie sich mit dem Präsidenten Silvester 1995 traf, nachdem der Präsident sie ins Oval Office gebeten hatte. Der Präsident schob ihren Pullover hoch, streichelte und küßte ihre bloßen Brüste. Sie bestätigt, daß sie Oralsex für ihn in dem Flur hinter dem Oval Office praktizierte.

(iv) Sonntag, 7. Januar 1996

Monica Lewinsky sagte aus, daß sie im Bad außerhalb des Oval Office am Spätnachmittag des 7. Januar 1997 Oralsex für den Präsidenten praktizierte. Der Präsident hatte dieses Treffen herbeigeführt, indem er Miss Lewinsky zu Hause anrief und sie einlud. Der Präsident und Miss Lewinsky begaben sich ins Bad, wo er ihre nackten Brüste mit Händen und Mund koste. Der Präsident äußerte bei diesem Treffen, daß auch er gern bei Miss Lewinsky Oralsex machen würde, doch sie lehnte dies ab, da sie indisponiert sei.

(v) Sonntag, 21. Januar 1996

Miss Lewinsky sagte aus, daß es zwischen ihr und dem Präsidenten am Nachmittag des 21. Januar 1996 zu einer sexuellen Begegnung kam, nachdem er sie in das Oval Office eingeladen hatte. Der Präsident schob Miss Lewinskys Top hoch und streichelte ihre nackten Brüste. Der Präsident öffnete den Reißverschluß seiner Hose und entblößte sein Geschlechtsteil, und sie praktizierte Oralsex für ihn im Flur vor dem Arbeitszimmer des Oval Office.

(vi) Sonntag, 4. Februar 1996

Miss Lewinsky sagte aus, daß sie und der Präsident am Nachmittag des 4. Februar 1996 sexuelle Kontakte im Arbeitszimmer des Oval Office und in dem Flur davor hatten. Der Präsident hatte Miss Lewinsky an jenem Tag angerufen. Während ihres Treffens schob der Präsident Miss Lewinsky Kleid und ihren BH teilweise weg und berührte ihre nackten Brüste mit seinen Händen und dem Mund. Außerdem berührte er auch direkt ihre Genitalien. Miss Lewinsky führte beim Präsidenten Oralsex aus.

(vii) Sonntag, 31. März 1996

Miss Lewinsky sagte aus, daß sie und der Präsident am Spätnachmittag des 31. März 1996 im Flur vor dem Arbeitszimmer des Oval Office sexuellen Kontakt hatten. Der Präsident hatte dieses Begegnung veranlaßt, indem er Miss Lewinsky anrief und sie ins Oval Office einlud. Während dieses Treffens führte Miss Lewinsky keinen Oralverkehr am Präsidenten aus. Der Präsident berührte Miss Lewinskys nackte Brüste mit seinen Händen und Lippen und berührte ihre Genitalien, nachdem er ihre Unterwäsche weggeschoben hatte. Außerdem führte der Präsident eine Zigarre in Miss Lewinskys Vagina ein.

(viii) Sonntag, 7. April 1996

Miss Lewinsky sagte aus, daß sie und der Präsident am Ostersonntag, dem 7. April 1996, im Flur vor dem Arbeitszimmer des Oval Office und auch im Arbeitszimmer sexuellen Kontakt hatten. Dabei berührte der Präsident ihre Brüste, sowohl durch die Kleidung als auch direkt. Nachdem der Präsident seine Hose geöffnet hatte, praktizierte Miss Lewinsky Oralsex.

Dies war für über neun Monate ihre letzte sexuelle Begegnung.

(ix) Freitag, 28. Februar 1997

Miss Lewinsky sagte aus, daß ihre nächste sexuelle Begegnung mit dem Präsidenten am 28. Februar 1997 am frühen Abend stattfand. Der Präsident führte diese

Begegnung herbei, indem er seine Sekretärin Betty Currie Miss Lewinsky anrufen ließ und sie zu einer Radioansprache ins Weiße Haus einlud. Nach der Ansprache küßten sich der Präsident und Miss Lewinsky im Badezimmer. Der Präsident knöpfte ihr Kleid auf und streichelte ihre Brüste, zuerst durch ihren BH, dann direkt. Er berührte ihre Genitalien bei dieser Begegnung durch die Kleidung, jedoch nicht direkt. Miss Lewinsky führte bei ihm Oralsex aus. An jenem Tag trug Miss Lewinsky ein blaues Kleid, an dem durch wissenschaftliche Untersuchungen Flecken vom Samen des Präsidenten nachgewiesen wurden.

(x) Samstag, 29. März 1997

Miss Lewinsky sagte aus, daß sie und der Präsident am Nachmittag des 29. März 1997 im Arbeitszimmer des Oval Office sexuellen Kontakt hatten. Bei jener Begegnung knöpfte der Präsident Miss Lewinskys Bluse auf und streichelte ihren Busen durch den BH, aber nicht direkt. Außerdem schob er seine Hand in ihre Hose und stimulierte ihre Genitalien. Miss Lewinsky praktizierte Oralsex bei ihm, und es gab einen kurzen direkten Kontakt der Genitalien beider.

(xi) Zwei spätere Treffen

Miss Lewinsky sagte aus, daß sie sich mit Präsident Clinton am Morgen des 16. August 1997 im Arbeitszimmer des Oval Office traf. Sie küßten sich, und Miss Lewinsky berührte das Geschlechtsteil des Präsidenten durch seine Kleidung, doch er wies ihren Wunsch ab, Oralsex mit ihm zu praktizieren. Während dieses Treffens kam es zu keinen weiteren sexuellen Kontakten.

Am Sonntag, dem 28. Dezember 1997, drei Wochen vor der eidlichen Aussage des Präsidenten im Fall Jones, trafen sich der Präsident und Miss Lewinsky im Oval Office. Sie diskutierten etliche Themen, die weiter unten beschrieben werden, und küßten sich »leidenschaftlich« – sie sagte: »Ich kann es keinen kurzen Kuß nennen.« Es kam zu keinen weiteren sexuellen Kontakten.

3. Telefonsex

Miss Lewinsky sagte aus, daß sie und der Präsident bei circa 15 Gelegenheiten »Telefonsex« hatten. Dies ging jeweils vom Präsidenten aus, da er derjenige war, der Miss Lewinsky anrief.

4. Materielle Beweise

Miss Lewinsky stellte den OIC-Ermittlern ein Kleid zur Verfügung, das sie während des Treffens am 28. Februar 1997 trug. Sie glaubte, daß auf diesem Kleid Samenflecken des Präsidenten sein könnten. Auf Bitten des OIC wurde dieses Kleid im FBI-Labor untersucht, es wurden Samenflecken darauf festgestellt. Daraufhin forderte das OIC eine DNS-Probe des Präsidenten an. Am 3. August 1998, zwei Wochen vor der Aussage des Präsidenten vor der Grand Jury, wurden dem Präsidenten in Anwesenheit eines Staatsanwalts des OIC und eines FBI-Agenten durch einen Arzt des Weißen Hauses eine Blutprobe abgenommen. Nach einer gründlichen und gewissenhaften DNS-Überprüfung wurde im FBI-Labor abschließend festgestellt, daß der Samen auf Miss Lewinskys Kleid in der Tat vom Präsidenten stammte. Die Möglichkeit, daß dieser Samen nicht vom Präsidenten ist, liegt bei 1 zu 7.87 Billionen.

5. Aussagen von Freunden Monica Lewinskys, von Familienmitgliedern und Beratern

Während ihrer Beziehung zum Präsidenten sprach Monica Lewinsky mit mehreren Freunden, Familienmitgliedern und Beratern darüber. Deren Aussagen bekräftigen viele der Einzelheiten, die Miss Lewinsky vor dem OIC über die sexuellen Aktivitäten zu Protokoll gegeben hat.

(i) Catherine Allday Davis

Catherine Allday Davis, eine College-Freundin von Miss Lewinsky, sagte aus, daß Miss Lewinsky ihr Ende 1995 oder Anfang 1996 von ihrer sexuellen Beziehung zum Präsidenten erzählt hat. Nach Miss Davis' Angaben hatte Miss Lewinsky ihr berichtet, daß diese Beziehung Küssen und Umarmen beinhaltete und daß Miss Lewinsky Oralsex beim Präsidenten ausführte. Sie sagte weiterhin aus, daß der Präsident Monica »an ihren Brüsten und an der Vagina« berührt hätte. Miss Davis beschrieb auch den oben erwähnten Vorfall mit der Zigarre. Miss Davis fügte hinzu, daß Monica erzählt hätte, sie hätte 1996 oder 1997 fünf- bis zehnmal »Telefonsex« mit dem Präsidenten gehabt.

(ii) Neysa Erbland

Neysa Erbland, eine Highschool-Freundin von Miss Lewinsky, sagte aus, daß Miss Lewinsky ihr 1995 erzählt habe, sie hätte eine Affäre mit Präsident Clinton. Nach Miss Erblands Aussage hatte Miss Lewinsky berichtet, daß diese sexuelle Beziehung begann, als sie noch Praktikantin war. Miss Lewinsky erzählte Miss Erbland, daß die sexuellen Kontakte aus Oralsex, Küssen und Streicheln bestanden. Manchmal, so schilderte es Miss Erbland, legte der Präsident seinen Kopf zwischen Miss Lewinskys bloße Brüste. Miss Erbland berichtete auch, daß Miss Lewinsky den oben erwähnten Vorfall mit der Zigarre beschrieben hatte. Miss Erbland erfuhr auch von Miss Lewinsky, daß sie und der Präsident Telefonsex hatten, meistens nach Mitternacht.

(iii) Natalie Rose Ungvari

Miss Lewinsky erzählte einer weiteren Highschool-Freundin, Natalie Rose Ungvari, von ihrer sexuellen Beziehung zum Präsidenten. Zum ersten Mal informierte Miss Lewinsky Miss Ungvari am 23. November 1995 davon. Miss Ungvari erinnert sich deshalb so genau an dieses Datum, weil es ihr Geburtstag war. Miss Ungvari erinnerte sich, daß Miss Lewinsky erzählt hatte, sie übte beim Präsidenten Oralsex aus und daß er ihre Brüste streichelte. Miss Lewinsky berichtete Miss Ungvari, daß der Präsident sie manchmal spät in der Nacht anrief und sie bat, mit ihm Telefonsex zu machen.

(iv) Ashley Raines

Ashley Raines, eine Freundin Miss Lewinskys, die im Office of Policy Development Operations im Weißen Haus arbeitete, sagte aus, daß Miss Lewinsky ihr ihre sexuelle Beziehung zum Präsidenten beschrieben hätte. Miss Raines sagte aus, daß Miss Lewinsky ihr erzählte, die Beziehung hätte ungefähr zum Zeitpunkt des Haushaltsstreits Ende 1995 begonnen.

Miss Raines erfuhr, daß der Präsident und Miss Lewinsky sich geküßt und Oralsex gehabt hätten, normalerweise im Arbeitszimmer des Präsidenten. Miss Lewinsky hatte Miss Raines auch berichtet, daß sie und der Präsident gelegentlich Telefonsex hatten.

(v) Andrew Bleiler

Ende 1995 erzählte Monica Lewinsky Andrew Bleiler, einem früheren Freund, daß sie eine Affäre mit einer hochgestellten Persönlichkeit im Weißen Haus hätte. Nach der Aussage von Mr. Bleiler hatte Miss Lewinsky ihm anvertraut, daß diese Beziehung keinen Geschlechtsverkehr beinhalte, sondern Oralsex. Sie berichtete Mr. Bleiler auch von dem oben erwähnten Zigarren-Vorfall und daß jener Mann sie an ihren Genitalien berührte und zum Orgasmus gebracht hätte.

(vi) Dr. Irene Kassorla

Dr. Irene Kassorla beriet Miss Lewinsky von 1992 bis 1997. Miss Lewinsky berichtete ihr von der sexuellen Beziehung mit dem Präsidenten. Miss Lewinsky sagte, daß sie in einem Raum, der ans Oval Office grenzte, für den Präsidenten Oralsex ausführte, daß der Präsident sie so berührte, daß sie zum Orgasmus käme und daß sie einander berührten und streichelten. Der Präsident hätte jeweils den Zeitpunkt der sexuellen Begegnungen festgelegt und sei »Miss Lewinskys Leben« geworden.

(vii) Linda Tripp

Als sie im Pentagon arbeitete, erzählte Miss Lewinsky einer Kollegin, Linda Tripp, daß sie eine sexuelle Beziehung zu Präsident Clinton unterhielte. Miss Tripp sagte aus, daß Miss Lewinsky ihr zum ersten Mal von dieser Beziehung im September oder Oktober 1996 berichtet hätte. Weiter erzählte Miss Lewinsky, es sei am 15. November 1995 zur ersten sexuellen Begegnung zwischen ihr und dem Präsidenten gekommen, als Miss Lewinsky Oralsex bei ihm ausführte. Miss Lewinsky erzählte Miss Tripp, daß sie im Lauf dieser sexuellen Beziehung Oralsex für den Präsidenten praktizierte, daß der Präsident ihre Brüste streichelte und ihre Genitalien berührte, und daß sie Telefonsex hätten.

(viii) Debra Finerman

Miss Lewinskys Tante, Debra Finerman, sagte aus, daß Monica ihr von ihrer sexuellen Beziehung zu Präsident Clinton erzählt hätte. Miss Finerman sagte aus, daß Miss Lewinsky eine spezielle sexuelle Begegnung mit dem Präsidenten beschrieben hätte. Da Miss Finerman ihr sonst keine Fragen stellte, erzählte ihre Nichte ihr auch keine weiteren Einzelheiten über die sexuellen Aktivitäten zwischen ihr und dem Präsidenten.

(ix) Dale Young

Dale Young, ein Freund der Familie, sagte aus, daß Miss Lewinsky ihm erzählt hätte, sie würde für Präsident Clinton Oralsex praktizieren.

(x) Kathleen Estep

Kathleen Estep, eine Beraterin Miss Lewinskys, traf sich dreimal im November 1996 mit Miss Lewinsky. Trotz ihrer geringen Kontakte zu Miss Lewinsky sagte Miss Estep aus, daß sie Miss Lewinsky für glaubwürdig hielte. Während der zweiten Sitzung berichtete Miss Lewinsky Miss Estep von ihrer sexuellen Beziehung zu Präsident Clinton. Miss Lewinsky erzählte Miss Estep, daß die körperliche Beziehung Küssen beinhaltete, daß sie Oralsex für den Präsidenten praktizierte und daß der Präsident ihre Brüste streichelte.

6. Zusammenfassung

Die detaillierte Aussage Miss Lewinskys, die Bekräftigung ihrer Erklärungen durch Freunde, Familienmitglieder und Berater und der Nachweis von Samen des Präsidenten auf Miss Lewinsky Kleid bestätigen, daß Miss Lewinsky und der Präsident in beträchtlichem Umfang zwischen dem 15. November 1995 und dem 28. Dezember 1997 eine sexuelle Beziehung hatten.

Der Präsident jedoch sagte unter Eid in dem Zivilverfahren aus – sowohl in der mündlichen eidlichen Befragung als auch in seiner schriftlichen Beantwortung der Fragen – daß er weder eine »länger andauernde sexuelle Beziehung« noch eine »sexuelle Affäre« noch eine »sexuelle Beziehung« zu Miss Lewinsky unterhalten hätte. Darüber hinaus leugnete er, Handlungen begangen zu haben, die unter jene besondere Definition »sexueller Beziehungen« fielen, die während der eidlichen Aussage vor Gericht aufgestellt worden war. In diesem Zivilverfahren machte der Präsident fünf falsche Angaben zu seiner sexuellen Beziehung. Bei vier dieser fünf falschen Aussagen macht der Präsident eine definitorische Verteidigung geltend: Der Präsident behauptet, daß die Begriffe, die während der eidlichen Aussage im Fall Jones verwendet wurden, um sexuelle Aktivitäten zu beschreiben, nicht auf die sexuellen Begegnungen mit Miss Lewinsky zuträfen. Bei seinen anderen Falschaussagen ist nachzuweisen, daß sie definitiv nicht den Tatsachen entsprechen, besonders, wenn er Miss Lewinskys Aussage abstreitet, daß er ihre Brüste oder ihre Genitalien während ihrer sexuellen Begegnungen berührt hätte.

Die Behauptungen des Präsidenten halten einer Überprüfung nicht stand, weder im definitorischen Sinn noch im faktischen Sinn. Der Präsident hatte in seiner Befragung vor Gericht geleugnet, eine »sexuelle Affäre« mit Miss Lewinsky zu haben (der Begriff war nicht definiert). Die Antwort des Präsidenten auf den Vorwurf, unter Eid gelogen zu haben, stützt sich auf seine Definition des Terminus »sexuelle Affäre« – daß dabei Geschlechtsverkehr stattgefunden haben muß, unabhängig davon, wie weitreichend die sexuellen Aktivitäten sonst gewesen sein mochten. Nach der Vorstellung des Präsidenten kann ein Mann regelmäßig Oralsex haben, die Brüste und Genitalien einer Frau streicheln und dennoch keine »sexuelle Affäre« mit ihr haben.

Die Behauptung des Präsidenten, dies sei seine Interpretation einer »sexuellen Beziehung«, wird durch die Tatsache unglaubwürdig gemacht, daß der eigene Anwalt des Präsidenten – in eben jener Gerichtsbefragung – den Begriff »sexuelle Beziehung« gleichsetzte mit »Sex jeder Art und jeder Form«. Der Anwalt des Präsidenten schlug diese Interpretation vor, als er von Richterin Wright forderte, die Fragestellungen zu begrenzen, um weitere Nachforschungen mit Rücksicht auf Monica Lewinsky zu vermeiden. Wie die Videoaufnahme dieser Befragung zeigt, war der Präsident anwesend und blickte zu seinem Anwalt hinüber, als dieser den Vorschlag machte. Der Präsident gab keinen Hinweis darauf, daß er jener unverblümten Definition seines Anwalts, daß der Begriff »sexuelle Beziehung« als »Sex jeder Art und jeder Form« zu betrachten sei, nicht zustimmen würde. Noch unternahm der Präsident anschließend einen Versuch, um die Definition seines Anwalts zu korrigieren.

Drittens hat der Präsident in seiner Antwort auf die schriftliche Befragung vor der mündlichen Befragung geleugnet, »sexuelle Beziehungen« (der Begriff war nicht definiert) zu Miss Lewinsky gehabt zu haben. Und wieder hängt die Behauptung des Präsidenten, nicht unter Eid gelogen zu haben, von seiner Definition von »sexuellen Beziehungen« ab – auch diese müßten Geschlechtsverkehr beinhalten. Laut Präsident Clinton begründet Oralsex noch keine »sexuelle Beziehung«.

Viertens leugnete der Präsident in seiner Befragung vor Gericht, daß er jemals Handlungen begangen hätte, die unter die spezielle Definition von »sexuellen Beziehungen« fielen, die man für die eidlichen Aussagen festgelegt hatte. Jene spezielle Definition beinhaltet, daß dann von sexuellen Beziehungen zu reden ist, »wenn eine Person zu Kontakt von Genitalien, Anus, Leisten, Brust, Innenseite der Schenkel oder Gesäß einer anderen Person auffordert oder selbst ausführt in der Absicht, diese Person zu erregen und zu befriedigen.« Also hat der Präsident geleugnet, zum Berühren der Genitalien, Brüste oder des Anus einer »anderen Person« aufgefordert oder sie berührt zu haben, um das sexuelle Verlangen einer »anderen Person« zu erregen und zu befriedigen.

Auf den Vorwurf, daß er in Bezug auf Oralsex bei der Gerichtsbefragung unter Eid die Unwahrheit gesagt hätte, verwies der Präsident auf den Begriff »andere Person« in jener Definition. Miss Lewinsky hatte ausgesagt, daß sie bei neun Gelegenheiten Oralsex beim Präsidenten ausgeführt hätte. Der Präsident behauptete, wenn an ihm Oralsex ausgeführt worden sei, dann hätte er weder zu Berührungen der Genitalien, des Anus, der Leisten, der Brust, der Innenseite der Schenkel oder des Gesäßes einer »anderen Person« aufgefordert noch diese selbst berührt. Der Präsident sagte vor der Grand Jury aus: »(Wenn) der vereidigte Zeuge diejenige Person ist, an der Oralsex ausgeführt wurde, dann kam es nicht zu Berührungen mit den aufgeführten Körperteilen, sondern mit den Lippen einer anderen Person.«

Die sprachlichen Spitzfindigkeiten des Präsidenten sind unsinnig. Denn nach der Definition des Präsidenten (der er seinen Angaben nach bei der Gerichtsbefragung folgte), ist Oralsex etwas, wobei eine Person sexuelle Beziehungen hat, die andere jedoch nicht.

Selbst wenn man annimmt, daß man sprachliche Definitionen so hinbiegen kann, daß bestimmte Tatsachen ausgeschlossen werden, muß der Präsident sich immer noch vorwerfen lassen, daß jeder normale Mensch dies anders verstanden hätte. Und wenn man sie im Kontext betrachtet, werden die sprachlichen Spitzfindigkeiten des Präsidenten noch unglaubwürdiger: Die Beschuldigung im Fall Jones lautet, daß der Präsident Miss Jones aufgefordert haben soll, Oralsex an ihm zu praktizieren. Und doch fordert der Präsident, daß die erweiterte Definition, die für dieses Verfahren festgelegt wurde, eben diese Handlung nicht beinhalten soll.

Fünftens hat der Präsident dadurch, daß er in der eidlichen Aussage abstritt, irgendwelche Handlungen begangen zu haben, die unter die Definition »sexueller Beziehungen« fielen, gleichzeitig geleugnet, daß er Kontakt mit den Brüsten oder den Genitalien Miss Lewinskys hatte in der Absicht, sexuelles Verlangen zu erregen oder zu befriedigen. Im Gegensatz zu seinen Erklärungen zu den vorangegangenen vier falschen Aussagen unter Eid ist in diesem besonderen Fall der Versuch des Präsidenten, sich gegen den Vorwurf der falschen Aussage unter Eid zu verteidigen, hinfällig. Wie bereits weiter oben beschrieben wurde, hat Miss Lewinsky glaubhaft bezeugt, daß der Präsident bei neun Begegnungen ihre bloßen Brüste berührte und küßte und daß er bei vier Gelegenheiten ihre Genitalien stimulierte. Außerdem beschrieb sie jenen Zigarren-Vorfall, der ebenfalls weiter oben diskutiert wurde. Darüber hinaus wurde von ihrem Home Computer ein gelöschter Entwurf eines Briefes an den Präsidenten sichergestellt, in dem ausführlich auf einen Vorfall Bezug genommen wird, als der »Mund (des Präsidenten) an ihrer Brust (war)« und ebenso ausführlich ein direkter Kontakt zu ihren Genitalien beschrieben wird. Dieser Briefentwurf ist eine weitere Bestätigung der Zeugenaussage Miss Lewinskys.

Miss Lewinskys frühere übereinstimmende Aussagen Freunden, Familienmitgliedern und Beratern gegenüber – die stattfanden, während die Beziehung andauerte –, bestätigen ebenfalls ihre Zeugenaussage über die Art und Weise, wie der Präsident ihren Körper berührte.

Es ist kein Motiv dafür erkennbar, daß Miss Lewinsky, ihre Freunde, die Familienmitglieder und Berater belogen haben könnte. Vor allem hatte Miss Lewinsky keinen Grund, Dr. Kassorla und Miss Estep zu belügen, denen sie die Tatsachen während der beruflichen Betreuung anvertraute. Und Miss Lewinskys Erklärung, daß sie keinen Geschlechtsverkehr mit dem Präsidenten hatte, obwohl sie es sich gewünscht hätte, trägt weiter zur Glaubwürdigkeit ihrer Zeugenaussage bei. Vor allem, da die genaue Beschreibung der sexuellen Handlungen erst relevant wurde, nachdem der Präsident seine sprachlichen Verteidigungsaktionen bei seiner Aussage am 17. August 1998 durchgeführt hatte.

Im Gegensatz zu Miss Lewinskys Aussage strapaziert das Zeugnis des Präsidenten jede Gutgläubigkeit. Das von ihm behauptete »Hände-weg-Szenario« – daß er selbst niemals die Brüste oder Genitalien Miss Lewinskys berührte, während sie Oralsex bei ihm praktizierte – ist nicht glaubwürdig. Er erweckt den Eindruck, daß er dieses »Hände-weg-Verhalten« in der andauernden Beziehung mit Miss Lewinsky praktizierte, damit er später einmal, in der Zukunft, in einer eidlichen Aussage, würde leugnen können, daß er »sexuelle Beziehungen« zu ihr hatte. Wie Miss Lewinsky feststellte, liefe dies auf eine Art »Dienstleistungsvertrag« hinaus – daß ich Oralsex für ihn ausgeführt habe, und mehr steckte nicht hinter dieser Beziehung. Zudem hatte der Präsident starke persönliche, politische und juristische Motive, in der Befragung im Fall Jones zu lügen: Er wollte nicht zugeben, daß er mit einer Praktikantin im Bereich des Oval Office im Weißen Haus außereheliche sexuelle

Handlungen begangen hatte. Eine solche Bestätigung hätte die Beschuldigung von Miss Jones ihm gegenüber erhärtet und ihn in Verlegenheit gebracht. Immerhin gab der Präsident zu, daß er während der Dauer der Beziehung alles ihm mögliche getan hat, um diese Beziehung geheimzuhalten, dazu gehörte auch, daß er seine Familie und das Kabinett »in die Irre führte.« Darüber hinaus sagte der Präsident aus, daß er »hoffte, daß diese Beziehung niemals öffentlich bekannt werden würde.«

Zu dem Zeitpunkt seiner eidlichen Aussage im Zivilverfahren konnte der Präsident noch davon ausgehen, daß er durchaus ohne Risiko unter Eid lügen konnte, weil ja – wie er wußte – Miss Lewinsky das falsche Affidavit unterzeichnet hatte, in dem sie eine sexuelle Beziehung zum Präsidenten leugnete. Sie hatten eine Abmachung, daß sie beide unter Eid die Unwahrheit sagen würden (wie ausführlicher in Grund VI beschrieben wird). So mag der Präsident erwartet haben, daß er lügen könnte, ohne Konsequenzen befürchten zu müssen, da er davon ausging, daß niemand erfolgreich seine falschen Behauptungen über eine sexuelle Beziehung mit ihr anfechten könnte.

Insgesamt gibt es also basierend auf der Beweislage und den unterschiedlichen Antworten des Präsidenten weitgehend sichere und glaubwürdige Hinweise darauf, daß der Präsident in seiner eidlichen Aussage und bei der schriftlichen Beantwortung der ihm gestellten Fragen unter Eid die Unwahrheit gesagt hat, als er leugnete, eine länger andauernde sexuelle Beziehung, eine sexuelle Affäre oder sexuelle Beziehungen zu Miss Lewinsky gehabt zu haben.

II. Es gibt weitgehend sichere und glaubwürdige Hinweise darauf, daß Präsident Clinton vor der Grand Jury unter Eid die Unwahrheit über seine sexuelle Beziehung zu Monica Lewinsky gesagt hat

A. Hintergrund

Im Januar 1998 wurden nach einem Gesuch des Justizministers von der Spezialabteilung des Appellationsgerichtes der Vereinigten Staaten die Befugnisse des OIC dahingehend erweitert, daß unter anderem Ermittlungen darüber durchgeführt werden durften, ob Präsident Clinton und Monica Lewinsky im Fall Jones die Justiz behindert hätten. Die Ermittlungen wurden in Gang gesetzt auf Grund bestimmter glaubwürdiger Beweise dafür, daß Monica Lewinsky ihre Beziehung zu Präsident Clinton in einem Affidavit zum Fall Jones geleugnet hatte, daß sie mit dem Präsidenten und Vernon Jordan über ihre Aussage gesprochen hatte und möglicherweise vom Präsidenten beeinflußt worden war zu lügen, indem Vernon Jordan und andere halfen, ihr eine Stelle zu vermitteln. Nachdem der Präsident in seiner eidlichen Aussage am 17. Januar 1998 jede sexuelle Beziehung zu Monica Lewinsky geleugnet und darüber hinaus seine Kontakte zu ihr heruntergespielt hatte, wurde die Aussage des Präsidenten ein weiteres Objekt der Ermittlungen des OIC.

Die entscheidende Frage war, ob der Präsident und Monica Lewinsky tatsächlich eine sexuelle Beziehung gehabt hatten. Wenn ja, dann hätte der Präsident bei der mündlichen und schriftlichen Gerichtsbefragung einen Meineid geleistet: der Präsident hatte, wie ich unter Grund I aufgeführt habe, jede sexuelle Affäre, länger andauernde sexuelle Beziehung und sexuelle Beziehungen zu Monica Lewinsky geleugnet genau wie jeglichen Kontakt mit ihren Brüsten oder Genitalien. Die Antwort auf diese Eingangsfrage konnte auch die Beurteilung mehrerer möglicher Behinderungshandlungen durch den Präsidenten ändern – z. B. die Miss Lewinsky gewährte Unterstützung bei der Suche nach einer Stelle, das Vertuschen der Tatsache, daß er Monica Lewinsky Geschenke gemacht hatte, die Diskussion zwischen dem Präsidenten und Miss Lewinsky über ihre Zeugenaussage und das Affidavit, die Gespräche des Präsidenten mit Betty Currie nach seiner eidlichen Aussage und sein nachdrückliches Leugnen einer Beziehung gegenüber seinen Beratern, die später vor der Grand Jury aussagten.

Während der Ermittlungen trug das OIC in umfangreichen Maß Material zusammen, das bewies, daß der Präsident und Monica Lewinsky in der Tat eine sexuelle Beziehung gehabt hatten. Diese Informationen sind bereits unter Punkt I aufgeführt worden. Unter anderem bestehen diese Informationen aus (i) der detaillierten und glaubhaften Aussage Miss Lewinskys zu 10 sexuellen Begegnungen; (ii) dem Samenfleck des Präsidenten auf dem Kleid Miss Lewinskys und (iii) den Aussagen von Freunden, Familienmitgliedern und Beratern, denen sie zum damaligen Zeitpunkt von der Beziehung berichtete. All diese Hinweise führen zu einem einzigen Schluß: daß sie und der Präsident eine sexuelle Beziehung hatten.

B. Die Aussage des Präsidenten vor der Grand Jury

Der Präsident war sich in vollem Maße der umfangreichen Beweislage bewußt, bevor er am 17. August 1998 vor der Grand Jury aussagte. Der Präsident wußte nicht nur, daß Miss Lewinsky mit dem Sonderermittlungsbüro

OIC die Zusicherung von Straffreiheit im Gegenzug für eine der Wahrheit entsprechende Aussage ausgehandelt hatte, er wußte auch aus der öffentlichen Berichterstattung und aufgrund der Tatsachen, daß sein Samen Spuren auf Miss Lewinskys Kleid hinterlassen haben könnte. Das OIC hatte ihn am 3. August 1998 (zwei Wochen vor seiner Aussage vor der Grand Jury) um eine Blutprobe gebeten und seinem Rechtsberater versichert, daß es einen gewichtigen Grund für diese Maßnahme gab, nämlich die hohe Wahrscheinlichkeit von Samenflecken auf besagtem Kleid. Daraufhin blieben dem Präsidenten nur noch drei Möglichkeiten für seine Aussage vor der Grand Jury. Die erste war, daß der Präsident an seiner vorhergegangenen eidlichen Aussage im Zivilverfahren und bei seinen öffentlichen Äußerungen hätte festhalten und jegliche sexuelle Beziehung leugnen können. Doch er wußte (oder hatte zumindest genug Grund, um zu glauben), daß die Beweise für das Gegenteil überwältigend waren, besonders, falls tatsächlich sein Samen auf jenem Kleid nachgewiesen würde. Die zweite war, daß der Präsident eine sexuelle Beziehung zugab, wobei er gleichzeitig würde zugeben müssen, daß er unter Eid in der Gerichtsbefragung gelogen hatte. Die dritte war, daß der Präsident sich auf das Privileg des Fünften Verfassungszusatzes (Fifth Amendment Privilege) berief.

Als er sich diesen drei Möglichkeiten gegenübersah, versuchte der Präsident, sie alle drei zu umgehen. Der Präsident gestand eine »unziemliche intime« Beziehung ein, aber er blieb dabei, daß er in seiner Aussage im Fall Jones keinen Meineid geleistet hätte, als er leugnete, eine länger andauernde sexuelle Beziehung, eine sexuelle Affäre oder sexuelle Beziehungen mit Miss Lewinsky gehabt zu haben. Der Präsident erklärte, daß er in dem Glauben gewesen sei, seine verschiedenen eidlichen Aussagen im Fall Jones seien juristisch korrekt gewesen. Er sagte weiterhin aus, daß jene unziemliche Beziehung nicht im November 1995 begonnen hätte, als Miss Lewinsky noch Praktikantin war, wie es Miss Lewinsky und andere Zeugen behauptet hatten, sondern erst 1996. Während seiner Aussage vor der Grand Jury wurde der Präsident gefragt, ob Monica Lewinsky Oralsex für ihn praktiziert hatte, und, wenn das der Fall sei, ob er dann in seiner Gerichtsbefragung einen Meineid geleistet hättet, als er eine länger andauernde sexuelle Beziehung, eine sexuelle Affäre und sexuelle Beziehungen geleugnet hatte. Der Präsident weigerte sich zu beantworten, ob er Oralsex gehabt hätte. Statt dessen behauptete der Präsident, (i) daß für ihn die nicht-definierten Begriffe »sexuelle Affäre«, »länger andauernde sexuelle Beziehung« und »sexuelle Beziehungen« notwendigerweise Geschlechtsverkehr beinhalteten; daß er (ii) keinen Geschlechtsverkehr mit Miss Lewinsky gehabt hätte und daß er (iii) deshalb keinen Meineid geleistet hätte, als er eine länger andauernde sexuelle Beziehung, eine sexuelle Affäre und sexuelle Beziehungen abgestritten hätte.

In dem Gerichtsverfahren war jedoch eine bestimmte Definition des Terminus »sexuelle Beziehungen« benutzt worden. Auf diese Definition angesprochen, erklärte der Präsident vor der Grand Jury, daß er nicht glaube oder je geglaubt hätte, daß diese Definition Oralsex einschloß.

Frage: Wurde nach Ihrem Verständnis der Definition im Jones-Verfahren Oralsex bei Ihnen praktiziert?
Antwort: So, wie ich es verstanden habe, nicht, nein.

Der Präsident behauptete somit, in der Gerichtsbefragung bezüglich dieser Frage keinen Meineid geleistet zu haben – selbst wenn Monica Lewinsky bei ihm Oralsex praktiziert hat.

Es blieb immer noch die Frage, ob er Miss Lewinskys Brüste oder Genitalien berührt hatte, was, wie der Präsident zugestand, unter die im Fall Jones definierten »sexuellen Beziehungen« fallen würde. Der Präsident stritt ab, daß er dergleichen getan und behauptete, daß Monica Lewinsky gelogen hätte.

Frage: Die Frage ist, ob Monica Lewinsky lügt, wenn sie behauptet, daß Sie ihre Brüste berührten, während Sie sich im Bereich des Oval Office befanden.

Antwort: Daran kann ich mich nicht erinnern. Ich erinnere mich nur, daß ich keine sexuellen Beziehungen mit Miss Lewinsky hatte. Ich bleibe bei meiner früheren Erklärung dazu ... meine, meine Erklärung ist, daß ich im Sinne dieser Definition keine sexuellen Beziehungen hatte.

Frage: Lügt sie, wenn sie behauptet, daß Sie ihre Brüste geküßt hätten?

Antwort: Ich verweise auf meine frühere Erklärung (d.i. die vorbereitete Erklärung, in der sexuelle Beziehungen abgestritten werden).

Frage: Okay. Wenn Monica Lewinsky behauptet, daß Sie ihre Genitalien berührten, während Sie sich im Bereich des Oval Office befanden, lügt sie dann? Antworten Sie auf diese Frage bitte mit ja oder nein oder dem Verweis auf Ihre frühere Erklärung.

Antwort: Ich verweise auf meine frühere Erklärung.

Der Präsident gab zu, daß er glaube, Küssen oder das Berühren der Brüste oder der Genitalien während einer sexuellen Begegnung falle unter die Definition des Jones-Verfahrens, aber er stritt ab, sich Miss Lewinsky gegenüber in dieser Weise verhalten zu haben.

Frage: Also wäre Ihrer Ansicht nach die Definition erfüllt, wenn die Person, die als Zeuge aussagen muß, die Brust einer anderen Person berührt oder küßt?

Antwort: Das ist korrekt, Sir.

Frage: Und Sie haben im Hinblick auf diese Definition im Jones-Verfahren ausgesagt, daß sie keine sexuellen Beziehungen zu Monica Lewinsky hatten – ist das richtig?

Antwort: Das ist korrekt, Sir.

Frage: Wenn die Person, die als Zeuge aussagen muß, die Genitalien einer anderen Person berührt hätte, wäre das – mit der Absicht, sexuelles Verlangen zu erregen, zu erregen und zu befriedigen, wie es in Definition 1 festgelegt ist, wären das nach Ihrer Meinung –

Antwort: Ja, Sir.

Frage: – sexuelle Beziehungen?

Antwort: Ja, Sir.

Frage. Wirklich?

Antwort: Wirklich. Wenn man direkten Kontakt mit einer dieser Körperstellen hätte, direkten Kontakt in der Absicht zu erregen oder zu befriedigen, dann würde dies unter die Definition fallen.

Frage: Also haben Sie keine dieser drei Handlungen –

Antwort: Sie –

Frage: – mit Monica Lewinsky begangen?

Antwort: Es steht Ihnen frei, dahingehend zu folgern, daß meine Aussage beinhaltet, daß ich entsprechend meinem Verständnis dieser Definition keine sexuellen Beziehungen hatte.

Frage: Daß Sie also nicht ihre Brüste berührt, geküßt und ihre Genitalien berührt haben?

Antwort: Das ist korrekt.

C. Zusammenfassung

In der vor der Grand Jury abgegebenen Aussage hat der Präsident unter Eid dreimal die Unwahrheit gesagt.

1. Der Präsident sagte aus, daß er glaube, Oralsex falle nicht unter die Definitionen und Begriffe, die in der eidlichen Aussage im Fall Jones benutzt wurden. Diese Aussage ist nicht glaubhaft: Bei der eidlichen Aussage kann der Präsident nicht geglaubt haben, daß er »die Wahrheit, die ganze Wahrheit und nichts als die Wahrheit« gesagt habe, als er leugnete, eine länger andauernde sexuelle Beziehung, eine sexuelle Affäre oder sexuelle Beziehungen mit Monica Lewinsky gehabt zu haben.

2. Nach der Beweislage – seine Spitzfindigkeiten seien dahingestellt – hat der Präsident eine zweite falsche Aussage vor der Grand Jury gemacht. Die Aussage des Präsidenten vor der Grand Jury, ob er die Brüste und die Genitalien Monica Lewinskys während ihrer Treffen berührt hat, steht in Widerspruch zur Aussage Monica Lewinskys vor der Grand Jury. Es gibt keinen Zweifel daran, daß einer der beiden eine Erinnerungslücke hat oder sich irrt. Entweder hat Monica Lewinsky bei dieser Frage die Grand Jury belogen, oder Präsident Clinton hat gelogen. Wenn man nach der Beweislage urteilt, dann war es der Präsident, der die Grand Jury angelogen hat.

Denn erstens sind Miss Lewinskys Aussagen über diese Treffen detailliert und genau. Sie hat präzise neun sexuelle Begegnungen geschildert, in denen der Präsident ihre Brüste berührt und geküßt hat, sowie vier Begegnungen, bei denen es zu Berührungen ihrer Genitalien gekommen ist.

Zweitens hat Miss Lewinsky wiederholt bestätigt, daß

sie dem Präsidenten mit ihren Aussagen nicht schaden will. Wenn sie also in ihren vorherigen Aussagen übertrieben hätte, dann hätte sie dies wahrscheinlich eher zugegeben, als bei ihren Schilderungen zu bleiben. Sie hat viele der Details bestätigt, obwohl es schmerzhaft für sie gewesen sein muß, Einzelheiten ihrer Beziehung zum Präsidenten zu beschreiben.

Drittens bestätigen die Aussagen ihrer Freunde, Familienmitglieder und Berater ihre Aussage in wesentlichen Teilen. Viele sagten aus, daß Miss Lewinsky ihnen berichtet hätte, der Präsident hätte während ihrer Zusammentreffen ihre Brüste und ihre Genitalien berührt. Diese Aussagen wurden gemacht, lange bevor sie durch die Aussagen des Präsidenten vor der Grand Jury große Wichtigkeit erlangten. Miss Lewinsky hatte kein Motiv, diese Personen anzulügen (besonders nicht die Berater). Mehreren Zeugen gegenüber hat sie betont, daß es sie ärgerte, daß es nicht zum Geschlechtsverkehr gekommen war, was eine unwahrscheinliche Aussage gewesen wäre, wenn sie die sexuellen Aspekte ihrer Beziehung übertrieben dargestellt hätte.

Viertens wurde auf Miss Lewinskys Heim-Computer der Entwurf eines Briefes entdeckt, in dem sich ein Bezug auf ihre sexuelle Beziehung befand. In dem Entwurf ist die Rede von »Ich beobachte deinen Mund auf meinen Brüsten«, weiterhin gibt es einen ausführlichen Bezug auf direkten Kontakt mit Miss Lewinskys Genitalien. Dieser Briefentwurf ist eine weitere Bestätigung für Miss Lewinskys Aussage und beweist, daß der Präsident vor der Grand Jury gelogen hat.

Fünftens ist, wie bereits schon dargestellt, das Hände-weg-Szenario des Präsidenten unwahrscheinlich – daß er von Miss Lewinsky bei neun Gelegenheiten Oralsex hätte praktizieren lassen, ohne auch nur einmal direkten Kontakt zu ihren Brüsten oder ihren Genitalien zu haben. Wie Miss Lewinsky selbst gesagt hat, wäre das genauso gewesen, als hätte sie mit dem Präsidenten einen »Dienstleistungsvertrag gehabt – als hätte unsere ganze Beziehung allein darin bestanden, daß ich bei ihm Oralsex praktizierte!« Doch wie die bereits aufgeführten Schilderungen und Beschreibungen erläutern, war die Natur ihrer Beziehung – einschließlich der sexuellen Beziehung – eine ganz andere.

Sechstens hatte der Präsident ein Motiv, vor der Grand Jury zu lügen, indem er bestritt, daß er Miss Lewinsky auf intime Art und Weise berührt hätte. Der Präsident bemühte sich offensichtlich, alle Handlungen zu leugnen, die ihn des Meineids in einer eidlichen Aussage überführt hätten (was voraussetzt, daß ihm bewußt war, wie ernst die Öffentlichkeit und die Gerichte einen Meineid in einem Gerichtsverfahren nehmen würden). Um dies zu erreichen, leugnete der Präsident, die Brüste und Genitalien von Miss Lewinsky berührt zu haben – ungeachtet der Tatsache, wie unglaubwürdig seine Aussage in diesen Punkten sein würde.

Siebtens weigerte sich der Präsident, vor der Grand Jury bestimmte Fragen zu beantworten, die darauf gerichtet waren herauszufinden, welche Handlungen er begangen hat (im Gegensatz zu denen, die er nicht begangen haben will) – obwohl sein Anwalt in der eidlichen Aussage im Fall Jones, die nur sieben Monate zuvor stattgefunden hatte, erklärt hatte, daß der Präsident bereit wäre, weitere sich aus dem Sachverhalt ergebende Fragen zu beantworten.

Die Weigerung des Präsidenten, vor der Grand Jury auf Nachfolge-Fragen zu antworten, läßt vermuten, daß er keine widerspruchsfreien oder glaubwürdigen Antworten hätte geben können.

3. In seiner Aussage vor der Grand Jury machte der Präsident eine dritte falsche Angabe über seine sexuelle Beziehung zu Monica Lewinsky. Er behauptete, daß diese Beziehung erst 1996 begonnen hätte. Miss Lewinsky hat ausgesagt, daß diese Beziehung bereits im November 1995 begann, während des Haushaltsstreits. Ihre Aussage wird durch die Schilderungen bestätigt, die sie ihren Freunden zu jenem Zeitpunkt gegeben hat. Ein Foto aus dem Weißen Haus zeigt, daß der Präsident und Monica Lewinsky an jenem Abend Pizza gegessen haben. Den Aufzeichnungen des Weißen Hauses läßt sich entnehmen, daß Miss Lewinsky das Weiße Haus erst um 0.18 Uhr verließ, und sie belegen auch, daß der Präsident bis 0.35 Uhr im Bereich des Oval Office war. Zu dem Zeitpunkt, als der Präsident Miss Lewinsky nach ihrer Aussage bat, Oralsex bei ihm zu praktizieren, war sie noch Praktikantin, während sie zu dem Zeitpunkt, zu dem nach Aussage des Präsidenten die »unziemliche Beziehung« begann, bereits festangestellt war. Der Grund dafür, daß der Präsident eine falsche Angabe über den Zeitpunkt machte, an dem ihre sexuelle Beziehung begann, mag darin liegen, daß der Präsident nicht zugeben wollte, daß er mit einer 22jährigen Praktikantin im Bereich des Oval Office sexuelle Handlungen vorgenommen hat. Miss Lewinsky hat jedoch ausgesagt, daß der Präsident bei ihrer ersten Begegnung an ihrem Praktikanten-Ausweis zupfte. Er meinte, daß »dies« ein Problem sein könnte; und Miss Lewinsky interpretierte diese Bemerkung so, daß ihm bewußt war, daß es schwierig sein würde, ihr Zugang zum Westflügel zu verschaffen.

All diese Punkte geben wichtige und glaubwürdige Hinweise darauf, daß der Präsident vor der Grand Jury über seine sexuelle Beziehung zu Monica Lewinsky gelogen hat.

III. Es gibt weitgehend sichere und glaubwürdige Informationen darüber, daß Präsident Clinton in der eidlichen Aussage die Unwahrheit gesagt hat, als er behauptete, er könne sich nicht daran erinnern, mit Monica Lewinsky allein gewesen zu sein, und als er die Anzahl der Geschenke heruntergespielt hat, die sie ausgetauscht haben.

Der Präsident sagte vor der Grand Jury und vor der Nation am 17. August, daß seine Aussage in der eidlichen Aussage »juristisch korrekt« gewesen sei. Doch die Aussage des Präsidenten in der Gerichtsbefragung war nicht nur in Bezug auf die sexuelle Beziehung ungenau, sondern auch in mehreren anderen Punkten.

Während Präsident Clintons Befragung im Fall Jones stellten Miss Jones' Anwälte viele detaillierte Fragen über die Natur seiner Beziehung zu Miss Lewinsky, die nicht nur die sexuelle Seite diese Beziehung betrafen. Zu diesen Fragen gehörten: (i) ob der Präsident im Weißen Haus allein mit Miss Lewinsky gewesen wäre und wenn ja, wie oft; (ii) ob er und Miss Lewinsky Geschenke ausgetauscht hätten. Beide Fragen waren wichtig dafür, um die Natur dieser Beziehung zu klären.

Es gibt weitgehend sichere und glaubwürdige Hinweise darauf, daß der Präsident zu diesen Fragen unter Eid die Unwahrheit gesagt hat.

A. Es gibt weitgehend sichere und glaubwürdige Informationen darüber, daß Präsident Clinton unter Eid gelogen hat, als er aussagte, daß er sich nicht an spezielle Gelegenheiten erinnern könne, bei denen er mit Miss Lewinsky allein war.

1. Die eidliche Aussage des Präsidenten im Zivilverfahren

Präsident Clinton wurde während der eidlichen Aussage gefragt, ob er jemals mit Miss Lewinsky allein gewesen wäre. Seine Aussage:

Frage: Waren Sie zu irgendeinem Zeitpunkt allein mit Monica Lewinsky im Oval Office?

(Die Videoaufzeichnung zeigt, daß der Präsident ungefähr fünf Sekunden zögert, bevor er antwortet)

WJC: Ich kann mich nicht daran erinnern, aber wie ich schon sagte, als sie damals im Legislative Affairs Office arbeitete, war an den Wochenenden immer jemand da. Manchmal brachte sie mir irgend etwas vorbei. Normalerweise arbeite ich auch an den Wochenenden ein wenig. Sie – es mag sein, daß sie mir ein- oder zweimal an den Wochenenden etwas gebracht hat. Wenn das so war – zu welchem Zeitpunkt auch immer das gewesen sein mochte –, dann wäre sie hereingekommen, hätte die Sachen abgelegt, vielleicht ein paar Worte mit mir gewechselt und wäre dann wieder gegangen; natürlich wäre sie dann mit mir allein gewesen. Ich kann mich nicht an besondere Begegnungen erinnern, wieso und warum sie stattgefunden haben, denn wenn der Kongreß tagt, dann arbeiten wir die ganze Zeit, und ich pflege an den Wochenenden an einem Nachmittag noch Arbeit zu erledigen.

Frage: Dann kann ich Ihre Aussage also in folgendem Sinn verstehen: Es ist möglich, daß Sie mit ihr allein waren, aber Sie können sich nicht daran erinnern, wann das der Fall gewesen sein könnte?

WJC: Ja, das ist korrekt. Es ist durchaus möglich, daß sie mir etwas gebracht hat, während ich arbeitete, und daß sie allein mit mir war, als sie mir das brachte. Das ist möglich.

Der Präsident wurde auch danach gefragt, ob er jemals mit Miss Lewinsky allein in dem Flur war, der vom Oval Office am Arbeitszimmer vorbei zum Eßzimmer und dem Küchenbereich führt.

Frage: Waren Sie zu irgendeinem Zeitpunkt mit Monica Lewinsky allein in dem Flur, der zwischen dem Oval Office und dem Küchenbereich verläuft?

WJC: Ich glaube nicht, es sei denn, wir wären mit der Pizza nach hinten zum Eßzimmer gegangen. Aber ich kann mich wirklich nicht daran erinnern. Ich glaube nicht, daß wir jemals in dem Flur allein waren, nein.

Der Präsident wurde dann gefragt, wie viele Male er mit Miss Lewinsky allein in einem Raum gewesen sein könnte.

Frage: Waren Sie und Monica Lewinsky zur irgendeinem Zeitpunkt in irgendeinem Raum des Weißen Hauses allein?

WJC: Ich denke, ich habe dazu bereits ausgesagt. Ich denke, daß es, ja – ich habe keine besondere Erinnerung, aber es scheint möglich, daß sie einige Male Dienst hatte, während sie für das Legislative Affairs Office arbeitete und mir einiges zum Unterschreiben brachte, irgendwas an den Wochenenden. Das ist – ich kann mich nicht genau daran erinnern.

2. Beweise, die die Aussage des Präsidenten widerlegen

In den sieben Monaten vor der Aussage des Präsidenten vor der Grand Jury am 17. August sammelte das OIC wichtige und glaubwürdige Informationen darüber, daß der Präsident in seinen Antworten während der eidlichen Aussage die Unwahrheit darüber gesagt hat, ob er mit Monica Lewinsky allein war.

Erstens sagte Monica Lewinsky vor der Grand Jury aus, daß sie bei mehreren Gelegenheiten mit dem Präsidenten allein war und an mehreren Orten, einschließlich dem Oval Office, Nancy Hernreichs Büro, dem privaten Arbeitszimmer des Präsidenten, dem privaten Badezimmer gegenüber dem Arbeitszimmer und dem Flur, der vom Oval Office in das private Eßzimmer führt. Miss Lewinsky bestätigte, daß sie und der Präsident allein waren, wenn sie sexuelle Handlungen vornahmen.

Zweitens sagte Betty Currie aus, daß Präsident Clinton und Monica Lewinsky mehrere Male im Oval Office allein waren. Sie erinnerte sich besonders an drei Gelegenheiten, als der Präsident mit Miss Lewinsky allein war: am 28. Februar 1997, Anfang Dezember 1997 und am 28. Dezember 1997.

Drittens sagten sechs ehemalige oder derzeitige Angehörige des Secret Service aus, daß der Präsident und Miss Lewinsky allein im Bereich des Oval Office waren – Robert Ferguson, Lewis Fox, William Bordley, Nelson Garabito, Gary Byrne und John Muskett.

Viertens sagte Glen Maes, Steward im Weißen Haus,

aus, daß der Präsident an einem Wochenende nach Weihnachten 1997 aus dem Oval Office kam, Miss Lewinsky mit einem Geschenk sah und sie ins Oval Office führte. Mr. Maes sagte aus, daß der Präsident und Monica Lewinsky ungefähr acht Minuten allein waren, bevor Miss Lewinsky wieder ging.

3. Die Aussage des Präsidenten vor der Grand Jury

Am 17. August 1998 sagte der Präsident vor der Grand Jury aus und begann seine Aussage damit, daß er eine Erklärung vorlas, in der er zugab, mit Miss Lewinsky allein gewesen zu sein:

> Als ich mit Miss Lewinsky bei mehreren Gelegenheiten Anfang 1996 und dann noch einmal 1997 allein war, zeigte ich ein Benehmen, das nicht richtig war.

Der Präsident gab zu, daß er bei zahlreichen Gelegenheiten mit Miss Lewinsky allein gewesen sei, obwohl er die genaue Anzahl nicht angeben konnte. Vielleicht am wichtigsten dabei ist, daß er eingestand, mit Miss Lewinsky am 28. Dezember 1997 allein gewesen zu sein, weniger als drei Wochen vor seiner eidlichen Aussage im Fall Jones. Er erklärte, daß er schon ein Exhibitionist sein müßte, wenn er bei den sexuellen Begegnungen mit Miss Lewinsky nicht hätte allein sein wollen.

4. Zusammenfassung

Weitgehend sichere und glaubwürdige Informationen beweisen, daß der Präsident bei seiner eidlichen Aussage drei falsche Erklärungen abgegeben hat, als es darum ging, ob er mit Monica Lewinsky allein gewesen sei.

Erstens hat der Präsident gelogen, als er behauptete, er könne sich nicht erinnern, nachdem er gefragt worden war, ob er jemals mit Miss Lewinsky allein gewesen war. Der Präsident gab vor der Grand Jury zu, daß er mit Miss Lewinsky allein gewesen war. Es ist nicht glaubwürdig, daß er sich sechs Monate zuvor nicht hat daran erinnern können, vor allem, wenn man bedenkt, daß sie offensichtlich allein waren, wenn sie sexuelle Handlungen begingen.

Zweitens antwortete der Präsident, als er gefragt wurde, ob er jemals mit Miss Lewinsky allein im Flur hinter dem Oval Office gewesen sei: »Ich glaube nicht, es sei denn, wir wären mit der Pizza ins Eßzimmer gegangen.« Auch diese Behauptung war falsch: Die meisten der sexuellen Begegnungen zwischen dem Präsidenten und Miss Lewinsky fanden in jenem Flur statt (bei anderen Gelegenheiten gingen sie durch diesen Flur zum Arbeitszimmer oder dem Eßzimmer), und es ist nicht glaubhaft, daß der Präsident diese Tatsache vergessen hätte.

Drittens erklärte der Präsident während der eidlichen Aussage, daß er keine besondere Erinnerung daran hatte, mit Miss Lewinsky allein im Oval Office gewesen zu sein, aber er hatte eine allgemeine Erinnerung daran, daß Miss Lewinsky ihm mehrere Male, während sie im Legislative Affairs Office arbeitete, »Papiere zum Unterschreiben« gebracht haben könnte. Diese Aussage war falsch. Miss Lewinsky brachte ihm keine offiziellen Unterlagen. Im Gegenteil, »Papiere zum Unterzeichnen zu bringen« war eines der Täuschungsmanöver, die sich der Präsident und Miss Lewinsky ausgedacht hatten, um ihre sexuelle Beziehung zu verheimlichen. Die Tatsache, daß der Präsident auf eine vorher erdachte Täuschungsgeschichte zurückgriff, als er unter Eid im Fall Jones aussagte, bestätigt, daß er diese Falschaussagen mit Absicht und in dem Bewußtsein machte, daß sie falsch waren.

Weil die Lügen über ihre sexuelle Beziehung nicht ausreichten, um weitere Fragen abzuwehren, sagte der Präsident auch darüber die Unwahrheit, ob er mit Miss Lewinsky allein gewesen war – oder zumindest gab er vor, sich nicht mehr an diese besonderen Gelegenheiten erinnern zu können.

B. Es gibt weitgehend sichere und glaubwürdige Hinweise darauf, daß der Präsident bei seiner eidlichen Aussage die Unwahrheit darüber sagte, ob er Monica Lewinsky Geschenke gemacht hätte.

1. Die eidliche Aussage des Präsidenten über seine Geschenke an Monica Lewinsky

Während der eidlichen Aussage des Präsidenten im Fall Jones stellten Miss Jones' Anwälte mehrere Fragen darüber, ob er Monica Lewinsky Geschenke gemacht hätte.

Frage: Haben Sie Monica Lewinsky Geschenke gemacht?

WJC: Ich kann mich nicht erinnern. Könnten Sie mir sagen, welche das gewesen sein sollten?

Frage: Eine Hutnadel?

WJC: Ich kann mich, ich kann mich nicht erinnern. Aber ich würde mich sicherlich erinnern, wenn das der Fall gewesen wäre.

Frage: Ein Buch von Walt Whitman?

WJC: Ich gebe – lassen Sie es mich so ausdrücken: Ich gebe den Leuten eine Menge Geschenke, und den Leuten in meiner Umgebung schenke ich vieles, was ich sowieso im Weißen Haus habe. Also könnte ich ihr durchaus ein Geschenk gemacht haben, aber ich kann mich an kein besonderes erinnern."

Frage: Erinnern Sie sich daran, ihr eine Goldbrosche gegeben zu haben?

WJC: Nein.

2. Beweise, die den eidlichen Aussagen des Präsidenten in der Gerichtsbefragung widersprechen

(i) Nur drei Wochen vor der eidlichen Aussage des Präsidenten, am 28. Dezember 1997, gab Präsident Clinton Miss Lewinsky eine Anzahl von Geschenken, so viele, wie er ihr vorher noch nie gemacht hatte. Dazu gehörten eine große Rockettes-Decke, die New-York-Skyline als Anstecknadel, ein marmorähnlicher Bärenkopf aus Vancouver, eine Sonnenbrille, eine kleine Schachtel Kirschpralinen, eine Leinentasche aus dem Black Dog und ein ausgestopftes Tier aus dem Black Dog, das ein T-Shirt trägt. Miss Lewinsky legte die Rockettes-Decke, den Bärenkopf, die Leinentasche, das ausgestopfte Tier und die Sonnenbrille am 29. Juli 1998 dem OIC vor.

(ii) Die Beweise zeigen auch, daß der Präsident Miss Lewinsky eine Hutnadel als verspätetes Weihnachtsgeschenk am 28. Februar 1997 gegeben hat. Der Präsident und Miss Lewinsky unterhielten sich am 28. Dezember 1997 über die Hutnadel, nachdem Miss Lewinsky eine Vorladung erhalten hatte, in der sie aufgefordert wurde, alle Geschenke vorzulegen, die sie vom Präsidenten erhalten hatte, einschließlich der Hutnadel. Bei diesem Treffen mit dem Präsidenten am 28. Dezember 1997 hat Miss Lewinsky nach eigener Aussage erwähnt, »daß ich mir Sorgen mache, weil die Hutnadel bei der Vorladung angefordert wird, und er sagte, daß auch ihn dies beunruhige, und er fragte mich, ob ich irgend jemandem erzählte hätte, daß ich diese Hutnadel von ihm bekommen hätte. Ich verneinte.« Die Sekretärin des Präsidenten, Betty Currie, sagte ebenfalls aus, daß sie bereits mit dem Präsidenten über die Hutnadel gesprochen hätte.

(iii) Miss Lewinsky sagte aus, daß der Präsident ihr im Verlauf ihrer Beziehung weitere Geschenke gemacht hätte, wie zum Beispiel eine Brosche, das Buch *Leaves of Grass* von Walt Whitman, eine Annie-Lennox-CD und eine Zigarre.

3. Die eidliche Aussage Präsident Clintons über Geschenke von Monica Lewinsky

Als er während der eidlichen Aussage im Fall Jones dazu befragt wurde, ob Monica Lewinsky ihm jemals Geschenke gemacht hätte, antwortete er folgendermaßen:

Frage: Hat Monica Lewinsky ihnen jemals irgendwelche Geschenke gegeben?

WJC: Ein- oder zweimal. Ich glaube, sie hat mir ein oder zwei Bücher geschenkt.

Frage: Hat sie Ihnen ein silbernes Zigarrenetui geschenkt?

WJC: Nein.

Frage: Hat sie Ihnen eine Krawatte geschenkt?

WJC: Ja, sie hat mir einmal eine Krawatte geschenkt.

Ich glaube, das ist richtig. Wie ich schon erklärte, lassen Sie mich Sie daran erinnern, wenn ich Krawatten bekomme, dann werden sie mir später alle zusammen gegeben, aber ich glaube schon, daß sie mir eine Krawatte geschenkt hat.

4. Beweise, die der Aussage des Präsidenten widersprechen

(i) Monica Lewinskys Aussage

Die Beweise zeigen, daß Monica Lewinsky dem Präsidenten ungefähr 38 Geschenke gemacht hat; sie sagte aus, daß sie fast immer ein oder zwei Geschenke mitgebracht hätte, wenn sie sich trafen.

a. Miss Lewinsky sagte vor der Grand Jury aus, daß sie dem Präsidenten sechs Krawatten schenkte.

b. Miss Lewinsky sagte aus, daß sie dem Präsidenten eine Sonnenbrille um den 22. Oktober 1997 herum schenkte. Der Anwalt des Präsidenten, David E. Kendall, erklärte in einem Brief am 16. März 1998: »Wir glauben, daß Miss Lewinsky dem Präsidenten ein paar weitere Gegenstände geschenkt haben könnte, wie zum Beispiel Krawatten und eine Sonnenbrille, aber es ist uns nicht gelungen, diese Dinge aufzufinden.«

c. Am 13. November 1997 schenkte Miss Lewinsky dem Präsidenten einen antiken Briefbeschwerer, der das Weiße Haus darstellte. Miss Lewinsky sagte aus, daß sie am 6. Dezember und vielleicht auch noch am 28. Dezember 1997 diesen Briefbeschwerer im Eßzimmer sah, wo der Präsident viele Andenken aufbewahrt. Der Präsident übergab dem OIC diesen Briefbeschwerer, nachdem er die zweite Vorladung deswegen bekommen hatte.

d. Miss Lewinsky schenkte dem Präsidenten mindestens sieben Bücher:

Die Präsidenten der Vereinigten Staaten am 4. Januar 1998.

Our Patriotic President: His Life in Pictures, Anecdotes, Sayings, Principles and Biography am 6. Dezember 1997.

Ein altes Buch über Peter den Großen am 16. August 1997.

Ein Notizbuch am 16. August 1997.

Oy Vey Anfang 1997.

Ein kleines Golfbuch Anfang 1997 und ihr persönliches Exemplar von *Vox* , einem Roman über Telefonsex, am 29. März 1997.

e. Miss Lewinsky schenkte dem Präsidenten einen antiken Zigarrenhalter am 6. Dezember 1997.

f. Miss Lewinsky sagte aus, daß sie dem Präsidenten noch etliche weitere Geschenke gemacht hätte.

5. Die Aussage des Präsidenten und von Miss Currie vor der Grand Jury

Als er vor der Grand Jury seine Aussage machte, gab Präsident Clinton zu, Monica Lewinsky einige Geschenke gemacht zu haben und erklärte, »daß es nur angebracht gewesen sei, ihre Geschenke zu erwidern.« Er gestand ein, ihr am 28. Dezember 1997, drei Wochen vor der eidlichen Aussage, Geschenke gegeben zu haben.

Während der juristischen Ermittlungen hat der Präsident sieben Geschenke vorgelegt, die Miss Lewinsky ihm gegeben hatte. Er sagte vor der Grand Jury aus, daß Miss Lewinsky ihm »eine Krawatte, eine Kaffeetasse und einige andere Dinge« gegeben hat. Außerdem gab der Präsident zu, daß »es noch weitere Dinge in meinem

Besitz gab, die ich jedoch, wie ich glaube, nicht mehr habe.«

Betty Currie sagte aus, daß Miss Lewinsky dem Präsidenten etliche Päckchen geschickt hätte – sieben oder acht, schätzt sie. Sie hätte manchmal auch Päckchen vorbeigebracht oder sie von Familienmitgliedern bringen lassen. Wenn die Päckchen ins Weiße Haus kamen, dann nahm Miss Currie sie an und legte sie ins Postfach des Präsidenten außerhalb des Oval Office, dort »nahm er sie sich.« Soweit sie weiß, erreichten solche Päckchen stets den Präsidenten: »Der Präsident hat stets alles bekommen, was ihm geschickt wurde.« Miss Currie sagte aus, daß außer Miss Lewinsky niemand Päckchen vorbeibrachte und schon gar nicht so viele.

6. Zusammenfassung

Der Präsident erklärte während der eidlichen Aussage, daß er sich nicht daran erinnern könnte, ob er Miss Lewinsky irgendwelche Geschenke gemacht hätte, daß er sich nicht daran erinnern könne, ob er ihr eine Hutnadel geschenkt habe, obwohl »das natürlich möglich sein könne«; und daß er Geschenke von Miss Lewinsky nur »ein- oder zweimal« erhalten hätte. Die Beweise zeigen jedoch, daß sie zahlreiche Geschenke zu verschiedenen Zeitpunkten über einen längeren Zeitraum hinweg ausgetauscht haben. Am 28. Dezember, nur drei Wochen vor der eidlichen Aussage, hatten sie sich über die Hutnadel unterhalten. Ebenfalls am 28. Dezember hatte der Präsident Miss Lewinsky mehrere Geschenke gegeben, mehr als jemals zuvor.

Hätte der Präsident während der eidlichen Aussage im Fall Jones wahrheitsgemäß auf die Fragen nach den

Geschenken geantwortet, so hätte das weitere Fragen über die Beziehung des Präsidenten zu Monica Lewinsky aufgeworfen. Allein schon die Anzahl der Geschenke hätte weitere Fragen über ihre Beziehung hervorgerufen sowie zusätzliche Fragen über die Beschaffenheit der Geschenke; einige der besonderen Geschenke (wie *Vox* und *Leaves of Grass* zum Beispiel) hätten Fragen aufkommen lassen, ob ihre Beziehung sexueller Natur war und ob der Präsident gelogen hatte, als er behauptete, sie hätten keine sexuellen Beziehungen gehabt. Miss Lewinsky erklärte dies folgendermaßen: Hätte sie zugegeben, die Geschenke bekommen zu haben, »hätten sie (die Jones-Anwälte) mir sofort Fragen darüber stellen wollen, welche Art von Freundschaft ich mit dem Präsidenten hatte, und sie hätten spekuliert, und sie hätten es durchsickern lassen, und er (der Präsident) hätte Ärger bekommen.«

Eine wahrheitsgemäße Antwort bezüglich der Geschenke an Miss Lewinsky hätte zudem auch die Frage aufgeworfen, wo diese Geschenke sich befanden. Miss Lewinsky hatte eine Vorladung erhalten, die Geschenke vorzulegen, wie der Präsident wußte. Der Präsident wußte ebenfalls aus einer Unterhaltung mit Miss Lewinsky am 28. Dezember 1997 (dieses Thema wird ausführlicher unter Punkt V diskutiert), daß Miss Lewinsky nicht bereit war, alle Geschenke vorzulegen, die sie vom Präsidenten erhalten hatte.

Aus diesen Gründen hatte der Präsident ein klares Motiv, als er bei der eidlichen Aussage die Unwahrheit über die Geschenke sagte.

IV. Es gibt weitgehend sichere und glaubwürdige Informationen darüber, daß der Präsident während seiner eidlichen Aussage die Unwahrheit über die Gespräche sagte, die er mit Miss Lewinsky über ihre Verwicklung im Fall Jones führte.

Präsident Clinton wurde während der Gerichtsbefragung gefragt, ob er mit Miss Lewinsky über die Möglichkeit diskutiert habe, daß sie im Fall Jones aussagen müßte. Er wurde ebenfalls gefragt, ob er wußte, daß sie zu dem Zeitpunkt, als er zum letzten Mal mit ihr darüber sprach, eine Vorladung erhalten hatte.

Es gibt weitgehend sichere und glaubwürdige Hinweise darauf, daß der Präsident log, als er unter Eid auf diese Fragen antwortete. Eine Falschaussage über diese Gespräche war nötig, um zu vermeiden, daß weitere Fragen darüber gestellt wurden, ob der Präsident eine mögliche Zeugin in einem Verfahren gegen ihn beeinflußt hatte.

A. Gespräche mit Miss Lewinsky über die Möglichkeit ihrer Aussage im Fall Jones

1. Präsident Clintons Einlassung in seiner eidlichen Aussage

In der Gerichtsbefragung wurde dem Präsidenten die Frage gestellt, ob er mit Monica Lewinsky Gespräche über den Fall Jones geführt hätte:

Frage: Haben Sie jemals mit Monica Lewinsky über die Möglichkeit gesprochen, daß sie in diesem Verfahren als Zeugin aussagen könnte?

(Auf der Videoaufzeichnung erkennt man, daß der Präsident ungefähr 14 Sekunden mit seiner Antwort zögert)

WJC: Ich bin nicht sicher, und ich verrate Ihnen, warum ich nicht sicher sein kann. Es erscheint mir, daß – daß, ich will so genau sein, wie es mir hier möglich ist. Ich denke, daß sie das letzte Mal vor Weihnachten kam, um Betty zu sehen, und wir machten Witze darüber, wie Sie alle (die Jones-Anwälte) mit Hilfe des Rutherford-Instituts jede Frau aufrufen würden, mit der ich jemals gesprochen habe ... und sie dies fragen, und so sagte ich, Sie (Miss Lewinsky) würden wahrscheinlich auch in Frage kommen, oder irgend etwas ähnliches. Ich glaube nicht, nein, daß wir ein anderes Gespräch als dieses darüber hatten, aber ich habe möglicherweise mal eine Bemerkung darüber zu ihr gemacht, weil ich sah, wie lang die Zeugenliste war, oder ich hatte davon gehört, bevor ich sie sah, doch als ich dann wirklich sah, daß ihr Name darauf stand, doch ich glaube, das war erst später. Ich könnte irgend etwas in der Richtung gesagt haben, aber ich kann nicht behaupten, daß ich mir dessen sicher sei, denn ich bin es nicht.

Frage: Falls überhaupt, was hat Monica Lewinsky darauf geantwortet?

WJC: Nichts, woran ich mich erinnern könnte. Was auch immer sie gesagt haben mag, ich weiß es nicht mehr. Wahrscheinlich irgendeine Floskel.

2. Beweise, die der Aussage des Präsidenten bei der Gerichtsbefragung widersprechen.

(i) Miss Lewinskys Zeugenaussage

Miss Lewinsky sagte aus, daß sie sich dreimal mit dem Präsidenten über die Möglichkeit unterhalten hat, im Fall Jones aussagen zu mussen – einmal (am 17. Dezember 1997), nachdem ihr Name auf die Zeugenliste gesetzt worden war, und zwei weitere Male (am 28. Dezember 1997 und am 5. Januar 1998), nachdem sie eine Vorladung erhalten hatte.

a. Anruf am 17. Dezember 1997. Miss Lewinsky sagte aus, daß der Präsident sie gegen 2:00 Uhr am 17. Dezember 1997 anrief. Zuerst erzählte er ihr, daß Miss Curries Bruder gestorben war, dann sagte er Miss Lewinsky, daß sie auf der Zeugenliste im Fall Jones stünde. Laut Miss Lewinsky fügte er hinzu, daß »dies nicht automatisch bedeutete, daß ich vorgeladen werden würde, doch daß dies möglich sei. Falls dies geschähe, sollte ich mich bei Betty melden und ihr sagen, daß ich eine Vorladung bekommen hätte.« Miss Lewinsky sagte, daß der Präsident ihr erklärt hatte, daß sie möglicherweise ein Affidavit unterschreiben könnte, um zu vermeiden, daß sie als

Zeugin vernommen würde. Laut Miss Lewinsky sagte der Präsident ihr auch: »Du weißt, du kannst immer behaupten, du wärst nur gekommen, um Betty zu besuchen, oder daß du mir irgendwelche Briefe hättest bringen wollen.« Miss Lewinsky faßte diese Bemerkung so auf, daß er sie damit an die Vertuschungsgeschichten erinnern wollte, die sie früher in ihrer Beziehung besprochen hatten.

b. Besuch am 28. Dezember 1997. Miss Lewinsky erhielt am 19. Dezember eine Vorladung. Auf ihre Bitte hin teilte Vernon Jordan dem Präsidenten mit, daß man sie vorgeladen hatte. Sie traf sich neun Tage später mit Präsident Clinton am 28. Dezember, weniger als drei Wochen vor der eidlichen Aussage des Präsidenten.

Laut Miss Lewinsky besprachen sie und der Präsident das Jones-Verfahren und wie die Jones-Anwälte von ihr erfahren haben könnten. Miss Lewinsky sagte aus, daß sie ebenfalls über die Aufforderung sprachen, daß sie die Geschenke vorlegen sollte, die sie vom Präsidenten erhalten hatte, einschließlich einer »Hutnadel«.

Miss Lewinsky sagte aus, daß sie den Präsidenten fragte, ob sie die Geschenke an irgendeinen anderen Ort bringen sollte, da sie beide wegen der Vorladung ziemlich besorgt waren. Der Präsident antwortete »Hm« oder »Ich weiß nicht« oder »Laß mich darüber nachdenken«. Laut Miss Lewinsky rief später an jenem Tag Miss Currie an, die die Geschenke abholen wollte, die sie dann unter dem Bett in ihrem Haus in Virginia versteckte. (Dies wird unter Punkt V ausführlicher diskutiert werden).

c. Anruf am 5. Januar 1988. Miss Lewinsky sagte auch aus, daß sie am 5. Januar 1988 mit dem Präsidenten telefonierte und daß sie dabei ein weiteres Mal ihre Rolle im

Fall Jones besprachen. Miss Lewinsky drückte ihre Sorge darüber aus, daß sie, falls sie als Zeugin vorgeladen werden würde, Schwierigkeiten haben könnte zu erklären, weshalb sie vom Weißen Haus ins Pentagon versetzt worden war. Laut Miss Lewinsky schlug der Präsident vor, sie sollte antworten, daß Kollegen im Weißen Haus ihr geholfen hätten, den Job im Pentagon zu bekommen – was Miss Lewinsky als unrichtige Antwort auffaßte, da der wirkliche Grund für ihre Versetzung ins Pentagon der gewesen war, daß sie sich zu häufig im Bereich des Oval Office aufgehalten hatte.

(ii) Die Aussage des Präsidenten vor der Grand Jury

Als der Präsident vor der Grand Jury aussagte, gab er zu, daß Miss Lewinsky ihn am 28. Dezember 1997 besucht und daß sie während dieses Besuchs über ihre Verwicklung in dem Fall Jones gesprochen hatten.

WJC: ... Ich erinnere mich an ein Gespräch darüber, daß sie möglicherweise eine Zeugenaussage machen müßte. Ich glaube, es fand am 28. statt.

Sie erwähnte mir gegenüber, daß sie nicht aussagen wollte. So sind wir überhaupt auf dieses Thema gekommen; es war nicht so, daß ich gesagt hätte: Ich habe von Ihrer Vorladung gehört, und nun wollen wir einmal darüber reden.

Sie brachte dieses Thema im Zusammenhang damit zur Sprache, daß sie eine Zeugenaussage vermeiden wollte, was ich ihr nachfühlen konnte; nicht nur, weil es einige peinliche Vorkommnisse in unserer Beziehung gab, die unziemlich waren, sondern auch weil eine Menge unschuldiger Leute durch die Schleppnetz-Strategie dieser Jones-Anwälte psychisch geschädigt und in den Dreck gezogen werden würden . . .

Frage: Würden Sie zustimmen, daß sie darüber aufgebracht war, als Zeugin vorgeladen zu werden?

WJC: O ja, Sir, sie war aufgebracht. Sie . . . nun . . . sie . . . wir . . . sie hat nicht . . . wir sprachen nicht über die Vorladung. Aber sie war aufgebracht. Sie sagte, ich will nicht als Zeugin aussagen; ich weiß nichts darüber, ich weiß ganz bestimmt nichts von sexueller Belästigung; warum wollen sie, daß ich aussage? Und ich erklärte ihr, warum sie das machten und warum all diese Frauen auf der Liste standen, Frauen, die sie gut kannte und die nichts mit sexueller Belästigung zu tun hatten.

3. Zusammenfassung:

A. Es gibt weitgehend sichere und glaubwürdige Hinweise darauf, daß Präsident Clinton in seiner eidlichen Aussage log, als er auf die Frage, ob er mit Miss Lewinsky über die Möglichkeit ihrer Zeugenaussage gesprochen hätte, antwortete: »Ich bin nicht sicher.« Tatsächlich hat er dreimal in dem Monat vor seiner eidlichen Aussage mit ihr über dieses Thema gesprochen, wie es der Aussage von Miss Lewinsky zu entnehmen ist.

Es ist offensichtlich, warum der Präsident bei seiner eidlichen Aussage in diesem Punkt gelogen hat. Hätte er zugegeben, daß er mit Miss Lewinsky über die Möglichkeit gesprochen hat, daß man sie als Zeugin vorladen könne, hätte dies den Verdacht aufkommen lassen, daß er versucht hätte, eine Zeugin zu beeinflussen. Sein Eingeständnis in diesem Punkt hätte Miss Jones' Anwälte veranlaßt, sowohl dem Präsidenten als auch Miss Lewinsky weitere Fragen zu diesem Thema zu stellen. Darüber hinaus hätte ein solches Eingeständnis öffentliche Untersuchungen nach sich gezogen, sowohl über das Gespräch selbst, wie auch über die Beziehung zwischen dem Präsidenten und Miss Lewinsky.

B. Es gibt weitgehend sichere und glaubwürdige Hinweise darauf, daß Präsident Clinton in seiner eidlichen Aussage gelogen hat, als er leugnete, daß er beim letzten Mal, als er sich mit Miss Lewinsky unterhielt, gewußt zu haben, daß ihr eine Vorladung zugestellt worden war.

1. Beweise

In seiner eidlichen Aussage behauptete Präsident Clinton, daß er zum letzten Mal mit Miss Lewinsky im Dezember 1997 gesprochen hätte (dem Monat vor seiner Befragung), »vermutlich irgendwann vor Weihnachten«. Der Präsident wurde gefragt:

Frage: Hat Miss Lewinsky Ihnen erzählt, daß ihr für dieses Verfahren eine Vorladung zugestellt worden war?

WJC: Nein. Ich wußte nicht, daß dies der Fall war.

Vernon Jordan sagte aus, daß er dem Präsidenten am 19. Dezember 1997 von dieser Vorladung berichtet hatte, nachdem er mit Miss Lewinsky gesprochen hatte. Miss Lewinsky bestätigte, daß Mr. Jordan ihr am 22. Dezember 1997 mitgeteilt hatte, daß er (Mr. Jordan) den Präsidenten über ihre Vorladung informiert hätte. Als der Präsident vor der Grand Jury aussagte, erklärte er zu seinem Gespräch mit Miss Lewinsky am 28. Dezember 1997: »Meiner Erinnerung nach muß ich damals natürlich gewußt haben, daß sie eine Vorladung erhalten hatte. Und ich wußte deswegen auch, daß man sie ... für eine Zeugenaussage vorgesehen hatte.«

Miss Lewinsky sagte aus, daß sie und der Präsident zwei Gespräche miteinander geführt haben, nachdem ihr die Vorladung zugestellt worden war: bei einem Treffen am 28. Dezember 1997 und per Telefon am 5. Januar 1998.

2. Zusammenfassung

Es gibt weitgehend sichere und glaubwürdige Hinweise darauf, daß der Präsident in seiner eidlichen Aussage log, als er behauptete: »Ich wußte nicht, daß dies der Fall war« (daß sie eine Vorladung erhalten hatte), als er sein letztes Gespräch mit Miss Lewinsky beschrieb. Tatsächlich wußte er, daß sie vorgeladen worden war. Wenn man bedenkt, daß dieses Gespräch mit Miss Lewinsky in der Woche vor seiner eidlichen Aussage stattfand, dann ist es nicht glaubhaft, daß er ein solches Gespräch vergessen hatte. Die einzige Folgerung, die sich daraus ziehen läßt, ist die, daß der Präsident absichtlich auf diese Frage gelogen hat.

Der Grund dafür, daß er in seiner Aussage über die Kenntnis der Vorladung gelogen hat, ist offensichtlich. Hätte er zugegeben, daß er mit Miss Lewinsky ein Gespräch über ihre Vorladung geführt hatte, hätte dies zu dem Verdacht geführt, daß er versucht hätte, eine Zeugin zu beeinflussen, was eine juristische und öffentliche Untersuchung zur Folge gehabt haben könnte.

V. Es gibt weitgehend sichere und glaubwürdige Informationen darüber, daß Präsident Clinton versuchte, die Justiz zu behindern, indem er bestimmte Handlungen vornahm, um während der gerichtlichen Ermittlungen im Fall Jones Beweise für seine Beziehung zu Miss Lewinsky zu verbergen. Diese Handlungen umfaßten:

(i) Das Unterschlagen der Geschenke, die er Miss Lewinsky gemacht und die man Miss Lewinsky im Fall Jones vorzulegen aufgefordert hatte

(ii) Das Unterschlagen eines Briefes, den Miss Lewinsky dem Präsidenten am 5. Januar 1998 geschickt hatte

Von Anfang an hofften und erwarteten der Präsident und Miss Lewinsky, daß ihre Beziehung geheim bleiben würde. Zu diesem Zweck unternahmen sie aktive Schritte, wann immer es nötig war. Der Präsident sagte aus: »Ich hoffte, daß diese Beziehung niemals bekannt werden würde.«

Nachdem die Untersuchungen im Fall Jones fortschritten (besonders nach dem einstimmigen Beschluß des Supreme Court am 27. Mai 1997, durch den angeordnet wurde, daß das Verfahren fortgesetzt würde), bekamen die anhaltenden Bemühungen, ihre Beziehung geheimzuhalten, zusätzlich eine juristische Bedeutung. Der Präsident glaubte, daß die Gefahr eines Bekanntwerdens ihrer Beziehung dramatisch gewachsen sei.

Der Versuch, die Justiz dadurch zu behindern, daß in

gerichtlichen Ermittlungen die Wahrheit zurückgehalten wird – ob nun durch Meineid, durch Verstecken von Dokumenten oder durch unbefugte Einflußnahme auf Zeugen – ist eine bundesweit unter Strafe gestellte Tat. Es gibt weitgehend sichere und glaubwürdige Informationen darüber, daß Präsident Clinton solche Versuche unternommen hat, um zu verhindern, daß die Wahrheit über seine Beziehung zu Monica Lewinsky im Fall Jones aufgedeckt würde.

A. Das Zurückhalten von Geschenken

1. Beweise der Geschenke

Miss Lewinsky sagte aus, daß sie in den frühen Morgenstunden des 17. Dezember, gegen 2:00 Uhr oder 2:30 Uhr, einen Anruf vom Präsidenten erhielt. Unter anderem erwähnte der Präsident, daß er Weihnachtsgeschenke für sie hätte.

Am 19. Dezember 1997 wurde Miss Lewinsky eine Vorladung für das Verfahren Jones vs. Clinton zugestellt. In der Vorladung wurde sie zur Zeugenaussage am 23. Januar 1998 aufgefordert. In der Vorladung wurde sie weiterhin dazu aufgefordert, »sämtliche Geschenke, einschließlich aller, aber nicht begrenzt auf Kleidungsstücke, Accessoires und Schmuckstücke und/oder Hutnadeln, die sie von dem Beschuldigten, Präsident Clinton, oder auf seine Veranlassung hin erhalten hatte« vor Gericht vorzulegen. Nachdem ihr die Vorladung zugestellt worden war, machte Miss Lewinsky sich Sorgen, weil auf der Liste der Geschenke auch die Hutnadel aufgeführt war, was ihr »ins

Gesicht schrie, weil dies das erste Geschenk war, das der Präsident mir gemacht hatte.«

Später an jenem Tag, dem 19. Dezember 1997, traf sich Miss Lewinsky mit Vernon Jordan und erzählte ihm, daß sie wegen der Geschenke, besonders aber wegen der Hutnadel besorgt wäre. Während dieses Treffens bat Miss Lewinsky Mr. Jordan, den Präsidenten darüber zu informieren, daß man sie vorgeladen hatte. Mr. Jordan gab zu, daß Miss Lewinsky »wegen der Vorladung besorgt war, und ich denke, daß die Vorladung als solche schon Ärger für sie bedeutete.«

Kurz nach Weihnachten rief Miss Lewinsky Miss Currie an und sagte, daß der Präsident erwähnt hätte, er hätte einige Geschenke für sie. Miss Currie rief zurück und bat sie, am Sonntag, dem 28. Dezember 1997, um 8:30 Uhr ins Weiße Haus zu kommen. Am 28. Dezember trafen sich der Präsident und Miss Lewinsky im Oval Office. Laut ihrer Zeugenaussage erwähnte Miss Lewinsky »daß sie sich Sorgen machte, weil die Hutnadel auf der Liste der Geschenke stand, und er sagte, daß dies auch ihm Sorgen mache, und er fragte, ob (sie) irgend jemandem erzählt hatte, daß er ihr diese Nadel geschenkt hatte, und (sie) sagte nein.« Laut Miss Lewinsky diskutierten sie und der Präsident über die Möglichkeit, einige dieser Geschenke aus ihrem Besitz zu entfernen.

Irgendwann sagte ich zu ihm: »Nun, du weißt, soll ich denn – vielleicht sollte ich die Geschenke aus meiner Wohnung entfernen und sie jemandem geben, vielleicht Betty.« Und er sagte irgendwas – ich denke, er antwortete: »Ich weiß nicht« oder »Laß mich darüber nachdenken«. Damit ließen wir dieses Thema auf sich beruhen.

Miss Lewinsky sagte aus, daß nichts von dem, was der Präsident zu ihr sagte, jemals den Eindruck bei ihr erweckt hätte, daß sie sämtliche Geschenke, die er ihr gegeben hatte, den Anwälten von Miss Jones aushändigen sollte.

Am 28. Dezember überreichte der Präsident Miss Lewinsky auch einige Weihnachtsgeschenke. Als sie gefragt wurde, warum der Präsident ihr wohl weitere Geschenke gemacht hatte, obwohl er wußte, daß sie in der Vorladung aufgefordert wurde, sämtliche Geschenke vorzulegen, die sie jemals von ihm erhalten hatte, erklärte Miss Lewinsky:

Wissen Sie, ich kann Ihnen nicht sagen, was der Präsident gedacht haben mag, aber mir erschien es – und daran hatte ich niemals einen Zweifel – nach allem, was er zu mir gesagt hatte, ich habe ihn nie ausdrücklich danach gefragt, daß wir niemals etwas anderes in Betracht zogen, als dies geheim zu halten, das heißt, daß wir es leugnen würden, und dies bedeutete, daß wir – daß wir alle notwendigen Schritte unternehmen würden, damit dies so blieb ... Wenn ich also all diese Geschenke vorgelegt hätte, dann hätte es sie (die Jones-Anwälte) veranlaßt, mir Fragen darüber zu stellen, welche Art von Freundschaft zwischen dem Präsidenten und mir bestand, und sie würden alle möglichen Vermutungen anstellen und sie durchsickern lassen, und mein Name würde in den Schmutz gezogen werden, und er (der Präsident) bekäme Ärger.

Miss Lewinsky sagte aus, daß Miss Currie sie einige Stunden nach diesem Treffen am 28. Dezember 1997 anrief. Laut Miss Lewinsky sagte Miss Currie: »Ich glaube, Sie sollen mir etwas geben« oder so ähnlich. In

ihrer handschriftlichen Erklärung an das OIC vom
1. Februar, von dem Miss Lewinsky sagt, daß es der
Wahrheit entspricht, legte sie dar: »Miss Currie rief Miss
L. später an jenem Nachmittag an und sagte, daß der
Präs. ihr mitgeteilt hätte, Miss L. wolle etwas aufbewah-
ren lassen. Miss L. verpackte die meisten der Geschenke,
die sie bekommen hatte, in einen Karton und übergab ihn
Miss Currie.«

Miss Lewinsky sagte aus, daß sie angenommen hätte,
Miss Currie bezöge sich auf die Geschenke des Präsidenten , als sie sagte: »Sie sollen mir etwas geben.«

Miss Lewinsky sagte aus, daß sie wegen des vorangegangenen Gesprächs mit dem Präsidenten nicht überrascht war, als jener Anruf kam.

Miss Currie sagte aus, daß Miss Lewinsky und nicht
sie selbst diejenige gewesen sei, die angerufen hätte und
das Gespräch auf die Übergabe der Geschenke gebracht
hätte. Nach Miss Curries Aussage erklärte Miss
Lewinsky, daß sie sich mit den Geschenken in der Wohnung nicht wohl fühlte, weil »man ihr Fragen stellen
würde über die Dinge, die sie bekommen hatte.« Miss
Currie sagte weiterhin aus, daß sie sich nicht daran erinnern könnte, daß der Präsident ihr gesagt hätte, Miss
Lewinsky wolle, daß sie einige Dinge für sie aufbewahrte, und sie erinnerte sich auch nicht daran, daß sie
dem Präsidenten später mitgeteilt hätte, daß sie die
Geschenke für Miss Lewinsky in Verwahrung genommen
hätte. Als sie gefragt wurde, ob also eine gegenteilige
Erklärung von Miss Lewinsky – in der dargestellt wurde,
daß Miss Currie mit dem Präsidenten über die Übergabe
der Geschenke gesprochen hätte – falsch wäre, antwortete Miss Currie: »Dann hat sie vielleicht ein besseres
Gedächtnis als ich. Ich kann mich nicht daran erinnern.«

Übereinstimmend sagten Miss Currie und Miss

Lewinsky aus, daß Miss Currie später an jenem 28. Dezember zu Miss Lewinskys Wohnung fuhr, was überhaupt erst das zweite Mal in ihrem Leben war, daß sie das tat. Miss Lewinsky überreichte ihr einen verschlossenen Karton, der mehrere der Geschenke enthielt, die der Präsident Miss Lewinsky gemacht hatte, darunter auch die Hutnadel und eines jener Geschenke, das er ihr erst an diesem Morgen gegeben hatte. Miss Lewinsky hatte »Bitte nicht wegwerfen« auf den Karton geschrieben. Miss Currie nahm dann den Karton und stellte ihn in ihrem Haus unter ihr Bett. Miss Currie glaubte, daß der Karton Geschenke des Präsidenten enthielt, kannte aber nicht den genauen Inhalt. Miss Lewinsky sagte aus, daß Miss Currie nicht überrascht schien, als Miss Lewinsky ihr den Karton mit den Geschenken überreichte, und sie fragte auch nicht nach dem Inhalt.

Als Miss Currie später dem OIC diesen Karton vorlegte, nachdem sie durch eine Vorladung dazu aufgefordert worden war, enthielt dieser Karton eine Hutnadel, zwei Broschen, eine signierte offizielle Ausgabe der Ansprache an die Nation von 1996, ein Foto des Präsidenten im Oval Office, eine mit Widmung versehene Fotografie vom Präsidenten und Miss Lewinsky, ein Strandkleid, zwei T-Shirts und eine Baseballmütze mit dem Logo der Black Dogs.

2. Die Aussage des Präsidenten vor der Grand Jury

Der Präsident sagte aus, daß er mit Miss Lewinsky über die Geschenke, die er ihr gegeben hatte, gesprochen hätte, doch er behauptete, daß dieses Gespräch vielleicht auch stattgefunden haben könnte, bevor sie am 19. Dezember die Vorladung erhielt. Er sagte:

Ich führte ein Gespräch mit Miss Lewinsky über einige Geschenke, die Geschenke, die ich ihr gegeben hatte. Ich weiß nicht, ob es am 28. Dezember oder früher stattfand. Ich weiß auch nicht mehr, ob es eine persönliche Unterhaltung war oder ob wir telefonierten. Ich habe angestrengt darüber nachgedacht, weil ich weiß, wie wichtig dies ist ... der Grund, warum ich mir nicht sicher bin, ob es am 28. war, ist, daß ich mich nur erinnere, daß Miss Lewinsky so etwas wie: ›Was ist, wenn sie mich nach den Geschenken fragen, die du mir gegeben hast?‹ zu mir sagte. An mehr kann ich mich nicht erinnern. Deshalb bezweifle ich, daß es am 28. war, denn sie hatte die Vorladung bei sich, in der sie aufgefordert wurde, alle Geschenke vorzulegen. Ich antwortete ihr, wenn man sie nach den Geschenken fragte, dann solle sie alle vorlegen, die sie hätte, denn das entspricht dem Gesetz.

Der Präsident stritt ab, daß er Miss Currie aufgefordert habe, bei Miss Lewinsky den Karton mit den Geschenken abzuholen.

Frage: Haben Sie mit Ihrer Sekretärin gesprochen, nachdem Sie Miss Lewinsky die Geschenke am 28. Dezember (1997) überreicht hatten, und sie gebeten, einen Karton abzuholen, in dem sich eine Ansammlung von Geschenken befand, die Miss Lewinsky –
WJC: Nein, Sir, das habe ich nicht getan.
Frage: – Miss Currie geben sollte?
WJC: Nein, das habe ich nicht getan.
Frage: Haben Sie sich jemals mit Miss Currie über Geschenke unterhalten oder darüber, daß etwas bei Miss Lewinsky abgeholt werden sollte?
WJC: Ich glaube nicht, daß ich das getan habe.

Frage: Sie haben ihr niemals etwas in diesem Sinn gesagt, daß Monica ihr etwas geben wolle?

WJC: Nein, Sir.

3. Zusammenfassung über die Geschenke

Die nicht zu widerlegenden Beweise zeigen, daß der Präsident Monica Lewinsky vor dem 28. Dezember 1997 Geschenke gemacht hat; daß der Präsident Miss Lewinsky am 17. Dezember am Telefon erklärte, daß er noch mehr Geschenke für sie hätte; daß Miss Lewinsky sich mit dem Präsidenten am 28. Dezember im Weißen Haus traf; daß Miss Lewinsky am 28. ihre Besorgnis darüber äußerte, die Geschenke, die der Präsident ihr in der Vergangenheit gemacht hatte, zu behalten, da deren Herausgabe laut Vorladung gefordert wurde; daß der Präsident Miss Lewinsky am 28. einige Weihnachtsgeschenke gab, und daß Miss Lewinsky nach diesem Treffen etliche dieser Geschenke (darunter eines der neuen) der Privatsekretärin des Präsidenten, Miss Currie, übergab, die sie dann in ihrem Haus unter ihrem Bett verbarg.

Miss Lewinsky sagte aus, daß sie am 28. Dezember mit dem Präsidenten über jene Geschenke sprach, die sie entsprechend der Vorladung vorlegen sollte – speziell die Hutnadel. Der Präsident gab zu, daß sie über die Geschenke gesprochen hatten, doch er deutete an, daß dieses Gespräch vor dem 19. Dezember stattgefunden haben könnte, dem Tag, an dem Miss Lewinsky die Vorladung zugestellt wurde. Der Präsident sagte jedoch, daß seine Erinnerung an das Datum unklar sei.

Die Zeugenaussagen widersprechen sich über das, was später an jenem Tag geschah. Der Präsident sagte aus, daß er Miss Lewinsky riet: »Du mußt ihnen geben, was du noch hast.« Laut Miss Lewinsky wurde von ihr die Möglichkeit angesprochen, die Geschenke zu verbergen, und der Präsident gab eine neutrale Antwort darauf.

Miss Lewinsky sagte aus, daß Betty Currie sie später wegen der Herausgabe der Geschenke angerufen hätte, doch sie behauptete, daß sie sich nicht genau an jene Vorgänge erinnern könne.

Die Frage, die im Mittelpunkt steht, ist, ob der Präsident dafür sorgte oder es billigte, daß die Geschenke fortgeschafft wurden. Die logische Schlußfolgerung aus der Beweislage ist, daß dies der Fall war.

1. Die Zeuginnen stimmen nicht darin überein, ob Miss Lewinsky Miss Currie anrief oder umgekehrt. Dies ist jedoch wichtig, da Miss Currie Miss Lewinsky niemals wegen der Geschenke angerufen hätte, wenn der Präsident sie nicht darum gebeten hätte. Denn da Miss Currie nicht wußte, daß die Geschenke vor Gericht vorgelegt werden sollten, hätte sie keinen Grund für einen solchen Anruf gehabt.

Miss Lewinskys Aussage zu diesem Punkt ist eindeutig. In ihrer handschriftlichen Erklärung vom 1. Februar gibt sie an: »Miss Currie rief Miss L. später an jenem Nachmittag an und sagte, daß der Präsident ihr erzählt hätte, Miss L. wollte etwas in Verwahrung nehmen lassen.« In ihrer Aussage vor der Grand Jury sagte Miss Lewinsky, daß Miss Currie sie einige Stunden, nachdem sie das Weiße Haus verlassen hatte, anrief und so etwas ähnliches sagte wie: »Der Präsident sagte, Sie hätten etwas für mich.«

Miss Curries Aussage widerspricht dem, ist aber weniger klar. Miss Currie erklärte, daß Miss Lewinsky sie anrief, doch im Gegensatz zu Miss Lewinsky ist ihre Erinnerung an den Inhalt des Gesprächs vage. Zum Beispiel verneinte Miss Currie anfangs die Frage, ob der Präsident mit ihr über die Geschenke gesprochen hätte, doch dann sagte sie, daß Miss Lewinsky (die wiederum erklärt hatte, daß Miss Currie mit dem Präsidenten gesprochen hätte), »sich vielleicht besser erinnert als ich. Ich kann mich nicht erinnern.« Miss Lewinskys Aussage macht mehr Sinn als die von Miss Currie. Denn erstens macht Miss Lewinsky geltend, daß sie die Geschenke behalten (und sie vielleicht weggeworfen) hätte, wenn Miss Currie nicht angerufen hätte. Sie hätte die Geschenke den Jones-Anwälten nicht vorgelegt. Und sie wollte sie keiner Freundin oder ihrer Mutter geben, weil sie nicht wollte, daß noch jemand darin verwickelt wurde.

Außerdem fuhr Miss Currie zu Miss Lewinskys Wohnung, um die Geschenke abzuholen. Vorher hatte sie sich erst einmal dorthin begeben. Man könnte es so verallgemeinern, daß die Person, die besondere Anstrengungen unternimmt (in diesem Fall Miss Currie), gewöhnlich diejenige ist, die um den Gefallen ersucht hat.

2. Selbst wenn Miss Lewinsky sich irrt und doch Miss Currie selbst angerufen hat, dann führen die Beweise immer noch deutlich zu dem Schluß, daß der Präsident diese Übergabe initiiert hat.

Erstens ist es unwahrscheinlich, daß Miss Lewinsky Miss Currie in diese Angelegenheit hineingezogen hätte, wenn der Präsident nicht seine Zustimmung signalisiert hätte, als Miss Lewinsky jene Frage früher am Tag aufbrachte. Zudem ist in der Geschichte des Präsidenten ein logischer Fehler festzustellen: Wenn der Präsident wirklich vorgeschlagen hätte, daß Miss Lewinsky die Geschenke den Jones-Anwälten hätte vorlegen sollen, dann hätte sich Miss Lewinsky sicher nicht an die Privatsekretärin des Präsidenten gewandt, um ihr die

Geschenke zu übergeben – im direkten Gegensatz zum Rat des Präsidenten.

Zweitens ist es ebenfalls unwahrscheinlich, daß Miss Currie zu Miss Lewinsky gefahren wäre, die Geschenke von Miss Lewinsky entgegengenommen und sie unter ihrem Bett verborgen hätte, ohne vom Präsidenten darum gebeten worden zu sein. Es hätte nicht Miss Curries Charakter entsprochen, so etwas ohne die Billigung des Präsidenten zu tun. Denn als sie zum Beispiel Miss Lewinsky bei deren Suche nach einem Job half, erklärte sie, daß sie dem Präsidenten von ihren Plänen berichtet hätte, und sie bestätigte, »daß (sie) nicht versucht hätte, Miss Lewinsky zu einem Job zu verhelfen ... wenn (sie) gedacht hätte, daß der Präsident dies nicht wolle.«

3. Selbst wenn der Präsident Miss Currie nicht angewiesen hat, die Geschenke zu ubernehmen, gibt es immer noch wichtige Hinweise dafür, daß er dazu ermutigte, die Geschenke fortzubringen und sie den Jones-Anwälten nicht vorzulegen. »Der Präsident hatte gehofft, daß diese Beziehung niemals bekannt werden würde.« Der Präsident gab Miss Lewinsky am 28. Dezember 1997 weitere Geschenke. Wenn man seinen Wunsch, diese Beziehung geheimzuhalten, bedenkt, dann macht es keinen Sinn, daß der Präsident Miss Lewinsky weitere Geschenke am 28. machte, es sei denn, er und Miss Lewinsky seien sich darüber einig gewesen, daß sie sie nicht, wie in der Vorladung verlangt, vorlegen würde.

4. Der Präsident hatte ein Motiv dafür, die Geschenke verschwinden zu lassen, entweder indirekt durch Miss Currie oder direkt durch Miss Lewinsky. Der Präsident wußte, daß Miss Lewinsky wegen der Vorladung beunruhigt war. Sie beide befürchteten, daß durch diese

Geschenke Fragen über ihre Beziehung aufgeworfen werden könnten. Indem er sicherstellte, daß die Geschenke nicht vorgelegt werden konnten, verhinderte er, daß Fragen dieser Art gestellt werden konnten.

Das Unterschlagen der Geschenke ermöglichte, daß der Präsident bei der Gerichtsbefragung falsche und irreführende Aussagen unter Eid über die Geschenke machen konnte (wie es ja auch der Fall war), ohne befürchten zu müssen, daß Miss Lewinsky jene Geschenke beibrachte, die der Präsident gemacht zu haben leugnete (bzw. deren Anzahl er herabspielte). Wenn Miss Lewinsky den Anwälten Miss Jones' sämtliche Geschenke, die sie vom Präsidenten erhalten hat, vorgelegt hätte, dann hätte der Präsident kaum auf die Frage: »Haben Sie jemals Monica Lewinsky irgendwelche Geschenke gemacht?« behaupten können: »Ich kann mich nicht erinnern.« Und er hätte auch nicht sagen können: »Ich kann mich an kein bestimmtes Geschenk erinnern.« Es ist unwahrscheinlich, daß der Präsident es riskiert hätte, über die Anzahl und die Art der Geschenke zu lügen, wenn er nicht gewußt hätte, daß Miss Lewinsky nicht vorhatte, die Anforderung der Vorladung zu erfüllen.

Wenn man die Beweislage zu diesem Thema betrachtet, dann muß man auch erwähnen, daß es wahrscheinlich ist, daß der Präsident sich bei den Geschenken nicht anders als in seiner eidlichen Aussage verhalten hat. Es wird klar, daß er unter Eid gelogen hat und daß Miss Lewinsky ein falsches Affidavit verfaßt hat, nachdem der Präsident vorgeschlagen hatte, daß sie ein solches Affidavit einreichen solle. Es spricht wenig dagegen, daß er nicht den Versuch gemacht haben sollte, sicherzustellen (ob nun direkt oder indirekt), daß Miss Lewinsky die Geschenke tatsächlich unterschlug, als Folge der Tatsache, daß sie beide unter Eid gelogen hatten. (Es gehörte zudem zum Plan des Präsidenten, Miss Currie als Mittlerin zwischen sich und Miss Lewinsky auftreten zu lassen.)

Die Antwort, die der Präsident auf all dies gegeben hat, ist, daß Miss Lewinsky von sich aus Kontakt zu Miss Currie aufgenommen und sie in ihre Bemühungen, Beweismittel zu unterschlagen, hineingezogen hat, und daß Miss Currie mitgemacht hätte, ohne sich mit dem Präsidenten darüber abzustimmen. In Anbetracht der Aussagen sowohl von Miss Lewinsky als auch von Miss Currie und des Verhaltens beider entbehren seine Behauptungen jeder Wahrscheinlichkeit.

Daher gibt es weitgehend sichere und glaubwürdige Informationen, daß der Präsident bestrebt war, die Justiz zu behindern, indem er daran beteiligt war, Beweismittel zu unterschlagen.

B. Der Brief an den Präsidenten vom 5. Januar 1998

1. Beweise zum Brief vom 5. Januar

Am 16. Dezember wurde dem Präsidenten von den Anwälten Miss Jones' die Forderung zugestellt, alle Dokumente vorzulegen einschließlich solcher Dokumente, die Bezug auf Monica Lewinsky hatten (sic). Diese Forderung verpflichtete den Präsidenten, entsprechende Dokumente aufzubewahren und vorzulegen.

Am 4. Januar 1998 hinterließ Miss Lewinsky bei Miss Currie ein Buch für den Präsidenten. Miss Lewinsky hatte in dieses Buch einen Brief romantischen Inhalts gelegt, den sie geschrieben hatte, weil sie kurz zuvor den Film »Titanic« gesehen hatte. In diesem Brief schrieb Miss Lewinsky dem Präsidenten, daß sie wenigstens einmal mit ihm schlafen wolle.

Miss Lewinsky sagte aus, daß sie während des Telefongesprächs, das sie am 5. Januar mit dem Präsidenten über ihr Affidavit und eine mögliche Zeugenaussage führte, auch dem Präsidenten gegenüber bemerkte: »Ich hätte einige dieser Dinge in diesem Brief nicht schreiben sollen.« Laut Miss Lewinsky antwortete der Präsident, daß er ihr zustimme und daß sie solche Dinge nicht zu Papier bringen sollte.

Am 15. Januar antwortete der Präsident auf den zweiten Fragensatz der Jones-Anwälte, in der er erneut verpflichtet wurde, Dokumente vorzulegen, die in Zusammenhang mit Monica Lewinsky stünden. Er erklärte, daß er »keinerlei Dokumente« hätte, auf die diese Forderung zuträfe.

2. Die Aussage Präsident Clintons

Der Präsident erinnerte sich an das Buch über die amerikanischen Präsidenten, das Miss Lewinsky ihm gegeben hatte, und sagte, »daß es ihm gut gefallen« hätte. Präsident Clinton sagte aus, daß er sich nicht daran erinnern könne, daß ein Brief romantischen Inhalts in dem Buch gelegen oder wann er einen solchen bekommen hätte.

3. Zusammenfassung über den Brief vom 5. Januar 1998

Die Forderung, sämtliche Dokumente vorzulegen, die der Präsident von den Anwälten Miss Jones' erhalten hatte, umfaßte alle Dokumente, die sich auf die Beziehung zwischen ihm und Miss Lewinsky bezogen. Der Brief, den Miss Lewinsky ihm am 5. Januar 1998 gegeben hatte, gehörte ebenfalls dazu und hätte deutlichen Aufschluß über die Art ihrer Beziehung gegeben. Wäre dieser Brief vorgelegt worden, hätte der Präsident kaum noch eine Möglichkeit gehabt, während seiner eidlichen Aussage eine sexuelle Beziehung zu Miss Lewinsky zu leugnen. Gestützt auf Miss Lewinskys Zeugenaussage ergeben sich weitgehend sichere und glaubwürdige Hinweise darauf, daß der Präsident diesen Brief zu einem Zeitpunkt, als er verpflichtet gewesen war, solche Dokumente vorzulegen, vernichtet oder unterschlagen hat.

VI. Es gibt weitgehend sichere und glaubwürdige Information darüber, daß

(i) Präsident Clinton und Miss Lewinsky sich darauf verständigt hatten, im Fall Jones unter Eid über ihre Beziehung zu lügen

(ii) Präsident Clinton bestrebt war, die Justiz zu behindern, indem er Miss Lewinsky vorschlug, eine schriftliche Aussage einzureichen, damit sie nicht unter Eid auszusagen brauchte und somit nicht seiner Aussage widersprechen konnte, was verhindern sollte, daß ihm in seiner eidlichen Aussage Fragen zu Miss Lewinsky gestellt würden.

Aufgrund der zwischen ihnen geführten Unterhaltungen und entsprechend der Art und Weise, wie sie sich schon früher verhalten hatten, waren sich der Präsident und Miss Lewinsky einig, daß sie im Fall Jones unter Eid die Unwahrheit über ihre sexuelle Beziehung sagen würden; dies war Teil ihres Plans, die Justiz im Fall Jones zu behindern. Dazu gehörte auch:

daß der Präsident Miss Lewinsky vorschlug, ein Affidavit einzureichen, von dem er wußte, daß es inhaltlich falsch sein würde;

daß der Präsident insofern Nutzen von diesem Affidavit hatte, als es eine anderslautende Zeugenaussage Miss Lewinskys unmöglich machte, was ihm erlaubte, in seiner eidlichen Aussage die sexuelle Beziehung leugnen zu können, ohne befürchten zu müssen, daß ihm das Gegenteil nachgewiesen wurde;

daß Miss Lewinsky dieses nicht der Wahrheit entsprechende Affidavit, in dem sie eine sexuelle Beziehung zum Präsidenten leugnete, unterschrieb und am 16. Januar dem Gericht schickte; dies alles in dem Bemühen, eine eidliche Aussage zu vermeiden;

daß der Anwalt des Präsidenten dieses Affidavit benutzte, um während der eidlichen Aussage am 17. Januar Einspruch gegen auf Miss Lewinsky bezogene Fragen zu erheben, und

daß der Präsident, als dies nicht gelang, während seiner eidlichen Aussage die Unwahrheit über seine Beziehung zu Miss Lewinsky sagte, wobei er die Vertuschungsgeschichten anwandte, die er und Miss Lewinsky sich ausgedacht hatten.

A. Die Beweislage zum Affidavit und des daraus gezogenen Nutzen

Miss Lewinsky sagte aus, daß der Präsident sie am 17. Dezember 1997 gegen 2 Uhr oder 2.30 anrief und ihr mitteilte, daß ihr Name auf der Zeugenliste im Fall Jones stünde. In ihrer handschriftlichen Erklärung vom 1. Februar stellte sie fest: »Als sie den Präsidenten fragte, was sie tun solle, falls sie vorgeladen würde, schlug der Präsident vor, sie könnte ein Affidavit verfassen ...« Miss Lewinsky sagte aus, daß sie sich 100prozentig sicher sei, daß der Präsident vorschlug, sie könnte ein Affidavit unterschreiben.

Miss Lewinsky verstand den Rat des Präsidenten in dem Sinne, daß sie ein Affidavit abfassen könne, in dem die tatsächliche Art ihrer Beziehung nicht enthüllt würde.

Sie sagte, um »zu vermeiden, daß ich als Zeugin vorgeladen würde«, brauchte sie ein Affidavit, dessen Inhalt es sein könnte, einfache, harmlose Gegebenheiten zu erwähnen oder aber ein glattes Leugnen, daß sie jemals irgendeine Art von Beziehung gehabt hätten.

Miss Lewinsky hat erklärt, daß der Präsident sie niemals ausdrücklich dazu aufgefordert hat, die Unwahrheit zu sagen. Statt dessen, so erklärte sie, hätten sie beide stillschweigend aus ihren Unterhaltungen den Schluß gezogen, daß sie weiterhin ihre Beziehung verheimlichen und darüber lügen würden. Niemals hätte der Präsident ihr gesagt, daß sie unter Eid die Wahrheit sagen müsse, im Gegenteil. Miss Lewinsky erklärte:

Es war nicht so, als ob der Präsident mich angerufen und mir gesagt hätte: »Du weißt, Monica, daß du auf der Zeugenliste stehst und daß dies alles ziemlich hart für uns werden wird, weil wir die Wahrheit sagen müssen und dadurch vor der ganzen Welt gedemütigt werden wegen dem, was wir getan haben«, denn dem hätte ich sofort energisch widersprochen. Es war anders. Indem er mich nicht anrief und mir etwas in dieser Art sagte, wußte ich, was er meinte.

Die Vorladung der Anwälte von Miss Jones wurde Monica Lewinsky am 19. Dezember 1997 zugestellt. Miss Lewinsky wandte sich an Vernon Jordan, der sich wiederum mit dem Anwalt Frank Carter in Verbindung setzte. Entsprechend den Informationen, die Miss Lewinsky gab, bereitete Mr. Carter ein Affidavit vor, in dem stand, daß »ich niemals eine sexuelle Beziehung mit dem Präsidenten hatte.«

Nachdem Mr. Carter das Affidavit aufgesetzt hatte, führte Miss Lewinsky am 5. Januar ein Telefongespräch mit dem Präsidenten. Sie fragte den Präsidenten, ob er den Entwurf des Affidavit sehen wollte. Laut Miss Lewinsky antwortete der Präsident, daß dies nicht nötig sei, weil er schon fünfzehn andere gesehen hätte.

Mr. Jordan bestätigte, daß der Präsident von Miss Lewinskys Bereitschaft wußte, ein Affidavit zu unterschreiben, in dem sie eine sexuelle Beziehung leugnete. Mr. Jordan sagte weiterhin aus, er hätte Präsident Clinton darüber informiert, daß Miss Lewinsky das Affidavit unterschrieben habe. Miss Lewinskys Affidavit wurde am 16. Januar 1998 an das Bundesgericht in Arkansas geschickt – dem Tag vor der eidlichen Aussage des Präsidenten – Teil ihres Antrags, die Vorladung zu einer eidlichen Aussage zu verhindern.

Robert Bennett, der Anwalt des Präsidenten, erhielt zwei Tage vor dessen eidlichen Aussage eine Kopie von Miss Lewinskys Affidavit von Mr. Carter. Während der Gerichtsbefragung des Präsidenten stellte der Anwalt von Miss Jones Fragen über die Beziehung des Präsidenten zu Miss Lewinsky. Mr. Bennett legte Einspruch gegen die »Anspielungen« in diesen Fragen ein und wies darauf hin, daß Miss Lewinsky ein Affidavit unterschrieben hatte, in dem sie jede sexuelle Beziehung zum Präsidenten leugnete, was laut Mr. Bennett bedeutete, »daß es irgendeine Art von Sex in welcher Form auch immer« zwischen ihnen nicht gebe. Mr. Bennett sagte, der Präsident sei sich des Inhalts von Miss Lewinskys Affidavit vollkommen bewußt. Mr. Bennett benutzte dieses Affidavit ausdrücklich dazu, weitere Fragen dieser Art abzuwehren. Der Präsident sagte nichts, obwohl er wußte, daß dieses Affidavit inhaltlich falsch war. Richterin Wright wies den Einspruch zurück und ließ zu, daß weitere Fragen zu diesem Thema gestellt wurden.

Später las Mr. Bennet dem Präsidenten Miss Lewinskys

Affidavit vor und fragte: »Ist dies, soweit Sie es beurteilen können, eine genaue und der Wahrheit entsprechende Erklärung?«, und der Präsident antwortete: »Ja, sie ist vollkommen wahr.«

B. Zusammenfassung der Aussage des Präsidenten vor der Grand Jury

Der Präsident sagte vor der Grand Jury: »Ob ich hoffte, daß Miss Lewinsky auf Grund ihres Affidavit nicht als Zeugin auszusagen brauchte? Natürlich. Wollte ich, daß sie ein falsches Affidavit verfaßte? Nein, das wollte ich nicht.« Der Präsident erklärte jedoch nicht, wie ein vollkommen der Wahrheit entsprechendes Affidavit, – in dem sie zum Beispiel zugegeben hätte, daß sie bei ihm Oralsex praktizierte und daß Vernon Jordan insofern in die Angelegenheit verwickelt war, indem er ihr 1997 und 1998 einen Job verschafft hatte – Miss Lewinsky hätte helfen können, eine Zeugenaussage zu vermeiden.

Als er über sein Telefongespräch mit Miss Lewinsky am 17. Dezember befragt wurde – bei dem er ihr vorschlug, daß sie ein Affidavit verfassen sollte –, erklärte der Präsident, daß er sich nicht genau daran erinnern könne, was er gesagt habe. Der Präsident behauptete außerdem, daß das von Miss Lewinsky unterschriebene Affidavit, in dem sie eine sexuelle Beziehung leugnete, nicht notwendigerweise unwahr sei, denn sie hätte ja glauben können, daß ihre Behauptung darüber wahr gewesen sei.

Ich denke, daß sie zu dem Zeitpunkt, als sie das Affidavit unterschrieb, geglaubt hat, eine sexuelle Beziehung beinhalte Geschlechtsverkehr, und dann hätte sie nicht gelogen. Und ich denke auch, daß dies die gängige Definition der meisten Amerikaner ist.

Während der Präsident sich vor der Grand Jury verantwortete, wurde er auch zu der Erklärung befragt, die sein Anwalt Richterin Wright gegenüber abgegeben hatte und in der er sagte, wenn sie eine sexuelle Beziehung leugnete, dann hieße dies, daß es keinen Sex in welcher Form auch immer zwischen ihr und dem Präsidenten gebe. In Hinsicht auf seine Interpretation, eine sexuelle Beziehung definiere sich durch Geschlechtsverkehr, wurde der Präsident gefragt, wie er denn habe stillschweigend dasitzen können, während sein Anwalt – in seiner Gegenwart und zu seinem Nutzen – einer Bundesrichterin gegenüber eine falsche Aussage machte, um weitere Fragen zu vermeiden. Der Präsident gab verschiedene Antworten darauf.

Zuerst behauptete der Präsident, daß er nicht besonders aufmerksam gewesen sei, als Mr. Bennett erklärte, es gebe »keinen Sex in welcher Form auch immer« zwischen dem Präsidenten und Miss Lewinsky. Weiterhin erklärte der Präsident: »In diesem Moment ist die ganze Argumentation irgendwie an mir vorbeigegangen. Ich war doch nur Zeuge.« Die Behauptung des Präsidenten ist nur schwer mit den Videoaufzeichnungen der eidlichen Aussage in Einklang zu bringen, die beweist, daß der Präsident in Mr. Bennetts Richtung sah, als dieser jene Erklärung abgab.

Dann wiederum behauptete der Präsident, daß Mr. Bennett in der Gegenwart sprach, als er sagte »Da ist kein Sex in welcher Form auch immer« zwischen dem Präsidenten und Miss Lewinsky, und daß dies zum Zeitpunkt der Gerichtsbefragung keine Lüge war. Der Präsident fuhr fort: »Es hängt alles von der Verwendung des Wortes ›ist‹ ab«, und »daß es im Präsens eine korrekte Erklärung gewesen sei.«

Ein Staatsanwalt des OIC fragte dann den Präsidenten vor der Grand Jury: »Wollen Sie damit ausdrücken, daß die Erklärung Ihres Anwalts nur deshalb der Wahrheit entspricht, weil Sie zum Zeitpunkt der eidlichen Aussage keinen Sex mit Monica Lewinsky hatten?« Und der Präsident antwortete: »Nein, Sir. Ich meinte damit, daß zum Zeitpunkt jener Aussage – nun, daß es damals längst keinen unziemlichen Kontakt mehr zwischen Miss Lewinsky und mir gegeben hatte.« Die Behauptung des Präsidenten, daß er die Worte seines Anwalts mit einer solch spitzfindigen grammatischen Analyse bedacht hatte, passen nicht zu seiner anderen Behauptung, daß er der ganzen Argumentation keine besondere Aufmerksamkeit geschenkt hätte.

Schließlich bestritt der Präsident, daß die Forderung korrekt sei, es wäre seine Pflicht gewesen, seinen Anwalt davon abzuhalten, Richterin Wright gegenüber eine falsche Aussage zu machen: »Mr. Bennett hat mich vertreten, nicht umgekehrt.« Damit hatte er sicherlich recht. Doch wenn ein Zeuge wissentlich zuläßt, daß vor einem Bundesrichter eine Falschaussage gemacht wird, die das Gericht in die Irre führt und den Versuch darstellt, für den Sachverhalt relevante Fragen zu verbergen, dann ist dies der Tatbestand einer Behinderung der Justiz.

C. Beweise über die Vertuschungsgeschichten

Das Affidavit war nicht der einzige Bestandteil des Plans, daß beide, der Präsident und Miss Lewinsky, unter Eid die Unwahrheit sagen würden. Miss Lewinsky sagte aus, daß zu ihrem Bemühen, ihre Beziehung zu verheimlichen, auch die Vertuschungsgeschichten gehörten, die sie und der Präsident sich ausgedacht hatten, um Miss Lewinskys häufige Anwesenheit im Westflügel und im Oval Office zu erklären. Als Miss Lewinsky im Weißen Haus arbeitete, kamen sie und der Präsident überein, daß Miss Lewinsky behaupten solle, sie käme ins Oval Office, um Papiere abzuliefern oder sie unterschreiben zu lassen, während sie in Wahrheit ins Oval Office kam, um mit dem Präsidenten sexuelle Handlungen zu begehen.

Während sie im Weißen Haus arbeitete, benutzte Miss Lewinsky diese dünne Tarnung einige Male. Es funktionierte: Etliche Beamte des Secret Service sagten aus, daß sie in dem Glauben gewesen wären, Miss Lewinsky käme ins Oval Office, um Papiere abzugeben oder abzuholen. Miss Lewinsky sagte jedoch aus, daß es niemals zu ihrem Job gehört hätte, dem Präsidenten Dokumente zu bringen oder sie von ihm unterschreiben zu lassen, obwohl sie zur Tarnung Dokumente bei sich hatte.

Miss Lewinsky sagte aus, daß sie und der Präsident sich eine zweite Vertuschungsgeschichte ausdachten, nachdem sie ins Pentagon versetzt worden war: daß Miss Lewinsky ins Weiße Haus käme, um Betty Currie zu besuchen. Miss Lewinsky sagte aus, daß sie und der Präsident darüber gesprochen hätten, »daß es ja Betty sei, bei der ich mich eintragen mußte, so daß ich also behaupten konnte, ich käme, um sie zu besuchen.« Miss Lewinsky sagte weiterhin aus, daß sie den Präsidenten zehnmal privat sah, als sie nicht mehr im Weißen Haus arbeitete. Jedesmal, wenn sie kam, trug sie sich bei Miss Currie ein.

Miss Lewinsky hat ausgesagt, daß der eigentliche Grund für drei ihrer Besuche im Weißen Haus der Wunsch war, Präsident Clinton zu sehen. Auch Präsident Clinton behauptete, daß »sie jedes Mal«, wenn sie nur mal bei Miss Currie vorbeischauen wollte, auch ihm begegnet war.

Miss Lewinsky sagte aus, daß der Präsident sie ermutigte, auch weiterhin Vertuschungsgeschichten zu benutzen, um ihre Beziehung zu verbergen, auch nachdem ihr Name auf die Zeugenliste im Fall Jones gesetzt worden war. In ihrem Telefonat am frühen Morgen des 17. Dezember 1997 – eben jenem Gespräch, in dem der Präsident ihr mitteilte, daß ihr Name auf der Zeugenliste wäre, und ihr vorschlug, daß sie ein Affidavit verfassen solle, falls sie eine Vorladung bekäme – besprach Miss Lewinsky weitere Vertuschungsgeschichten mit dem Präsidenten.

ML: Irgendwann während des Gesprächs, ich weiß nicht mehr, ob es war, bevor oder nachdem wir über das Affidavit geredet hatten, sagte er so etwas wie: »Du weißt, du kannst immer behaupten, daß du kämst, um Betty zu sehen oder um mir Briefe vorbeizubringen.« Dies verstand ich als Erinnerung an die Dinge, die wir zuvor besprochen hatten.

Frage: Wenn Sie sagen »die Dinge, die wir besprochen hatten«, dann meinen Sie doch »die Pläne, die wir ausgeheckt haben«.

ML: Ja. Ich meine, das war, das war etwas – etwas, das mir sofort vertraut war.

Frage: Richtig.

ML: Und ich wußte genau, was er meinte.

Frage: Hatten Sie schon früher über diese erfundenen Erklärungen gesprochen, weshalb Sie angeblich zu ihm kamen?

ML: Ja, wir haben einige Male während unserer Beziehung darüber gesprochen. Ja. Das gehörte zu unserer Beziehung, daß wir sie zu vertuschen suchten.

Präsident Clinton benutzte eben diese Vertuschungsgeschichten während seiner Gerichtsbefragung im Fall Jones. Als er gefragt wurde, ob »er sich einige Male« mit Miss Lewinsky getroffen hätte, während sie im Weißen Haus arbeitete, antwortete der Präsident, er hätte sie zwei- oder dreimal während des Haushaltsstreits gesehen, und dann noch, »als sie im Weißen Haus arbeitete, ich glaube, ein- oder zweimal hat sie mir Dokumente gebracht.« Als er gefragt wurde, ob er jemals mit Miß Lewinsky im Oval Office allein gewesen sei, erwiderte er:

> Als sie im Legislative Affairs Office arbeitete, waren dort während der Wochenenden immer ein paar Leute anwesend ... Manchmal brachte sie mir am Wochenende etwas vorbei. Wenn sie kam – zu welchem Zeitpunkt auch immer das sein mochte –, legte sie die Dokumente ab, wechselte ein paar Worte mit mir und ging dann wieder ... Es ist schon möglich, daß sie, während sie dort arbeitete, etwas vorbeibrachte und daß sie dann auch mit mir allein war. Das ist möglich.

Sie versteckten sich auch weiterhin hinter ihren Vertuschungsgeschichten, um zu vermeiden, daß es eine Untersuchung über ihre Beziehung gab, und sie taten dies auch dann noch, als Miss Lewinsky bereits eine Vorladung als Zeugin bekommen hatte. Am 5. Januar 1998 traf sich Miss Lewinsky mit ihrem Anwalt, Frank Carter, und ging mit ihm Fragen durch, die man ihr möglicherweise während ihrer Zeugenaussage stellen würde. Eine dieser Fragen war, wie sie den Job im Pentagon bekommen hatte. Miss Lewinsky zeigte sich besorgt darüber, daß man einige recht unschmeichelhafte Dinge über sie äußern könnte, wenn die Jones-Anwälte im Weißen Haus nachforschten, weshalb sie ins Pentagon versetzt worden war.

Miss Lewinsky telefonierte an jenem Abend mit dem Präsidenten und fragte ihn um Rat, was sie auf diese Frage antworten sollte. Miss Lewinsky sagte aus, daß der Präsident darauf antwortete: »Du kannst immer behaupten, daß die Leute im Legislatice Affairs Office dir den Job besorgt haben oder dir dabei halfen« – dies war eine Behauptung, die irreführend war, wie Miss Lewinsky erklärte, da man sie ins Pentagon versetzt hatte, weil sie zu oft im Oval Office gewesen war. Präsident Clinton kannte den wahren Grund.

D. Die Aussage des Präsidenten vor der Grand Jury zu den Vertuschungsgeschichten

Der Präsident sagte aus, daß er Miss Lewinsky – bevor er wußte, daß sie eine Zeugin im Fall Jones sein sollte – »durchaus« gesagt haben könnte, daß sie diese Geschichten erzählen könne, wenn man sie fragte, weshalb sie im Westflügel oder im Oval Office gewesen sei.

Frage: Haben Sie jemals etwas wie »Du kannst immer behaupten, du kämst, um Betty zu sehen oder um mir Briefe zu bringen« zu ihr gesagt? War das, bevor Sie wußten, daß sie im Jones-Verfahren aussagen sollte?
WJC: Ich könnte so etwas gesagt haben.
Frage: Okay.
WJC: Denn ich wollte nicht, daß irgend etwas herauskam, wenn ich es irgendwie verhindern könnte. Ich machte mir Sorgen deswegen. Es war mir peinlich, weil ich wußte, daß es nicht richtig war.

Und obwohl der Präsident sich zweifelsohne der Bedeutung der Frage bewußt war, sagte er aus, daß er sich nicht erinnern könnte, wann er mit Miss Lewinsky über diese Vertuschungsgeschichten geredet hatte, ob es bei dem Gespräch am 17. Dezember 1997 oder zu irgendeinem anderen Zeitpunkt gewesen sei, nachdem Miss Lewinskys Name auf die Zeugenliste gesetzt worden war.

Frage: Sagten Sie (zu Miss Lewinsky) irgendwann im Dezember irgend etwas in der Art wie: »Du weißt, du kannst immer behaupten, du kämst, um Betty zu sehen, oder um mir Briefe zu bringen?«

WJC: Nun, das ist eine weitgefaßte Frage. Ich kann mich nicht daran erinnern, irgend etwas in dieser Art im Zusammenhang mit ihrer Zeugenaussage gesagt zu haben. Ich könnte Ihnen sagen, woran ich mich erinnere, es gesagt zu haben, wenn Sie das wissen wollen. Aber ich tue es nicht – wir hätten über das, was wir zu tun vorhatten, in einem nicht juristischen Zusammenhang sprechen können, zu irgendeinem Zeitpunkt, aber ich kann mich nicht genau an ein solches Gespräch erinnern.

Ich kann mich jedoch an das erinnern, was ich über eine mögliche Zeugenaussage zu ihr gesagt habe.

Frage: Haben Sie irgend etwas über die Vertuschungsgeschichten zu ihr sagt, nachdem Sie erfahren hatte, daß sie vielleicht im Jones-Verfahren aussagen sollte? Haben sie eine solche Aussage ihr gegenüber wiederholt oder eine andere, ähnliche, gemacht?

Nun, noch einmal, ich kann mich nicht daran erinnern, und ich kann mich auch nicht daran erinnern, ob ich vielleicht etwas Ähnliches zu ihr gesagt habe, zum Beispiel, wenn jemand sagt, was ist, wenn mich Reporter dies oder jenes fragen. Ich kann Ihnen eins sagen: Im Zusammenhang damit, daß sie möglicherweise als Zeugin aussagen könnte, kann ich mich schwach daran erinnern, daß sie mich gefragt hat, nun ja, was soll ich denn machen, wenn sie mich als Zeugin benennen, und ich sagte ihr, dann mußt du zu einem Anwalt gehen. Mehr habe ich ihr nicht gesagt. Und ich habe sie niemals aufgefordert zu lügen.

Frage: Haben Sie ihr denn gesagt, sie soll die Wahrheit sagen?

WJC: Nun, ich denke, daß ich davon ausgegangen bin, daß sie die Wahrheit sagen würde.

E. Zusammenfassung

Es gibt weitgehend sichere und glaubhafte Hinweise darauf, daß der Präsident und Miss Lewinsky zu einer Übereinkunft kamen, daß sie beide unter Eid die Unwahrheit sagen würden, wenn man sie fragte, ob sie eine sexuelle Beziehung gehabt hätten (in der juristischen Terminologie: eine Verschwörung, die Justiz zu behindern oder um einen Meineid zu begehen). Eine stillschweigende oder explizite Übereinkunft, falsche Aussagen zu machen, war offensichtlich ein wesentlicher Bestandteil ihrer Gespräche im Dezember und Januar, um zu verhindern, daß entlarvende Beweise im Jones-Verfahren gesammelt werden konnten, denn wenn einer von ihnen beiden in diesem Rechtsstreit die Wahrheit gesagt hätte, dann hätte er damit den anderen des Meineids beschuldigt.

Während ihrer Beziehung sprachen der Präsident und Miss Lewinsky über Vertuschungsgeschichten und benutzten sie, um Miss Lewinsky Anwesenheit im Bereich des Oval Office zu rechtfertigen. Die Beweise zeigen – durch Miss Lewinskys eindeutige Aussage und das Sich-nicht-erinnern-Können des Präsidenten und ebenso dadurch, daß beide planten, unter Eid zu lügen – daß der Präsident vorschlug, die Vertuschungsgeschichten auch dann noch zu benutzen, nachdem Miss Lewinsky als mögliche Zeugin im Fall Jones benannt worden war. Der Präsident hat Miss Lewinsky niemals gesagt, sie sollte diese Vertuschungsgeschichten nicht mehr verwenden und die Wahrheit über ihre Besuche bekennen oder daß sie unter Eid die Wahrheit über ihre Beziehung zu sagen hätte. Während der Präsident aussagte, er könne sich nicht an solche Gespräche über Vertuschungsgeschichten erinnern, wiederholte er selbst mehrere Male solche Vertuschungsgeschichten während seiner eidlichen Aussage im Fall Jones. Daß der Präsident solche falschen Geschichten unter Eid vorbrachte, erhärtet Miss Lewinskys Zeugenaussage, der Präsident hätte ihr die Geschichten am 17. Dezember als Mittel vorgeschlagen, um zu verhindern, daß man die Wahrheit über ihre Beziehung aufdeckte.

VII. Es gibt weitgehende sichere und glaubwürdige Hinweise darauf, daß Präsident Clinton versuchte, die Justiz zu behindern, indem er Miss Lewinsky half, zu einem Zeitpunkt, als sie möglicherweise im Fall Jones als Zeugin gegen ihn hätte aussagen können, eine Stelle in New York zu besorgen.

Der Präsident hatte einen guten Grund, Miss Lewinsky davon abzuhalten, die Geheimhaltung ihrer Beziehung aufzugeben. Seine Befürchtungen verstärkten sich noch, als der Supreme Court im Mai 1997 einstimmig beschloß, daß das Verfahren und die Ermittlungen fortgesetzt werden sollten.

Während der Ermittlungen im Fall Jones wendeten der Präsident und einige, die für ihn arbeiteten, wiederholte Male für den Versuch, Miss Lewinsky einen Job in der Privatwirtschaft zu beschaffen, erhebliche Zeit und Mühe auf.

A. Beweislage

Die Gesamtdarstellung von Miss Lewinskys Jobsuche und der Beihilfe des Präsidenten wird ausführlich im berichtenden Teil dieses Reports dargestellt. Wir geben hier nur eine Zusammenfassung und eine Analyse der wichtigsten Ereignisse und Daten.

Zum ersten Mal erwähnte Miss Lewinsky ihren Wunsch, in New York zu arbeiten, in einem Brief an den Präsidenten, datiert vom 3. Juli 1997. In dem Brief beschrieb sie ihre Enttäuschung darüber, daß man ihr nicht angeboten hatte, wieder im Weißen Haus zu arbeiten.

Am 1. Oktober war dem Präsidenten eine schriftliche Liste mit Fragen darüber, mit welchen anderen Frauen außer Mrs. Clinton er sexuelle Beziehungen hätte, zugestellt worden. Am 7. Oktober 1997 ließ ihm Miss Lewinsky mit Kurier einen Brief zukommen, in dem sie dem Präsidenten ihre Unzufriedenheit über ihre Stellensuche mitteilte. Miss Lewinsky sagte aus, daß sie als Antwort darauf einen nächtlichen Anruf von Präsident Clinton am 9. Oktober 1997 bekommen hätte. Sie sagte, der Präsident hätte ihr erzählt, daß er ihr nun helfen wolle, eine Stelle in New York zu finden. Am folgenden Samstag, dem 11. Oktober, traf Miss Lewinsky sich von 9:36 Uhr bis 10:54 Uhr allein mit dem Präsidenten im Eßzimmer des Oval Office. Wahrend dieses Treffens gab sie ihm eine Liste jener Stellen in New York, an denen sie interessiert war. Miss Lewinsky erwähnte dem Präsidenten gegenüber, daß sie eine Referenz von jemandem aus dem Weißen Haus brauchte, und der Präsident antwortete, daß er sich darum kümmern würde. Miss Lewinsky schlug dem Präsidenten weiterhin vor, daß ihr vielleicht Vernon Jordan behilflich sein könnte, und wieder stimmte der Präsident zu. Direkt nach diesem Treffen telefonierte der Präsident mit Vernon Jordan.

Laut Aussage des Chief of Staff des Weißen Hauses, Erskine Bowles, brachte Präsident Clinton irgendwann im Sommer oder Herbst 1997 die Rede auf Monica Lewinsky und erklärte, daß sie dort, wo sie arbeitete, unglücklich sei »und daß sie gern zurückkommen und im OEOB (dem Old Executive Office Building) arbeiten würde und ob wir uns einmal umhören« könnten. Mr. Bowles übergab die Angelegenheit dem Deputy Chief of Staff John Podesta.

Mr. Podesta sagte aus, daß er Betty Currie bat, Miss

Lewinsky auszurichten, daß sie ihn anrufen sollte, doch er hörte nichts mehr davon bis zum Oktober 1997, als Miss Currie ihm berichtete, daß Miss Lewinsky ihre Fühler nach New York ausstrecken wolle. Bill Richardson, der Botschafter der Vereinigten Staaten bei den Vereinten Nationen, sagte aus, daß Mr. Podesta ihm berichtet hätte, Miss Currie suche für eine Freundin eine Stelle in New York.

Laut Miss Lewinsky rief Botschafter Richardson sie am 21. Oktober 1997 an und bat sie bald danach zu einem Gespräch. Danach wurde ihr eine Stelle bei den Vereinten Nationen angeboten. Miss Lewinsky war nicht sehr begeistert. Ende Oktober 1997 sprachen der Präsident und Miss Lewinsky darüber, ob man Vernon Jordan dazu bringen könne, ihr bei der Stellensuche in der freien Wirtschaft zu helfen.

Am 5. November 1997 traf sich Miss Lewinsky mit Mr. Jordan in seiner Anwaltskanzlei. Mr. Jordan sagte Miss Lewinsky, daß sie von »höchster Stelle empfohlen« worden sei. Miss Lewinsky erzählte, daß sie hoffe, nach New York gehen zu können und ging mit ihm ihre Liste möglicher Arbeitgeber durch. Kurz nach diesem Treffen telefonierte Vernon Jordan mit dem Präsidenten.

Während des nächsten Monats hatte Miss Lewinsky keinen Kontakt mit dem Präsidenten oder Mr. Jordan. Am 5. Dezember 1997 jedoch übergaben sich die gegnerischen Parteien im Fall Jones ihre Zeugenlisten. Die Anwälte von Miss Jones führten Miss Lewinsky als potentielle Zeugin auf. Der Präsident sagte aus, daß er im Lauf des 6. Dezember erfuhr, daß Miss Lewinskys Name auf der Liste stand.

Danach wurden die Bemühungen verstärkt, für Miss Lewinsky eine Stelle zu finden. Am 7. Dezember traf sich Präsident Clinton mit Mr. Jordan im Weißen Haus. Miss

Lewinsky traf sich mit Mr. Jordan am 11. Dezember, um über bestimmte Kontakte in New York zu sprechen. Mr. Jordan gab ihr die Namen einiger seiner Geschäftsfreunde. Dann tätigte er einige Anrufe bei MacAndrews & Forbes (der Muttergesellschaft von Revlon), American Express und Young & Rubicam.

Mr. Jordan telefonierte außerdem mit dem Präsidenten, um ihn über seine Bemühungen, Miss Lewinsky zu helfen, auf dem Laufenden zu halten. Mr. Jordan sagte aus, daß Präsident Clinton gewußt hätte, daß etliche Leute versuchten, eine Stelle für sie zu finden, daß Mr. Podesta ihr genau wie Bill Richardson geholfen hatte, doch daß sie lieber eine Stelle in der Wirtschaft wollte.

Am 11. Dezember, am selben Tag, als sich Miss Lewinsky mit Mr. Jordan getroffen hatte, ordnete Richterin Wright an, daß Präsident Clinton trotz seines Einspruchs die schriftliche Liste der Fragen für die Ermittlungen im Fall Jones zu beantworten hätte. In diesen Fragen wurde unter anderem verlangt, daß der Präsident sämtliche Regierungsangestellte benennen sollte, mit denen er sexuelle Beziehungen gehabt hatte (wobei dieser Terminus während der schriftlichen Befragung undefiniert blieb). Am 16. Dezember erhielten die Anwälte des Präsidenten eine Aufforderung zur Vorlage aller Dokumente, in denen Monica Lewinsky namentlich erwähnt wurde.

Laut Miss Lewinsky rief der Präsident sie am 17. Dezember in den frühen Morgenstunden an und erzählte ihr, daß ihr Name sich auf der Zeugenliste befände, und sie sprachen über ihre Vertuschungsgeschichten. Am 18. und am 23. Dezember stellte sie sich bei New Yorker Firmen vor, zu denen Mr. Jordan Kontakt aufgenommen hatte. Am 19. Dezember wurde Miss Lewinsky von einem der Jones-Anwälte eine Vorladung zugestellt. Am 22. Dezember 1997 brachte Mr. Jordan sie zu ihrem neuen Anwalt; sie und Mr. Jordan sprachen während der Fahrt über ihre Vorladung, das Jones-Verfahren und ihre Stellensuche.

Der Präsident antwortete unter Eid auf die schriftlichen Fragen bezüglich anderer Frauen mit: »Keine«.

Am Sonntag, dem 28. Dezember 1997, trafen sich der Präsident und Miss Lewinsky im Oval Office. Während dieses Treffens diskutierten sie sowohl über den Fall Jones als auch über ihren Umzug nach New York.

Am 5. Januar 1998 lehnte Miss Lewinsky das Stellenangebot der Vereinten Nationen ab. Am 7. Januar unterschrieb sie das Affidavit, in dem sie eine Beziehung zu Präsident Clinton leugnete (sie hatte am 5. Januar telefonisch mit dem Präsidenten darüber gesprochen). Mr. Jordan informierte den Präsidenten darüber.

Am nächsten Tag, dem 8. Januar 1998, stellte sich Miss Lewinsky bei MacAndrew & Forbes in New York vor, einer Firma, die Vernon Jordan ihr empfohlen hatte. Das Vorstellungsgespräch lief nicht gut. Mr. Jordan rief dann Ronald Perelman an, Vorstand bei MacAndrews & Forbes. Mr. Perelman sagte, ein anderer würde Miss Lewinsky zu einem weiteren Vorstellungsgespräch bitten. Miss Lewinsky hatte erneut ein Gespräch am nächsten Vormittag, und ein paar Stunden später bekam sie ein informelles Angebot für eine Stelle. Sie berichtete Mr. Jordan von diesem Angebot, und Mr. Jordan teilte dann dem Präsidenten die Neuigkeit mit: »Auftrag erledigt.«

Am 12. Januar informierten die Jones-Anwälte Richterin Wright, daß sie Monica Lewinsky eventuell als Zeugin im Verfahren aufrufen wollten. Richterin Wright erklärte, daß sie alle Frauen, die mit dem Präsidenten zusammengearbeitet hatten, als Zeuginnen zulassen werde, also auch Miss Lewinsky.

Am 13. Januar 1998 macht ein Angestellter von Revlon

in einem Telefongespräch ein formelles Angebot für die Stelle und bat Miss Lewinsky, Referenzen beizubringen. Entweder an jenem oder am nächsten Tag erzählte Präsident Clinton Erskine Bowles, daß »Miss Lewinsky eine Stelle ... in der Wirtschaft gefunden und daß sie John Hilley angegeben hätte, und ob wir ihn nicht vielleicht darum bitten könnten, ihr ein Referenz auszustellen.« Daraufhin trug Mr. Bowles John Podesta die Bitte des Präsidenten vor, der sich an Mr. Hilley wandte und ihn bat, ein Empfehlungsschreiben auszustellen. Nachdem er mit Mr. Podesta gesprochen hatte, willigte Mr. Hilley ein, einen solchen Brief zu schreiben, warnte aber davor, daß dieser »sehr allgemein« gehalten sein würde. Am 4. Januar, gegen 11.17 Uhr, faxte Miss Lewinsky ihre Zusage an Revlon und führte Mr. Hilley als Referenz an.

Am 15. Januar antwortete der Präsident auf die am 15. Dezember schriftlich vorgelegten Fragen zu Dokumenten zu Monica Lewinsky. »Keine.« Am 16. Januar schickte Miss Lewinskys Rechtsanwalt ihr Affidavit, in dem sie eine Beziehung zum Präsidenten leugnete, für das Jones-Verfahren ans Distrikt-Gericht. Am nächsten Tag, dem 17. Januar 1998, wurde der Präsident unter Eid befragt , und sein Rechtsanwalt bezog sich auf das Affidavit, als der Präsident ebenfalls eine »sexuelle Beziehung« leugnete.

Zusammenfassung

Wenn eine Prozeßpartei im Laufe eines Verfahrens (oder während der Gerichtsermittlungen) einem Zeugen finanzielle Hilfe zukommen läßt oder ihm eine Stelle vermittelt, dann erhebt sich die Frage, ob der Zeuge beeinflußt werden soll. Im Mittelpunkt steht die Frage nach den

Absichten desjenigen, der die Hilfeleistung gewährt. Ein unmittelbarer Nachweis solcher Absichten ist oft nicht möglich. In einigen Fällen mag der Zeuge, dem Hilfe gewährt worden ist, tatsächlich nicht wissen, daß derjenige, der ihm die Hilfe geleistet hat, von dem Wunsch angetrieben war, sich während eines schwebenden Gerichtsverfahrens mit dem Zeugen gutzustellen. Entsprechend mögen sich andere, die in die Bemühungen der Prozeßpartei verwickelt sind, einen Zeugen zu beeinflussen, indem sie ihm eine Stelle vermitteln, nicht der Motive und der Absicht dieser Prozeßpartei bewußt sein.

Man kann aus den Umständen Rückschlüsse auf die Motive der Prozeßpartei ziehen. In diesem Fall unterstützte der Präsident Miss Lewinsky zu einem Zeitpunkt bei ihrer Stellensuche, als sie ihm hätte schaden können, wenn sie als Zeugin im Fall Jones die Wahrheit gesagt hätte. Der Präsident war nicht nur halbherzig bei der Sache. Sein Arm reichte so weit, daß ein Botschafter bei den Vereinten Nationen, einer der führenden Wirtschaftsbosse des Landes (Mr. Perelman) und einer der besten Rechtsanwälte der Nation (Mr. Jordan) eingespannt wurden.

Die Frage jedoch ist, ob die Anstrengungen des Präsidenten, Miss Lewinsky eine Stelle zu verschaffen, dazu dienen sollten, ihre Zeugenaussage zu beeinflussen, oder ob er lediglich einer Ex-Freundin helfen wollte und ihre mögliche Zeugenaussage dabei völlig außer acht ließ. Drei Fakten sind bei der Analyse seiner Handlungsweise von größter Bedeutung: (i) die Chronologie der Ereignisse, (ii) die Tatsache, daß sowohl der Präsident als auch Miss Lewinsky entschlossen waren, vor Gericht über ihre Beziehung zu lügen, und (iii) die Tatsache, wie wichtig es für den Präsidenten war, daß Miss Lewinsky unter Eid nicht die Wahrheit sagte.

VIII. Es gibt weitgehend sichere und glaubwürdige Hinweise darauf, daß der Präsident unter Eid log, als er die Gespräche mit Vernon Jordan über Miss Lewinsky beschrieb

Präsident Clinton wurde während seiner eidlichen Aussage gefragt, ob er mit Mr. Jordan über Miss Lewinskys Verwicklung in dem Fall Jones gesprochen habe. Seine Aussage war falsch. Eine Falschaussage unter Eid über diese Gespräche war erforderlich, um Fragen darüber zu vermeiden, ob Miss Lewinskys Job etwas mit ihrer Zeugenaussage zu tun hatte

A. Die Aussage des Präsidenten im Fall Jones

Dem Präsidenten wurden während seiner Befragung unter Eid Fragen über seine Gespräche mit Vernon Jordan gestellt, die Miss Lewinsky und ihre Rolle im Fall Jones betrafen. Zuvor wurde dem Präsidenten eine allgemeine Frage gestellt:

Frage: Hat irgend jemand außer Ihren Anwälten Ihnen jemals mitgeteilt, daß Monica Lewinsky für dieses Verfahren eine Vorladung zugestellt bekommen hat?
WJC: Ich glaube nicht.
Später sagte der Präsident detaillierter zu den Gesprächen aus, die er mit Vernon Jordan über Monica Lewinskys Rolle in diesem Verfahren geführt haben mochte.
Frage: Wenn wir die Gespräche ausschließen, die Mr.

Bennett oder einer Ihrer anderen Anwälte in diesem Verfahren mit Ihnen führt – hat Ihnen dann jemand anderer in den letzten beiden Wochen berichtet, daß er ein Gespräch mit Monica Lewinsky über dieses Verfahren geführt hat?

WJC: Ich glaube nicht. Tut mir leid, ich glaube, wirklich nicht.

Frage: Ist Ihnen jemals zu Ohren gekommen, daß (Vernon Jordan) sich mit Monica Lewinsky getroffen und mit ihr über dieses Verfahren gesprochen hat?

WJC: Ich weiß, daß sie sich trafen. Ich glaube, Betty hatte vorgeschlagen, daß sie sich treffen. Nun ja, jedenfalls haben sie sich getroffen. Ich, ich war der Meinung, daß er mit ihr über andere Dinge gesprochen hätte. Ich wußte nicht – ich dachte, er hätte ihr ein paar Ratschläge für ihren Umzug nach New York gegeben. Ich denke, Betty hat so etwas erwähnt.

B. Beweise, die der Aussage des Präsidenten in seiner Gerichtsbefragung widersprechen

Vernon Jordan sagte aus, daß seine Gespräche mit dem Präsidenten über Monica Lewinskys Vorladung ein »fortlaufender Dialog« gewesen seien. Als er gefragt wurde, ob er den Präsidenten sowohl über Miss Lewinskys Rolle im Fall Jones als auch über die Stellensuche für sie auf dem Laufenden gehalten hätte, antwortete er: »Natürlich – bei beidem.«

Am 19. Dezember rief Miss Lewinsky Mr. Jordan an und erzählte ihm, daß sie eine Vorladung für den Fall Jones bekommen hätte. Nach diesem Telefonat wollte Mr. Jordan den Präsidenten anrufen, um ihn darüber zu informieren, »daß Monica Lewinsky zu mir kommen würde und daß sie eine Vorladung erhalten hatte«, doch der Präsident war nicht erreichbar. Später an jenem Tag, um 17.05 Uhr, führte Mr. Jordan ein siebenminütiges Telefongespräch mit dem Präsidenten:

Ich sagte dem Präsidenten: »Monica Lewinsky hat mich angerufen. Sie ist aufgeregt, weil sie eine Vorladung erhalten hat, und sie will zu mir kommen, um mit mir über diese Vorladung zu reden. Ich bin mir sicher, daß sie einen Anwalt braucht, und ich werde versuchen, ihr einen zu besorgen.«

Später am 19. Dezember begab sich Mr. Jordan ins Weiße Haus, nachdem er sich mit Miss Lewinsky getroffen hatte, und unterhielt sich allein mit dem Präsidenten. Mr. Jordan sagte aus: »Ich erzählte ihm, daß Miss Lewinsky eine Vorladung bekommen hätte und daß sie damit zu mir gekommen sei.« Laut Mr. Jordan dankte ihm der Präsident »für meine Bemühungen, ihr eine Stelle zu beschaffen und ihr einen Anwalt zu besorgen.«

Mr. Jordan sagte, daß ihm Miss Lewinsky am 7. Januar 1998 eine Kopie des von ihr unterschriebenen Affidavit zeigte, in dem sie eine sexuelle Beziehung mit dem Präsidenten leugnete. Er sagte weiter aus, daß er dem Präsidenten von dem Affidavit erzählt hatte, wahrscheinlich bei einem der beiden aktenkundigen Anrufe im Weißen Haus an jenem Tag.

Frage: Beschreiben Sie uns, was Sie genau in jenem Teil des Gesprächs gesagt haben mögen, der sich auf Miss Lewinsky und ihr Affidavit bezog.

VJ: Daß Monica Lewinsky ein Affidavit unterzeichnet hatte.

Frage: Nehmen wir einmal an, es sei der 7. Januar gewesen, oder wann auch immer sie ihn darüber informiert haben, daß sie das Affidavit unterzeichnete – ist es dann korrekt, daß Sie ihm wegen der Gespräche, die sie schon vorher mit ihm geführt hatten, nicht mehr zu erklären brauchten, was dieses Affidavit war?

VJ: Ich denke, das ist eine sehr vernünftige Annahme.

Frage: Gut. Als Sie dem Präsidenten mitteilten, daß sie das Affidavit unterschrieben hatte, was war, wenn überhaupt, seine Antwort darauf?

VJ: Ich denke, daß er – seine Beurteilung deckte sich mit meiner, daß dies – daß der Inhalt des Affidavit der Wahrheit entsprach.

Mr. Jordan sagte aus: »Ich wußte, daß der Präsident sich Sorgen wegen des Affidavits machte und ob es unterzeichnet war oder nicht.« Als er gefragt wurde, warum der Präsident seiner Meinung nach besorgt gewesen sei, erklärte er:

> »Nun, sie war mit ihm befreundet, und sie war in einem anderen Verfahren als Zeugin benannt worden, und ich hatte ihr einen Anwalt besorgt, wie ich ihm erzählt hatte, ebenso, daß ich ihr dabei half, eine Stelle zu finden. Das alles wußte er. Da war es doch nur natürlich, daß er sich fragte, ob sie das Affidavit, in dem sie erklärte, was ich Ihnen neulich schon geschildert habe, daß es nämlich keine sexuelle Beziehung gegeben hätte, unterschrieben hatte oder nicht.«

Mr. Jordan faßte seine Kontakte mit dem Präsidenten bezüglich Monica Lewinskys und ihrer Verwicklung in das Jones-Verfahren folgendermaßen zusammen:

Ich habe die Angelegenheit mit dem Anwalt für sie

geregelt, und das sagte ich dem Präsidenten. Als sie das Affidavit unterschrieb, erzählte ich dem Präsidenten auch, daß sie dieses Schriftstück unterzeichnet hatte, und als Frank Carter mir berichtete, daß er einen Antrag gestellt hätte, von einer eidlichen Aussage abzusehen, gab ich das an den Präsidenten weiter. Ich sagte ihm, daß ich Frank Carter getroffen und er mich über seinen Antrag informiert hätte. Es war ein ganz einfacher Informationsfluß, völlig ohne jede Diskussion über ihre Verteidigung, da ich damit nichts zu tun hatte.

Der Präsident selbst sagte vor der Grand Jury aus, daß er mit Mr. Jordan über Miss Lewinskys Verwicklung in den Fall gesprochen hätte. Trotz seiner früheren Aussagen während seiner Gerichtsbefragung erklärte der Präsident vor der Grand Jury, daß er keinen Grund hätte, daran zu zweifeln, daß er mit Mr. Jordan über Miss Lewinskys Vorladung, ihren Anwalt und ihr Affidavit gesprochen hatte.

C. Zusammenfassung

Während seiner eidlichen Aussage hatte der Präsident erklärt, daß er mit Vernon Jordan über eine Stelle für Miss Lewinsky gesprochen hätte. Doch wie Mr. Jordans Aussage enthüllt, genau wie die Aussage des Präsidenten vor der Grand Jury, sprach der Präsident mit Mr. Jordan auch über Miss Lewinskys Rolle im Fall Jones – einschließlich ihrer Vorladung und daß Mr. Jordan ihr einen Rechtsanwalt besorgt und daß sie das Affidavit unterzeichnet hatte, in dem sie eine sexuelle Beziehung zum Präsidenten leugnete. Wenn man bedenkt, wie viele Gespräche sie in den Wochen vor der eidlichen Aussage geführt hatten, ist es nicht wahrscheinlich, daß dem Präsidenten während der Aussage der Inhalt dieser Gespräche nicht hat einfallen wollen. Seine Äußerungen: »Mir scheint, daß Betty so etwas erwähnt hat« oder »Das wußte ich nicht« waren mehr als bloße Auslassungen, es waren Falschaussagen.

Der Grund des Präsidenten dafür, daß er während der Gerichtsbefragung zu diesem Thema falsche und irreführende Aussagen machte, ist offensichtlich. Wenn der Präsident zugegeben hätte, daß er mit Vernon Jordan sowohl über Monica Lewinskys Rolle in diesem Verfahren als auch über ihre Jobsuche gesprochen hatte, dann hätten sich automatisch Fragen danach ergeben, ob der Inhalt ihrer Aussage und ihre zukünftige Stelle irgend etwas miteinander zu tun hatten. Ein solches Eingeständnis des Präsidenten während der eidlichen Aussage hätte die Jones-Anwälte sofort nachhaken lassen. Darüber hinaus hätte diese Eingeständnis eine öffentliche Untersuchung ausgelöst, sobald der Inhalt der eidlichen Aussage bekannt geworden wäre.

Außerdem war sich der Präsident zum Zeitpunkt der Gerichtsbefragung bewußt, welche Probleme sich aus einer Verbindung beider Tatsachen ergeben hätten. Eine gerichtliche Untersuchung und die öffentliche Aufmerksamkeit waren schon 1994 wegen der Unterstützung bei der Suche nach einer Stelle und gewisser Zahlungen für Webster Hubbell ausgelöst worden. Die Jobs, die ihm angeboten worden waren, und die Zahlungen, die er von Freunden und Förderern des Präsidenten bekommen hatte, hatten gewichtige Fragen darüber nach sich gezogen, ob solche Hilfestellung geleistet worden war, um Mr. Hubbels Zeugenaussage in der Angelegenheit Madison zu beeinflussen. Einige der Stellen waren Mr. Hubbel auf Grund der Beziehungen Vernon Jordans angeboten worden, was ein weiterer Hinderungsgrund für den Präsidenten gewesen sein mag, Miss Lewinskys neuen Job und ihr Affidavit in Verbindung mit Vernon Jordan zu erwähnen.

IX. Weitgehend sichere und glaubwürdige Informationen belegen, daß Präsident Clinton bestrebt war, die Justiz zu behindern, indem er versuchte, die Zeugenaussage von Betty Currie zu beeinflussen.

Bei einem Treffen mit Betty Currie am Tag nach seiner eidlichen Aussage und noch einmal während eines anderen Gesprächs einige Tage später, gab Präsident Clinton ihr gegenüber Erklärungen ab, von denen er wußte, daß sie falsch waren. Der Inhalt dieser Erklärungen und der Zusammenhang, in dem sie gemacht worden waren, deuten darauf hin, daß Präsident Clinton versuchte, die Zeugenaussage von Betty Currie zu beeinflussen, die man vermutlich im Fall Jones oder vor einer Grand Jury von ihr verlangen würde.

A. Beweise

1. Samstag, 17. Januar 1998, eidliche Aussage

Im Fall Jones vs Clinton sagte Präsident Clinton am Samstag, 17. Januar 1998, unter Eid aus. Dabei bezeugte der Präsident, er könne sich nicht daran erinnern, mit Monica Lewinsky allein gewesen zu sein, und er habe auch nie eine sexuelle Beziehung, eine sexuelle Affäre oder sonst irgendeine Form sexuellen Kontaktes zu ihr gehabt. Während seiner Aussage bezog sich der Präsident mehrmals auf Betty Currie und ihre Beziehung zu Miss Lewinsky. So gab er zum Beispiel an, Miss

Lewinsky das letzte Mal gesehen zu haben, als sie Miss Currie im Weißen Haus besuchte; daß Miss Currie anwesend gewesen sei, als der Präsident Miss Lewinsky gegenüber eine scherzhafte Bemerkung zum Fall Jones gemacht habe; daß Miss Currie seine Informationsquelle betreffs Mr. Vernons Hilfe für Miss Lewinsky gewesen sei und daß Miss Currie geholfen habe, die Treffen zwischen Miss Lewinsky und Mr. Vernon zu arrangieren, bei denen es um Miss Lewinskys Umzug nach New York ging.

Während der eidlichen Aussage verfügte Richterin Wright, daß die Parteien ihre Aussagen nicht mit Dritten besprechen dürfen. »Bevor er geht, möchte ich ihn als Zeugen in diesem Fall daran erinnern, ... daß dieser Fall unter besonderen Schutz gestellt ist, was die Weitergabe jeglicher Informationen angeht ... Alle anwesenden Parteien, einschließlich ... des Zeugen werden über die Fragen Schweigen bewahren, welche ihnen hier gestellt worden sind, ebenso über den Inhalt der eidlichen Aussage ... und jede weitere Einzelheit ...«

2. Sonntag, 18. Januar 1998, Treffen mit Miss Currie

Da der Präsident so häufig auf Miss Currie Bezug genommen hatte, war es vorhersehbar, daß sie im Fall Jones als Zeugin gehört werden würde, ganz besonders, wenn bestimmte Behauptungen zur Beziehung des Präsidenten zu Miss Lewinsky ans Licht kommen würden. Tatsächlich könnte Präsident Clinton laut Miss Currie ihr gegenüber zu irgendeinem Zeitpunkt erwähnt haben, daß man sie möglicherweise zu Monica Lewinsky befragen würde. Kurz nach 19:00 Uhr am Samstag, 17. Januar 1998, zweieinhalb Stunden nach seiner eidlichen Aussage, rief der Präsident Miss Currie zu Hause an und bat sie, ihn am nächsten Tag im Weißen Haus aufzusuchen. Miss Currie sagte aus, »daß er (Präsident Clinton) mich selten an einem Sonntag hereinbittet.« Gegen 17:00 Uhr am Sonntag, 18. Januar 1998, traf sich Miss Currie mit Präsident Clinton im Weißen Haus. Sie berichtete der Grand Jury:

> Er sagte, daß er gestern unter Eid ausgesagt hatte, und daß ihm mehrere Fragen zu Monica Lewinsky gestellt worden waren. Und ich war ein wenig geschockt darüber oder ... (Schulterzucken). Und er sagte – ich weiß nicht, ob er es sagte – ich glaube, er könnte gesagt haben: »Es gibt einige Dinge, die Sie vielleicht wissen wollen«, oder: »Es gibt Dinge ...« Er stellte mir ein paar Fragen.
>
> Laut Miss Currie sagte der Präsident zu ihr in Folge:
> »Sie waren immer da, wenn sie auch da war, richtig? Wir waren nie allein.«
> »Sie konnten alles sehen und hören.«
> »Monica hat sich an mich rangemacht, aber ich habe sie nie berührt, richtig?«
> »Sie wollte Sex mit mir, aber das kann ich ja nicht tun.«

Miss Currie gab zu verstehen, daß diese Bemerkungen »mehr Statements als Fragen« gewesen seien. Miss Currie schloß daraus, daß der Präsident Zustimmung von ihr erwartete. Der Tonfall der Erklärungen und das Verhalten des Präsidenten hatten sie zu dieser Schlußfolgerung veranlaßt. Miss Currie erklärte weiter, daß sie das Gefühl gehabt hätte, der Präsident habe mit diesen Äußerungen ihre Reaktion testen wollen. Miss Currie sagte, sie habe zu jeder Äußerung des Präsidenten ihre Zustimmung angedeutet, obwohl sie wußte, daß der Präsident und Miss Lewinsky im Oval Office und im Arbeitszimmer des

Präsidenten allein gewesen waren. Miss Currie wußte ebenfalls, daß sie den Präsidenten und Miss Lewinsky weder gesehen noch gehört hatte, während sie allein gewesen waren.

Laut Miss Currie wirkte der Präsident in Zusammenhang mit diesem Gespräch »besorgt«.

Die Sorge des Präsidenten über die Fragen, die während der eidlichen Aussage gestellt worden waren, führten in den folgenden zwei Tagen auch zu wiederholten Bemühungen, Monica Lewinsky zu erreichen. Kurz nach ihrem Treffen mit dem Präsidenten unternahm Miss Currie mehrere Versuche, Monica Lewinsky zu kontaktieren. Miss Currie sagte aus, es sei »möglich«, daß sie dies auf den Vorschlag des Präsidenten getan habe, und weiter sagte sie: »Er könnte mich gebeten haben, (Miss Lewinsky) anzurufen, um herauszufinden, wo sie war, was sie wußte oder was los war.« Später, am selben Abend, um 23:01 Uhr, rief der Präsident erneut bei Miss Currie an. Miss Currie konnte sich nicht genau an das Gespräch erinnern, aber sie schloß die Möglichkeit nicht aus, daß der Präsident von ihr wissen wollte, ob sie inzwischen mit Miss Lewinsky gesprochen habe. Am nächsten Tag, am 19.Januar 1998, einem Feiertag, unternahm Miss Currie zwischen 7:00 und 21:00 Uhr mehrere erfolglose Versuche, Miss Lewinsky zu erreichen. Der Präsident rief Miss Currie zweimal zu Hause an, und Miss Currie rief den Präsidenten an diesem Tag einmal im Weißen Haus zurück.

3. Gespräch zwischen dem Präsidenten und Miss Currie am Dienstag, 20. Januar 1998, oder am Mittwoch, 21.Januar 1998.

Entweder am Dienstag, 20. Januar, oder am Mittwoch, 21. Januar derselben Woche, traf sich der Präsident erneut mit Miss Currie, um die Angelegenheit Monica Lewinsky zu diskutieren. Miss Currie sagte wie folgt aus:

BC: Es war Dienstag oder Mittwoch. Ich erinnere mich nicht mehr genau an den Tag. Aber soweit ich mich erinnere, hat er mich ins Oval Office bestellt zu einer Art Zusammenfassung dessen, was wir am Sonntag besprochen hatten – Sie wissen schon – »Ich war nie allein mit ihr« – so etwas eben.

Frage: Hat er so ziemlich das gleiche aufgeführt ...

BC: Soweit ich mich erinnern kann, Sir, ja.

Frage: Und hat er das im gleichen Tonfall und mit dem gleichen Verhalten gesagt wie am Sonntag?

BC: Wenn ich mich recht erinnere, Sir, ja.

Frage: Und der Präsident hat Sie ausschließlich ins Oval Office bestellt, um Ihnen gegenüber diese Punkte noch einmal zu wiederholen?

BC: Ich weiß nicht, ob das der ausschließliche Grund war; aber nachdem ich erst einmal drinnen war, war es das, was er ...

Frage: Das war es, was er Ihnen gesagt hat?

BC: Hm-mmh.

B. Die Aussage des Präsidenten vor der Grand Jury

Der Präsident wurde gefragt, warum er am Sonntag, 18. Januar 1998, bei einem Treffen mit Miss Currie zu ihr

gesagt hatte: »Wir waren nie allein, richtig?« und »Sie
konnten alles sehen und hören.« Der Präsident sagte aus:

»Was ich versucht habe festzustellen, war, ob ich mich
richtig erinnere und daß sie tatsächlich stets im Büro-
komplex gewesen war, wenn auch Monica dort war,
und ob sie glaubte, irgendwelche Gespräche zwischen
uns mit angehört zu haben. Ich habe versucht – ich
wußte ... bis zu einem gewissen Grad, daß man mir
mehr Fragen zu diesem Thema stellen würde. Aller-
dings habe ich zum damaligen Zeitpunkt nicht wirklich erwartet, daß dies im Zusammenhang mit dem
Fall Jones geschehen würde. Ich dachte, es würde als
erstes in der Presse auftauchen, und ich versuchte, die
Fakten festzuhalten.

Später erklärte der Präsident, daß er sich auf ein größe-
res Areal bezogen habe als einfach nur auf den Raum, in
dem er und Miss Lewinsky sich befunden haben. Er sagte
ebenfalls aus, daß seine Erklärungen gegenüber Miss
Currie nur einen begrenzten Zeitraum betrafen:

WJC: ... Als ich gesagt habe, wir waren nie allein, richtig, glaube ich, ihr ebenfalls ein paar andere Fragen
gestellt zu haben, weil ich sie – wie sie sicher bestätigen
wird – bei mehreren Gelegenheiten gebeten habe, in der
Nähe zu bleiben. Ich erinnere besonders eine Gelegenheit, während ich mit Miss Lewinsky gesprochen habe,
ich kann mich gut erinnern, daß ich Betty gebeten habe,
im Nebenraum – im Eßzimmer, um genau zu sein – zu
bleiben, und wie ich früher bereits ausgesagt habe, fand
ein solches Gespräch sogar mit Miss Lewinsky in Bettys
Büro statt. Aber ich habe gemeint, daß sie sich stets im
Komplex des Oval Office aufgehalten hat, während Miss

Lewinsky dort war. Und ich glaube, diese Äußerungen waren Teil einer Reihe von Fragen, die ich ihr vielleicht in zu rascher Folge gestellt habe, um mein Gedächtnis aufzufrischen. Also habe ich nicht versucht, sie dazu zu bewegen, etwas zu sagen, was so nicht war. Und tatsächlich glaube ich, daß sie sich daran erinnern wird, daß ich ihr gesagt habe, sie solle sich entspannen, vor die Grand Jury treten und die volle Wahrheit sagen, wenn man sie als Zeugin ruft.

Frage: Als Sie Miss Currie gegenüber gesagt haben, wir waren nie allein, richtig, da haben Sie also nur gemeint, daß Sie sich irgendwo im Oval Office oder häufig auch in Ihrem privaten Arbeitszimmer befunden haben, ist das korrekt?

WJC: Das ist richtig. Wir waren im Arbeitszimmer.

Frage: Und dann ...

WJC: Bitte vergessen Sie nicht, Sir, ich will es nur ... Ich habe von 1997 gesprochen. Ich habe niemals je versucht, Miss Currie zu drängen, sie solle behaupten, sie sei anwesend gewesen, wenn Miss Lewinsky da war, und sie wäre es nicht gewesen. Das hätte ich ihr nie angetan, und ich glaube nicht, daß sie darüber nachgedacht hat. Ich glaube nicht, daß sie dachte, ich hätte das gesagt.

Frage: Haben Sie den Zeitraum begrenzt? Haben Sie Miss Currie klargemacht, daß Sie sie nur gefragt haben, ob Sie und Miss Lewinsky nach 1997 nie allein waren?

WJC: Nun, ich kann mich nicht erinnern, ob ich das getan habe oder nicht, aber ich bin davon ausgegangen ... Falls ich es nicht getan habe, bin ich davon ausgegangen, daß sie wußte, wovon ich rede, weil Miss Lewinsky zu diesem Zeitpunkt bereits nicht mehr im Weißen Haus arbeitete, und jemand mußte sie durch WAVE bringen, wenn sie hereinkommen wollte. Und ich glaube bis heute nicht, daß ich ... daß sie 1997 je dort gewesen war und daß ich sie gesehen habe, ohne daß Miss Currie dabeigewesen wäre. Ich glaube nicht, daß es so war.

Im Bezug auf das Wort »allein« gab der Präsident ebenfalls an, »es hängt davon ab, wie Sie allein definieren« und »wir waren bei mehreren Gelegenheiten allein, aber ich habe nie das Gefühl gehabt, daß wir allein wären.«

Der Präsident wurde auch zu seiner Äußerung gegenüber Betty Currie befragt. »Sie konnten alles sehen und hören«. Er sagte aus, er sei nicht sicher, was er mit diesem Kommentar beabsichtigt habe.

Frage: Als Sie Miss Currie sagten, Sie konnten alles sehen und hören, dann war das – Ihrer Kenntnis nach – auch nicht wahr. Sie haben bereits ...

WJC: ... Meine Erinnerung daran ist, daß sie alles hätte hören können, wenn sie aus ihrem Büro ins Oval Office gekommen wäre. Und bei vielen Gelegenheiten, wissen Sie, stand die Tür zwischen ihrem Büro und dem Oval Office offen. Dann war da noch – Die Tür zur Halle war niemals richtig geschlossen. Also glaube ich, daß – ich bin nicht vollkommen sicher, was ich damit gemeint habe; aber ich könnte gemeint haben, daß sie grundsätzlich Gespräche mit anhören konnte, auch wenn sie sie nicht sah. Ich glaube, das ist es, was ich gemeint habe.

Der Präsident sagte anschließend aus, daß er sich ebenfalls nur auf einen begrenzten Zeitraum bezogen habe, als er Miss Currie gegenüber erklärte, sie habe alles sehen und hören können.

Frage: Sie hätten diese derart intimen körperlichen

Akte nicht ausgeführt, wenn Sie gewußt hätten, daß Miss Currie dies sehen oder hören konnte, ist das korrekt?

WJC: Das ist korrekt. Aber bitte vergessen Sie nicht, Sir, daß ich über 1997 gesprochen habe. Das geschah ungefähr – und ich glaube, das kam nur einmal im Februar 1997 vor. Ich habe dem sofort Einhalt geboten. Ich hätte es gar nicht erst beginnen dürfen, und sicherlich nicht, nachdem ich 1996 beschlossen hatte, es nicht zu tun. Und ich habe mich auf 1997 bezogen.

Und ich — was? – wie ich sage, ich weiß es nicht – ihre Erinnerung und meine unterscheiden sich vielleicht ein wenig voneinander. Ich weiß nicht, ob ich sie zu einem bestimmten Zeitpunkt gebeten habe, im Eßbereich zu bleiben, vielleicht, weil Monica sich über etwas aufgeregt hatte, daß ich Betty sagte, sie solle zurückbleiben. Oder ich sprach davon, wenn sie die Tür zum Oval Office offenlassen würde, weil sie immer – die Tür zum Gang stand stets ein wenig offen, so daß sie immer etwas hören konnte, sollte etwas geschehen, das, Sie wissen schon, zu laut oder sowas war.

Ich weiß nicht, was ich gemeint habe. Ich versuche nur, die beiden Erklärungen so gut wie möglich miteinander in Einklang zu bringen, ohne sicher zu sein.

Der Präsident wurde auch nach seinem Kommentar gegenüber Miss Currie befragt, daß Miss Lewinsky sich an ihn »rangemacht« habe, doch daß er sie »nie berührt« hätte.

Frage: (Miss Currie) hat ausgesagt, daß Sie ihr gesagt hätten, Monica hat sich an mich rangemacht, aber ich habe sie nie berührt. Dabei haben Sie Miss Lewinsky in Wahrheit doch berührt, ist das richtig? Und das auf intime, körperliche Art und Weise?

WJC: Nun, dazu habe ich bereits ausgesagt. Und das ist eine der Fragen, die bereits durch meine Erklärung ausreichend beantwortet sind.

Frage: Was haben Sie mit diesen Äußerungen gegenüber Miss Currie beabsichtigt, wenn Sie ihr damit nicht suggerieren wollten, was sie sagen sollte, wenn man sie danach fragte?

WJC: Nun, Mr. Bittman, wie ich Ihnen bereits gesagt habe, ist das einzige, woran ich mich erinnere, daß ich versucht habe, die Fakten zusammenzutragen, als die ganze Sache an die Öffentlichkeit kam. Ich versuche mich an jedes Mal zu erinnern, wann ich Miss Lewinsky gesehen habe.

Ich wußte, daß das alles rauskommen würde ... (Damals) wußte ich nicht, daß das Office of Independent Counsel involviert war. Und ich versuchte, die Fakten zusammenzutragen, damit wir die bestmögliche Verteidigung aufbauen konnten angesichts eines, wie ich es sah, unmittelbar bevorstehenden Angriffs der Medien.

Schließlich wurde der Präsident gefragt, warum er Miss Currie einige Tage nach dem Sonntagstreffen erneut in sein Büro bestellt und die Erklärungen ihr gegenüber noch einmal wiederholt hatte. Der Präsident sagte aus, daß er, obwohl er Miss Curries Aussage nicht anfechten wolle, sich nicht daran erinnern könne, ein zweites Gespräch über dieses Thema mit ihr geführt zu haben.

C. Zusammenfassung

Der Präsident bezog sich bei mehreren Gelegenheiten während seiner eidlichen Aussage auf Miss Currie, wenn er seine Beziehung zu Miss Lewinsky beschrieb. Wie er selbst zugestand, war es wahrscheinlich, daß in naher Zukunft eine große Zahl an Fragen zu Miss Lewinsky gestellt werden würden. Somit konnte der Präsident vorhersehen, daß Miss Currie entweder zu einer eidlichen Aussage vorgeladen, vor Gericht befragt oder zu einer schriftlichen eidlichen Erklärung (Affidavit) aufgefordert werden würde.

Laut Miss Currie wirkte der Präsident »besorgt«. Anschließend informierte er Miss Currie, daß man ihm während seiner eidlichen Aussage Fragen zu Miss Lewinsky gestellt hatte.

Die Erklärungen, die der Präsident Miss Currie gegenüber am 18. Januar und erneut am 20. oder 21. Januar abgegeben hat – daß er nie allein mit Miss Lewinsky gewesen sei, daß Miss Currie sie stets habe hören oder sehen können, und daß er Miss Lewinsky nie berührt habe – waren falsch, entsprachen aber der Aussage, die der Präsident unter Eid geleistet hatte. Der Präsident wußte, daß seine Erklärungen unwahr waren, als er sie Miss Currie gegenüber abgab. Die Andeutung des Präsidenten, daß er nur versucht hätte, seine Erinnerung aufzufrischen, als er mit Miss Currie gesprochen hat, widerspricht dem gesunden Menschenverstand: Miss Curries Bestätigung falscher Aussagen konnte dem Präsidenten in keinster Weise helfen, sich an die Fakten zu erinnern. Somit ist es nicht nachvollziehbar, daß er nur seine Erinnerung auffrischen wollte.

Die eidliche Aussage des Präsidenten vor der Grand Jury untermauert diese Schlußfolgerung. Er sagte aus, daß er nur einen begrenzten Zeitraum gemeint hätte, als er Miss Currie Fragen stellte wie: »Wir waren nie allein, richtig« und »Monica hat sich an mich rangemacht, aber ich habe sie nie berührt, richtig?« Doch eine solche zeitliche Eingrenzung hat er während seiner Gespräche mit Miss Currie nie artikuliert. Außerdem war es dem Präsidenten angesichts einiger Aspekte dieses Vorfalls unmöglich, eine unschuldige Erklärung abzugeben; statt dessen sagte er aus, er wüßte nicht, warum er Miss Currie diese Fragen gestellt hatte, und er gestand, er »versuchte nur, die beiden Erklärungen so gut wie möglich in Einklang miteinander zu bringen.«

Wenn man andererseits eine realistische Schlußfolgerung aus dem Verhalten des Präsidenten zieht – daß er versucht hat, eine Zeugin zu gewinnen, die seine falsche Aussage vom Tag zuvor stützt –, dann ergibt sein Verhalten durchaus Sinn.

Der Inhalt der Erklärungen des Präsidenten und der Zusammenhang, in dem sie gemacht worden sind, liefern weitgehend sichere und glaubwürdige Informationen, daß Präsident Clinton unzulässigerweise versucht hat, die Zeugenaussage von Miss Currie zu beeinflussen. Solche Handlungen begründen den Tatbestand der Behinderung der Justiz und der unzulässigen Einflußnahme auf einen Zeugen.

X. Es gibt weitgehend sichere und glaubwürdige Informationen, die belegen, daß Präsident Clinton bestrebt war, die Untersuchung einer Grand Jury zu behindern. Während er sich sieben Monate lang weigerte, eine Aussage zu machen, belog er gleichzeitig potentielle Zeugen der Grand Jury in dem Wissen, daß diese seine falschen Angaben vor der Grand Jury wiederholen würden.

Der Aussage des Präsidenten vor der Grand Jury waren sieben Monate mit Untersuchungen vorausgegangen, in denen er sechs Einladungen abgelehnt hat, freiwillig vor der Grand Jury auszusagen. Während dieser Zeit deutete nichts darauf hin, daß der Präsident eine sexuelle Beziehung zu Miss Lewinsky zugeben würde. Im Gegenteil: Der Präsident leugnete die Anschuldigungen vehement.

Anstatt die Grand Jury persönlich anzulügen, log der Präsident über seine Beziehung zu Miss Lewinsky gegenüber seinen Beratern, und diese Berater gaben die Lügen an die Grand Jury weiter.

In dieser Sache log der Präsident – neben anderen – gegenüber drei Beratern – John Podesta, Erskine Bowles und Sidney Blumenthal – und gegenüber einem ehemaligen leitenden Berater, Harold Ickes. Der Präsident leugnete jegliche Art sexueller Beziehung zu Monica Lewinsky; er erklärte, Miss Lewinsky habe ihn zum Sex aufgefordert, und er leugnete, mehrfach telefonischen Kontakt zu Miss Lewinsky gehabt zu haben. Laut seinem eigenen, späteren Eingeständnis, war sich der Präsident bewußt, daß seine Berater aller Wahrscheinlichkeit nach die Version der Ereignisse, so wie er sie ihnen berichtet hatte, an die Grand Jury weitergeben würden.

Die Berater des Präsidenten glaubten dem Präsidenten, als er diese Erklärungen abgab. Jeder dieser Berater sagte anschließend über die Art der Beziehung des Präsidenten zu Miss Lewinsky aus und bezogen sich auf eben diese Erklärungen, ohne zu wissen, daß es sich dabei um vorsätzliche Unwahrheiten handelte, die vom Präsidenten zu dem Zweck erfunden worden waren, seine eigenen unwahren Erklärungen zu unterstützen, die er während seiner eidlichen Aussage im Fall Jones abgegeben hatte.

Die Aussagen der Berater vermittelten der Grand Jury ein falsches Bild von der Beziehung des Präsidenten zu Miss Lewinsky. Ihre Aussagen waren somit dazu geeignet, die Untersuchung zu beeinflussen (zum Beispiel in der Frage, ob man Agenten des Secret Service vorladen solle, und ob man bestimmte Personen anklagen solle oder nicht).

A. Die Aussagen derzeitiger und ehemaliger Berater

1. John Podesta

John Podesta, Stellvertretender Stabschef, sagte aus, daß der Präsident bei mehreren Gelegenheiten leugnete, eine Beziehung zu Miss Lewinsky gehabt zu haben. Das war kurz nachdem die Medien begonnen hatten, über die Anschuldigungen im Fall Lewinsky zu berichten. Er hätte auch versucht, seine Verbindung mit ihr herunterzuspielen.

Mr. Podesta beschrieb ein Treffen mit dem Präsidenten, Stabschef Erskine Bowles und der Stellvertretenden Stabschefin Sylvia Matthews am Morgen des 21.Januar 1998. Während dieses Treffens erklärte der Präsident: »Erskine, ich will, daß Sie wissen, daß diese Geschichte nicht wahr ist.« Mr. Podesta erinnerte sich weiter, daß der Präsident sagte, »daß er keinerlei sexuelle Beziehung zu ihr unterhalten und daß er nie von jemanden verlangt hätte zu lügen.«

Ein paar Tage später, am 23. Januar 1998, erklärte der Präsident mit noch größerem Ernst gegenüber Mr. Podesta, daß er niemals Sex mit Miss Lewinsky gehabt habe, »auf welche Art und Weise auch immer.« Mr. Podesta erinnerte sich:

JP: Er sagte mir, daß er nie Sex mit ihr gehabt habe und daß – und daß er auch niemals gefragt habe, ob – wissen Sie, er wiederholte sein Dementi, aber er war absolut deutlich, als er sagte, er habe keinen Sex mit ihr gehabt.

Frage: Was meinen Sie damit?

JP: Das, was ich gesagt habe.

Frage: Okay. Deutlich in dem Sinne, daß er spezifischer wurde als Sex, als das Wort »Sex«.

JP: Ja, er war spezifischer als das.

Frage: Okay. Teilen Sie Ihr Wissen mit uns.

JP: Nun, ich glaube, er sagte – er sagte, daß – es eine Flut von Begriffen gäbe für das, wissen Sie, was man Sex nennt, und er sagte, daß er nie Sex mit ihr gehabt hätte, egal auf welche Art auch immer – und – daß er keinen Oralsex gehabt hätte.

Später, möglicherweise am selben Tag, machte der Präsident Mr. Podesta gegenüber eine weitere Bemerkung über seine Beziehung mit Miss Lewinsky. Mr. Podesta sagte aus, daß der Präsident »zu mir sagte, nachdem (Monica) ihren Job im Weißen Haus verloren hatte, sei sie nur vorbeigekommen, um Betty zu sehen, und daß er – wenn sie dort war, war Betty entweder bei ihnen – entweder war sie mit Betty zusammen, wenn er sie gesehen hat, oder daß Betty in der Nähe und die Tür offen war, wenn sich Monica mit ihm im Oval Office befand – und Betty war immer draußen an ihrem Schreibtisch.« Der Präsident erzählte Mr. Podesta eine der falschen Vertuschungsgeschichten, die der Präsident und Miss Lewinsky miteinander abgesprochen hatten.

Sowohl der Präsident als auch Mr. Podesta wußten, daß Mr. Podesta aller Wahrscheinlichkeit nach als Zeuge bei einer laufenden strafrechtlichen Untersuchung der Grand Jury würde aussagen müssen. Trotzdem, so erinnerte sich Mr. Podesta, hätte der Präsident ihm »freiwillig« Informationen zu Miss Lewinsky gegeben, obwohl Mr. Podesta ihn nicht nach Einzelheiten gefragt hatte.

Mr. Podesta »glaubte« dem Präsidenten und sagte aus, daß es wichtig für ihn gewesen sei, daß der Präsident die Affäre abstritt. Mr. Podesta wiederholte vor der Grand Jury die falschen und irreführenden Erklärungen, die der Präsident ihm gegenüber abgegeben hatte.

2. Erskine Bowles

Mr. Bowles, der Stabschef des Weißen Hauses, bestätigte Mr. Podestas Angaben über die Erklärung des Präsidenten vom 21. Januar 1998, in der der Präsident leugnete, eine sexuelle Beziehung zu Miss Lewinsky unterhalten zu haben. Mr. Bowles sagte aus:

EB: Und das war der Tag, an dem die ganze Geschichte an die Öffentlichkeit platzte. Und wir drei sind reingegangen – Sylvia Matthews, John Podesta und ich – ins Oval Office, und der Präsident stand hinter seinem Schreibtisch.

Frage: Um wieviel Uhr war das?

EB: Das war ungefähr 9:00 Uhr oder sowas. Und er hat uns angesehen und das gleiche gesagt, was er dem amerikanischen Volk gesagt hat. Er sagte: »Ich will, daß Sie wissen, daß ich keinerlei sexuelle Beziehung [sic] mit dieser Frau, Monica Lewinsky, gehabt habe. Ich habe niemanden aufgefordert zu lügen. Und wenn die Fakten herauskommen, werden Sie verstehen.«

Mr. Bowles sagte aus, daß er die Erklärung des Präsidenten ernst genommen habe: »Alles, was ich Ihnen sagen kann, ist das: Dieser Kerl, für den ich gearbeitet habe, hat mir in die Augen geschaut und gesagt, er hätte keine sexuelle Beziehung mit ihr gehabt. Und wenn ich ihm da nicht geglaubt hätte, dann hätte ich nicht bleiben können. Also habe ich ihm geglaubt.« Mr. Bowles wiederholte vor der Grand Jury die falschen und irreführenden Erklärungen des Präsidenten.

3. Sidney Blumenthal

Sidney Blumenthal, Assistent des Präsidenten, sagte ebenfalls aus, daß der Präsident ihm gegenüber die Vorwürfe im Fall Lewinsky geleugnet habe, kurz nachdem in den Medien zum ersten Mal darüber berichtet worden war.

Mr. Blumenthal erklärte, daß er am Nachmittag des 21. Januar 1998 mit Mrs. Clinton gesprochen hatte und mit dem Präsidenten am frühen Abend desselben Tages.

Während dieser Gespräche führten sowohl der Präsident als auch Mrs. Clinton verschiedene Erklärungen für die Treffen des Präsidenten mit Miss Lewinsky an, und Präsident Clinton bot auch eine Erklärung dafür an, warum Miss Lewinsky behauptete, eine sexuelle Beziehung mit ihm gehabt zu haben.

Während seiner Aussage vor der Grand Jury gab Mr. Blumenthal sein Gespräch mit Präsident Clinton wie folgt wieder:

Ich sagte zum Präsidenten: »Was haben Sie Falsches getan?« Und er sagte: »Nichts. Ich habe nichts Falsches getan.«
... Und das war der Punkt, an dem er auflistete, was mit mir geschehen war, und er sagte, daß Monica — und er sprach sehr schnell. Er sagte: »Monica Lewinsky hat sich an mich rangemacht und mich zu sexuellen Handlungen aufgefordert.« Er wies sie zurück. Er sagte: "Ich bin diesen Weg schon gegangen. Ich habe vielen Menschen Schmerzen zugefügt, und das werde ich nicht noch einmal tun.«
Sie drohte ihm. Sie hat gesagt, sie würde jedem erzählen, sie hätten eine Affäre gehabt, daß sie unter ihresgleichen als prüde Jungfer mit Torschlußpanik gelte, und daß sie das hasse, und wenn sie sagen würde, sie hätte eine Affäre gehabt, dann würde sie niemand mehr für eine prüde Jungfer halten.

Mr. Blumenthal sagte aus, der Präsident habe während dieses Gesprächs »verärgert« gewirkt.

Schließlich bat Mr. Blumenthal den Präsidenten, ihm die angeblichen Nachrichten auf dem Anrufbeantworter zu erklären (ein Detail, das in der Presse erwähnt worden war).

Er sagte, daß er sich daran erinnere, sie angerufen zu haben, als Betty Curries Bruder gestorben war, und daß er eine Nachricht auf ihrem Anrufbeantworter hinterlassen habe, daß Bettys Bruder gestorben sei, und er sagte, sie hätte Betty nahegestanden und wäre sehr freundlich zu ihr gewesen. Und das wäre alles, woran er sich erinnere.

Laut Mr. Blumenthal sagte der Präsident, der Anruf wegen Bettys Bruder sei das einzige Mal gewesen, daß er Miss Lewinsky angerufen habe, jedenfalls »soweit er sich erinnerte«. Das war falsch: Der Präsident und Miss Lewinsky haben häufig am Telefon miteinander gesprochen, und der Inhalt dieser Gespräche war durchaus erinnerungswürdig.

Ein Mitglied der Grand Jury fragte Mr. Blumenthal, ob der Präsident gesagt habe, seine Beziehung zu Miss Lewinsky hätte irgendeine Form sexueller Aktivität beinhaltet. Mr. Blumenthal sagte aus, die Antwort des Präsidenten sei »das genaue Gegenteil« gewesen. »Er hat mir gesagt, sie hätte sich an ihn rangemacht, woraufhin er ihr geantwortet habe, er könnte keine sexuelle Beziehung mit ihr eingehen, und sie hätte ihm dann gedroht. Das hat er mir gesagt.«

Mr. Blumenthal sagte aus, daß er »diese Geschichte vorbehaltlos geglaubt« habe, nachdem der Präsident ihm diese Informationen gegeben hatte. »Die Geschichte kam aus dem Herzen; er hat mir sein Herz ausgeschüttet, und ich habe ihm geglaubt.« Mr. Blumenthal wiederholte vor der Grand Jury die falschen Erklärungen, die der Präsident ihm gegenüber abgegeben hatte.

4. Harold Ickes

Mr. Ickes, ein ehemaliger Stellvertretender Stabschef, berichtete vor der Grand Jury ebenfalls von einem Gespräch, das er mit dem Präsidenten am Morgen des 26. Januar 1998 geführt hatte, in dessen Verlauf der Präsident die Lewinsky-Vorwürfe leugnete.

Im Hinblick auf dieses Gespräch sagte Mr. Ickes aus: »Die beiden Dinge, an die ich mich erinnern kann, die beiden Dinge, die er auch vor der Öffentlichkeit wiederholt hat – die er bereits öffentlich gesagt hatte und die er eben an diesem Montagmorgen noch einmal vor der Öffentlichkeit wiederholt hatte, waren, daß er weder jetzt noch in der Vergangenheit eine sexuelle Beziehung zu Miss Lewinsky gehabt habe — oder hat, und daß er nichts getan habe – jetzt muß ich aus dem Gedächtnis zitieren – daß er nichts unternommen habe, um irgend jemanden zum Meineid anzustiften oder die Justiz zu behindern.«

Wie Mr. Ickes sich erinnerte, könnte der Präsident ihm diese Informationen vielleicht von sich aus gegeben haben. Mr. Ickes wiederholte vor der Grand Jury die falschen Erklärungen des Präsidenten.

B. Die Aussage des Präsidenten vor der Grand Jury

Der Präsident gab vor der Grand Jury zu, daß er vor einigen Beratern, von denen er wußte, daß sie vermutlich aufgefordert werden würden, vor der Grand Jury auszusagen, »irreführende« Bemerkungen gemacht habe, nachdem die Presse über die Anschuldigungen berichtet hatte. Der Präsident sagte wie folgt aus:

Frage: Erinnern Sie sich daran, vor folgenden Personen eine sexuelle Beziehung zu Miss Lewinsky geleugnet zu haben: Harry Thomasson, Erskine Bowles, Harold Ickes, Mr. Podesta, Mr. Blumenthal, Mr. Jordan, Miss Betty Currie? Erinnern Sie sich daran, vor diesen Leuten eine sexuelle Beziehung zu Miss Lewinsky geleugnet zu haben?

WJC: Ich erinnere mich daran, einer Reihe dieser Leute gesagt zu haben, ich hätte keine Affäre und keinen Sex mit Miss Lewinsky gehabt. Und ich glaube, Sir, daß – Sie werden sie fragen müssen, was sie gedacht haben. Aber ich habe diese Begriffe verwendet, wie man sie normalerweise benutzt. Sie werden sie fragen müssen, was sie dachten, was ich gesagt hätte.

Frage: Wenn sie ausgesagt haben, daß Sie eine sexuelle Beziehung zu Miss Lewinsky geleugnet haben, oder wenn sie uns gesagt haben, daß Sie dies geleugnet haben, haben Sie dann einen Grund, dies zu bezweifeln?

WJC: Nein.

Der Präsident wurde anschließend gefragt, ob er gewußt hätte, daß seine Berater aller Wahrscheinlichkeit nach vor die Grand Jury geladen werden würden.

Frage: Es mag irreführend gewesen sein, Sir, aber nachdem am 21. Januar der Artikel in der Washington Post veröffentlicht worden war, in dem angekündigt wurde, daß Richter Starr sich der Sache annehmen würde, da wußten Sie, daß sie vermutlich als Zeugen berufen werden würden. Sie wußten, daß man sie vor die Grand Jury laden könnte, stimmt das?

WJC: Das ist richtig. Ich glaube, danach war ich ziemlich vorsichtig mit dem, was ich gesagt habe. Ich mag vielleicht zu all diesen Leuten etwas in diesem Sinne gesagt haben, aber ich habe auch – wann immer mich jemand nach Einzelheiten gefragt hat, habe ich gesagt: Sehen Sie mal, ich will nicht, daß Sie Zeuge werden, Sie dazu machen oder Ihnen Informationen geben, die Sie in Schwierigkeiten bringen könnten. Ich habe einfach nicht darüber geredet. Im Großen und Ganzen habe ich zu niemandem darüber gesprochen.

Frage: Wenn all diese Leute – lassen Sie uns Miss Currie einen Augenblick außen vor lassen. Vernon Jordan, Sid Blumenthal, John Podesta, Harold Ickes, Erskine Bowles, Harry Thomasson, sie alle haben gesagt, Sie hätten eine sexuelle Beziehung abgestritten, nachdem die Anschuldigungen und Richter Starrs Rolle in der Angelegenheit veröffentlicht worden sind. Leugnen Sie das?

WJC: Nein.

Frage: Und Sie haben uns gesagt, daß Sie –

WJC: Ich habe Ihnen nur gesagt, was ich damit gemeint habe. Ich habe gesagt, was ich damit gemeint habe, als die eidlichen Aussagen begannen.

Frage: Sie haben uns gesagt, Sie seien vorsichtig gewesen, aber daß Ihre Äußerungen irreführend hätten sein können. Ist das korrekt?

WJC: Das hätte sein können ... Was ich versucht habe, war, ihnen etwas zu geben, womit – was wahr sein konnte, auch wenn es im Zusammenhang mit diesen eidlichen Aussagen irreführend sein könnte. Sie sollten damit – Sie sollten mit dem fertig werden, was ich für eine absolut lächerliche Behauptung hielt, nämlich, daß ich jemanden gedrängt hätte zu lügen oder, in anderen Worten, einen Meineid zu leisten.

C. Zusammenfassung

Der Präsident machte die folgenden irreführenden Äußerungen gegenüber seinen Beratern:

> Der Präsident sagte Mr. Podesta, daß er keinen Sex mit Miss Lewinsky gehabt habe, »auf welche Art und Weise auch immer«, »einschließlich Oralsex«.
> Der Präsident sagte Mr. Podesta, Mr. Bowles und Mr. Ickes, daß er keinerlei »sexuelle Beziehung« zu Miss Lewinsky unterhalten habe.
> Der Präsident sagte Mr. Podesta, daß »wenn (Miss Lewinsky) vorbeikam, sei sie nur vorbeigekommen, um Betty (Currie) zu besuchen«.

> Der Präsident sagte Mr. Blumenthal, daß Miss Lewinsky »sich an ihn rangemacht hat, und daß er ihr gesagt hat, er könne keine sexuelle Beziehung mit ihr eingehen, und daß sie ihm gedroht hat«.
> Der Präsident sagte Mr. Blumenthal, er könne sich an keine Telefonate mit Miss Lewinsky erinnern mit Ausnahme von einem einzigen Mal, als er eine Nachricht auf ihrem Anrufbeantworter hinterließ.
> Während seiner Aussage vor der Grand Jury gab der Präsident zu, daß seine Äußerungen gegenüber seinen Beratern über seine Beziehung zu Miss Lewinsky »vielleicht irreführend waren«. Der Präsident wußte ebenfalls, daß seine Berater aller Wahrscheinlichkeit nach aufgefordert werden würden, zu allen Gesprächen auszusagen, die sie mit ihm über Miss Lewinsky geführt hatten. Und er erwartete vermutlich, daß seine Berater seine Erklärungen gegenüber allen Fragestellern wiederholten, einschließlich der Grand Jury. Schließlich weigerte er sich monatelang, selbst auszusagen. Das Schweigen des Präsi-

denten in Verbindung mit den falschen Erklärungen, die er gegenüber seinen Beratern abgegeben hat, hatte die Wirkung, daß der Grand Jury ein falsches Bild der Ereignisse vermittelt wurde.

Der Präsident sagt, daß er zu der Zeit, als er mit seinen Beratern gesprochen hat, seine Worte mit Bedacht gewählt hat, so daß seine Äußerungen seiner Auffassung nach im wörtlichen Sinne wahr sein würden, denn er bezog sich ausschließlich auf Geschlechtsverkehr. Diese Erklärung wird untermauert durch die Aussage des Präsidenten vor der Grand Jury, daß sein Leugnen »irreführend hätte sein können« und durch die gegensätzlichen Aussagen der Berater selbst – besonders John Podestas, der sagte, daß der Präsident ausdrücklich verneint hatte, Oralsex mit Miss Lewinsky gehabt zu haben. Außerdem gab das Weiße Haus am 24. Januar 1998 Stichpunkte für seinen Stab heraus, und diese Stichpunkte widerlegen die Argumentation des Präsidenten: Die Stichpunkte erklären, daß aus der Sicht des Präsidenten eine Beziehung, die Oralsex beinhalte, »natürlich eine sexuelle Beziehung« sei.

Aus all diesen Gründen belegen weitgehend sichere und glaubwürdige Informationen, daß der Präsident unzulässigerweise Zeugen während einer Untersuchung der Grand Jury beeinflußt hat.

XI. Es gibt weitgehend sichere und glaubwürdige Informationen, die belegen, daß Präsident Clintons Handlungen seit dem 17.Januar 1998, was seine Beziehung zu Miss Lewinsky betrifft, nicht im Einklang zur verfassungsmäßigen Pflicht des Präsidenten standen, das Gesetz nach bestem Wissen und Gewissen auszuführen.

Vor, während und nach seiner eidlichen Aussage am 17. Januar 1998 versuchte der Präsident die Wahrheit über seine Beziehung zu Miss Lewinsky vor dem Gerichtsverfahren im Fall Jones zu verbergen. Außerdem hat der Präsident unter Eid vor der Grand Jury gelogen und die Weiterverbreitung falscher Informationen seitens anderer vor der Grand Jury erleichtert.

Der Präsident hat außerdem das amerikanische Volk und den Kongreß durch seine Erklärung vom 26. Januar 1998 getäuscht, in der er eine »sexuelle Beziehung« zu Miss Lewinsky geleugnet hat. Der Präsident täuschte das Kabinett und seine Berater, indem er die Beziehung vor ihnen leugnete. Die Mitglieder des Kabinetts und die Berater ihrerseits täuschten ebenfalls das amerikanische Volk und den Kongreß, indem sie ihnen das Leugnen des Präsidenten vermittelten und ihren Glauben bekundeten, die Aussagen des Präsidenten entsprächen der Wahrheit.

Der Präsident versprach im Januar 1998, bei der Untersuchung der Grand Jury in allen Belangen zu kooperieren, und sie mit »eher mehr als weniger« Informationen zu versorgen, und das »eher früher als später«. Zu dieser Zeit führte das OIC eine strafrechtliche Untersuchung durch und war verpflichtet, alle weitgehend sicheren und glaubwürdigen Informationen an den Kongreß weiterzuleiten, die Grundlage eines Amtsenthebungsverfahrens sein könnten.

Durch das Verhalten des Präsidenten wurde die Untersuchung der Grand Jury hinausgezögert (und dadurch alle möglichen Maßnahmen des Kongresses). Er machte das Vorrecht des Präsidenten geltend (Executive Privilege), erhob Einspruch, zog ihn wieder zurück und machte erneut das Executive Privilege geltend (und er machte auch andere Privilegien der Regierung geltend, die nie zuvor bei einem strafrechtlichen Verfahren gegen die Regierung geltend gemacht worden waren). Der Präsident machte diese Privilegien während der Untersuchung geltend, wenn es um sachliche Fragen ging, deren Antworten er bereits kannte. Der Präsident wies sechs Einladungen zurück, freiwillig vor der Grand Jury auszusagen. Zur gleichen Zeit argumentierten die Berater und (Assistenten) des Präsidenten öffentlich, die ganze Angelegenheit sei leichtfertig und daß jede diesbezügliche Untersuchung eingestellt werden müsse.

Nachdem man ihn im Juli vorgeladen hatte, machte der Präsident am 17. August 1998 falsche Aussagen vor der Grand Jury. An diesem Abend machte der Präsident ebenfalls falsche Angaben vor dem amerikanischen Volk und Kongreß, indem er behauptete, die Antworten, die er unter Eid gegeben habe, seien »juristisch korrekt« gewesen. Anschließend appellierte der Präsident offen an den Kongreß, keinerlei Maßnahmen einzuleiten: »Unser Land ist durch diese Angelegenheit schon viel zu lange abgelenkt worden.«

Der Präsident hat folgende Strategie verfolgt: (i) Täuschung des amerikanischen Volkes und Kongresses im Januar 1998, (ii) Verzögerung und Behinderung einer strafrechtlichen Untersuchung und (iii) erneute Täuschung des amerikanischen Volkes und Kongresses im August 1998.

A. Vom 21.Januar 1998 an führte der Präsident das amerikanische Volk und den Kongreß in die Irre, was seine Beziehung zu Miss Lewinsky betrifft.

Am 21. Januar 1998, dem Tag, an dem die Washington Post zum ersten Mal über den Fall Lewinsky berichtete, hat der Präsident mit seinem langjährigen Berater Dick Morris gesprochen. Mit Zustimmung des Präsidenten gab Mr. Morris noch am selben Abend eine Meinungsumfrage in Auftrag. Die Ergebnisse dieser Umfrage zeigten, daß die Wähler bereit waren, dem Präsidenten einen Ehebruch zu verzeihen, aber keinen Meineid oder Behinderung der Justiz. Als der Präsident ihn an jenem Abend anrief, schlug ihm Mr. Morris vor, daß er deshalb keine öffentliche Erklärung oder Entschuldigung abgeben sollte. Laut Mr. Morris erwiderte der Präsident: »Nun, dann müssen wir eben gewinnen.«

Am nächsten Abend redete der Präsident Mr. Morris den Plan aus, »Monica Lewinsky aus dem Wasser zu blasen.« Der Präsident brachte zum Ausdruck, »daß eine wenn auch geringe Chance besteht, daß sie nicht mit Starr kooperiert, und wir wollen sie uns nicht entfremden.«

Der Präsident selbst sprach mehrmals öffentlich über diese Angelegenheit, nachdem die ersten Presseberichte erschienen waren. Am 26. Januar wurde der Präsident deutlich: »Ich will dem amerikanischen Volk eines sagen. Ich will, daß Sie mir zuhören. Ich will das noch einmal wiederholen: Ich habe keinerlei sexuelle Beziehung mit dieser Frau, Monica Lewinsky, unterhalten. Ich habe niemals irgend jemandem gesagt, er solle lügen, kein einziges Mal. Niemals. Diese Anschuldigungen sind falsch.«

Das eindringliche Leugnen des Präsidenten gegenüber dem amerikanischen Volk entsprach nicht der Wahrheit. Und seine Erklärung war auch kein improvisierter Kommentar in der Hitze einer Pressekonferenz. Im Gegenteil: Es war eine geplante, absichtliche Falschaussage, um den Kongreß und das amerikanische Volk zu täuschen.

B. Die First Lady, das Kabinett, die Mitarbeiter und Berater des Präsidenten verließen sich auf ihn und unterstützten öffentlich sein Leugnen.

Nachdem der Präsident das amerikanische Volk angelogen hatte, argumentierten die Rechtsvertreter des Präsidenten, die Anschuldigungen seien falsch und gar niederträchtig.

Mrs. Clinton bestritt nachdrücklich den Wahrheitsgehalt der Anschuldigungen am 27. Januar 1998, einen Tag nach dem öffentlichen Dementi des Präsidenten. Sie gab zu, daß das amerikanische Volk »in der Tat besorgt sein müsse«, falls ein Präsident eine solche Affäre hätte und lügen würde, um sie zu vertuschen. Sie bestätigte, daß dies »ein sehr ernstes Delikt« wäre. Aber sie betonte auch, daß die Anschuldigungen falsch seien – ein »Schandfleck«. Sie bemerkte, daß »der Präsident die Anschuldigungen in allen Punkten uneingeschränkt bestritten hat.« Und Mrs. Clinton lenkte die Aufmerksamkeit vom Präsidenten fort und deutete an, »daß dies eine Schlacht ist« und erklärte, »einige Leute werden sich für eine Menge zu verantworten haben«, wenn die Fakten ans Licht kämen.

Die ranghöchsten Leiter der Exekutive dienten dem Präsidenten (wenn auch unwissentlich) als zusätzliche Unterstützung in seinem Täuschungsmanöver. Die Kabinettsmitglieder und die Berater des Weißen Hauses erklärten nachdrücklich, daß die Anschuldigungen falsch seien. So wurde zum Beispiel der Sprecher des Weißen Hauses, Michael McCurry, gefragt, ob das Dementi des Präsidenten alle Formen sexuellen Kontakts abdecke, und Mr. McCurry erklärte: »Ich denke, jeder Amerikaner, der ihn gehört hat, weiß genau, was er gemeint hat.« So erklärte auch Ann Lewis, die Leiterin der Kommunikation im Weißen Haus, am 26. Januar 1998: »Ich kann mit absoluter Sicherheit sagen, daß der Präsident der Vereinigten Staaten keinerlei sexuelle Beziehung gehabt hat, weil ich gehört habe, wie der Präsident der Vereinigten Staaten eben dies erklärt hat. Er hat es gesagt; deutlicher konnte er nicht werden. Er hätte nicht offener sein können.« Sie fügte hinzu: »Sex ist Sex, auch hier in Washington. Das hat man mir versichert.«

Nach einer Kabinettssitzung am 23. Januar 1998, in der der Präsident sein Dementi wiederholte, erschienen mehrere Kabinettsmitglieder vor dem Weißen Haus. Außenministerin Albright erklärte: »Ich glaube, daß die Anschuldigungen in allen Punkten falsch sind.« In Verbindung mit dem energischen Dementi des Präsidenten half die geschlossene Front der engsten Berater des Präsidenten, die Vertuschung dieser Angelegenheit zu vervollständigen.

C. Der Präsident hat wiederholt und gesetzwidrig das Vorrecht des Präsidenten (Executive Privilege) in Anspruch genommen, um Beweise seines persönlichen Fehlverhaltens vor der Grand Jury zu verschleiern.

Als die Beschuldigungen um Miss Lewinsky zum ersten Mal erhoben wurden, informierte der Präsident das amerikanische Volk, daß er in allen Belangen kooperieren wolle. Er sagte Jim Lehrer, »daß wir unser Bestes tun, um in diesem Fall zu kooperieren.« Im National Public Radio sagte er, daß »ich mehreren Leuten gegenüber erklärt habe, ich werde kooperieren, und ich gehe davon aus, daß ich das auch tun werde ... Ich werde mein Bestes tun, um bei dieser Untersuchung mit den Ermittlern zu kooperieren.« Er sagte Roll Call: »Ich werde bei dieser Untersuchung kooperieren ... Und ich werde kooperieren.«

Eine derartige Kooperation hat es nie gegeben. Die Haltung des Weißen Hauses zum in der Verfassung festgelegten Prinzip des Executive Privilege belegt deutlich das Gegenteil. 1994 erklärte der Rechtsvertreter des Weißen Hauses, Lloyd Cutler, daß die Clinton-Administration sich in Fällen, wo es um persönliches Fehlverhalten gehe, niemals auf das Executive Privilege berufen werde. 1998 jedoch hatte der Präsident offizielle und persönliche Belange soweit miteinander vermischt, daß der private Anwalt des Präsidenten in einem an das U.S.-Appellationsgericht, Gerichtsbezirk District of Columbia, gerichteten Schriftstück erklärte: »Auf reale und bedeutsame Weise sind die Anliegen von William J. Clinton, der Person, und die seiner Administration (des Weißen Hauses unter Clinton) ein und dieselben.«

Nachdem die Untersuchung im Fall Monica Lewinsky begonnen hatte, nahm der Präsident für die Aussagen von fünf Zeugen das Executive Privilege in Anspruch: Bruce Lindsey, Cheryl Mills, Nancy Hernreich, Sidney Blumenthal und Lanny Breuer. Diese Geltendmachung war vollkommen unbegründet. Selbst für offizielle Gespräche und Korrespondenz, die von dem Privileg abgedeckt werden, entschied der Oberste Gerichtshof 1974 im Fall Nixon gegen die Vereinigten Staaten, daß das Executive Privilege hinter der Suche nach Beweisen in einem Strafverfahren zurückstehen müsse.

Die Geltendmachung des Executive Privilege seitens des Präsidenten für Miss Hernreich, einer Assistentin, die Sekretariatsarbeiten für das Oval Office erledigt, war leichtfertig. Zu der Zeit, als der Präsident das Executive Privilege für eine Assistentin geltend machte, hatte eine andere Assistentin, Betty Currie, bereits in aller Ausführlichkeit ausgesagt.

Begründet auf den Fall Nixon stellte das OIC den Antrag, die Aussagen von Hernreich, Lindsey und Blumenthal zu erzwingen. Vor dem Bezirksgericht der Vereinigten Staaten fand am 20. März eine Anhörung statt. Kurz vor der Anhörung verzichtete das Weiße Haus – ohne Erklärung – für Miss Hernreich auf die Anwendung des Executive Privilege.

Am 4. Mai 1998 entschied Oberrichterin Norma Holloway Johnson in der Frage der Anwendung des Executive Privilege gegen den Präsidenten. Nachdem das Weiße Haus dagegen schriftlich Einspruch eingelegt hatte, beantragte das OIC im beschleunigten Verfahren die Akten dem Supreme Court vorzulegen. Daraufhin verzichtete der Präsident auf den Anspruch des Executive Privilege.

Die Taktiken des Weißen Hauses beschränkten sich nicht nur auf den juristischen Prozeß. Am 24. März, während seiner Reise in mehrere afrikanische Staaten, wurde der Präsident nach seiner Geltendmachung des

Executive Privilege gefragt. Er antwortete: »Sie sollten jemanden fragen, der etwas davon versteht.« Er erklärte ebenfalls: »Ich habe mit den Anwälten nicht darüber gesprochen. Ich weiß nichts davon.«

Das war unwahr. Ohne daß die Öffentlichkeit es bemerkt hätte, informierte Charles F.C. Ruff, Rechtsberater des Weißen Hauses, Oberrichterin Johnson am 17. März schriftlich (sieben Tage, bevor der Präsident öffentlich erklärte, er wüßte nichts darüber), daß er die Angelegenheit mit dem Präsidenten »diskutiert habe«, der daraufhin die Geltendmachung des Executive Privilege angeordnet hatte.

Das Täuschungsmanöver wurde fortgesetzt. Weil der Präsident auf die Anwendung des Executive Privilege verzichtete, während der Supreme Court noch mit der Angelegenheit beschäftigt war, ging man davon aus, daß der Präsident auch in Zukunft das Executive Privilege nicht geltend machen würde. Doch diese Vermutung erwies sich als falsch. Der Anwalt des Weißen Hauses, Lanny Breuer, erschien am 4. August 1998 vor der Grand Jury und berief sich auf das Executive Privilege. Er wollte beispielsweise nicht beantworten, ob der Präsident mit ihm über seine Beziehung zu Monica Lewinsky gesprochen habe, oder ob sie über die Geschenke diskutiert hatten, die Miss Lewinsky erhalten hatte. Am 11. August lehnte Oberrichterin Johnson das Executive Privilege als Begründung ab, die Aussage zu verweigern, und befahl Mr. Breuer auszusagen.

Am 11. August 1998 sagte die Stellvertretende Rechtsberaterin des Weißen Hauses, Cheryl Mills, aus und berief sich auf Anordnung des Präsidenten wiederholt auf das Executive Privilege. In wie vielen Fällen man sich auf das Executive Privilege berief, war erstaunlich: Das Vorrecht wurde nicht nur auf Miss Mills' Korrespondenz und Gespräche mit dem Präsidenten, den höheren Stabsbeamten und anderen Mitgliedern des (White House Counsel's Office) angewendet, sondern auch für Miss Mills' Korrespondenz und Gespräche mit den privaten Anwälten des Präsidenten, sowie mit den privaten Anwälten der Zeugen der Grand Jury und mit Betty Currie.

Am 17. August sagte der Präsident vor der Grand Jury aus. Auf Anfrage eines Geschworenen fragte das OIC den Präsidenten nach seiner Geltendmachung des Executive Privilege und warum er es vor dem Obersten Gerichtshof zurückgezogen habe. Der Präsident erwiderte: »Ich wollte meinen Anspruch des Executive Privilege nicht soweit treiben, daß der Fall vor Gericht verhandelt werden mußte, obwohl wir die Angelegenheit prinzipiell [sic] nicht aufgegeben haben … Es war mir sehr wichtig, daß wir Ihren Sieg nicht über das Executive Privilege anfechten.«

Vier Tage nach dieser unter Eid geleisteten Aussage, am 21. August 1998, reichte der Präsident einen schriftlichen Einspruch ein, weil Oberrichterin Johnson das Executive Privilege für Lanny Breuer zehn Tage zuvor nicht hatte gelten lassen. Zusätzlich erschien Bruce Lindsey am 28. August 1998 wieder vor der Grand Jury, und der Präsident machte auch für dessen Aussage erneut das Executive Privilege geltend – und das, obwohl der Präsident diesen Anspruch für Mr. Lindsey zurückgezogen hatte, als die Angelegenheit im Juni vor dem Supreme Court anhängig gewesen war.

Das Executive Privilege war nicht das einzige Privileg, auf das man sich berufen hat, um die Grand Jury davon abzuhalten, die notwendigen Beweise zu sammeln. Der Präsident willigte auch in den Versuch des Secret Service ein, die Richterschaft dazu zu bewegen, ein neues

Schutzfunktionsvorrecht (protective function privilege) einzuführen (um Ersuche dieses Büros [OCI] ablehnen zu können, den Mitgliedern des Secret Service die Aussage zu befehlen). Das Bezirksgericht und der U.S.-Appellationsgerichtshof für den District of Columbia lehnten diesen Antrag ab. Der Rechtsstreit erwies sich sowohl für den Secret Service als auch für die Grand Jury als störend. Die Leichtfertigkeit des Antrags wird durch die Entscheidung des Vorsitzenden Richters belegt, das Ersuchen des Secret Service ohne Erörterung abzulehnen. Dieser Rechtsstreit wäre unnötig gewesen, hätte der Präsident bereits im Februar und nicht erst im August ausgesagt oder eine Position eingenommen, die der Grand Jury relevante Informationen zugänglich gemacht hätte.

D. Der Präsident lehnte sechs Einladungen ab, vor der Grand Jury auszusagen, und verhinderte damit eine schnelle Entscheidung in dieser Sache, und dann weigerte er sich, relevante Fragen zu beantworten, als er im August 1998 vor der Grand Jury aussagte.

Diese Behörde sandte sechs Einladungen an den Präsidenten. Die erste Einladung erging am 28. Januar 1998. Das OIC wiederholte die Einladung im Namen der Grand Jury am 4. Februar, am 9. Februar, am 21. Februar, am 2. März und am 13. März. Der Präsident lehnte jede dieser Einladungen ab. Seine Weigerungen haben die Untersuchung dieses Büros erheblich hinausgezögert.

Schließlich bat dieses Büro die Grand Jury, den Präsidenten angesichts seiner Handlungen vorzuladen. Die Grand Jury prüfte und genehmigte eine solche Vorladung. Am 17. Juli 1998 übermittelte das OIC die Vorladung im Einvernehmen mit der Grand Jury an den privaten Rechtsbeistand des Präsidenten. Die Vorladung verlangte vom Präsidenten, am 28. Juli zu erscheinen.

Der Präsident versuchte, seine Aussage hinauszuzögern. Kurz nach einer Anhörung vor dem Bezirksgericht wegen eines Antrags des Präsidenten auf Vertagung einigten sich das OIC und der Präsident, daß der Präsident am 17. August per Videoübertragung vor der Grand Jury aussagen würde. Am 31. Juli 1998 erklärte der Präsident dem Land: »Ich freue mich auf die Gelegenheit ... auszusagen. Ich werde die volle Wahrheit sagen.«

Zu Beginn seines Auftritts vor der Grand Jury erklärte der Präsident im gleichen Sinne: »Ich werde jede Frage so genau und ausführlich beantworten, wie ich kann.« Anschließend las der Präsident eine vorbereitete Erklärung vor, in der er gestand, »unziemlichen intimen Kontakt« zu Miss Lewinsky gehabt zu haben. Trotz seiner Erklärung, alles wahrheitsgemäß und ausführlich beantworten zu wollen, weigerte sich der Präsident, Einzelheiten dieses Kontakts preiszugeben (außer daß er andeutete, es hätte keinen direkten Geschlechtsverkehr gegeben, und er hätte weder Miss Lewinskys Brüste noch ihre Genitalien berührt).

E. Der Präsident führte das amerikanische Volk und den Kongreß in die Irre, als er in seinem Statement vom 17. August 1998 erklärte, seine Antworten während seiner eidlichen Aussage im Januar seien »juristisch korrekt« gewesen.

Der Präsident wandte sich am Abend des 17. August 1998 an die Nation, nachdem er vor der Grand Jury erschienen war. Der Präsident hat nicht die Wahrheit gesagt. Er erklärte: »Wie Sie wissen, hat man mich während meiner eidlichen Aussage im Januar zu Miss Lewinsky befragt. Während meine Antworten zwar juristisch korrekt waren, so habe ich doch nicht alles gesagt.« Wie dieser Bericht demonstriert hat, waren die Äußerungen, die der Präsident während seiner unter Eid geleisteten Aussage gemacht hat, keineswegs »juristisch korrekt«, und er konnte vernünftigerweise auch nicht davon ausgehen, daß sie es waren. Es waren absichtliche Unwahrheiten, die dazu dienten, die Wahrheit über die sexuelle Beziehung des Präsidenten zu Miss Lewinsky zu vertuschen.

Die Behauptung des Präsidenten, seine unter Eid geleistete Aussage sei juristisch korrekt gewesen – was er vor der Grand Jury und dem amerikanischen Volk am 17. August behauptet hat – diente der Aufrechterhaltung der Täuschungen und Vertuschungen, die seine Beziehung zu Monica Lewinsky seit ihrem ersten sexuellen Kontakt am 15. November 1995 begleitet haben.

F. Zusammenfassung

In diesem Fall machte der Präsident falsche Aussagen gegenüber dem amerikanischen Volk über seine Beziehung zu Monica Lewinsky und veranlaßte andere dazu, ebenfalls falsche Aussagen zu machen. Er machte ebenfalls falsche Angaben zu der Frage, ob er unter Eid gelogen oder die Justiz auf andere Art und Weise behindert habe. Indem er öffentlich und mit Nachdruck im Januar 1998 erklärte: »Ich habe keinerlei sexuelle Beziehung zu dieser Frau unterhalten« und »Diese Anschuldigungen sind falsch«, hat der Präsident ebenfalls eine mögliche Untersuchung des Kongresses hinausgezögert. Dann hat er die Angelegenheit noch weiter verzögert, indem er das Executive Privilege geltend gemacht hat und sich sechs Monate lang geweigert hat, in einer Untersuchung des Independent Counsel auszusagen. Dies sind weitgehend sichere und glaubwürdige Informationen, die die Grundlage für ein Amtsenthebungsverfahren bilden können.

Conclusion

This Referral is respectfully submitted on the Ninth day
of September, 1998

Kenneth W. Starr

Kenneth W. Starr
Independent Counsel